책사랑

Immanuel Kant

Kritische Schriften I (1784~1794)

비판기 저작 I
(1784~1794)

칸트전집 10

임마누엘 칸트

한국칸트학회 기획

김미영·홍우람·오은택·이남원·정성관·배정호 옮김

한길사

『칸트전집』을 발간하면서

칸트는 인류의 학문과 사상 발전에 지대한 영향을 미쳤으며, 지금도 그 영향력이 큰 철학자다. 칸트철학은 여전히 전 세계적으로 가장 많이 논의되며, 국내에서도 많은 학자가 전문적으로 연구하고 있다. 이를 반영하듯 영미언어권에서는 1990년대부터 새롭게 칸트의 저서를 번역하기 시작하여 『케임브리지판 임마누엘 칸트전집』(*The Cambridge Edition of the Works of Immanuel Kant*, 1992~2012) 15권을 완간했다. 일본 이와나미(岩波書店) 출판사에서도 현대 언어에 맞게 새롭게 번역한 『칸트전집』 22권을 출간했다. 국내에서는 칸트를 연구한 지 이미 100년이 훨씬 넘었는데도 우리말로 번역된 칸트전집을 선보이지 못하고 있었다.

물론 국내에서도 칸트 생전에 출간된 주요 저작들은 몇몇을 제외하고는 여러 연구자가 번역해서 출간했다. 특히 칸트의 주저 중 하나인 『순수이성비판』은 번역서가 16종이나 나와 있다. 그럼에도 칸트 생전에 출간된 저작 중 '비판' 이전 시기의 대다수 저작이나, 칸트철학을 이해하는 데 많은 도움을 줄 수 있는 서한집(Briefwechsel), 유작(Opus postumum), 강의(Vorlesungen)는 아직 우리말로 번역되지 않았다. 게다가 이미 출간된 번역서 중 상당수는 관련 분야에 대한 전문성이 부족해 번역이 정확하지 못하거나 원문을 글자대로만 번역해 가독성이 낮아 독자들이 원문의 의미를 제대로 이해하기가 쉽지 않다. 번역자가 전문성을 갖추었다 해도 각기 다른 번역용어를 사용해 학문 내에서 원활하게 논의하고 소통하는 데 장애가 되고 있다. 이 때문에 칸트를 연구하는 학문 후속세대들은 많은 어려움에 빠져 혼란을 겪고 있다. 이런 상황에서 '한국칸트학회'는 학회에 소속된 학자들이 공동으로 작업해 온전한 우리말 칸트전집을 간행할 수 있기를 오랫동안 고대해왔으며, 마침내 그 일부분을 이루게 되었다.

『칸트전집』 번역 사업은 2013년 9월 한국연구재단의 토대연구 분야 총서학 지원 사업에 선정되어 '『칸트전집』 간행사업단'이 출범하면서 본격적으로 시작되었다. 이 사업은 영남대학교 '인문과학연구소' 주관으로 '한국칸트학회'에 소속된 전문 연구자 34명이 공동으로 참여해 2016년 8월 31일까지 진행되었으며, 수정과 보완작업을 거쳐 지금의 모습으로 결실을 맺게 되었다. 이 전집은 칸트 생전에 출간된 저작 중 『자연지리학』(Physische Geographie)을 비롯해 몇몇 서평(Rezension)이나 논문을 제외하고는 거의 모든 저작을 포함하며, 아직까지 국내에 번역되지 않은 서한집이나 윤리학 강의(Vorlesung über die Ethik)도 수록했다. 『칸트전집』이 명실상부한 전집이 되려면 유작, 강의, 단편집(Handschriftliche Nachlass) 등도 포함해야 하지만, 여러 제한적인 상황으로 지금의 모습으로 출간하게 되었다. 아쉽지만 지금의 전집에 실리지 못한 저작들을 포함한 완벽한 『칸트전집』이 후속 사업으로 머지않은 기간 내에 출간되길 기대한다.

『칸트전집』을 간행하면서 간행사업단이 세운 목표는 1) 기존의 축적된 연구를 토대로 전문성을 갖춰 정확히 번역할 것, 2) 가독성을 최대한 높일 것, 3) 번역용어를 통일할 것, 4) 전문적인 주석과 해제를 작성할 것이었다. 이를 위해 간행사업단은 먼저 용어통일 작업에 만전을 기하고자 '용어조정위원회'를 구성했다. 위원회는 오랜 조정 작업 끝에 칸트철학의 주요한 전문 학술용어를 통일된 우리말 용어로 번역하기 위해 「번역용어집」을 만들고 칸트의 주요 용어를 필수 용어와 제안 용어로 구분했다. 필수 용어는 번역자가 반드시 따라야할 기본 용어다. 제안 용어는 번역자가 그대로 수용하거나 문맥에 따라 다른 용어를 사용할 수 있는 용어다. 다른 용어를 사용할 경우에는 번역자가 다른 용어를 사용한 이유를 옮긴이주에서 밝혀 독자의 이해를 돕도록 했다. 사업단이 작성한 「번역용어집」은 '한국칸트학회' 홈페이지에서 확인할 수 있다.

번역용어와 관련해서 그동안 칸트철학 연구자뿐 아니라 다른 분야 연구자와 학문 후속세대를 큰 혼란에 빠뜨렸던 용어가 바로 칸트철학의 기본 용어인 transzendental과 a priori였다. 번역자나 학자마다 transzendental을 '선험적', '초월적', '선험론적', '초월론적' 등으로, a priori를 '선천적', '선험적' 등으로 다양하게 번역해왔다. 이 때문에 일어나는 문제는 참으로 심각했다. 이를테면 칸트 관련 글에서 '선험적'이라는 용어가 나오면 독자는 이것이 transzendental의 번역어인지 a priori의 번역어인지 알 수 없어 큰 혼란을 겪을 수밖에 없었다. 이런 문제점을 해소하기 위해 간행사업단에서는 transzendental과 a priori의 번역용어를 어떻게 구분해야 하는지를 중요한 선결과제로 삼고, 두 차례 학술대회를 개최해 격렬하고도 심도 있는 논의를 진행했다. 하지만 a priori를 '선천적'으로, transzendental을 '선험적'으로 번역해야 한다는 쪽과 a priori를 '선험적'으로, transzendental을 '선험론적'으로 번역해야 한다는 쪽의 의견이 팽팽히 맞서면서 모든 연구자가 만족할 수 있는 통일된 번역용어를 확정하는 일은 거의 불가능한 것처럼 보였다. 이런 상황에서 '용어조정위원회'는 각 의견의 문제점에 대한 다양한 비판을 최대한 수용하는 방식으로 합의를 이끌어내기 위해 오랜 시간 조정 작업을 계속했다. 그 결과 a priori는 '아프리오리'로, transzendental은 '선험적'으로 번역하기로 결정했다. 물론 이 확정안에 모든 연구자가 선뜻 동의한 것은 아니었으며, '아프리오리'처럼 원어를 음역하는 방식이 과연 좋은 번역 방법인지 등은 여전히 숙제로 남아 있다. 그럼에도 이 안을 확정할 수 있도록 번역에 참가한 연구자들이 기꺼이 자기 의견을 양보해주었음을 밝혀둔다. 앞으로 이 용어가 사용되기 시작하면 이와 관련한 논의가 많아지겠지만, 어떤 경우든 번역용어를 통일해서 사용하는 방향으로 진행되길 기대한다.

간행사업단은 전문적인 주석과 해제작업을 위해 '해제와 역주위원회'를 구성하여 전집 전반에 걸쳐 균일한 수준의 해제와 전문적인 주석 작업을 할 수 있도록 '해제와 역주 작성 원칙'을 마련했다. 이 원칙의 구체적인 내용도 '한국칸트학회' 홈페이지에서 확인할 수 있다. 번역자들은 원문의 오역을 가능한 한 줄이면서도 학술저서를 번역할 때 허용하는 범위 내에서 가독성을 높일 수 있도록 번역하려고 많은 노력을 경주했다. 이를 위해 번역자들이 번역 원고를 수차례 상호 검토하는 작업을 거쳤다. 물론 '번역은 반역'이라는 말이 있듯이 완벽한 번역이란 실제로 불가능하며, 개별 번역자의 견해와 신념에 따라 번역 방식도 차이가 날 수밖에 없다. 따라서 번역의 완성도에 대해서는 전적으로 독자의 판단에 맡기겠다. 독자들의 비판을 거치면서 좀더 나은 번역으로 거듭날 수 있는 기회가 있기를 바랄 뿐이다.

『칸트전집』 간행사업단은 앞에서 밝힌 목적을 달성하려고 오랜 기간 공동 작업을 해왔으며 이제 그 결실을 눈앞에 두고 있다. 수많은 전문 학자가 참여하여 5년 이상 공동 작업을 수행한다는 것은 우리 학계에서 그동안 경험해보지 못한 전대미문의 도전이었다. 이런 이유로 간행사업단은 여러 가지 시행착오와 문제점에 봉착했으며, 그것을 해결하는 일은 결코 쉽지 않았다. 그럼에도 이견을 조정하고 문제점을 해결해나가면서 길고 긴 공동 작업을 무사히 완수할 수 있었던 것은 『칸트전집』 간행을 성공적으로 마무리하여 학문 후속세대에게 좀더 정확한 번역본을 제공하고, 우리 학계의 학문연구 수준을 한 단계 끌어올려야겠다는 '한국칸트학회' 회원들의 단결된 의지 덕분이었다. 이번에 출간하는 『칸트전집』이 설정한 목표를 완수했다면, 부정확한 번역에서 비롯되는 칸트 원전에 대한 오해를 개선하고, 기존의 번역서 사이에서 발생하는 용어 혼란을 시정하며, 나아가 기존의 칸트 원전 번역이 안고 있는 비전문성을 극복하여 독자가 좀더 정확하게 칸트의 작품을 이해하게 될 것이다. 물론 『칸트전집』이 이러한 목표를 달성했는지는 독자의 판단에 달려 있으며, 이제 간행사업단과 '한국칸트학회'는 독자의 준엄한 평가와 비판에 겸허히 귀를 기울일 것이다.

끝으로 『칸트전집』을 성공적으로 간행하기 위해 노력과 시간을 아끼지 않고 참여해주신 번역자 선생님 모두에게 진심으로 감사하는 마음을 드린다. 간행사업단의 다양한 요구와 재촉을 견뎌야 했음에도 선생님들은 이 모든 과정을 이해해주었으며, 각자 소임을 다했다. 『칸트전집』은 실로 번역에 참여한 선생님들의 땀과 노력의 결실이라 할 수 있다. 또 한국연구재단의 지원 아래 『칸트전집』 간행사업을 진행할 수 있도록 큰 도움을 주신 '한국칸트학회' 고문 강영안, 이엽, 최인숙, 문성학, 김진 선생님께도 감사의 말씀을 전한다. 『칸트전집』 간행 사업을 원활하게 진행할 수 있었던 것은 무엇보다도 공동연구원 아홉 분이 활약한 덕분이다. 김석수, 김수배, 김정주, 김종국, 김화성, 이엽, 이충진, 윤삼석, 정성관 선생님은 번역 이외에도 용어 조정 작업, 해제와 역주 원칙 작성 작업, 번역 검토 기준 마련 등 과중한 업무를 효율적이고도 성실하게 수행해주었다. 특히 처음부터 끝까지 번역작업의 모든 과정을 꼼꼼히 관리하고 조정해주신 김화성 선생님께는 진정한 감사와 동지애를 전한다. 사업을 진행하기 위해 여러 업무와 많은 허드렛일을 처리하며 군말 없이 자리를 지켜준 김세욱, 정제기 간사에게는 그저 고마울 따름이다. 그뿐만 아니라 열악한 출판계 현실에도 학문 발전을 위한 소명 의식으로 기꺼이『칸트전집』 출판을 맡아주신 한길사 김언호 사장님과 꼼꼼하게 편집해주신 한길사 편집부에도 심심한 감사의 말씀을 드린다.

2018년 4월
『칸트전집』간행사업단 책임연구자
최소인

『칸트전집』일러두기

1. 기본적으로 칸트의 원전 판본을 사용하고 학술원판(Akademie-Ausgabe)과 바이셰델판(Weischedel-Ausgabe)을 참조했다.

2. 각주에서 칸트 자신이 단 주석은 *로 표시했고, 재판이나 삼판 등에서 칸트가 직접 수정한 부분 중 원문의 의미 전달과 상당한 관련이 있는 내용은 알파벳으로 표시했다. 옮긴이주는 미주로 넣었다.

3. 본문에서 [ ] 속의 내용은 독자의 이해를 돕기 위해 옮긴이가 넣었다.

4. 본문에 표기된 'A 100'은 원전의 초판 쪽수, 'B 100'은 재판 쪽수다. 'Ⅲ 100'는 학술원판의 권수와 쪽수다.

5. 원문에서 칸트가 이탤릭체나 자간 늘리기로 강조 표시한 부분은 본문에서 고딕체로 표시했다.

6. 원문에서 독일어와 같이 쓴 괄호 속 외래어(주로 라틴어)는 그 의미가 독일어와 다르거나 칸트의 의도를 파악하는 데 도움이 될 경우에만 우리말로 옮겼다.

7. 칸트철학의 주요 용어에 대한 우리말 번역어는 「번역용어집」(한국칸트학회 홈페이지 kantgesellschaft.co.kr 참조할 것)을 기준으로 삼았지만 문맥을 고려해 다른 용어를 택한 경우에는 이를 옮긴이주에서 밝혔다.

차례

『칸트전집』을 발간하면서 ································· 6

『칸트전집』 일러두기 ································· 13

세계시민적 관점에서 본 보편사의 이념 ················· 17

계몽이란 무엇인가에 관한 답변 ··················· 37

인종에 관한 개념 규정 ····················· 49

인류사의 추정된 기원 ····················· 71

사유 안에서 방향 정하기란 무엇인가? ············· 91

철학에서 목적론적 원리의 사용 ················· 113

순수 이성의 이전 비판이 모든 새로운 비판을
불필요하게 만든다는 발견 ··················· 149

변신론에서 모든 철학적 시도의 실패 ············· 239

이론에서는 옳을지 모르지만 실천에는
쓸모없다고 하는 속설 ····················· 263

만물의 종말 ··························· 319

해제

『세계시민적 관점에서 본 보편사의 이념』· 김미영 ············ 343

『계몽이란 무엇인가에 관한 답변』· 홍우람 ················ 349

『인종에 관한 개념 규정』· 김미영 ···················· 357

『인류사의 추정된 기원』· 김미영 ···················· 363

『사유 안에서 방향 정하기란 무엇인가?』· 홍우람 ············· 369

『철학에서 목적론적 원리의 사용』· 홍우람 ················ 379

『순수 이성의 이전 비판이 모든 새로운 비판을
불필요하게 만든다는 발견』· 오은택 ·················· 389

『변신론에서 모든 철학적 시도의 실패』· 이남원 ············· 403

『이론에서는 옳을지 모르지만 실천에는
쓸모없다고 하는 속설』· 정성관 ···················· 409

『만물의 종말』· 배정호 ························· 419

옮긴이주 ······························· 423

찾아보기 ······························· 441

세계시민적 관점에서 본 보편사의 이념

김미영 옮김

일러두기

1. 『세계시민적 관점에서 본 보편사의 이념』(*Idee zu einer allgemeinen Geschichte in weltbürgerlicher Absicht*) 번역은 1784년 발표된 원전을 사용했고, 학술원판 (Immanuel Kant, *Abhandlungen nach 1781* in *Kant's gesammelte Schriften*, Bd. Ⅷ, pp.15-31, hrsg. von der Königlich Preußischen Akademie der Wissenschaften, Berlin, 1911)과 바이셰델판(*Schriften zur Anthropologie, Geschichtsphilosophie, Politik und Pädagogik* in *Immanuel Kant Werke in Zehn Bänden*, hrsg. von Wilhelm Weischedel, Bd. Ⅸ, pp.31-50, Darmstadt, 1983)을 참조했다.

세계시민적 관점에서 본 보편사의 이념*

우리가 의지 자유 개념에 대해 형이상학적 의도로 어떤 태도를 취   A 385; VIII 17
하든지 간에 의지의 현상인 인간행위는 다른 모든 자연현상과 마찬
가지로 보편적 자연법칙에 따라 규정된다. 이러한 [의지의] 현상을
설명하는 것인 역사는 현상의 원인이 깊이 은폐되어 있을지라도 다   A 386
음과 같은 것을 기대하게 한다. 즉 역사는 인간의지의 자유가 발휘
되는 과정을 길게 관찰한다면 자유의 규칙적 진행을 발견할 수 있을
것이며, 그런 방식으로 개별자에게는 복잡하고 불규칙적으로 나타
나는 것이 종 전체에는 종의 근원적 소질이 느리지만 그래도 끊임없
이 전개해 나아가는 것으로 인식될 것을 기대하게 한다. 그래서 결혼
이나 결혼에서 발생하는 탄생과 죽음은 인간의 자유의지에 크게 영
향을 받으므로 그 숫자를 미리 계산하여 정할 수 있는 어떤 규칙에
도 종속되지 않은 것처럼 보이지만, 큰 나라들의 연간 통계자료는 그
런 일들이 규칙적인 자연법칙에 따라 일어난다는 것을 증명한다. 마

---

*   금년 『고타 학술지』 제12호의 「짧은 소식」에 있는 이 구절은 여행 중인 어
떤 학자와 나눈 내 담화에서 따온 것이 분명하다. 이 구절이 나에게 이 해
명을 하게 하는데, 이 해명이 없다면 앞의 구절에는 이해할 수 있는 어떤
의미도 없을 것이다.

치 개별적으로는 그 경과를 미리 정할 수 없는 변덕스러운 날씨가 전체적으로는 식물의 성장과 강물의 흐름 그리고 다른 자연현상들이 동일한 형태로 끝없이 진행되도록 전력을 다해 유지하는 것처럼 말이다. 개인들은 물론 전체 국민조차 각자 자기 취향에 따르거나 때로는 서로 맞서서 각자 의도를 뒤쫓는 동안 알려지지 않은 자연의도에 따라 자신들도 모르게 마치 어떤 끈을 따라가듯이 나아가며 자연의

A 387 도를 촉진하는 데 열중한다는 것을 생각하지 않는다. 이 자연의도가 알려진다 해도 그들은 개의치 않겠지만 말이다.

인간은 어떤 일을 추진할 때 짐승처럼 단순히 본능적으로 행동하지 않는다. 그렇다고 해서 이성적인 세계시민처럼 전체적으로 약속된 계획에 따라 행동하지도 않으므로, (꿀벌이나 비버에게서 나타나는) 계획적인 역사는 인간에게 가능해 보이지 않는다. 거대한 세계무

Ⅷ 18 대에서 인간행위가 이루어지는 것을 보면서 때때로 개인에게서 나타나는 지혜가 전체적으로는 결국 어리석음이나 유치한 자만심, 심지어 가끔은 어리석은 사악함이나 파괴욕과 뒤얽혀 있다는 것을 발견할 때, 우리는 일종의 분노를 느끼지 않을 수 없다. 우리는 결국 자기 장점에 대해 그렇게도 자만심이 강한 인류를 어떻게 이해해야 할지 알 수 없게 된다. 여기서 철학자가 취할 유일한 길은, 그가 인간과 인간의 전체 행위에서 합당한 개인적 의도를 전제할 수 없으므로 인간사의 그러한 모순적 과정에서 어떤 **자연의도**를 발견할 수 있을지, 발견한다면 그러한 자연의도에서 고유한 자기계획 없이 행하는 생물에게 그럼에도 자연의 특정한 계획에 따른 역사가 가능할지 시험해보는 것이다.―우리는 그러한 역사로 이끄는 끈을 발견할 수 있을지 살펴보고자 한다. 그리고 우리는 역사를 그러한 계획에 따라 파악하는 능력을 지닌 사람을 만들어내는 일을 자연에 위임하고자 한다.

A 388 자연은 행성들의 편심궤도를 의외의 방식으로 확정된 법칙에 종속

시킨 케플러와 같은 사람을 만들어냈으며, 이 법칙을 보편적 자연원인에서 설명한 뉴턴과 같은 사람을 만들어냈다.[1]

제1명제

생물의 모든 자연소질은 언젠가 완전하고 합목적적으로 발현되도록 정해져 있다. 이것은 모든 동물에게서 외적 관찰뿐 아니라 내적 관찰이나 분석적 관찰로 증명된다. 사용하지 않는 기관은 그 자연소질의 목적을 성취하지 않는 장치로서 목적론적 자연학에서는 하나의 모순이다. 우리가 위의 원칙을 포기한다면, 우리에게는 이제 합법칙적 자연이 아니라 목적 없이 운행하는 자연이 있을 것이고, 황량한 우연이 이성의 끈을 대신할 테니 말이다.

제2명제

(지상에서 유일하게 이성적 생물인) 인간에게 이성 사용을 지향하는 자연소질은 개인이 아니라 종 안에서만 완전히 전개될 것이다. 한 생물의 이성은 자신이 지닌 모든 힘을 사용하는 규칙과 의도를 자연본능을 훨씬 넘어서까지 확장하는 능력이며, 이러한 자기계획에서 어떤 한계도 알지 못한다. 이성 자신은 본능적으로 작용하지 않고 한 단계 통찰에서 다른 단계 통찰로 서서히 나아가기 위해 시도와 훈련 그리고 학습이 필요하다. 따라서 누구나 어떻게 자신의 자연소질을 완전히 사용할지 배우려면 무척 오래 살아야 한다. 혹은 자연이 (실제로 그런 것처럼) 인간의 생존기간을 조금만 책정했다면, 인류 안에 있는

A 389

VIII 19

자연의 싹을 궁극적으로 자연의 의도와 완전히 일치하는 전개 단계로까지 키우기 위해 한 세대가 다음 세대에게 자신이 이룬 계몽을 전수하는, 아마도 무한한 대열의 생식이 필요할 것이다. 그리고 이 시점은 적어도 인간의 이념 안에서는 인간이 노력을 기울일 목표여야 한다. 그렇지 않다면 자연소질이 대부분 쓸모없고 목적 없는 것으로 간주되어야 하겠기 때문이다. 그렇게 되면 모든 실천적 원칙이 파기될 것이고, 이로써 자신의 지혜를 다른 모든 준비를 판단하는 데 원칙적으로 써야 하는 자연이 유독 인간에게는 유치한 장난을 친다고 의심받게 되겠기 때문이다.

제3명제

자연이 의도한 것은 인간이 자신의 동물적 현존에 깃든 기계적 배열을 넘어서는 모든 것을 인간 자신에서 끄집어내는 것이며, 인간이 본능에 의존하지 않고 자신의 이성으로 스스로 이루어낸 행복이나 완전성 이외의 것에는 관여하지 않는 것이다. 자연은 이른바 어떤 여분의 것도 행하지 않고 자기목적을 위한 수단을 사용하는 데에서 낭비하지 않는다. 자연은 인간에게 이성과 이성에 기초를 둔 의지의 자유를 주었으므로, 이 사실이 이미 인간의 소질과 관련된 자연의 의도를 명백히 보여주는 것이었다. 말하자면 인간은 본능에 인도되거나 타고난 지식을 바탕으로 양육되고 교육받아서는 안 되었고 오히려 모든 것을 자신에게서 가져와야 했다. 인간은 음식과 의복을 만들고 외부로부터 안전하게 방어하는 것(이를 위해 자연은 인간에게 황소의 뿔도 사자의 발톱도 개의 이빨도 주지 않고 두 손만을 주었다), 삶을 쾌적하게 할 수 있는 모든 오락, 인간의 통찰과 영리함조차 심지어 인간의지의 선량함

도 전적으로 인간 자신의 작품이어야 했다. 여기서 자연은 자신이 최
대한 절약한 것에 스스로 만족한 듯이 보이며 자신의 동물적 설비를 최초 실존에게 가장 필요한 바를 고려하여 면밀하고 정확하게 측량한 것으로 보인다. 마치 인간이 가장 미개한 상태에서 언젠가 가장 Ⅷ 20 크게 이룬 숙련과 사고방식의 내적 완전성에까지, 그리고 이로써 (지 A 391 상에서 가능한 한도에서) 행복에까지 도달하게 되었다면, 그 공로는 전적으로 인간의 것이며 인간 자신의 힘으로만 이루기를 자연이 원했던 것처럼, 마찬가지로 인간의 안녕보다는 이성적 **자기존중**에 자연이 더 많은 가치를 두었던 것처럼 말이다. 인간사의 이러한 과정에는 인간을 기다리는 고난이 무수히 많다. 그러나 자연은 인간이 편안하게 살기보다는 오히려 삶과 건강을 위한 행동을 하면서 자신을 고귀하게 만들려고 노력하는 일에 상관하는 것 같다. 여기서 언제나 이상한 것은 앞선 세대가 다음 세대를 위해, 말하자면 다음 세대가 자연이 목적으로 삼는 건축물을 더욱 높이 지을 수 있도록 한 단계를 마련해주기 위해 고생하는 것으로만 보인다는 것과 가장 마지막 세대만이 길게 대열을 이룬 조상이 (물론 의도하지 않았지만) 자신들이 준비한 행복을 누릴 수 없으면서도 일해서 세운 그 건물에서 사는 행운을 누린다는 것이다. 그러나 이것은 수수께끼 같지만 동시에 필연적이다. 우리가 어떤 동물종이 이성을 지닌다는 것과 모두 죽지만 그 종은 불멸하는 이성적 존재의 부류로서, 그레도 종의 소질을 완전히 A 392 전개하기에 이른다는 것을 한번 받아들인다면 말이다.

제4명제

자연이 모든 자연소질을 전개하기 위해 사용하는 수단은, 그것이 최종

적으로 소질들이 합법칙적으로 배열하는 원인이 되는 한 사회 안에서 일어나는 자연소질들의 항쟁이다. 여기서 항쟁은 인간의 비사교적인 사교성, 즉 이 사회를 지속적으로 분할하려고 끝없이 위협하는 일반적 저항과 결합되어 있으면서도 사회에 들어가려는 인간의 성향을 의미한다. 게다가 이 소질은 명백히 인간 본성에 놓여 있다. 인간에게는 자신을 **사회화**하려는 경향이 있다. 인간은 그런 상황에서 자신을 인간 이상으로서, 즉 자신의 자연소질이 전개되는 것을 느끼기 때문이다. 그러나 인간은 자신을 **개별화**하려는(고립하는) 성향도 강하다. 인간은 자신 안에서 모든 것을 자기 의향에만 맞추려는 비사회적 특성을 동시에 마주하기 때문이다. 따라서 인간은 자기 측에서 다른 사람들에게 저항하는 경향이 있는 자기 자신을 아는 것과 마찬가지로 도처에서 저항을 예상한다. 이 저항은 인간의 모든 힘을 일깨우고 나태에 빠지려는 성향을 극복하게 하며, 명예욕과 지배욕 그리고 소유욕에 내몰려 그가 좋아하지 않지만 **벗어날 수도 없는** 동시대인 사이에서 어떤 지위를 획득하게 한다. 여기서 이제 야만에서 문화로 가는 최초의 참된 진보가 일어난다. 문화는 원래 인간의 사회적 가치에서 성립한다. 여기서 모든 재능이 점차 전개되고 취미가 형성되며, 심지어 계속되는 계몽으로 도덕적 분간을 하기 위한 조야한 자연소질이 서서히 특정한 실천적 원리들로 바뀌어서 **정념적으로** 강제되어 모인 사회를 마지막에는 **도덕적인** 전체로 바꿀 사유방식의 정초가 시작된다. 저항을 산출하며, 누구나 자신의 이기적 자만에서 필연적으로 마주치는 속성이자 그 자체로는 사랑할 만한 속성이 아닌 비사교성이 없었다면, 완전한 조화로움과 만족감 그리고 상호 사랑과 함께하는 목가적 생활 속에서 모든 재능은 영원히 그 싹에 숨은 채 머물러 있을 것이다. 자신들이 키우는 양처럼 온순한 사람들은 자기들 현존에 그들의 가축이 지닌 것보다 더 큰 가치를 부여하지 못할 것이다. 그

24

들은 이성적 본성이라는 목적과 관련된 창조의 빈 공간을 가득 채우지 못할 것이다. 그러므로 불화나 악의적인 경쟁심, 만족할 줄 모르는 소유욕이나 지배욕이 있게 한 자연에 감사하라! 이런 것들이 없다 A 394 면 인간성 속에 있는 탁월한 모든 자연소질은 전개되지 못한 채 영원히 잠들게 될 것이다. 인간은 조화로움을 원한다. 그러나 자연은 인간 종족을 위해 무엇이 좋은지를 더 잘 안다. 그래서 자연은 불화를 원한다. 인간은 안락하고 만족스럽게 살기를 원한다. 그러나 자연은 인간이 나태와 수동적 만족감에서 나와 노동과 고난에 빠지기를 원한다. 이것들에서 영리하게 다시 빠져나올 방도를 찾아내게 하려고 말이다. 이를 향한 자연적 원동력이 되는 비사교성과 지속적 저항의 원천은 비록 그것에서 많은 악이 발생하더라도 힘의 새로운 긴장을, 그래서 자연소질의 다양한 전개를 추진한다. 따라서 그 원천은 현명 Ⅷ 22 한 창조자의 질서를 잘 보여주는 것이지, 창조자의 성스러운 곳에서 서투르게 일하거나 시기심에서 그곳을 파괴하는 심술궂은 악마의 손을 보여주는 것이 아니다.

제5명제

자연이 인간에게 해결하라고 강요하는 인류의 기장 큰 문제는 법을 보편적으로 관장하는 시민사회를 건설하는 일이다. 사회에서만, 그것도 최대 자유를 갖추어 그 구성원들의 일반적 항쟁에도 그런 자유의 한계를 가장 정확하게 규정하고 보장하기에 그 자유가 다른 이의 자유 A 395 와 양립할 수 있을—그런 사회에서만 자연이 품은 최상의 의도가, 즉 모든 자연소질이 인류에게 전개될 수 있으므로, 자연도 인류에게 규정된 모든 목적과 마찬가지로 이 목적을 인류가 스스로 달성하기를 원한다. 따라서 외적인 **법률** 아래에 있는 자유가 불가항력적인 힘과 가능한 한 최대로 결합한 사회인 완전히 정당한 시민적 체제가 인류를 위한 자연의 최상과제임이 틀림없다. 자연은 이러한 과제를 해결하고 수행함으로써만 인류와 관련된 자신의 남은 의도를 성취할 수 있다. 구속되지 않은 자유를 누릴 수 있는 인간이 이러한 강제 상황에 들어가는 것은 필요 때문이다. 무엇보다도 가장 큰 필요는 자연적 자유 상태에서는 서로 오랫동안 같이 지낼 수 없게 하는 경향을 지닌 인간 자신이 함께 부가하는 것이다. 시민적 공동체인 그러한 영역에서만 이 경향이 이후에 가장 좋은 결과를 가져올 것이다. 마치 숲에 있는 나무들이 다른 나무에서 공기와 빛을 빼앗으려 하고 이 둘을 자기 위에서 찾으려 서로 필요로 함으로써 아름답게 똑바로 자라게 된

것처럼 말이다. 반면에 자유롭게 서로 분리되어 가지를 마음대로 뻗고 자라는 나무들은 기형으로 성장하거나 비틀리고 굽은 형태로 성장하게 된다. 인류를 장식하는 모든 문화와 기술 그리고 가장 아름다운 사회적 질서는 스스로 자신을 훈련하고, 그래서 강요된 기술로 자연의 싹을 완전히 전개할 수밖에 없는 비사교성의 결실이다.

제6명제

이것은 가장 어려운 문제인 동시에 인류가 가장 나중에 해결할 문제다. 이 과제에 대한 단순한 생각이 이미 우리 눈앞에 제시하는 어려움은 동종의 타인과 어울려 살 때 인간은 어떤 지배자가 필요한 동물이라는 것이다. 인간은 분명히 동등한 다른 사람들에게 자신의 자유를 남용한다. 그리고 비록 이성적 존재자로서 인간이 모든 사람의 자유를 제한하는 법률을 갖추려 한다고 해도, 인간은 이기적이고 동물적인 경

향 때문에 자신을 이 제한에서 제외하려고 할 것이다. 그래서 인간은 스스로 자신의 의지를 포기하고 하나의 보편타당한 의지에 복종하여 누구나 거기서 자유로울 수 있게 해줄 **지배자**를 필요로 한다. 그러면 인간은 어디에서 이러한 지배자를 얻을까? 인간종족 이외의 다른 어디서도 얻을 수 없다. 그런데 이 지배자도 마찬가지로 지배자가 필요한 동물이다. 따라서 인간은 자신이 원하는 대로 시도하겠지만, 그 자체로도 정의로운 공적인 정의의 수반을 어떻게 얻을지 예측할 수는 없다. 그는 어떤 개인에게서나 선발된 사람들의 모임에서 그런 수반을 찾을 수도 있다. 그러나 그런 사람도 법칙에 따라 그에게 힘을 행사하는 누군가를 자기 위에 두지 않는다면 언제나 자유를 남용할 것이다. 최고 수반은 그 **자신**이 정의로워야 하지만 또한 인간이어야 한다. 따라서 이 과제는 다른 모든 과제 중 가장 어렵다. 물론 이 과제를 완전히 해결하기는 불가능하다. 인간을 형성하는 굽은 나무에서는 완전히 곧은 어떤 것도 나올 수 없다. 이러한 이념에 접근하는 것만이 자연이 우리에게 준 과제다.* 이 과제가 가장 나중에 실행된다는 것은 무엇보다 다음 사실에서도 도출된다. 이 과제를 실행하려면 가능한 한 체제의 본성에 관한 올바른 이해와 수많은 세속적 경험을 바탕으로 얻은 탁월한 노련함 그리고 무엇보다 이런 것들을 수용할 준비가 되어 있는 선한 의지가 요구된다는 사실 말이다. 그러나 이러 A 398 한 세 기지는 매우 이려우며, 실행된다 하디라도 오직 매우 늦게 헛된 시도들을 하고 난 뒤 언젠가 함께 발견될 것이다.

A 397

---

* 그래서 인간의 역할은 매우 인위적이다. 다른 행성의 거주자와 그의 본성을 우리는 알지 못한다. 그러나 우리가 자연의 지시를 잘 수행한다면, 우리는 우주의 이웃들 중에서 낮지 않은 서열을 차지할 것이라고 주장할 수 있다. 아마 이들 이웃 속에서는 각 개인이 자기 소질을 생애 동안 완전히 실현할 수도 있을 것이다. 하지만 우리는 다르다. 우리는 종으로서만 이 실현을 바랄 수 있다.

제7명제

완전한 시민적 체제를 확립하는 문제는 합법적인 외적 국제관계의 문제에 의존하며 이 문제를 해결하지 않는다면 해결할 수 없다. 개인들 간의 합법적인 시민적 체제를 위해, 즉 **공동체**의 배치를 위해 일하는 것은 어떤 유익함이 있을까? 인간을 시민적 체제로 이끈 그 비사교성은 다시 외적인 관계에 있는 각 공동체가, 즉 국가들과 관계가 있는 한 국가가 구속되지 않는 자유에 서는 원인이며, 그 결과 한 국가가 개인들을 억압해서 합법적인 시민상태에 들어가도록 강요한 바로 그 악을 다른 국가에서 기대해야 하는 원인이 된다. 따라서 자연은 인간 사이의 불화를, 심지어 이런 종류의 생물이 세운 거대한 사회나 국가본체 사이의 불화를 그들의 불가피한 **항쟁** 속에서 평화와 안정 상태를 찾는 수단으로 삼았다. 다시 말해서 자연은 전쟁으로, 과도하고 결코 감소되지 않는 전쟁준비로 그리고 그 때문에 결국 모든 국가가 평화로운 시기에조차 내적으로 느껴야 하는 궁핍을 바탕으로 처음에는 불완전한 시도를 추진한다. 하지만 자연은 결국 무수한 황폐화와 몰락 이후 그리고 자신의 힘조차 내적으로 고갈한 다음 그렇게 많은 불행한 경험 없이도 이성이 말할 수 있었을 것을, 즉 야만의 무법 상태에서 벗어나 국제연맹을 맺으려고 추진한다. 국제연맹에서는 가장 작은 국가일지라도 모든 국가가 각국의 안전과 권리를 자신의 힘과 고유한 판단이 아니라 오직 거대한 국제연맹을 매개로, 즉 하나의 통일된 힘과 통일된 의지의 법칙에 따른 결정을 바탕으로 보장받을 수 있다. 이 생각이 비록 환상적으로 보이고 **생피에르**[2]나 루소에게서 조롱받은 것일지라도 (그들은 이 생각을 실행하기에는 너무 이르다고 믿었기에), 그 생각은 사람들이 서로 초래하는 곤경에서 나올 불가피한 출구다. 이 곤경은 미개인들도 마찬가지로 마지못해 결단하도록 강요되었던, 말하자면 자신의 난폭한 자유를 포기하고 합법적인 체제 안에서 평화와 안전을 찾도록 강요되었던 바로 그 결단을 국가들이 내리도록 (비록 그것이 그들에게 어려울지라도) 강요해야 한다는 것이다.―따라서 모든 전쟁은 (인간의 의도에서는 아닐지라도 자연의 의도에서는) 국가들 사이의 새로운 관계를 정립하려는 시도 A 400; Ⅷ 25 이며 파괴를 함으로써, 적어도 모든 것을 조각냄으로써 새로운 국가를 세우려는 시도이기도 하다. 그러나 이 새로운 국가도 다시 그 자신에서나 상호 관계에서 자신을 유지할 수 없게 된다. 따라서 그 국가는 마치 **자동장치**가 자신을 유지할 수 있는 것처럼, 내부적으로는 가장 가능성 있는 시민적 체제의 확립으로, 외부적으로는 공동의 약정과 입법으로 결국 시민적 공동체와 유사한 상태에 도달할 때까지 유사한 혁명을 새로이 겪어야 한다.

이제 우리는 작용하는 원인들이 **에피쿠로스의 주장과 같이** 결합하는 것에서,[3] 국가들이 물질의 작은 입자들같이 우연히 충돌함으로써 다양한 종류의 형성물들을 야기하고, 이것이 다시 새로운 충돌로 파괴되어 마침내 우연히 자기 형태를 유지할 수 있는 형성물에 도달하는 것을 기대해야 할까? (이것은 거의 발생하기 어려운 우연한 행운이다!) 아니면 오히려 우리는 자연이 여기서 인류를 낮은 짐승단계에서 서서히 가장 높은 인류단계로까지, 게다가 인간에게 강요되었지만 인간 자신의 기술로 이끌어가는 어떤 규칙적 과정을 따르며, 겉으로 보기에 야만적인 이 배열 속에서 완전히 규칙적으로 앞서 언급한 근원적 소질을 전개한다는 것을 받아들여야 할까? 혹은 우리는 차라리 인간의 이 모든 작용과 반작용에서는 전체적으로 보아 결코 아무 A 401 것도, 적어도 현명한 것은 결코 나오지 않을 것을 그리고 지금까지 그랬던 것처럼 앞으로도 그렇게 지속되기를 원할 것인가? 그래서 우리는 차라리 우리 인류에게 그렇게 자연스러운 불화가 아직 그렇게 문명화한 상황에서 아마 이 상황 자체와 지금까지 쌓아온 모든 문화적 진보를 야만적 황폐화로 다시 부숨으로써(이것은 맹목적 우연의 통치 아래에서 우리가 겪을 수밖에 없는 운명이다. 이러한 통치는 사실, 우리가 현명함과 결합한 자연의 비밀스러운 끈을 마련해주지 않았다면 무법적 자유와 같은 것이다!) 종국에는 우리에게 악으로 가득 찬 지옥을 가져다주지는 않을지 예언할 수 없게 되기를 원할 것인가? 이것은 대략, 부분에서는 자연의 **합목적성**을 받아들이지만 전체에서는 **무목적**을 받아들이는 것이 합리적인가 하는 물음으로 요약될 수 있다. 따라서 목적 없는 야만상태가 행한 것, 즉 그 야만상태가 인류에게 있는 모든 자연소질을 억누른 것은 궁극적으로는 이 상태가 인류에게 초래한 악 때문에 인류로 하여금 이 상태에서 벗어나 모든 자연소질을 전개할 수 있는 시민적 체제의 상태로 들어가게 했다. 이런 일
VIII 26 은 이미 설립된 국가들에서도 야만적 자유를 바탕으로 일어난다. 말하자면 공동체의 모든 힘을 서로 맞서서 무장하는 데 소모함으로써
A 402 전쟁이 가져오는 황폐화로, 더 심하게는 언제나 전쟁을 준비해야 하는 필연성 때문에 자연소질의 완전한 전개는 방해받는다. 그와 반대로 또한 여기서 나오는 악은 인류가 많은 국가 상호 간의, 그들의 자유에서 나오는 그 자체로는 건전한 저항에 대해 균형의 법칙을 발견하게 하고 이 균형의 법칙에 영향을 주는 통합된 힘을, 그래서 공적인 국가안전을 위한 세계시민상태를 도입하게 한다. 이러한 상태에 위험이 없지는 않아서 인간들의 군대가 잠들지는 않지만, 그래도 인간들 상호 간의 **작용과 반작용**이라는 **평등**의 원리도 있으므로 인간들이 서로 파괴하지는 않는다. 이 마지막 걸음(말하자면 국가들의 연합)이 수행되기 전, 즉 그 상태가 거의 반만 이루어졌을 때 인간 본성은 외면적 행복이라는 기만적인 모습을 지닌 가장 심한 악을 견뎌낸다. 그리고 루소가 야만상태를 선호했을 때, 인류가 아직 올라야 하는 바

로 이 마지막 단계를 우리가 생략하는 즉시 그가 아주 틀린 것은 아니다. 우리는 예술과 학문을 매개로 고도로 개화했다. 우리는 모든 종류의 사회적 예의범절에서 과도하게 문명화했다. 그러나 우리가 이미 도덕적으로 되었다고 간주하기에는 아직 많은 것이 부족하다. 왜냐하면 도덕성의 이념은 여전히 문화에 속하지만, 이 이념의 사용은 명예욕과 외적 예의바름에 있는 도덕 비슷한 것만을 목표로 삼아 단순히 문명화를 장식하기 때문이다. 국가가 모든 힘을 공허하고 폭력적인 확장 의도에 사용해서 국민의 사고방식을 내면적으로 교육하기 위한 점차적인 노력을 끝없이 방해하고 교육을 위한 후원조차 모두 국민에게서 빼앗아버리는 한, 이런 방식에서는 아무것도 기대할 수 없다. 왜냐하면 이 교육을 하려면 국민을 교육하려는 각 공동체가 오랜 기간 수행하는 내적 작업이 요구되기 때문이다. 그러나 도덕적으로 선한 마음씨에 접목되지 않은 선한 것은 순전한 가상이자 번쩍거리는 곤궁일 뿐이다. 인류는 내가 말한 방법으로 국가관계의 혼란 상태에서 벗어나게 될 때까지 이런 상태에 머물러 있을 것이다.

제8명제

우리는 인류 역시를 전체적으로 보아 자연의 숨겨진 계획을 실현하는 과정이라고 간주할 수 있다. 그 계획은 자연이 인류에게 있는 모든 자연소질을 완전히 전개할 수 있는 유일한 상태인 국내적으로 완성된 국가체제를, 그리고 이 목적을 위해 국외적으로도 완성된 국가체제를 이루어내는 것이다. 이 명제는 앞의 명제에서 도출되었다. 우리는 철학에도 천년설[4]이 있을 수 있다는 점을 안다. 그러나 철학의 천년설은 비록 아주 먼 곳에서부터일 뿐이지만 철학 이념이 스스로 그 실현을 촉진

A 404

세계시민적 관점에서 본 보편사의 이념 31

할 수 있는 어떤 것이어서 전혀 공상적인 것이 아니다. 문제는 경험이 자연의도의 그러한 과정에서 어떤 것을 발견할지에 달려 있다. 나는 약간의 것이라고 말하겠다. 왜냐하면 이 순환은 완성되기까지 매우 오랜 시간을 요구하기에 우리는 인류가 이러한 의도에서 보낸 작은 부분에서 인류 행로의 형태와 이 부분이 전체에 대해 갖는 관계를, 마치 천체에 대한 지금까지의 모든 관찰에서 우리 태양과 그 주위를 도는 수많은 위성의 항로를 거대한 항성체계에서 파악하는 것처럼 불확실하게 규정할 수 있을 뿐이기 때문이다. 비록 세계건설의 조직적 체제에 관한 일반적 토대와 우리가 관찰한 작은 부분에서 그러한 순환의 존재를 충분히 믿을 만하게 추론할 수 있지만 말이다. 그런데 인간 본성에는 인류가 만나게 될 가장 멀리 떨어져 있는 시기에 관해서조차 그것이 확실하게 예측될 수 있다면 무관심할 수 없는

A 405 성질이 있다. 특히 우리는 우리 후손을 위해 매우 기쁜 이 시점을 우리의 이성적 행위로 더 빨리 오게 할 수 있을 것으로 보이므로 더더욱 무관심할 수 없다. 그러므로 우리에게는 그런 시기에 접근하는 것으로 보이는 미약한 흔적조차 매우 중요하다. 이제 국가들은 서로 이미 매우 인위적인 관계에서 어떤 국가든지 국내문화를 소홀히 한다면, 다른 국가에 대한 힘과 영향력을 상실하게 될 것이다. 따라서 진보는 아닐지라도 자연의 이러한 목적을 유지하는 것은, 명예욕이 강한 국가들의 의도로도 상당히 보장되어 있다. 나아가 시민적 자유도 이제 쉽게 침해될 수 없다. 그렇지 않다면 모든 일에서, 특히 무역에서 발생하는 불리함과 이로써 국외적 관계에서도 국가 힘이 상실

Ⅷ 28 된 것을 체감하게 될 것이다. 이러한 자유는 서서히 확장된다. 시민이 자신의 행복을, 다른 이의 자유와 양립할 수 있는 한 자신이 좋아하는 방식으로 추구하는 것을 방해한다면, 이것은 전체적 운행의 생명력을 저지하는 일이 됨으로써 다시 전체의 힘을 억제하는 것이 된

다. 따라서 개인 행위에 대한 제한은 점점 사라지고, 종교의 자유가 보편적으로 허용될 것이다. 그리고 미몽과 충동이 사라지고 **계몽이** 서서히 나타날 것이다. 인류의 지배자들이 개인적 이익만 추구할 때, 계몽은 이 지배자들의 이기적인 확장 의도에서 인류를 구출해야 하는 위대한 선이다. 그러나 이 계몽은 그리고 이와 함께 또한 계몽된 인간이 그가 완전히 파악하는 선에서 취할 수밖에 없는 어떤 핵심부분은 서서히 왕의 자리에 올라야 하며 정부 원칙에도 영향을 미쳐야 한다. 예를 들어 우리 세계의 지배자들이 현재 모든 것을 미래 전쟁을 미리 준비하는 데 사용해서 공적인 교육시설이나 세상에서 가장 좋은 모든 것에는 아무런 예산을 들이지 않는다 하더라도 그들은 국민들이 이 분야에 들이는 미미하고 느린 노력을 적어도 방해하지 않는 것이 자신들에게도 유리하다는 사실을 발견할 것이다. 결국 전쟁조차 점점 인위적으로 되고, 그 출발점과 관련하여 양쪽 모두에게 불확실한 계획일 뿐 아니라 계속 증가하는, 상환할 수 없는 전쟁의 빚 (새로운 발명품)에서 국가가 감지하는 후유증 때문에 매우 걱정스러운 계획이 되기도 할 것이다. 여기서 무역으로 아주 긴밀히 결부되어 있는 우리 대륙에서 각 국가의 동요가 다른 모든 국가에 미치는 영향은 현저하다. 따라서 국가들은 자신의 위험을 막으려고 비록 합법적 형태는 없지만, 스스로 중재자가 되어 이전 세계에서는 어떤 사례도 찾아볼 수 없는 미래의 거대한 국가본체를 미리 준비할 것이다. 비록 이러한 국가본체가 지금은 아직 매우 조야한 구상 속에 있을 뿐이지만 전체 유지를 중대사로 여기는 모든 참가국 사이에서는 이미 어떤 감정이 일어나고 있다. 그리고 이 감정은 자연이 최상의 의도로 삼는 것인 인류의 모든 근원적 소질이 전개되는 모체인 **보편적 세계시민상태가** 개혁을 위한 수많은 혁명 이후에 마침내 언젠가 실현될 것이라는 희망을 준다.

제9명제

　　인류의 완전한 시민적 통합을 목표로 하는 자연의 계획에 따라 보편적 세계사를 서술하려는 철학적 시도는 가능한 것으로서, 심지어 이러한 자연의도를 후원하는 것으로서 간주되어야 한다. 세계의 진행과정이 특정한 이성적 목적에 적합하게 되어 있다고 해도, 그것이 어떻게 되어야 한다는 이념에 따라 **역사**를 기술하려는 것은 기이하고 불합리한 시도로 보인다. 그러한 의도에서는 단지 **소설**을 쓸 수밖에 없을 것으로 보인다. 그런데 자연은 인간적 자유의 유희에서조차 계획과 최종의도 없이는 진행하지 않는다는 것을 받아들여도 된다면, 이 이념은

그래도 잘 사용될 것이다. 그리고 비록 우리가 근시안적이어서 자연적 작용의 비밀스러운 장치를 통찰하지 못한다 해도, 이 이념은 그것이 없었다면 인간행위들의 계획 없는 **집합체**에 지나지 않았을 것을 적어도 전체적으로는 하나의 **체계**로 묘사하는 길잡이로서 쓰일 것이다. 왜냐하면 그리스 역사를—그것으로 우리에게 다른 모든 오래된 역사나 동시대 역사가 보존되었고 적어도 증명되어야 하는* 것으로서—고찰하기 시작한다면, 또 그리스 역사가 그리스를 정복한 로마민족의 국가본체형성과 파괴에 미친 영향과 로마 역사가 로마민족

---

*　그 시초부터 우리에게 이르기까지 중단 없이 지속해온 개화한 대중만이 고대 역사를 증명할 수 있다. 그 이외의 모든 것은 미지의 영역이다. 그리고 개화한 대중과 떨어져서 살았던 민족들의 역사는 오직 이들이 개화한 대중의 영역 안에 들어온 시점에서 시작할 수 있었다. 이것은 유대민족이 프톨레마이오스 시대에 와서 성서의 그리스어 번역으로 그 역사를 전할 수 있었던 사실에서 일어났다. 이 번역이 없었다면 우리는 유대민족의 고립된 역사를 믿지 않았을 것이다. 이 시점에서부터 (이 시작이 우선 적당히 고정되었을 때) 우리는 더 나아가 그들의 이야기를 추적할 수 있다. 그리고 다른 모든 민족의 역사도 그러하다. (흄이 말하는 바에 따르면) 투키디데스의 첫 페이지에서 참된 모든 역사가 유일하게 시작된다.

을 다시 파괴한 **야만족들**에게 미친 영향을 고찰하여 우리 시대에까지 추적한다면, 그러나 여기서 다른 민족의 정치사는 그에 대한 지식이 바로 이 계몽된 국가들의 역사로 점차 우리에게 도달한 만큼 부수적인 것으로 덧붙여진다면, 우리는 우리 대륙에서 (아마 다른 모든 곳 A 409 에서도 동일한 법칙이 주어질 테지만) 국가체제가 개선되는 어떤 규칙적인 과정을 발견하게 될 것이기 때문이다. 게다가 우리가 어디서나 Ⅷ 30 오직 시민적 체제와 그 법률 그리고 국가관계에 주목함으로써 이 두 가지가 품었던 선을 바탕으로 오랫동안 민족들을 (그들과 함께 예술과 학문도) 번영시키고 영광을 주는 데 기여했지만, 이 두 가지에 속했던 결점 때문에 그것을 다시 무너뜨리는 데 기여한 한, 그럼에도 혁명으로 계속 전개되는 계몽의 싹이 언제나 남아 있었다는 것이 그 다음에 오는 개선의 더 높은 단계를 준비해온 한, 어떤 길잡이가 발견될 것이라고 나는 믿는다. 이 길잡이는 단지 인간사의 혼란한 유희에 대한 설명이나 미래의 국가 변화에 대한 정치적 예언으로 기여할 수 있을 뿐 아니라 (이 유용성은 우리가 인간사를 불규칙한 자유의 관련 없는 작용으로 간주했을 때에도 인간사에서 이미 도출해낸 것이다!) 미래에 대해 위안을 주는 전망을 (우리가 자연의 계획을 전제하지 않는다면 이 전망을 합리적으로 바랄 수 없다) 열어줄 것이다. 이 전망 속에서 인류는 자연이 자신 안에 심어둔 모든 싹을 완전히 전개하고 지 A 410 상에서 인류의 소명을 실현할 수 있는 상대로 결국 이렇게 나아갈지를 멀리서부터 설명받을 것이다. 이와 같은 **자연의 정당화**—혹은 더 잘 말해서 **섭리의 정당화**—는 세계를 고찰하는 어떤 특별한 관점을 선택하려는 사소한 동기가 아니다. 만약 이 모든 것에서 목적을—인류의 역사를—포함하는 최고 지혜가 등장하는 위대한 무대의 부분이 그 무대에 대한 끝없는 반대로 머문다면, 비이성적인 자연의 왕국에서 창조의 성스러움과 현명함을 찬양하고 그런 고찰방식을 추천하는 것이 무슨 소용이 있겠는가? 그 부분을 바라보는 것은 우리가 불쾌해서 그 무대에서 눈을 돌리게 하고, 그 안에서 완성된 이성적 의도를 한 번이라도 만나는 것을 의심하게 함으로써 그 의도를 다른 세계에서만 기대하게 할 텐데 말이다.

내가 어느 정도는 **아프리오리한** 길잡이를 갖춘 이 세계사의 이념으로써 단순히 **경험적으로** 파악된 실제적 역사를 작성하려고 했다는 주장은 내 의도를 오해한 것이다. 그런 주장은 어떤 철학자가 (그는 그밖에도 역사를 매우 잘 알아야 할 것이다) 다른 어떤 관점에서도 시도할 수 있었을 한 생각에 지나지 않는다. 더욱이 우리가 현재 우리 시대의 역사를 기술할 때 함께 있는, 보통은 칭찬할 만한 장황함은 그렇지만 우리 후세대가 우리가 그들에게 몇 세기 뒤에 남기게 될 역사의 짐을 어떻게 파악하기 시작할지에 저절로 의문을 갖게 한다. 의심할 여지없이 후세대는 이미 오래전에 그 기록이 소멸되었을 수도 있는 가장 오래된 시기의 역사를 단지 그들에게 관심 있는 것의 관점에서, 말하자면 민족들이나 정부들이 세계시민적 목적에 무엇을 기여했거나 해를 끼쳤는지를 평가할 것이다. 그러나 이를 고려하는 것과 더불어 국가수반뿐 아니라 그의 공복에게 있는 명예욕을 그들이 자신들에 관한 훌륭한 기억을 가장 먼 후대에까지 전할 수 있는 유일한 수단에 맞추게 하려고 고려하는 것은 더 나아가 그러한 철학적 역사를 시도하기 위한 또 하나의 작은 동기를 줄 수 있다.

계몽이란 무엇인가에 관한 답변

홍우람 옮김

일러두기

1. 『계몽이란 무엇인가에 관한 답변』(*Beantwortung der Frage: Was ist Aufkläung?*)
번역은 1784년 발표된 원전을 대본으로 사용했고, 학술원판(Immanuel Kant,
Abhandlungen nach 1781 in *Kant's gesammelte Schriften*, hrsg. von der Königlich
Preußischen Akademie der Wissenschaften, Bd. Ⅷ, pp.33-42, Berlin, 1911)과 바
이셰델판(*Schriften zur Anthropologie, Geschichtsphilosophie, Politik und Pädagogik*
in *Immanuel Kant Werke in Zehn Bänden*, hrsg. von Wilhelm Weischedel, Bd. Ⅸ,
pp.51-61, Darmstadt, 1983)을 참조했다.

계몽이란 무엇인가에 관한 답변

계몽이란 인간이 그 자신에게 책임이 있는 미성숙함에서 벗어나는 것 A 481; Ⅷ 35
이다. 미성숙함은 다른 사람의 지도 없이는 자신의 지성을 사용하지
못하는 상태다. 이 미성숙함이 지성의 결여에서 기인하지 않고 다
른 사람의 지도 없이 자신의 지성을 사용하는 결단과 용기의 결여
에서 기인하는 경우, 그 책임은 자신에게 있다. 그러므로 감히 알려고
하라.[1] 너 자신의 지성을 사용할 용기를 가지라!는 것이 계몽의 표
어다.

오래전에 자연적으로 남의 지도에서 벗어나게 된 뒤에도 기꺼이 A 482
미성숙한 채로 평생 머무르는 사람들(자연적으로 나이든 사람들)이
그토록 많은 이유 그리고 다른 사람들이 주제넘게 그들의 후견인인
척하기가 그토록 쉬운 이유는 게으름과 나약함 때문이다. 미성숙하
게 있는 것은 매우 편안하다. 나를 대신해 지성을 가지고 있는 책, 나
를 대신해 양심을 가지고 있는 목사, 나를 대신해 식단을 짜주는 의
사 등이 내게 있다면, 나는 아무런 수고도 할 필요 없다. 다른 사람들
이 이미 나를 대신해 성가신 일을 떠맡을 테니, 그 대가를 지불할 수
만 있다면 나는 생각할 필요가 없다. (여성 전체를 포함해서) 거의 대
부분 인간은 성숙함을 향해 나아가는 발걸음이 단지 힘들 뿐만 아니

라 매우 위험하다고 여기는데, 이들에 대한 감독을 친절히 떠맡은 저 후견인들은 이미 이 점을 감안하고 있다. 후견인들은 우선 자기 가축을 아무 소리 못 내게 만들고, 이 얌전한 생물을 보행기 속에 가두어 두고는 이 보행기 바깥으로 감히 한 걸음도 내딛지 못하도록 세심하게 조치한 다음에, 홀로 걷고자 시도할 때 우려되는 위험에 대해 이 생물에게 알려준다. 그런데 이 위험은 사실 그렇게 크지 않다. 아마도 몇 번 넘어지고 나면 결국 이 생물들은 걷는 법을 배울 테니 말이다. 하지만 이런 종류의 사례는 이 생물들을 겁먹게 만들고, 대개는 장래의 모든 시도를 포기하게 만든다.

Ⅷ36

A 483   그러므로 각각의 개인이 거의 자기 본성이 되다시피한 미성숙함에서 벗어나는 것은 어려운 일이다. 심지어 그는 이런 미성숙함을 좋아하게 되고 실제로 당분간 자기 자신의 지성을 사용할 수 없는데, 그 이유는 자기 지성을 사용하려는 시도가 결코 그에게 허용되지 않았기 때문이다. 수칙이나 공식같이 천부적인 자기 재능을 합리적으로 사용하게 하거나 아니면 오히려 오용하게 하는 기계적 도구들은 미성숙함을 영속시키는 족쇄다. 누군가 이 족쇄를 벗어던진다 해도 그는 아주 좁은 도랑조차 그저 불안해하며 건너뛸 수밖에 없을 것이다. 그와 같은 자유로운 움직임에 그는 익숙하지 않으니 말이다. 따라서 자기 정신을 스스로 연마하여 미성숙함에서 벗어나고도 확고한 길을 걷는 데 성공한 사람들은 단지 소수에 불과하다.

그러나 대중이 스스로를 계몽하는 일은 오히려 가능하다. 더구나 대중에게 자유만 허용된다면, 이런 일은 거의 반드시 실현된다. 왜냐하면 군중의 후견인으로 인정받는 사람들 중에도 스스로 생각하는 자들이 항상 몇 명은 있을 테고, 이들은 미성숙함의 굴레를 몸소 벗어던진 뒤에 각자의 가치와 스스로 생각한다는 각 인간의 사명에 대해 합리적으로 존중하는 정신을 주변에 퍼뜨릴 것이기 때문이다. 그런데 특별한 경우가 있다. 아무런 계몽 능력도 스스로 갖추지 못한 몇몇 후견인이 대중을 선동하는 경우, 대중은 후견인들에 의해 먼저 굴레에 갇히지만 나중에는 대중 스스로가 그 후견인들을 이 굴레 아래에 머물도록 강제한다. 선입견을 심는 것은 이렇게 유해하다. 선입 A 484 견은 결국 그 선입견의 창시자나 그 후임자에게 직접 앙갚음을 하기 때문이다. 그러므로 대중이 계몽에 이르는 일은 더딜 수밖에 없다. 어쩌면 혁명에 의해서 개인적 폭정이 무너질 수도 있고 이익이나 권력을 탐하는 압제가 무너질 수도 있겠지만, 사고방식의 참된 개혁은 결코 실현되지 않을 것이고, 오히려 낡은 선입견과 마찬가지로 새로운 선입견이 생각 없는 군중의 지침으로 쓰일 것이다.

하지만 이런 계몽을 위해 필요한 것은 오직 **자유**뿐이다. 더 정확히 말해서 자유라고 일컬을 수 있는 모든 것 가운데 가장 무해한 자유, 즉 모든 일에서 자기 이성을 **공적으로 사용**하는 자유 말이다. 그러 나 요즘 나는 "따지지 말라!"는 외침을 어디서나 듣는다. 장교는 "따 Ⅷ 37 지지 말고 훈련하라"고 말하고, 세무공무원은 "따지지 말고 지불하라"고 말하며, 성직자는 "따지지 말고 믿어라"고 말한다(불세출의 한 통치자만이 "당신이 따지고 싶은 것에 대해 따지고 싶은 만큼 **따져보라.** 그러나 **복종하라!**"고 말한다). 여기서는 모든 일에서 자유가 제한된다. 그런데 어떤 제한이 계몽에 해가 되는가? 어떤 제한이 계몽에 해가 되지 않고 오히려 득이 되는가? 나의 대답은 이렇다. 자기 이성의 **공적 사용**은 항상 자유로워야 하고, 그런 공적 사용만이 인간의 계몽을 이루어낼 수 있다. 하지만 자기 이성의 **사적 사용**은 종종 매우 좁 A 485 게 제한될 수도 있는데, 그래도 이런 제한으로 말미암아 계몽의 진보가 특별히 방해받지는 않는다. 자기 이성의 공적 사용이란 말을 나는, 어떤 사람이 독서계의 전체 대중 앞에서 **학자로서** 자기 이성을 사용하는 것이라고 이해한다. 사적 사용이란 그가 맡게 된 특정한 시민적 지위나 직무에서 허용되는 이성 사용을 말한다. 그런데 공동체의 관심에 따라 진행되는 많은 일을 위해서는 특정한 기제가 필수적이며, 이 기제는 공동체의 몇몇 구성원을 단지 수동적으로 행동할 수밖에 없게 만든다. 그리하여 정부는 이 구성원들을 인위적으로 일치시켜서 공공의 목적을 향하게 하거나 공공의 목적을 망치지 못하게 막는다. 물론 여기서는 따지는 것이 허락되지 않는다. 오히려 사람들은 복종해야 한다. 그러나 이 기계 부품이 동시에 자기를 전체 공동체의 구성원이자 심지어 세계시민사회의 구성원으로 간주하는 한, 그래서 그가 학자의 자격으로 글을 통해 본래적 의미의 대중에게 의견을 구하는 한, 그는 당연히 따질 수 있다. 공동체의 수동적 구성원으로서 그가 부분적으로 맡은 일에는 아무런 해도 입히지 않고서 말이다. 따라서 상관에게 어떤 명령을 받은 한 장교가 근무 중에 이 명령의 합목적성이나 유용성에 관해 공공연하게 이치를 논하려 든다면 이는 대단히 그릇된 일일 것이다. 그는 복종해야 한다. 하지만 학자로서 그가 병역의 문제점에 관해 논평하고 이 논평을 대중에게 판정받고자 발표하는 것은 당연히 금지될 수 없다. 시민은 자신에게 부과된 세금 납부를 거부할 수 없다. 심지어 그가 부과금을 납부해야 마땅한 경우에 그런 부과금에 대해 건방지게 불평하는 일은 (전반적인 저항을 유발할 수도 있는) 물의를 일으킨 것으로 처벌받을 수도 있다. 그렇지만 만일 이 동일한 사람이 학자로서 그런 공고의 부적절함 혹은 심지어 부당함에 반대하여 자기 생각을 공표한다면, 그는 시민의 의무에 반하여 행동한 것이 아니다. 마찬가지로 성직자에게는 자기가 봉직하는 교회의 신조에 따라 교리수업 학생들과 교구 신자들에게 강론할 의무가 있다. 그는 이런 조건으로 채용되었으니 말이다. 그러나 학자로서 그는 완전히 자유롭다. 심지어 학자인 그에게는, 저 신조의 문제점에 관하여 선의에 따라 세심하게 검토한 자신의 모든

A 486

Ⅷ 38

생각 그리고 종교제도와 교회제도를 개편하기 위한 제안을 대중에게 알릴 사명도 있다. 이 경우에도 양심에 부담이 될 수 있는 것은 전혀 없다. 그의 생각에 따르면, 그가 교회의 업무 담당자로서 자기 직무에 따라 전하는 가르침이란, 그가 자유로운 힘에 의해 자기 의견에 따라 전할 수 있는 그런 가르침이 아니라, 그가 부여받은 임무에 따라 규정대로 다른 사람을 대신해 전해야 하는 그런 가르침이기 때문 A 487 이다. 그는 "우리 교회의 가르침은 이것 혹은 저것이다" 그리고 "그것이 우리 교회가 사용하는 논거다"라고 말할 것이다. 그러고 나서 그는 교구 신자들에게 실천적으로 이로운 모든 것을 계율들에서 이끌어낸다. 그가 이 계율들에 스스로 충분히 확신하며 동의하지 못하면서도 이 계율들에 대한 강론을 맡겠다고 나설 수 있는 이유는, 이 계율들 속에 진리가 숨겨져 있을 가능성이 전혀 없지는 않으며, 어떤 경우에도 그 속에서 최소한 내적 종교와 모순되는 것은 발견되지 않기 때문이다. 만일 그가 이 계율들 속에 그런 모순이 있다고 믿는다면, 그는 자기 직무를 양심에 따라 관장할 수 없을 테고, 그 일을 그만두어야 할 테니 말이다. 그러므로 어떤 고용된 교사가 교구 신자들 앞에서 자기 이성을 사용하는 것은 단지 **사적 사용**에 불과하다. 교구 단체가 아무리 크다 하더라도 그 단체는 항상 단지 교구 내적인 단체일 뿐이기 때문이다. 이런 점에서 사제인 그는 자유롭지 않으며 자유로워서도 안 된다. 그는 남이 위탁한 일을 수행하기 때문이다. 이의 반대로 글을 매개로 본래적 대중과 이야기하는, 즉 글로 세상과 이야기하는 학자로서의 성직자, 그러므로 자기 이성을 **공적으로 사용**할 때의 성직자는 자신의 고유한 이성을 사용하고 자신의 고유한 인격에서 말할 무제한적 자유를 누린다. 왜냐하면 국민의 후견인들조차 (정신적인 문제에서) 똑같이 미성숙한 채로 있어야 한다는 것은 불합 A 488 리하며, 이런 불합리는 결국 불합리를 영구화하기 때문이다.

그런데 교회회의나 (네덜란드인들이 말하는) 신성한 노회 같은 어떤 성직자 단체가 그 각각의 구성원을 변함없이 후견하고 이를 통해 국민도 변함없이 후견하기 위해서 그리고 심지어는 이런 후견을 영구화하기 위해서, 어떤 불변의 신조를 지키기로 함께 맹세하는 것은 VIII 39 정당해야 마땅하지 않을까? 단언컨대, 그것은 전혀 있을 수 없는 일이다. 인류에 대한 더 이상의 모든 계몽을 영원히 저지하기 위해 체결된 그와 같은 협약은 절대적으로 무효이며 무가치하다. 설사 그런 협약이 최고 권력에 의해서, 제국 의회에 의해서 그리고 가장 엄숙한 평화 협정에 의해서 승인된다 하더라도 말이다. 한 시대가 연합하고 결탁해서 다음 시대가 (특히 매우 절실한) 인식을 확장할 수도 없고 오류를 제거할 수도 없는 상황에 처하도록, 그리하여 전반적으로 더 이상 계몽을 이루어낼 수 없는 상황에 처하도록 만들어서는 안 된다. 그것은 인간 본성에 반하는 범죄일 것이다. 인간 본성의 근원적 사명은 바로 그런 진보에 있으니 말이다. 그러므로 후세대가 그런 결정들을 부당하고 오만방자하게 내려진 것이라고 거부하는 것은 완전히 A 489 정당하다. 국민에 대해서 법률로 결정될 수 있는 것을 모두 가려내기 위한 시금석은, 과연 국민 스스로 그런 법률을 자신에게 부과할 수 있는가라는 질문에 놓여 있다. 그런데 이러한 법률은, 이를테면 더 좋은 법률을 기대하면서, 아마도 한정된 짧은 기간 특정한 질서를 도입하기 위해서 시행될 것이다. 그동안 각각의 시민, 그중에서도 성직자는 동시에 학자 자격으로 현제도의 결함에 대해서 글로 공적으로 자유롭게 논평할 수 있다. 그렇지만 이 사태의 성질에 대한 통찰이 공적으로 널리 퍼지고 승인될 때까지, 그래서 그런 통찰의 목소리들이 (모두는 아니더라도) 통일되어 군주 앞에 하나의 제안이 제시될 수 있을 때까지, 즉 혹시나 더 나은 통찰을 견지하고서 어떤 변화된 종교제도에 합의한 교구민들을 보호하면서도 옛 제도에 안주하고

자 한 교구민들을 거스르지 않는 그런 하나의 제안이 제시될 수 있을 때까지, 그 도입된 질서는 여전히 지속될 것이다. 그러나 누구도 공적으로 문제 삼지 못할 어떤 완고한 종교체계에 대해서 단지 한 사람의 생애에 해당하는 기간만이라도 합의하는 것, 그리하여 개선을 향한 인류의 전진을 일정 기간 말하자면 무효화해서 허비하는 것, 그리하여 결국 후손에게까지 해를 입히는 것은 절대 허용될 수 없다. 물론 한 인간이 자기 개인을 위해서라면, 그리고 단지 잠시 동안만이라면, 자신이 마땅히 알아야 하는 것과 관련해서 계몽을 미룰 수도 있다. 하지만 계몽을 포기하는 것은, 그것이 자기 개인을 위한 것이든 아니면 심지어 후손을 위한 것이든 간에, 인간성의 신성한 권리를 침해하고 짓밟는 짓이다. 그런데 국민이 자신에 대해서조차 결코 내려서는 안 되는 결정을 하물며 군주가 국민에 대해서 내려서는 안 된다.[2] 입법자로서 군주의 권위가 근거를 두고 있는 사실은 바로 군주는 자기 의지 속에서 전체 국민 의지를 통일시킨다는 점이기 때문이다. 만일 군주가 참된 것이든 추정된 것이든 모든 개선이 시민 질서와 함께 성립되는 데에만 신경 쓴다면, 그외에 신민들이 자기 영혼을 구원하기 위해 반드시 해야 한다고 생각하는 일을 그는 신민들 스스로 하도록 용인할 수 있다. 이런 일은 군주와 아무런 상관도 없다. 물론 신민 중 어느 한 사람이 자신의 모든 능력을 발휘하여 영혼 구원을 결심하고 추진하는 것을 다른 한 사람이 난폭하게 방해하지 않도록 막는 일은 군주와 상관있겠지만 말이다. 만일 군주가 신민들의 영혼 구원에 관한 일에 개입해서 신민들이 자신들의 통찰을 정리하고자 쓴 글을 정부 심의를 통해 평가한다면, 그뿐 아니라 군주가 자신의 통찰을 최고 기준으로 삼아 그런 평가를 시행해서 "황제가 문법학자보다 뛰어나지는 않다"는 비난을 사게 된다면, 그리고 더 나아가 군주가 심지어 자국 내 몇몇 폭군의 다른 신민들에 대한 정신적

A 490

VIII 40

압제를 비호할 만큼 자신의 최고 권력을 욕보인다면, 군주로서 그의 존엄마저 훼손된다.

그럼 이제 누군가가 "현재 우리는 계몽된 시대에 살고 있습니까?" 라고 묻는다면, 그 대답은 이렇다. "아니요. 하지만 우리는 계몽의 시대에 살고 있습니다." 현 상황에서 전체적으로 볼 때 사람들이 종교적인 일에서 다른 사람들의 지도 없이 자기 자신의 지성을 확실하고 훌륭하게 사용할 수 있는 위치에 이미 있다거나 그런 위치에 놓일 수 있다고 말하기에는 아직 많은 점에서 부족하다. 하지만 어쨌든 현재 사람들에게 자신을 그런 식으로 자유롭게 도야할 수 있는 영역이 펼쳐져 있다는 징후, 그리고 보편적 계몽을 막는 장애물 혹은 사람들 자신에게 책임이 있는 미성숙함에서 벗어나는 것을 막는 장애물이 점차 줄어들고 있다는 징후가 우리에게 분명히 나타나고 있다. 이런 점에서 이 시대는 계몽의 시대 혹은 프리드리히 대제의 세기다.

종교적인 일에서 사람들에게 아무것도 지시하지 않고 오히려 완전한 자유를 허락하는 것이 자기 의무라고 말한다고 해서 자기 위엄이 손상되지 않는다고 생각하는 제후, 따라서 너그럽다는 거창한 평판조차 사양하는 제후는 그 자신이 계몽된 사람이며, 그 은혜를 입은 세상 사람들과 후손들에게 칭송받아 마땅하다. 적어도 통치 측면에서만큼은 처음으로 인류를 미성숙함에서 구해낸 인물이자 양심이 문제되는 모든 일에서 각자가 자기 자신의 이성을 자유롭게 사용하도록 허락한 인물로 말이다. 이런 제후 아래에서라면 존경할 만한 성직자는, 자신의 직책상 의무와 상관없이, 승인된 신조에서 이리저리 벗어난 자신의 판단과 통찰을 세상 사람들이 검토할 수 있도록 학자 자격으로 자유롭게 공적으로 제시해도 좋다. 하물며 아무런 직책상 의무에 따라서도 제약받지 않는 다른 모든 사람은 더욱 그러하다. 그뿐 아니라 이런 자유의 정신은 외부로도 확산되는데, 이때 심지어 자기 본분을 오해한 어떤 정부의 외적 방해와 맞서야 하는 경우도 있다. 왜냐하면 자유로 말미암아 공동체의 공적인 평화와 화합에 대해 염려할 이유가 전혀 없다는 것을 보여주는 눈부신 본보기가 그런 정부 앞에 주어져 있는 셈이니 말이다. 사람들이 미개함에 머물도록 누군가가 의도적으로 일을 꾸미지만 않는다면, 사람들은 점차 스스로 미개함을 극복해낸다.

나는 계몽의 주안점, 즉 인간이 자신에게 책임이 있는 미성숙함에서 벗어나는 일의 주안점을 특히 **종교적 사안**에 두었다. 왜냐하면 우리의 지배자들은 예술이나 학문과 관련해서 자기 신민들의 후견인 역할을 맡는 데에는 아무런 관심도 없으며, 나아가 종교적인 미성숙함은 모든 미성숙함 중에서 가장 해로운 것일 뿐만 아니라 가장 수치스러운 것이기도 하기 때문이다. 하지만 예술과 학문을 장려하는 한 국가수반의 사고방식은 훨씬 더 앞서 가서, 자신의 **입법**과 관련해서조차 신민들이 자신들의 이성을 **공적으로** 사용하도록 허락하는 것 그리고 입법 개선에 관한 생각이라면 심지어 기존 입법에 대한 솔직한 비판마저도 세상 사람들에게 공적으로 제시하도록 허락하는 것이 전혀 위험한 일이 아니라는 사실을 통찰한다. 우리는 이에 관한 훌륭한 본보기를 가지고 있으며, 이런 점에서 아직 어떤 군주도 우리가 존경하는 그 인물을 능가하지 못했다. A 493

그러나 스스로 계몽해서 환영을 두려워하시 않는 그런 인물, 그럼에도 동시에 공적인 평화를 보장하기 위해 잘 훈련된 수많은 군대를 장악하고 있는 그런 인물만이 어떤 자유 국가도 감히 해서는 안 되는 말, 즉 **"당신이 따지고 싶은 것에 대해 따지고 싶은 만큼 따져보라. 다만 복종하라"**는 말을 할 수 있다. 보통 거시적 관점에서 보면 인간사의 과정 속 거의 모든 것이 역설적인데, 여기서도 마찬가지로 인간사는 예기치 못한 기묘한 과정을 드러낸다. 시민적 자유는 그 정도가 클수록 국민의 **정신적 자유**에 유리할 것 같지만 오히려 국민의 정신적 자유에 극복하기 힘든 한계를 부여한다. 이와 반대로 시민적 자유의 정도가 더 작을 때, 국민의 정신이 그 모든 능력을 발휘할 수 있는 공간이 마련된다. 그래서 자연이 매우 소중히 보살피던 싹, 즉 **자유로운 사유**를 향한 성향과 사명이 자연적으로 이 단단한 외피 아래에서 돋아나면, 다시 이 싹은 점차 국민의 감각방식에 영향을 미치고(이를 통해서 국민은 점점 더 **자유롭게 행동**할 수 있게 된다), 결국 심지어는 정부의 원칙에도 영향을 미치게 된다. 인간은 이제 기계 그 이상의 존재이며, 정부는 그런 인간을 그의 존엄함에 맞게 대우하는 것이 정부에도 유익함을 알고 있으니 말이다.*

A 494

Ⅷ 42

---

* 9월 30일 오늘 나는 9월 13일자 『뷔슁의 주간소식』[3)]에서 이번 달 『월간베를린』의 공지를 읽었는데, 거기에 [계몽이란 무엇인가라는] 똑같은 질문에 대한 멘델스존 씨의 대답이 언급되어 있다. 나는 아직 그것을 입수하지 못했다. 만일 그것을 입수했다면, 이 글은 보류했을 것이다. 이제 이 글은 단지 과연 생각이 어느 정도까지 우연적으로 일치할 수 있는지 시험하기 위한 것이리라.

인종에 관한 개념 규정

김미영 옮김

일러두기

1. 『인종에 관한 개념 규정』(*Bestimmung des Begriffs einer Menschenrasse*) 번역은 1785년 발표된 원전을 대본으로 사용했고, 학술원판(Immanuel Kant, *Abhandlungen nach 1781* in *Kant's gesammelte Schriften*, Bd. VIII, pp.89-106, hrsg. von der Königlich Preußischen Akademie der Wissenschaften, Berlin, 1911)과 바이셰델판(*Schriften zur Anthropologie, Geschichtsphilosophie, Politik und Pädagogik* in *Immanuel Kant Werke in Zehn Bänden*, hrsg. von Wilhelm Weischedel, Bd. IX, pp.63-82, Darmstadt, 1983)을 참조했다.

인종에 관한 개념 규정

    최근 여행이 인류의 다양성에 관해 퍼뜨린 지식은 지금까지 이 문 A 390; Ⅷ 91
제에서 지성을 만족시키기보다는 연구를 자극하는 데 더 기여했다.
여기서 중요한 문제는 우리가 관찰을 해서 해명하려는 개념을 경험
에 물어보기 전에 미리 잘 규정해두는 것이다. 우리는 무엇을 찾아야
할지를 그전에 이미 알고 있을 때에만 우리에게 필요한 것을 경험에
서 발견할 테니 말이다. 상이한 인종이 자주 언급된다. 몇 사람은 그
것을 아마 인간의 상이한 유로 이해하고, 반대로 다른 사람은 더 좁
은 의미로 제한하지만, 이 구분을 화장을 했거나 옷을 입은 것에 따
라 사람들을 분류하는 것보다 더 두드러진 구분으로 간주하지는 않
는 것 같다. 지금 내 의도는 단지 종이라는 이 개념을, 그것이 인류에
있다면 정확히 규정하는 것이다. 우리가 종이라고 할 수 있다고 보
는, 실제로 존재하는 것의 근원에 대한 설명은 부차적인 것일 뿐이
다. 우리는 그것을 원하는 대로 생각할 수 있다. 그래도 나는 명민한 A 391
사람들이 몇 년 전에 다만 그런 의도에서 말했던 것*에 대한 판단에
서 부수적인 것인 원리의 가설적 적용에만 주목했고, 모든 문제와 관

---

*   엥겔의『세계를 위한 철학자』[1] 제2부, 125쪽 이하를 참조하라.

련되는 원리 자체는 가볍게 다루었을 뿐이라는 사실을 발견한다. 이 것은 원리로 돌아가는 많은 연구에 일어나는 운명이다. 따라서 이것 은 사변적인 일에서 일어나는 모든 논쟁과 증명은 피하라고 충고하 지만 반면에 더 자세한 규정과 오해에 대한 해명만 바람직한 것으로 칭찬할 수 있는 운명이다.

I
동물속(屬)[2] 안에서는 유전되는 것만이 그 속의 부류구분을 정당화할 수 있다

A 392
Ⅷ 92
고국에서 태양과 공기 때문에 갈색으로 그을려서 피부색으로 독 일인이나 스웨덴인과 매우 잘 구분되는 무어인[3](모리타니인[4])과 질 병에서 회복되지 못한 것처럼 창백하고 지쳐 보이는 서인도의 프랑 스 크리올[5]이나 영국 크리올을 피부색을 기준으로 인류의 서로 다 른 부류로 여기는 것은 가능하지 않다. 이는 마치 그 지역의 양에서 는 모두 검은 털이 나기 때문에 교사처럼 검은 옷을 입고 다니는 라만 차[6]의 스페인 농부를 저들과 상이한 인류의 부류로 여길 수 없는 것 과 같다. 왜냐하면 무어인이 실내에서 그리고 크리올이 유럽에서 자 랐다면, 이 둘은 우리 지역의 거주민과 구별할 수 없을 것이기 때문 이다.

선교사 드마네[7]는 세네감비아[8]에서 얼마 동안 살았으므로 마치 자 신만이 흑인의 검은 피부색을 올바르게 판단할 수 있는 것처럼 뽐내 며, 자기 나라 사람인 프랑스인이 이에 관해 판단하는 모든 것을 부 정한다. 이와 반대로 나는 피부색에 따라 흑인을 다른 인간과 구분되 는 부류로 규정하려는 한 프랑스에서 태어난 것은 물론이고 그곳에

서 오랫동안 살았던 흑인의 피부색을 흑인의 고국에서보다 프랑스
에서 훨씬 더 잘 판단할 수 있을 것이라고 주장한다. 왜냐하면 아프
리카에서는 흑인의 피부에 태양이 각인했고 그래서 흑인에게 우연
에 불과한 것이 프랑스에서는 떨어져 나가서 출생과 함께 그에게 주
어졌고 그가 후손에게 전해줄 것이므로 유일하게 부류구분에 사용 A 393
될 수 있는 검은색만 남아 있을 수밖에 없기 때문이다. 남태평양 섬
주민의 실제 피부색에 대해 지금까지 모든 서술에 따르면 아직 아무
런 정확한 개념도 우리에게 있을 수 없다. 왜냐하면 그중 몇 사람의
피부색을 마호가니나무색으로 간주할지라도 나는 이 갈색에서 어느
정도를 순전히 태양과 공기 때문에 생긴 착색으로 간주하고 어느 정
도를 출생에 돌려야 할지를 모르기 때문이다. 그러나 이런 사람들의
자녀가 유럽에서 출생했더라면, 그 자녀는 이들에게 고유한 원래 피
부색을 명료하게 드러낼 것이다. 캐터릿[9]의 여행기에 있는 (물론 그
가 항해 도중 육지를 밟은 것은 얼마 되지 않지만, 그럼에도 그는 카누
에 있는 상이한 섬 주민들을 보았다) 한곳에서 나는 섬 거주민 대부분
이 백인이어야 한다는 결론을 내린다. 그가 말하듯, (인도양에 속하
는 섬들의 주변에 있는) 프레빌섬에서 그는 처음에 인도인의 피부색인
진짜 황색을 보았기 때문이다. 말리콜로섬[10] 사람의 머리 형태를 자연
에 돌릴지 아니면 인위적인 것으로 돌릴지 혹은 카피르족[11]의 고유한
피부색은 흑인의 피부색과 얼마나 다른지, 그리고 다른 많은 특징적
성질은 유전적이어서 출생부터 원래 있었는지 아니면 우연히 각인 Ⅷ 93
되었는지 같은 물음들에는 아직 단정적으로 결론을 내릴 수 없을 것
이다.

Ⅱ

피부색을 고려할 때 우리는 인간을 네 부류로 구분하는 것을 받아들일 수 있다

우리는 백인의 피부색, 인도인의 **황색** 피부색, 흑인의 피부색 그리고 아메리카인의 **구릿빛 적색** 피부색 외에는 피부색에 대한 유전적 구분을 더는 확실하게 알지 못한다. 주의할 만한 것은 피부색의 특징이 **첫째로**, 각 부류가 각기 거주지에 비추어볼 때 상당히 떨어져 (즉 다른 부류들에서 분리되었지만 그들끼리는 통합되어) 있기 때문에 인류의 부류구분에 특히 적합해 보인다는 것이다. 백인 부류는 피니스테레[12]곶에서 노르드곶,[13] 옵강,[14] 작은 부하라,[15] 페르시아, 행복한 아라비아,[16] 아베시니아,[17] 사하라사막의 북쪽 경계를 지나 아프리카의 블랑곶[18]이나 세네갈의 포구에까지 거주한다. 흑인 부류는 거기서부터 카포 네그로[19]까지 그리고 카피르족을 제외하면 다시 돌아가서 아베시니아까지 거주한다. 원래 북인도에 사는 **황색인** 부류는 코모로곶[20]에서까지 거주한다. (그들 중 반은 인도반도의 다른 편에 그리고 소수는 근처 섬에 거주한다.) **구릿빛 적색인** 부류는 완전히 떨어진 지역인 아메리카에 거주한다. 비록 색을 구분하는 것이 어떤 이에게는 무의미하게 보일지라도 이 특징이 부류구분에 탁월하게 쓰인 **둘째** 이유는 생물이—공기와 태양이 매우 다르게 영향을 주는 가지각색의 지역에 있다면—기술을 가장 적게 필요로 하는 방식으로 견뎌야 하는 한 증발을 통한 분리가 자연의 준비에서 가장 중요한 부분이어야 하기 때문이다. 그리고 피부는 분리의 기관으로 간주되었을 때 인류를 눈에 띄게 상이한 부류들로 분류하는 것을 정당화하는, 자연특성에 나타나는 이 차이의 흔적을 스스로 지닌다는 것이다.—그밖에 나는 때때로 논박된 피부색의 유전적 구분을 장차 그것을 확증하는 계기가 발견될 때까지는 인정하자고 청한다. 마찬가지로 이 자연이라는 통일적 옷을 고려할 때 언급한 네 가지 외에 더는 유전적 민족특성은 없다고 가정하는 것을 허락하길 청한다. 이는 단지 저 숫자는 증명되지만 그것 외에는 어떤 다른 것도 확실하게 입증되지 않는다는 이유에서다.

Ⅷ94

Ⅲ

백인 부류에서는 인류에 보편적으로 속하는 것 외에
필연적으로 유전하는 어떤 특징적 성질도 없다.
그외의 부류에서도 그렇다

우리 백인에게는 속의 특징에 속하지 않는 유전적 성질이 많은데, 이 성질에서 가족이나 심지어 민족도 서로 구분된다. 그러나 그중 어떤 성질도 **필연적으로** 유전하지는 않고, 오히려 그런 성질이 있는 사람이 백인 부류의 다른 사람과 결합하여 이 구분하는 성질을 지니지 않은 아이를 낳기도 한다. 그래서 덴마크에서는 금발 색 구분이 일반적인 반면 스페인에서는 (그러나 아시아에서 백인에 포함되는 민족에서는 더) 갈색 피부가 (그 결과로 눈과 머리카락의 색과 함께) 일반적이다. 심지어 고립된 민족에서 이 갈색은 (파란 눈이 우스꽝스럽게 여겨지는 중국인에서처럼) 예외 없이 유전할 수 있다. 거기서는 자신의 색을 후손에게 물려줄 수 있을 금발을 지닌 사람이 나타나지 않을 테니 말이다. 그러나 이 갈색 피부인 한 사람에게 금발인 아내가 있다면 그는 아이가 한쪽이나 다른 쪽으로 기울어짐에 따라 갈색이나 금발의 아이를 낳을 것이다. 그리고 그 반대도 가능하다. 어떤 가족에게는 유전적 결핵, 척추장애, 광기 등이 있다. 그러나 이 무수한 유전

A 396

적 악 중 **필연적으로** 유전하는 것은 없다. 왜냐하면 결혼할 때 가족유형에 주의를 기울임으로써 그런 결합을 피하는 것이 더 좋을지라도,
나는 건강한 남자가 결핵에 걸린 아내와 사이에서 모든 점에서 자신을 닮았고 건강한 아이를 낳았지만, 그 아내를 닮은 또 다른 아이는 그녀처럼 결핵에 걸린 것을 자주 보았기 때문이다. 마찬가지로 나는 이성적인 어떤 사람이 광기가 유전하는 가족 출신일 뿐 자신은 이성적이었던 아내와 결혼해서 영리한 아이들을 낳았고, 오직 한 아이에게만 광기가 있었던 것을 발견한다. 여기에 **닮음**이 있지만, 양쪽 부모가 상이한 특징을 지닌 경우 그 특징을 필연적으로 닮지는 않는다.—우리는 바로 이 규칙을 그외 부류에서도 확신을 갖고 기초로 삼
을 수 있다. 흑인, 인도인 혹은 아메리카인에게도 각기 개인적이거나 가족적 혹은 지역적 차이가 있다. 그러나 그들 중 아무도 같은 부류에 있는 이들과 섞일 때 각자의 특질을 **필연적으로** 낳고 번식하지는 않는다.

Ⅳ
앞에서 언급한 네 부류가 서로 섞일 때
각 부류의 특징은 **필연적으로** 유전한다

백인 남성과 흑인 여성 그리고 반대로 백인 여성과 흑인 남성은 물라토를 낳고, 백인 남성과 인디언 여성은 **황색인**을 낳고, 백인과 아메
리카인은 **붉은색 메스티조**를 낳는다. 아메리카인과 흑인 남성은 **흑색 카리브인**을 낳고 그 반대도 그렇다. (인도인과 흑인의 혼합은 지금까지 시도된 적이 없다.) 각 부류의 특성은 이질적인 혼합에서 필연적으로 유전하며, 여기에 예외는 전혀 없다. 우리가 예외를 발견하는 것은

오해에서 기인한다. 우리는 (둘 다 기형인) 선천성 색소 결핍증이나 백피증인 사람을 백인으로 간주하기 때문이다. 그런데 이 유전은 언제나 쌍방적이지 같은 아이에게서 결코 단순히 일방적으로 나타나지는 않는다. 백인 아버지는 자기 부류의 특징을 그리고 흑인 어머니는 자기 것을 아이에게 각인한다. 따라서 언제나 중간유형이나 잡종이 나와야 하며, 이러한 혼합류는 그중 하나의 동일한 부류에 속한 사람들 간의 생식이 여러 세대를 지나면서 서서히 사라질 것이다. 그러나 그 혼합류가 그들과 같은 혼합류에 제한된다면 예외 없이 계속 전해지고 영원해질 것이다.

V
필연적으로 잡종을 생식하는 법칙에 관한 고찰

인류에게는 일부 중요하고 심지어 가족에게 유전되는 몇 가지 특징이 있지만, 순전히 피부색으로 특정지어지는 하나의 인간부류 내에서는 필연적으로 유전하는 어떤 특징도 없다는 점은 언제나 매우 A 399 주의할 만한 현상이다. 또 그에 반해 피부색 특징이 미미해 보일지라도 이 부류 내에서뿐 아니라 나머지 세 부류 중 한 명과 섞일 때도 보편적이고 **필연적으로** 유전한다는 점도 그렇다. 이미도 이 기이한 현 Ⅷ 96 상에서 속에 본질적으로 속하지는 않는 성질이 유전하는 원인에 관해 단순히 그 성질이 필연적으로 유전하는 상황에 근거하여 어떤 것을 추정할 수 있겠다.

우선 속의 본질에 속하지 않는 어떤 것이 대체로 유전되는 데에 기여하는 것이 무엇인지를 아프리오리하게 결정하는 것은 섣부른 시도다. 그리고 인식원천의 이 모호함 안에서 가설의 자유는 무제한적

이어서, 이 경우의 논박들을 다루는 것은 모든 노력과 수고가 아까울 뿐이다. 그런 경우에는 누구나 자기 생각을 따를 테니 말이다. 내 편에서 볼 때 나는 그런 경우에 오직 특별한 이성의 준칙을 중요하게 여긴다. 누구나 이 준칙에서 출발하고 이에 따라 일반적으로 이 준칙이 장려하는 사실도 찾아낼 줄 안다. 그리고 그 후 나는 내가 아직 반대이유를 명료화하기 전에는 나로 하여금 저 모든 설명을 불신하도록 하는 내 준칙을 찾는다. 내가 이제 내 준칙을 입증된 것으로서 자연과학의 이성 사용에 완전히 적합하고 일관성 있는 사고방식에 유

A 400 일하게 쓸모 있는 것으로 간주한다면, 나는 이른바 사실로 향하지 않고 그 준칙을 따를 것이다. 사실은 채택된 가설이 되기 위한 신뢰성과 충분함을 거의 이전에 선택된 그 준칙에서 빌려올 뿐이며, 이 사실에 우리는 힘들이지 않고 수백 가지 다른 사실을 대립시킬 수 있다. 임신한 부인들이나 마구간에 있는 암말의 상상력의 작용으로 유전하는 것, 민족 전체의 수염을 잡아 뜯는 것, 영국말의 꼬리를 자르는 것, 이것들로 자연은 원래 계획했던 산물을 자신의 생식에서 점차 생략해야 할 것이다. 최초에 부모 때문에 신생아에게 인위적으로 생긴 납작코는 나중에 자연이 자신의 산출능력 안으로 수용했을 것이다. 몇몇 설명근거는 보통 완전히 정당한 이성의 준칙에서 추천받지 않았다면, 이 목적을 위해 제시된 훨씬 더 잘 증명된 사실과 대립할 수 있는 사실로는 아마 신뢰를 얻기 어려웠을 것이다. 말하자면 그 설명근거는 (원리는 필요 이상으로 증가해서는 안 된다는 원칙에 따라) 현상을 위해 개별적인 최초의 자연력이나 타고난 소질을 받아들이기보다 오히려 모든 것을 주어진 현상을 근거로 하는 추정 속에서 삼행한다는 것이다. 그러나 니에게는 불필요한 원리들을 절약함으

A 401; Ⅷ 97 로써 저 준칙을 제한하는 다른 준칙이 대립해 있다. 말하자면 그것은 유기적 자연 전체에서는 개별 생물이 모두 변화해도 그들의 유는 불

변적으로 (모든 자연은 보존된다는 학교 공식에 따라) 유지된다는 준칙이다. 그러면 분명한 것은 생식력 자체를 변화시키고 자연의 원초적 틀을 변형하거나 나중에 나올 자손에게 계속 보존될 첨가물로 볼품없게 만드는 능력이 상상의 마력이나 동물 신체에 대한 인간의 기교에 있었다면, 어떤 원형에서 자연이 시작되었는지 혹은 원형의 변화는 어디까지 일어날 수 있을지를 더는 알 수 없을 것이라는 사실이다. 또 인간의 상상에는 한계가 없으므로, 속과 유들이 마침내 어떤 추한 형상으로 타락할 수 있을지 더는 알 수 없을 것이라는 사실이다. 이러한 고려에 따라 나는 자연이 생산하는 일에 상상의 어떤 서투른 영향도 용인하지 않을 것을 내 원칙으로 삼는다. 그리고 외적 기교로 속과 유들의 원형에 변화를 일으키고 그 변화를 생식력에 가져오거나 유전적으로 만드는 어떤 인간능력도 용인하지 않을 것을 내 원칙으로 삼는다. 왜냐하면 내가 이러한 종류의 단 한 경우라도 허용한다면 그것은 마치 내가 유례없는 유령의 역사나 마법도 인정한 것과 같기 때문이다. 그렇다면 이성의 한계는 한 번 침범되어 그 환상이 수천 명에게서 같은 틈으로 밀치고 나아갈 것이다. 내가 이러 A 402 한 결심을 하면서 나 자신을 일부러 실제 경험에 눈멀게 하거나 그와 다름없이 완강히 의심하게 하는 것은 아무런 위험도 되지 않는다. 왜냐하면 그러한 공상적인 모든 사건은 그 자체가 예외 없이 그것이 어떤 **실험**도 승인히지 않고 오직 우연적 지각들을 움켜쥠으로써 증명되려는 표시를 지니기 때문이다. 그러나 비록 충분하게 실험이 가능하더라도 어떤 실험에도 통과하지 못하거나 갖은 핑계로 실험을 지속적으로 피하는 식의 것은 환상과 허구에 지나지 않는다. 이것이 내가 모든 은폐를, 가장 사소한 은폐조차 바라는 마법기술을 향한 광신적 성향을 근본적으로 촉진하는 설명 방식에 찬성할 수 없는 이유다. 즉 그 이유는 유전이, 언제나 성공하는 것은 아닌 우연적 유전조차도 일찍이 속 자체에 놓여 있는 싹이자 소질과는 다른 원인의 결과일 수 있다는 것이다.

　　그러나 비록 내가 우연한 인상들에서 나오지만 그래도 유전되는 특징을 인정하려 하더라도, 이로써 어떻게 해서 앞에서 언급한 네 가지 색 구분이 유전되는 모든 특징 가운데 **필연적으로** 유전하는 유일한
것인지 설명하기는 불가능할 것이다. 이에 관해서 이 색 구분이 우리 인류에게 알려지지 않은 원시 문(門)²¹⁾의 싹 안에, 더 정확히 말하면 적어도 번식하는 최초 시기에는 속을 보존하기 위해 필연적이었고, 그래서 다음에 계속되는 생식에서 필연적으로 나타나야 했던 자연 소질로 놓여 있었음이 틀림없다는 것 외에 다른 어떤 것이 그 원인일 수 있을 것인가?

　　따라서 우리가 받아들일 수밖에 없는 것은 인간의 **상이한 문들**이 우리가 현재 그들을 만나는 대략의 그 거주지에, 즉 속이 유지되도록 본래 그들의 상이한 지역에 완전히 적합하고 그래서 또 상이하게 조직되어 있었던 그 거주지에 언젠가 있었다는 점과 그것에 대해 네 가지 피부색이 외적인 표시라는 점이다. 그러면 이 피부색은 각각의 문에 그의 거주지에서 필연적으로 유전될 뿐 아니라 인류가 이미 충분히 강력해졌다면 (완전한 전개는 오직 서서히 실현될 수 있었거나 이성의 점차적 사용으로 기술이 자연에 도움을 줄 수 있었다 해도) 다른 모든 지역에서도 바로 그 동일한 부류의 모든 생식에서는 줄어들지 않고 유지될 것이다. 왜냐하면 이 특징은 유의 보존에 요구되었으므로 생식력에 필연적으로 수반하기 때문이다.—그러나 이 문들이 **원초적**
이라면, 그들 상호 혼합에서 그들의 상이한 특징이 실제로 일어나는 바로 그것처럼 **필연적으로** 유전하는 이유를 전혀 설명하거나 이해할 수 없을 것이다. 자연은 각각의 문에 각자의 특징을 원래 각자 기후와 관련해서 그것에 적합하게 주었다. 따라서 한 문의 유기조직에는

다른 문의 것과 완전히 다른 목적이 있다. 그럼에도 양자의 생식력이 이 점에서조차 그들의 특징적 차이와 매우 잘 어울려야 해서, 여기서 어떤 중간유형이 산출될 수 있을 뿐 아니라 필연적으로 생겨야 한다는 것은 원초적 문들의 차이에서는 전혀 이해될 수 없다. 유일한 최초 문의 싹에 이 모든 부류차이의 소질이 필연적으로 놓여 있었음이 틀림없어서 그 문이 상이한 지역에서 서서히 주민을 이루게 되었다고 ⅧⅠ 99 가정할 때에만 이 소질이 때때로 그리고 그에 상응하여 또한 상이하게 발현했을 때 상이한 인간부류가 생겨나는 이유가 이해된다. 이 상이한 인간부류는 정해진 각각의 특징도 나중에 다른 모든 부류 간 생식에 필연적으로 제공해야 했다. 왜냐하면 이 특징은 각 부류의 고유한 실존가능성에, 따라서 그 유의 번식가능성에도 속했고 원시 문의 필연적인 최초 소질에서 도출되었기 때문이다. 필연적으로 유전되며, 게다가 다른 부류와 섞일 때조차 잡종으로 유전하는 그러한 성질 A 405 들로 미루어볼 때 우리는 이들이 하나의 문에서 유래했다고 추론할 수밖에 없다. 이 문이 없다면 유전의 필연성을 이해할 수 없을 테니 말이다.

Ⅵ
인류의 부류구분에서 **필연적으로 유전하는** 것만이 특정 인종이란 명명을 정당화할 수 있다

속 자체에 본질적으로 속하기에 모든 인간에게 본질적인 것으로서 공통적인 성질은 필연적으로 유전되지만, 그 성질에 인간의 구분이 놓여 있지 않으므로 종 구분에서는 그런 성질이 고려되지 않는다. 인간을 (성별 구별 없이) 서로 구분하는 신체적 특징들, 그중에서도 유전적 특징들만이 속을 부류들로 나누는 근거로서 고려된다(Ⅲ장을 보라). 그러나 이 부류들은 언급된 특징들이 **필연적으로** (그 동일한 부류 안에서뿐 아니라 다른 모든 부류와 섞일 때도) 유전할 때에만 종이라고 할 수 있다. 따라서 종의 개념은 첫째, 공동의 문 개념을 함축하고 둘째, 그 문의 자손들을 서로 전형적으로 구분하는 **필연적으로 유전하는** 특징을 함축한다. 후자로 우리가 속을 부류들로 나눌 수 있는 확실한 구분근거가 확정된다. 그때 이 부류들은 전자의 논점인 문의 통일성 때문에 결코 유가 아니라 오직 종이라고 불러야 한다. 백인 부류는 인류의 특별한 유로서 흑인 부류와 구분되는 것이 아니다. 그리고 인간의 상이한 유는 없다. 그런 것이 있었다면, 인간을 발생시킬 수 있었을 문의 통일성은 부정되었을 것이다. 유의 전형적 특징이 필연적으로 유전하는 사실에서 증명되었듯이, 우리에게는 인간의 상이한 유를 받아들일 아무런 근거도 없고, 오히려 그 반대를 위한 매우 중요한 근거가 있다.*

따라서 종족이라는 개념은 그 **부류구분이 필연적으로 유전되는** 한, 하나의 동일한 문에서 유래하는 **동물들에 대한 부류구분**이다.

이것이 내가 이 논문에서 본래 의도하는 규정이다. 그 나머지는 부차적 의도에 속하는 것이나 단순한 첨가로 간주할 수 있어서 받아들

---

* 처음에는 단순히 (유사성이나 비유사성에 따른) 비교 특성에 주목한다면, 생물의 **부류**를 하나의 속 아래에서 얻는다. 나아가 그 혈통을 본다면, 앞의 부류가 마찬가지로 그렇게 상이한 유인지, 아니면 단지 종인지가 드러나야 한다. 늑대, 여우, 자칼, 하이에나 그리고 애완견은 네 발 동물의 여러 부류다. 그것들 각각에 하나의 특별한 혈통이 필요했다고 가정한다면, 그렇다면 그만큼의 유가 있다. 그러나 그들이 하나의 문에서 발생했을 수도 있다는 것을 받아들인다면, 그것들은 그 문의 종일 뿐이다. 종과 속은 생산과 사손만을 다루는 자연사에서는 원래 구분되지 않는다. 자연서술에서는 오직 특징의 비교에 좌우되므로 유일하게 이 구분이 일어난다. 자연서술에서 유라고 불리는 것이 때때로 자연사에서는 오직 종이라고 불려야 한다.

A 406

Ⅷ 100

A 407

A 407

이거나 거부할 수 있다. 나는 전자의 규정만 증명된 것으로 간주하며, 게다가 그 규정은 종개념의 적용을 확실하게 이끌 실험 대상이 될 수 있으므로, 그 규정을 자연사 연구를 위한 원리로서 사용할 수 있는 것으로 간주한다. 이 원리가 없다면 종개념은 불안정하고 불확실하게 될 것이다.—상이한 형상을 한 인간들이 서로 섞이는 상황에 처하게 되었을 때, 그 생식이 잡종이라면 그들은 아마 상이한 종에 속할 것이라는 강력한 추정이 이미 성립한다. 그러나 그 혼합의 산물이 언제나 잡종이라면 그 추정은 확실성이 된다. 반면에 단 하나의 생식도 중간유형이 아니라면 동일한 속에서 유래하는 양쪽 부모는, 그들 A 408이 아무리 다르게 보일지라도 하나의 동일한 종에 속한다는 것을 확신할 수 있다.

나는 인류에서 오직 네 가지 종을 받아들였다. 이것은 내가 더 많은 종의 흔적이 어디에도 없다는 것을 완전히 확신해서가 아니라, 종의 특징으로 요구하는 것인 잡종생식이 이 네 종에서만 드러났고 Ⅷ 101 다른 인간부류에서는 충분히 증명되지 않았기 때문이다. 그래서 팔라스 씨[22]는 몽골민족에 대한 자신의 서술에서 러시아인과 몽골족(부랴트인[23])) 아내의 최초 생식에서 이미 예쁜 아이들이 나왔다고 말하지만, 이들에서 칼미크인[24] 유래에 대한 아무런 흔적도 발견할 수 없는지는 주목하지 않았다. 몽골인과 유럽인의 섞임이 몽골인의 특징적 생김새를 완전히 지웠다고 한다면, 그런데도 이 생김새가 몽골인과 중국인, 아반인,[25] 말레이인 등 남쪽 민족과 (추정컨대 인도인과) 섞임에서는 여전히 어느 정도 알 수 있게 나타나는 것은 기묘한 상황이다. 그러나 몽골의 특질은 원래 색이 아니라 형태에 관한 것이다. 지금까지 경험은 색에 관해서만 필연적인 유전을 종의 특징으로 가르쳤다. 파푸아인의 그리고 파푸아인과 유사하지만 상이한 태평양 A 409 섬주민의 카피르족 형상이 특별한 종을 가리키는지를 우리는 이들과 백인이 섞여서 나온 자손을 아직 모르므로 확실하게 결정할 수 없다. 이들은 곱슬곱슬하지만 덥수룩한 수염으로 흑인과 충분히 구분된다.

주석

　최초의 공동 인간 문에 지금 존재하는 종 구분을 향한 완전히 고유한 경향이 있는 특정한 원시 싹을 가정하는 현재 이론은 언급된 네 종에서 모든 경험으로 입증된 유전의 **필연성**에 전적으로 근거를 둔다. 이 설명근거를 자연사에서 원리의 불필요한 증가로 간주하고, 그러한 특별한 자연소질은 전혀 없어도 되며, 우리가 최초의 시조를 백인으로 가정함으로써 이른바 나머지 종은 그 이후 후손에게 공기와 해로 나중에 생긴 흔적들에 근거하여 설명할 수 있다고 생각하는 사람은 아직 아무것도 증명하지 않은 것이다. 만약 그가 다른 많은 특질도 단순히 바로 그 동일한 지역에 사는 어떤 민족의 오랜 거주지에서 결국 유전적으로 되었고, 그래서 하나의 신체적 민족특성을 이룬다고 제시한다면 말이다. 그는 그러한 특질이 유전하는 필연성에 대해, 더욱이 동일한 민족에서가 아니라 다른 모든 민족과 (그 특질에서 그 민족과 다른) 섞임에서, 그래서 그 생식이 예외 없이 잡종이 되는 한 예를 제시해야 한다. 그러나 그는 이것을 수행할 수 없다. 왜냐하면 우리가 상술했고 그 시초는 모든 역사를 넘어가는 특징 이외의 다른 어떤 특징에 대해서도 그러한 예가 없기 때문이다. 그가 차라리 그와 같은 유전적 특징을 지닌 상이한 **최초** 인간 문을 가정하려 한다면, **첫째**로 그렇다면 철학은 상이한 생물에게 의지해야 하며, 거기서조차 언제나 속의 통일성을 상실할 것이므로, 그것은 철학에 권할 만하지 않을 것이다. 왜냐하면 서로 매우 달라서 실존하려면 같은 정도로 상이한 창조가 필요할 동물들은 아마 **명목상의 속**에 (그 동물들을 특정한 유사성에 따라 분류하기 위해) 속할 수 있을 테지만, 적어도 하나의 유일한 쌍에서 유래할 가능성이 절대적으로 요구되는 **실재하는 속**에는 결코 속할 수 없기 때문이다. 그러나 이 실재하는 속을 찾는 것이 원래 자연사의 업무다. 자연 서술자는 명목상의 속으로 만족할 수 있다. 그러나 그렇더라도 둘째로 원천을 고려할 때 서로 완전히 다르지만 그럼에도 서로 번식력 있게 섞일 수 있는 두 상이한 속의 생식력 A 411 이 그래도 여전히 기묘하게 일치하는 것은 완전히 무의미하고, 그것이 자연의 마음에 든다는 것 외에 다른 아무런 이유 없이 받아들여질 것이다. 이 후자를 증명하기 위해 최초 문의 차이에도 이 경우가 발생하는 **동물들**을 제시하려고 한다면, 누구나 그런 경우에 그 나중의 전제를 부정하고, 오히려 바로 개와 여우 등의 섞임에서처럼 그러한 번식력 있는 섞임이 발생한다는 것에서 문의 통일성을 도출해낼 것이다. 따라서 부모 양측 특질의 **필연적 유전**은 그들이 속한 종의 차이에 대한 유일하게 참된 그리고 동시에 충분한 시금석이며, 그들이 유래한 문의 통일성에 대한 증거다. 다시 말해서 그것은 이 문에 놓여 있고 뒤따르는 생식에서 전개하는 원시 싹에 대한 증거다. 이 싹이 없었다면 언급된 유전적 다양성이 발생하지 않았을 것이고 특히 필연적으로 유전될 수 없었을 것이다.

하나의 유기조직에서 합목적적인 것은 우리가 어떤 생물의 본성에 원래 이러한 의도에서 놓인 준비를 추론하고, 이 목적이 오직 나중 VIII 103 에 이루어질 것이었다면 타고난 싹을 추론하는 일반적 이유다. 그런데 물론 이 합목적적인 것은 어떤 종의 특질에서도 **흑인종의 특질**에 A 412 서만큼 명백히 증명할 수는 없지만, 그러나 흑인에서만 가져온 사례는 바로 그 동일한 특질에 대한 유추에 따라 적어도 나머지 종에 대해서도 추측할 권한을 우리에게 준다. 말하자면 우리는 이제 단순히 플로지스톤[26]이 너무 많이 쌓임으로써 인간의 피가 검게 된다는 것을 (핏덩어리의 아랫부분에서 볼 수 있듯이) 안다. 그러면 어떤 청결로도 없앨 수 없는 강한 흑인의 냄새는 이미 그들의 피부가 피에서 아주 많은 플로지스톤을 제거한다는 점과 피가 흑인에서는 대부분 간이 그 일을 하는 우리에게서보다 훨씬 더 많은 정도로 피부를 거쳐 산화할 수 있도록 자연이 그 피부를 조직했음이 틀림없다는 점을 추측할 계기를 준다. 그러나 진짜 흑인은 주변이 울창한 숲과 습지로 뒤덮여 공기에 플로지스톤이 많아져서, 린드[27]의 보도에 따르면 영국 선원이 육류를 구입하려고 하루만 감비아강을 거슬러 올라가도 생명의 위험에 처하게 되는 지역에도 거주한다. 따라서 피가 간을 통해서는 아직 플로지스톤을 충분히 제거하지 못하므로 피부를 통해 우리에게서보다 훨씬 더 강력하게 산화할 수 있도록 흑인의 피부를 조직한 것은 자연이 매우 현명하게 준비한 것이다. 따라서 동맥의 끝으로 매우 많은 플로지스톤이 운반되어야 했고, 그래서 피부 바로 아래인 이곳에 플로지스톤이 너무 많이 쌓여서 비록 신체 내부에서는 충분히 빨갛다고 해도 검게 나타나야 했다. 게다가 흑인 피부의 유기조직과 우리 것 사이의 차이는 촉감으로 이미 알 수 있다.―그러나 다른 종이 갖는 유기조직의 합목적성과 관련해서는 그것이 색에서 도출되는 만큼 물론 동일한 개연성으로 설명할 수 없다. 그렇다 해도 합목적성에 대한 언급된 추측을 지지할 수 있는 피부색에 대한 설명 근거가 완전히 없는 것은 아니다. 수도원장 폰타나[28]가 기사 란트리아니[29]에 반대해서 한 주장, 즉 숨을 내쉴 때마다 간에서 나오는 응고된 공기는 대기층에서 내려온 것이 아니라 피 자체에서 온 것이라는 주장이 정당하다면, 어떤 인종은 피에 이 탄산가스가 너무 많이 쌓였을 텐데, 탄산가스를 간이 혼자서는 제거할 수 없을 테고 이를 위해 피부관이 도움을 주어야 (물론 공기형태가 아니라 발산된 다른 물질과 결합하여) 할 것이다. 이 경우에는 상정된 탄산가스가 핏속에 있는 철 미립자에 불그레한 녹 빛깔을 줄 텐데, 이 색이 아메리카인의 피부를 구분한다. 그리고 이 피부 성질의 유전은 이 대륙의 현 거주자들이 동북아시아에서 그러니까 오직 해변을 따라, 심지어 아마도 오직 빙해의 얼음을 건너서 그들의 현재 거주지에 도달할 수 있었다는 사실에서 필연성을 얻었을 수 있다. 그러나 이 바다의 물은 끊임없는 결빙 속에서 또한 끊임없이 엄청난 양의 응고된 공기를 이동하게 하는데, 추측건대 이 응고된 공기가 다른 어떤 곳보다 그곳 대기에 더 많이 쌓여 있게 된다. 따라서 이 공기를 제거하기 위해 (숨을 들이쉬는 것이 간에서 나오는 응고된 공기를 충분히 제거하지 않으므로) 자연은 피부의 유기조직에 미리 배려했을 것이다. 실제로도 사람들은 원시 아메리카인의 피부에서 훨씬 더 적은 민감성을 인지할 수 있었다고 한다. 이것은 한번 종 구분으로 전개된 후에는 더 따뜻한 기후에서도 보존되는 유기조직의 결과일 수 있다. 그러나 그 일을 수행하려면 이런 기후에서도 재료가 부족할 수 없다. 모든 음식물에는 피로 흡수되고 상정된 방법으로 제거할 수 있는 응고된 공기가 많이 함축되어 있기 때문이다.—**휘발성 알칼리**도 자연이 피에서 제거해야 하는 또 하나의 물질이다. 이 분비를 목표로 자연은 인류가 나타난 최초 시기에, 피가 특히 휘발성 알칼리를 지나치게 많이 산출할 수 있게 한 건조하고 더운 지역에서 거주지를 찾았을 최초 문의 후손들을 위해 피부의 특별한 유기조직에 어떤 싹을 심었을 것이다. 인도 사람의 찬손은 비록 땀으로 덮여 있지만 우리 것과는 다른 유기조직을 입증하는 것으로 보인다.—그래도 가설을 꾸미는 것은 철학을 위해 별로 위안이 되지 않는다. 그러나 가설은 아마, 주된 명제를 반박하는 데 쓸모 있는 어떤 것도 알지 못하지만 가정된 원리가 현상의 가능성조차

A 414

A 415

이해시킬 수 없다는 것을 기뻐하는 반대자에게—그의 가설놀이를 동일한, 적어도 동일하게 보이는 가설놀이로 응수하기에는 좋다.

Ⅷ 105　　누구든 자신이 원하는 어떤 체계를 받아들일 테지만 현존하는 종들이, 그들 상호 간의 모든 섞임이 방지된다면 더는 사라질 수 없다는 것만큼은 확실하다. 혈통적 기원에 따르면 **인도 사람**으로 증명된, 우리 가운데 있는 **집시들**은 이에 대해 가장 명백한 증거를 준다. 우리는 유럽에서 그들의 현존을 300년보다 더 이전까지 추적할 수 있다. 그래도 그들은 그들 조상의 모습에서 조금도 변종하지 않았다. 감비

A 416　아강에서 흑인으로 변종했다고 추정되는 **포르투갈 사람들**은 흑인들과 섞여서 변종한 백인의 후손이다. 여기로 온 최초의 포르투갈 사람들이 낯선 대륙에서 백인의 순수한 혈통을 세웠을 만큼 그렇게 많은 백인 여자를 데려왔고, 그들이 또한 모두 충분히 오래 살았거나 다른 백인들로 대체되었을 것이라고 어디에 보고되었으며, 어떻게 개연성이라도 가질 것인가? 이와 반대로 이에 관한 더 좋은 기록이 있다. 1481년부터 1495년까지 통치했던 요한 2세[30]는 **세인트 토마스섬**으로 보냈던 이주민들이 그가 살아 있을 때 모두 사멸했으므로, 이 섬에 세례받은 유대인 아이들이 (포르투갈 기독교인으로서) 살게 했고, 우리가 아는 한 이들에게서 그곳에 현재 살고 있는 백인들이 유래한다. 북아메리카에 사는 흑인 크리올과 자바섬의 네덜란드인은 그들의 종을 순수하게 유지한다. 해가 피부에 첨가하고 시원한 공기가 다시 제거하는 화장을 우리는 종에 고유한 색과 혼동하지 말아야 한다. 화장은 그래도 결코 유전되지 않는다. 따라서 원래 인류의 문에 종을 생산하기 위해 있었던 싹은 이미 아주 옛날에 기후 요구에 따라 거주가 오래 지속되었을 때 전개되었음이 틀림없다. 그리고 이 소질들 가운데 하나가 어떤 민족에서 전개된 후에 그 소질이 나머지 모든 소질을 완전히 지워버렸다. 따라서 상이한 종들 간에 특정한 비율로 일어

나는 혼합이 지금도 여전히 인간 문의 형상을 새롭게 산출할 것이라 A 417
고 가정할 수도 없다. 그렇지 않으면 이 이질적인 짝짓기에서 생식된
잡종들은 지금도 (이전의 최초 문처럼) 다른 기후에 이주했을 때 일어
나는 생식에서 저절로 다시 원래 색으로 분해되었을 텐데, 이것을 추
측하는 것은 지금까지 경험으로는 정당화되지 않기 때문이다. 왜냐
하면 이 모든 잡종생식은 계속되는 자신의 번식에서 그들이 유래하
는 데 서로 섞였던 그 종들과 마찬가지로 그렇게 확고하게 보존되기
때문이다. 최초의 인간 문이 (그 주된 성질에 따라) 어떤 형태였을지 Ⅷ 106
알아맞히는 것은 이제 불가능하다. 백인의 특징조차 나머지 소질과
함께 백인에게서 발견되었던 원래 소질들 중 하나가 전개된 것일 뿐
이다.

인류사의 추정된 기원

김미영 옮김

일러두기

1. 『인류사의 추정된 기원』(*Mutmaßlicher Anfang der Menschengeschichte*) 번역
   은 1786년 발표된 원전을 대본으로 사용했고, 학술원판(Immanuel Kant,
   Abhandlungen nach 1781 in *Kant's gesammelte Schriften*, Bd. Ⅷ, pp.107-124, hrsg.
   von der Königlich Preußischen Akademie der Wissenschaften, Berlin, 1911)과 비
   이세델판(*Schriften zur Anthropologie, Geschichtsphilosophie, Politik und Pädagogik*
   in *Immanuel Kant Werke in Zehn Bänden*, hrsg. von Wilhelm Weischedel, Bd. Ⅸ,
   pp.83-102, Darmstadt, 1983)을 참조했다.

인류사의 추정된 기원

역사의 **진행** 속에 존재하는 기록의 틈을 메우려고 추정을 섞어 넣 A 1; VIII 109
는 것은 물론 허용된다. 멀리 떨어져 있는 원인으로서 선행하는 사건
과 결과로서 뒤따르는 사건은 그 이행을 파악하게 하는 중간원인을
발견하는 데 상당히 신뢰할 만한 지침을 제공할 수 있기 때문이다.
다만 역사를 완전한 추정에서 **구성**하는 것은 소설을 구상하는 것보
다 크게 나을 것이 없어 보인다. 게다가 그러한 역사는 **추정된 역사**가
아니라 오히려 순전한 허구로 불릴 수 있다.―그럼에도 인간행위 역
사의 진행에서 감히 시도할 수 없는 것도 그 **최초 기원**에 관해서는, 자
연이 그것을 일으킨 한, 추정함으로써 시도할 수 있다. 이 기원은 만 A 2
들어내는 것이 아니라 경험에서 가져올 수 있는 것이기 때문이다. 경
험이 최초 출발점에서 지금보다 더 좋거나 나쁘지 않았다는 것을 기
정한다면 말이다. 이 가정은 자연에 대한 유추에 적합하며, 어떤 무
모한 시도도 함축하지 않는다. 따라서 자유가 인간 본성에 놓여 있는
근원적 소질에서 최초로 전개된 역사는 기록에 근거를 둘 수 있을 뿐
인 자유의 진행에 관한 역사와는 전혀 다르다.

그럼에도 추정은 동의를 과도하게 요구하지 못한다. 그것은 기껏
해야 이성을 동반한 상상력에 마음의 휴식과 건강을 위해 허락된 활

동으로 통고될 수 있을 뿐 진지한 작업으로 내세워질 수는 없다. 그러므로 추정은 실제 정보와 동일한 사건에 관해 세우고 믿는 그런 역사와 비교될 수도 없다. 이러한 추정에 대한 검토는 단순한 자연철학과는 전혀 다른 근거에서 이루어진다. 바로 그 때문에, 그리고 나는 여기서 단순히 여행을 시도하기 때문에 내 여행을 위해 성서를 지도로 사용하는 것과 동시에 이성을 매개로 경험과 연결된 끈이 없지는 않지만 상상력의 날개 위에서 펼쳐지는 내 여행이 성서에 기록된 바로 그 노선을 따른다고 상상하는 것을 허락하는 호의를 기대해도 될 것이다. 독자는 그 기록(「창세기」 제2-6장)의 종이들을 넘기고, 철학이 개념에 따라 받아들이는 길이 성서의 역사가 진술하는 길과 일치하는지를 한 걸음 한 걸음 확인하게 될 것이다.

우리가 추정에 빠져 있지 않으려고 한다면, 인간 이성이 선행하는 자연원인에서 도출해낼 수 없는 데서 시작해야 할 것이다. 따라서 인간의 실존에서, 더욱이 이 인간은 어머니의 도움 없이 지내야 하므로 성장한 인간에서 시작해야 할 것이다. 그리고 종족을 번식하기 위해 인간 한 쌍에서, 게다가 인간들이 서로 가까이 있지만 그래도 낯선 상태로 있었더라면 일어났을 전쟁이 즉시 발생하지 않게 하려면 오직 유일한 한 쌍에서 시작해야 할 것이다. 혹은 이렇게 시작하는 것은 또한 자연이, 혈통의 다양성 때문에 인간적 사명의 최고 목적인 사교성을 위한 가장 적합한 수단을 놓쳤다는 비난을 받지 않게 하기 위해서다. 모든 인간이 유래했을 가족의 단일성은 의심할 여지없이 사교성을 위한 가장 좋은 규정이었으니 말이다. 나는 이 인간 한 쌍을 맹수의 습격에서 안전하고 음식물이 자연에서 충분히 공급되는 장소에, 말하자면 언제나 온화한 지대의 어떤 정원에 둔다. 나아가 나는 이 인간 한 쌍이 자기 힘을 사용하는 숙련된 단계에 이미 들어선 이후를 고찰할 뿐 그 본성이 완전히 조야한 상태에서 시작하지 않는다.

내가 아마도 긴 시간이 될 이 틈을 메우려고 했더라면, 독자에게 너무 많은 추정을 할당하는 반면 개연성을 너무 적게 주었을 것이다. 따라서 최초의 인간은 서고 걸을 수 있었다. 그는 말할 수 있었고(「창세기」 제2장 20절)* 대화도 나눌 수 있었다. 말하자면 그는 연관이 있는 개념에 따라 말할 수 있었으며(제2장 23절), 따라서 사유할 수 있었다. 이 모든 것은 인간이 스스로 습득해야 했던 순수한 숙련이다. (왜냐하면 그것이 타고난 것이었다면, 또한 유전되었을 테지만 이는 경험에 상충하기 때문이다.) 그러나 나는 단순히 인간의 행위에서 그러한 숙련을 반드시 전제하는 도덕의 발전과정을 고찰하기 위해 인간이 이 숙련을 현재 이미 지닌 것으로 가정한다. A 5; VIII 111

본능은 모든 동물이 복종하는 신의 음성으로서 신생아를 최초로 인도하는 유일한 것이었음이 틀림없다. 이 본능은 인간에게 어떤 것은 섭취하기를 허락했고 어떤 것은 금지했다(제3장 2-3절).—그러나 이 목적을 위해 지금은 상실한 특별한 본능을 가정할 필요는 없다. 본능은 단순히 후각능력이었거나 그것과 미각기관의 친화성이었을 수 있고, 알려졌듯이 이 미각기관이 소화기관과 나누는 교감이었을 수도 있다. 말하자면 본능은 어떤 음식이 섭취하기에 적합한지 아닌지를 미리 감지하는 능력인데, 이것은 우리가 현재에도 인지할 수 있는 것이다. 심지어 우리는 이러한 감각 능력이 현재보다 최초의 인간

---

* 자신을 알리려는 **충동**은 아직 혼자인 인간이 자신 이외의 생물에게, 특히 그가 따라 했고 나중에 이름의 역할을 할 수 있었을 소리를 내는 생명체에게 최초로 자신의 실존을 알리려고 시도하게 했음이 틀림없다. 이러한 충동과 유사한 작용을 우리는 아이들과 경솔한 사람들에게서 아직 여전히 볼 수 있다. 이들은 수다를 떨거나 소리를 지르거나 휘파람을 불거나 노래를 부르거나 다른 시끄러운 오락으로 (때로 이런 종류의 예배행사로) 공동사회의 사색적인 사람들을 방해한다. 나는 여기서 그들이 자신의 실존을 자기 주변에 널리 알리려고 하는 의도 이외의 다른 어떤 이유도 발견하지 못한다.

에게서 더 예리하지는 않았다고 가정해도 된다. 오직 감각 능력을 사용하는 사람과 감각뿐 아니라 사유 능력도 사용함으로써 감각과 멀어진 사람이 지각력에서 어떤 차이가 있는지는 충분히 알려졌기 때문이다.

경험 없는 인간은 자연의 이 부름에 복종하는 한 거기서 잘 살아갈 수 있었다. 그러나 이성이 곧 활동하기 시작했다. 이성은 섭취한 A 6 것을 본능이 결부된 감각 능력과는 다른 감각 능력—가령 시각 능력—이 이전에 섭취한 것과 비슷하게 제시한 것과 비교함으로써 음식물에 대한 자신의 지식을 본능의 한계 너머로 확장하려고 시도했다(제3장 6절). 이 시도는 비록 본능이 권하지는 않았지만 본능과 모순되지만 않았더라면 충분히 잘 실행될 수 있었을 것이다. 그러나 상상력의 도움으로 자연충동의 지지를 받지 않고 욕망할 뿐 아니라 심지어 자연충동에 대립하도록 욕망을 조작할 수 있는 것은 이성의 한 특성이다. 이 욕망은 처음에 정욕으로 불렸지만 이를 거쳐 불필요한, 심지어 반자연적이기조차 한 경향의 전체 무리는 서서히 풍요라는 이름으로 날조된다. 자연적 충동에서 벗어나게 되었다는 것은 단지 사 VIII 112 소한 일이었을 수 있다. 그러나 최초의 시도가 성공했다는 것, 말하자면 이성을 모든 동물이 머무르는 한계를 넘어설 수 있게 하는 능력으로서 의식하게 된 것은 매우 중요한 일이었고, 삶의 방식에 결정적이었다. 따라서 인간이 이미 먹어본 것과 유사해 보이는 과일이 있어서 먹어보게 되었다면, 게다가 어떤 동물은 본성적으로 그 과일을 먹 A 7 을 수 있지만 반대로 인간에게는 그 과일이 해롭기에 결국 그것을 거부하는 자연적 본능이 있었다면, 이것은 이미 이성에게 자연의 음성을 기부하고(제3장 1절) 그 모순에도 자유로운 선택을 처음으로 시도할 최초의 동기를 줄 수 있었다. 이 시도는 처음의 시도로서 아마 기대에 부응하지 못했을 것이다. 그래도 그 손해가 인간의 의도보다는 중요하지 않았을 것이어서 인간은 이것에 관해 눈을 뜨게 되었다(제 3장 7절). 인간은 다른 동물들과 달리 한 가지 유일한 삶의 방식에 얽매이지 않고 그것을 스스로 선택하는 능력을 자신 안에서 발견했다. 언급한 이 장점은 인간에게 순간적인 만족을 일깨워주었을 것이다. 그러나 곧 그에게는 어떤 사물에 대해서도 감춰진 특성과 앞으로 일어날 작용을 아직 모르는 그가 새로이 발견한 자신의 능력을 어떻게 사용해야 할지에 관해 불안과 근심이 일어날 수밖에 없었다. 인간은 이제 심연의 가장자리에 서 있게 되었다. 지금까지 본능이 지시해주었던 욕망의 개별적 대상들에서 욕망의 무한성이 열렸고, 그 욕망들에 대한 선택을 인간은 아직 전혀 할 수 없었기 때문이다. 그리고 한번 자유를 맛본 상태에서 (본능이 지배하는) 복종 상태로 다시 돌아가는 것은 그럼에도 이제 불가능했다.

자연이 각 개별자를 보존하는 수단인 영양섭취 본능 다음으로는 각 유를 보존하려고 준비한 **성적 본능**이 가장 탁월하다. 한번 활동 A 8 한 이성은 이제 자신의 영향력을 여기서도 발휘하기를 주저하지 않았다. 동물에게 성적 자극은 일시적이고 대부분 주기적인 충동에 기인한다. 하지만 인간에게 성적 자극은 대상이 감관에서 더 멀리 떨어져 있을수록 더 제한적이지만 동시에 지속적이고 균일하게 수행하는 상상력을 통해 연장되고 심지어 증가될 수 있다는 것과 이로써 단순한 동물적 욕망의 충족에서 오는 권태가 예방된다는 것을 인간은 곧 발견했다. 말하자면 무화과 잎은(제3장 7절) 이성이 그 전개의 최 Ⅷ 113 초 단계에서 보여준 것보다 훨씬 더 큰 이성표명의 산물이었다. 왜냐하면 대상을 감각 능력에서 멀리 놓음으로써 어떤 경향을 더 내적이고 지속적으로 만드는 것은 이미 이성이 충동을 어느 정도 지배한다는 의식을 보여주는 것이지, 단순히 최초 단계에서처럼 충동에 어느 정도 봉사하는 능력을 보여주는 것이 아니기 때문이다. 거부는 단순히 지각된 자극에서 이상적인 자극으로, 단순히 동물적인 욕망에서 서서히 사랑으로, 그래서 이와 함께 단순한 만족에서 아름다움에 대한 취미로, 처음에는 인간의 아름다움에만 관여했지만 그다음에는 A 9 자연의 아름다움에도 관여하는 취미로 이끄는 기술이었다. 단정한 태도로 (멸시를 유발할 수 있는 것의 은폐) 우리를 향한 타인의 존경을 불러일으키는 경향인 **예의바름**은 모든 참된 사교성의 본래적 기초로서 인간이 도덕적 존재로 형성되는 최초의 신호였다. 사고방식에 완전히 새로운 방향을 제시함으로써 역사적 전환점을 만드는 작은 시작이 그 이후에 뒤따르는 문화적 발전의 무한한 전체 계열보다 더 중요하다.

이성이 직접적으로 지각된 최초의 욕구들과 결합한 이후 갖는 셋째 단계는 미래에 대한 의식적 기대였다. 단순히 현재 삶의 순간을 즐기는 것이 아니라 다가올, 때로는 아주 먼 미래를 현재의 것으로 만드는 이 능력은 자신의 규정에 적합하게 스스로 먼 미래의 목적을 위해 준비하는 데에서 인간의 장점을 가장 결정적으로 보여주는 특징이다. 그러나 이 특징은 동시에 불확실한 미래가 야기하는 근심과 염려의 극복되지 않는 원천이기도 하다. 동물은 이 원천에서 벗어나 있다(제3장 13-19절). 남성은 자신과 아내를 미래의 자식들과 함께 부양해야 했으므로 점점 증가하는 노동의 고통을 예견했다. 여성은 자 A 10 연이 부닥치게 한 고난과 더 나아가 자신보다 힘센 남성이 주었을 고난을 예견했다. 남성과 여성 모두 힘든 삶 다음에 그 배경에서 여전히 모든 동물이 피할 수 없이 마주하지만 염려하지 않는 그것, 말하자면 죽음을 두려움과 함께 예견했고 이 모든 악을 초래하는 이성의 사용을 비난하고 죄로 간주하는 것처럼 보였다. 더 잘 살거나 가족 구성원으로서 그들의 어려움을 덜어줄 자손 전체 안에 살아 있 Ⅷ 114 을 것이 아마도 그들을 위로한 유일한 희망이었을 것이다(제3장 16-

20절).

인간을 동물들의 무리 위로 완전히 고양하는 이성이 행한 넷째이자 마지막 단계는 인간은 그 자신이 본래 **자연의 목적**이라는 점과 지상에 사는 어떤 것도 이 점에서 인간의 경쟁자일 수 없다는 점을 (비록 불분명할 뿐이지만) 파악한 것이었다. 인간이 최초로 양에게 "네가 입고 있는 가죽은 자연이 너를 위해서가 아니라 나를 위해서 준 것이다"라고 말했고, 양에게서 가죽을 벗겨내어 자기 몸에 걸쳤을 때(제3장 21절), 인간은 자기 본성의 도움으로 모든 동물에 우선하는 어떤 특권을 깨달았다. 그는 동물을 더는 창조의 동료가 아니라 자신이 원하는 목적을 성취하려고 자신의 의지에 양도된 수단과 도구로 여겼다. 이러한 생각은, (비록 불분명하지만) 인간이 그런 말을 결코 인간에게는 할 수 없으며 오히려 인간은 자연의 선물에 동등하게 참여한다고 보아야 한다는 반대의 생각을 함축하는 것이다. 이러한 생각은 인간이성이 미래에 그의 동포가 취할 관점에서 의지에 부과해야 할 제한을 미리 준비하는 것이다. 그리고 이러한 제한은 사회를 건설하는 데 애착이나 사랑보다 훨씬 더 필수적이다.

A 11

그렇게 해서 인간은 어떤 서열에 있건 간에 모든 이성적 존재와 평등하게 있었다(제3장 22절). 말하자면 그 자신이 목적이어야 한다는 요구와 관련하여 다른 모든 인간도 목적으로서 평가하고 아무도 다른 목적을 위한 단순한 수단으로 사용하지 않게 되었다. 단순히 여러 가지 경향을 만족시키는 도구로서 고찰된 이성이 아니라 여기에 인간이 자연적 소질에서 보통은 비교할 수 없이 우월한 더 높은 존재와도 맞먹는 무제한적 평등의 근거가 놓여 있다. 아무에게도 우월한 소질을 근거로 인간을 마음대로 다룰 권리가 없다. 따라서 이 단계는 동시에 자연의 모태에서 **벗어남**을 의미한다. 이것은 명예로운 변화이지만 동시에 매우 위험한 변화다. 왜냐하면 자연은 인간을 위험하지

A 12 않고 안전한 어린아이 상태에서, 말하자면 인간의 수고 없이도 인간을 돌보는 정원에서 몰아내어(제3장 23절), 걱정과 수고와 알 수 없는 악이 그를 기다리는 넓은 세상으로 밀어 넣었기 때문이다. 앞으로 삶의 고단함은 인간에게 인간 상상력의 창조물인 낙원을 향한 소망을 자주 불러일으킬 것이다. 거기서 그는 고요한 무위와 영원한 평화 속에서 자신의 현존을 공상으로 보내거나 낭비하며 보낼 수 있었을 것

VIII 115 이다. 그러나 인간과 그 상상의 즐거움 사이에는 쉬지 않고 인간 속에 있는 능력의 전개를 거부할 수 없이 추진하는 이성이 자리 잡고 있으며, 이성은 자신이 인간을 끌어냈던(제3장 24절) 미개하고 단순한 상태로 인간이 다시 돌아가는 것을 허락하지 않는다. 이성은 인간으로 하여금 그가 증오하는 수고를 참고 받아들이도록, 그가 경멸하는 겉만 번지르르한 장식품들을 추종하도록, 그리고 그가 두려워하는 죽음조차도 그가 그 손실을 더 두려워하는 사소한 모든 일 때문에 잊어버리도록 몰아낸다.

주석

최초 인류사에 대한 이 서술에서 다음과 같은 사실이 분명해진다. 말하자면 인간이 이성에 따라 인류 최초의 거주지로 생각했던 낙원에서 나온 것은 단순한 동물의 조야함에서 인간성으로, 본능의 유모

A 13 차에서 이성의 지도로, 한마디로 말해서 자연의 보호에서 자유의 상태로 이행한 것과 다를 바 없다는 것이다. 인간이 이 변화로 이익을 얻었는지 혹은 손해를 입었는지는 인류의 사명이 오직 완전성을 향한 진보에 있다는 것을 생각한다면 더는 문제될 수 없다. 최초의 시도가 뒤따르는 시도들의 긴 대열에서조차 이 목표를 성취하기에는 결

함이 있는 것으로 나타날지라도 말이다.—이 과정이 인류에게는 더 나쁜 것에서 더 좋은 것으로 **진보**한 것이지만 개인에게도 그런 것은 아니다. 이성이 깨어나기 전에는 아직 명령이나 금지가 없었다. 그래서 아직 위반도 없었다. 이성이 자신의 업무를 시작했을 때, 그리고 이성이 나약하여 동물성과 동물의 모든 강함과 뒤섞였을 때 악이 발생할 수밖에 없었다. 더 나쁜 일은 무지나 순진무구 상태에서 전혀 낯선 것이었던 악덕이 개화한 이성에서 발생할 수밖에 없었다는 것이다. 따라서 이러한 [무지나 순진무구] 상태에서 나오는 최초 걸음은 도덕적 측면에서는 **타락**이었고, 물리적 측면에서는 삶에서 결코 알려지지 않았던 악이 이 타락의 결과였으므로 **형벌**이었다. 이와 같이 **자연**의 역사는 신의 **작품**이므로 선에서 시작하고, **자유**의 역사는 **인간**의 **작품**이므로 악에서 시작한다. 자신의 자유를 사용할 때 오직 자신을 고려하는 개인을 위해 그러한 변화는 손실이었다. 자기목적을 인류에 두는 자연을 위해 그 변화는 이익이었다. 따라서 개인은 자신이 당하는 모든 악과 자신이 행하는 모든 나쁜 짓을 자기 자신의 죄과로 돌릴 이유를 갖지만, 동시에 전체(하나의 종)의 구성원으로서 질서의 현명함과 합목적성을 경탄하고 찬양할 이유도 갖는다.— 이런 방식으로 우리는 때로 잘못 해석되고 상충하는 듯이 보이는, 유명한 루소의 주장들이 서로 그리고 이성과 일치하도록 만들 수 있다. 학문의 영향에 관한 저서[1]와 인간 **불평등**에 관한 서서[2]에서 루소는 각 개인이 자신의 사명을 완전히 실현해야 하는 **자연적 종**으로서 인류의 본성과 문화 사이에서 일어나는 불가피한 상충을 정당하게 지적한다. 그러나 『에밀』[3]이나 『사회계약론』[4] 그리고 다른 저서들에서 그는 다시, 하나의 **도덕적 종**인 인류의 소질을 인류 사명에 상응하도록 전개해서 이 도덕적 종이 자연종으로서 인류와 더는 상충하지 않게 하려면 문화가 어떻게 전개되어야 하는가 하는 더 어려운 문제를 해결하려고 시도한다. 이 상충에서 (왜냐하면 인간인 동시에 시민으로 양육하는 교육의 참된 원리들에 따르면 문화는 아마도 아직 제대로 시작되지 않았고, 완성된 것은 더더욱 아니기 때문이다) 인간의 삶을 억누르는 본래의 모든 악과 이 삶을 경멸하는 모든 악덕이 발생한다.*

---

* 한편으로 도덕적 사명을 위한 인류의 노력과 다른 한편으로 조야하고 동물적인 상태에서 인류의 본성에 놓여 있는 법칙에 대한 불변적 추종 사이의 상충에 대해 단지 몇 가지 사례를 들려고 나는 다음을 제시한다.

성년기, 즉 욕구의 시기이며 자신의 유를 생산하는 능력의 시기를 자연은 대략 16세에서 17세로 결정했다. 이 나이에 젊은이는 조야한 자연 상태에서 문자 그대로 남자가 된다. 이제 그는 자신을 돌보고 자손을 생산하고, 이 자손을 배우자와 함께 부양하는 능력을 갖기 때문이다. 욕구가 단순하기 때문에 그에게는 쉬운 일이다. 반면에 문명화한 상태에서는 이 일에 숙련뿐 아니라 유리한 외적 상황과 같은 많은 생계수단이 포함된다. 그래서 이 시기는 시민사회에서 적어도 평균적으로 10년이 더 늦춰진다. 그러나 자연은 성숙의 시기를 사회적인 세분화 정도에 맞게 변화시키지 않고, 동물 종으로서 인류를 보존하려고 설정한 자연의 법칙을 고집스럽게 따른다. 여기에서 이제 자연목적은 도덕에 그리고 도덕은 자연목적에 불가피한 손실을 입게 된다. 왜냐하면 자연인은 특정한 나이에 이르면 이미 성인이 되지만 시민적 인간으로서는 (그가 그래도 자연인이기를 그만두는 것은 아니지만) 단지 젊은이, 심지어 어린이에 지나지 않기 때문이다. 자신의 종족을 생산하려는 욕구와 능력이 있고, 그래서 자연의 요청 자체가 있다고 해도 (시민적 상태에서는) 자신의 종족은 물론 자기 자신조차도 부양할 수 없는 이들을 우리는 그렇게 부를 수 있을 것이다. 왜냐하면 자연은 살아 있는 생물에게 그러한 욕구와 능력을 억제하고 극복할 본능이나 능력을 부여하지 않았음이 틀림없기 때문이다. 그러므로 그러한 소질은 도덕적 상태를 전혀 의도하지 않고, 단순히 동물 종으로서 인류의 보존을 의도한다. 그래서 문명화한 상태는 그러한 소질과 불가피한 상충에 놓인다. 오직 완성된 시민국가체제(문화의 가장 외적인 목표)가 이 대립을 지양할 것이다. 지금 그 중간과정에는 일상적으로 악습과 그 결과인 다양한 인간적 불행이 자리 잡고 있기 때문이다.

자연이 우리에게 두 가지 다른 목적을 위해 두 가지 소질을, 즉 동물 종으로서 인류를 위한 소질과 도덕적 존재로서 인류를 위한 소질을 주었다는 주장을 증명하는 다른 사례는 "예술은 길고 인생은 짧다"라는 히포크라테스의 명언이다. 학문과 예술은 재능 있는 한 사람이 오랜 훈련과 습득된 인식을 거쳐 한번 성숙한 판단에 도달한다면, 이 사람을 통해서 전 세대에 걸

그러나 악덕을 향한 충동은 악덕의 원인으로 간주되지만, 그 자체로 A 16
는 선하고 자연소질로서 합목적적이다. 그러나 이 소질들은 단순한 A 17
자연 상태에서 성립했으므로 진행되는 문화에 방해를 받으며, 반대 A 18
로 완전한 예술이 다시 자연이 될 때까지, 즉 인류의 도덕적 사명이 Ⅷ 118
라는 최종 목표가 이루어질 때까지 문화를 방해한다.

친 학자들이 차례로 성취했을 것보다 훨씬 더 크게 발전할 수 있을 것이다.
이 사람이 오직 정신의 이른바 젊은 힘으로 이 모든 세대에게 부여된 시간
을 공유한다면 말이다. 그런데 자연은 인간의 생존기간 때문에 학문을 장
려하는 것과는 분명히 다른 관점에서 결정을 내렸다. 왜냐하면 가장 운이
좋은 사람이 자신의 숙련과 경험으로 기대할 수 있는 가장 위대한 발견을
성취하기에 이르렀을 바로 그때 나이가 들기 때문이다. 그는 우둔해지고, A 17
문화의 진보에서 한 시기를 첨가하는 것을 그다음 세대로 (이 세대는 다시
ABC에서 시작하여 이미 지나온 전 과정을 반복해야 한다) 넘겨야 한다. 따라
서 자신의 완전한 목적에 도달하려는 인류의 노정은 계속 중단되고 과거
의 야만성으로 되돌아갈 위험에 끊임없이 놓여 있는 것 같다. 그래서 어떤
그리스 철학자가 근거 없이 다음과 같이 탄식한 것은 아니다. 어떻게 본래
적으로 살아야 할지 막 알기 시작한 바로 그때 죽어야 한다는 것은 애석한 일이
다.[5)]
셋째 사례는 인간들 간의 **불평등**, 더욱이 자연적 소질이나 재물의 불평등
이 아니라 인간들의 보편적 인권의 불평등일 것이다. 이 불평등에 관해 루
소는 많은 진실을 고발한다. 그러니 이 불평등은 문화가 오랫동안 무계획 Ⅷ 118
적으로 진행되는 한 (게다가 이것은 오랜 시간에 걸쳐 불가피한 일이다) 문화
와 분리될 수 없는 것이다. 그리고 이러한 불평등을 자연이 인간에게 규정
한 것은 분명히 아니다. 왜냐하면 자연은 인간에게 자유를 주었으며, 이 자
유를 오직 자신의 보편적인, 정확히 말하면 **시민법**이라고 하는 외적인 합법
칙성으로 제한하는 이성을 주었기 때문이다. 인간은 조야한 자기 소질에
서 스스로 벗어나야 하지만, 이 소질을 얕봄으로써 위반하지 않도록 주의
해야 한다. 인간은 이 숙련을 오직 나중에 많은 시행착오를 거친 뒤 기대할
수 있다. 그사이에 인류는 미숙함에서 스스로 초래한 악 때문에 탄식할 것
이다.

역사의 종말

다음 시대는 인간이 안락과 평화의 시기에서 사회로 통합하는 출발점인 **노동**과 **불화**의 시기로 이행한 데서 시작한다. 여기서 우리는 다시 크게 비약해서, 인간이 갑자기 가축과 곡식을 점유하여 양식을 얻으려고 스스로 씨를 뿌리거나 모종하여 늘릴 수 있었던 상태로 옮겨놓아야 한다(제4장 2절). 비록 처음의 거친 수렵생활에서, 그리고 끝없이 나무뿌리를 캐러 다니거나 열매를 모으는 상태에서 둘째 상태로 이행하는 일은 아주 서서히 일어났을 테지만 말이다. 여기서 이제 그때까지 서로 평화롭게 살던 사람들 사이에 불화가 이미 시작되었음이 틀림없고, 그 결과는 생활방식이 서로 다른 사람들이 분리되고 지구상에 흩어지는 것이었다. **목축**은 평온할 뿐 아니라 아무도 살지 않는 광활한 토지에 먹을 것이 부족할 수 없으므로 가장 믿을 만한 생계수단이다. 이에 반해 **경작**이나 재배는 몹시 힘들고, 변덕스러운 날씨에 종속되어서 불확실하며, 머물 집과 토지소유 그리고 자신을 방어할 충분한 힘이 필요하다. 그러나 **목자**는 자유로운 목축생활을 제한하는 소유물을 싫어한다. 목축이 가장 믿을 만한 생계수단이라는 점과 관련해 말하면, 농부는 목자가 하늘의 은혜를 더 많이 받고 있다고 시기할 수 있었을 것 같다(제4장 4절). 그러나 실제로 농부에게 목자는 이웃으로 머무는 한 매우 큰 짐이 되었다. 왜냐하면 가축이 그의 농장을 가만두지 않았기 때문이다. 어디서나 마찬가지로 쉽게 다시 찾을 수 없어 어떤 것도 남겨두지 않으므로 손해를 입힌 후 가축과 함께 멀리 떠나고 모든 책임에서 도망치는 것은 쉬운 일이다. 그래서 아마 농부는 목자가 금지되지 않은 것으로 여기는 그러한 침해에 대항할 무력이 필요했고 (이러한 침해를 일으키는 것은 결코 완전히 그칠 수 없었으므로), 자신이 오랫동안 수고하여 얻은 결실

A 19

Ⅷ 119

을 잃지 않으려면 결국 목축생활을 하는 사람들에게서 가능한 한 멀리 떨어져 살 수밖에 없었다(제4장 16절). 이 분리는 셋째 시기를 가져온다.

토지를 경작하고 (특히 나무와) 식물을 기르는 것에 생계를 의존하는 곳에서는 지속적인 거주지가 필요하며, 모든 침해에 맞서서 토지를 보호하려면 서로 돕는 인간 집단이 필요했다. 그래서 사람들은 이   A 20 러한 삶의 방식 때문에 더는 가족단위로 흩어져 있을 수 없었고, 거친 사냥꾼이나 떠돌아다니는 유목민에 맞서서 자기 소유물을 지키려면 함께 모여 (부적절하게 **도시**라고 하는) 마을을 세워야 했다. 다양한 **삶의 방식**으로 얻을 수 있는(제4장 20절) 기본 재화들은 이제 서로 교환될 수 있었다. 여기서 **문화**가 발생할 수밖에 없었으며, 소일거리를 위한 기술뿐 아니라 근면함을 위한 기술도 나타났다(제4장 21-22절). 그러나 가장 중요한 것은 시민적 체제와 공적인 정의를 위한 몇 가지 장치가 나타난 것이다. 이것은 처음에는 물론 큰 폭력행위에만 관여해서, 이제 그러한 행위를 응징하는 것은 더는 야만상태에서와 같이 개인에게 위임되지 않았고, 전체의 통일을 유지하는 합법칙적 힘에, 즉 일종의 정부에 위임되어 이런 정부를 넘어서는 어떤 권력행사도 일어나지 않았다(제4장 23-24절).—이러한 최초이자 조야한 소질에서 이제 점차 인간의 모든 기술이 서서히 발전할 수 있었다. 그중에서 **사교성**과 **시민의 안전**에 관한 기술이 가장 유익했다. 인류의 수는 증가할 수 있었으며, 이미 개화한 이주민들이 마치 벌집에서처럼 중심에서 파견되어 도처로 퍼질 수 있었다. 이 시기에 그 많은 악   A 21 의 풍부한 원천이지만 모든 선의 원천이기도 한 인간 **불평등**도 시작해서 계속 증가했다.

오직 신을 지배자로 인정하는 유목민족이 한 인간(관헌)을 지배자   Ⅷ 120 로 삼는(제6장 4절)* 도시민과 농부를 둘러쌌고, 모든 토지소유를 단호히 반대하여 이들을 적대시했다. 또 이들에게서 다시 미움을 받는한, 유목민족과 정착민 사이에는 지속적으로 전쟁이 일어나거나 적어도 전쟁 위험이 항상 있었다. 그래서 양쪽 국민들은 적어도 내적으로 소중한 자유를 누리는 것을 기뻐할 수 있었다.—(전쟁의 위험은 지금도 여전히 전제정치를 억제하는 유일한 것이기 때문이다. 왜냐하면 한 국가가 이제 강력해지려면 부가 필요한데, 자유가 없다면 부를 생산할 수 있는 활동이 없을 것이기 때문이다. 가난한 국가에서는 부 대신에 공동체를 유지하기 위한 강력한 참여가 있어야 하는데, 이것은 다시 그

A 22   안에서 자유를 느낄 때에만 가능하다.)—그러나 시간이 지남에 따라 도시민들의 사치는, 특히 도시 여자들을 황야의 타락한 접대부로 보이게 한 치장하는 기술은 유목민들에게 도시민들과 관계를 맺고 도시의 찬란한 빈곤으로 끌려들어가게 하는 강력한 미끼일 수밖에 없었다(제6장 2절). 그래서 전에는 서로 적대적이던 두 민족 집단이 융합함으로써 모든 전쟁 위험이 사라지는 것과 함께 자유도 동시에 사라지게 되었으므로, 한편으로는 강력한 폭군의 전제정치가 시작되어 아직 채 시작하지도 못한 문화에서는 타락한 노예상태 아래 영혼 없는 탐닉과 조야한 상태의 모든 악덕이 뒤섞여 있었고, 다른 한편으로 인류는 선을 향한 자신의 소질을 계발하는, 자연에게서 부여받은 일을 중단했다. 그래서 인류는 이로써 동물처럼 즐기고 노예처럼 사용되는 것이 아니라 지상을 지배하도록 규정된 종인 자신의 실존조차 가치 없는 것으로 만들었다(제6장 17절).

---

*   아랍의 베두인들은 지금도 부족의 창시자인 과거 족장의 자손(베니 할레트 등)을 자처한다. 이 족장은 결코 그들의 주인이 아니며, 자기 생각대로 그들에게 무력을 행사하지 못한다. 왜냐하면 유목민족 안에서는 아무도 뒤에 남겨두어야 할 재산을 갖지 않으므로, 그곳이 마음에 들지 않는 가족은 누구라도 아주 쉽게 부족에서 떠나 다른 부족에 합류할 수 있기 때문이다.

마무리 주석

생각이 깊지 않은 사람은 아무것도 모르지만, 사려 깊은 사람은 아마 도덕적 타락이 될 수도 있는 어떤 근심을 느낀다. 그것은 말하자면 인류를 매우 심하게 그리고 (그렇게 보이듯이) 개선될 희망 없이 억누르는 악을 숙고한다면, 세계의 진행 전체를 지배하는 섭리에 대한 불만이다. 그러나 (비록 섭리가 우리에게 현세에서 매우 힘든 길을 보여주었지만) 섭리에 만족하는 것이 중요하다. 그것은 한편으로는 고난 속에서 여전히 용기를 갖기 위해서이며, 다른 한편으로는 우리가 고난의 죄과를 운명에 전가함으로써 아마 이 모든 악의 유일한 원인일 수 있을 우리 자신의 죄과를 외면하고 자기개선으로 고난에 대응할 도움을 놓치는 일이 없도록 하기 위해서다. $\quad$ A 23: VIII 121

우리는 도덕적인 민족을 억압하는 가장 큰 악이 전쟁에서, 더욱이 실제로 있거나 있었던 전쟁이 아니라 미래의 전쟁에 대해 결코 끝나지 않고 심지어 끝없이 증가하는 **전쟁준비**에서 발생한다는 것을 인정해야 한다. 국가의 모든 힘과 더 위대한 문화를 위해 쓰일 수도 있을 문화의 모든 결실이 전쟁준비에 사용된다. 자유는 많은 곳에서 극심하게 침해받고, 개인을 위한 국가의 보호는 가혹한 수탈로 바뀐다. 그럼에도 이러한 일은 외부 위험에 대한 걱정으로도 정당화된다. 그러니 이 문화기, 상호 복지 증진을 위한 공동체 사이의 긴밀한 결합이, 그 인구 심지어 매우 제한적인 법률에서도 여전히 남아 있는 자유의 단계가, 만약 항상 두렵게 하는 그 전쟁이 국가의 지배자들에게 **인류를 위한** 이 존경심을 강요하지 않았다면 유지될 수 있었을 것인가? 단지 **중국**을 고찰해보자. 중국은 그 위치로 볼 때 예측하지 못한 침략은 있었지만, 두려워할 강력한 적이 없었으므로 자유의 흔적이 사라졌다.—인류가 아직 머물러 있는 문화 수준에서도 전쟁은 이 문 $\quad$ A 24

화를 더 나아가게 하려는 불가피한 수단이다. 그리고 영원한 평화는 오직 (신이 그때를 아는) 완성된 문화에서 우리에게 유익하며, 완성된 문화로만 가능할 것이다. 따라서 우리는 이 점에 관해서는 우리가 그렇게 비통해하는 악에 대해 분명히 스스로 죄과가 있다. 그리고 성서는 민족들이 한 사회로 결합하고 외부 위험에서 완전히 벗어나는 것을 문화가 전혀 시작하지 않았으므로 앞으로 있을 모든 문화를 방해하며 치유될 수 없는 타락에 빠지는 것이라고 설명하는 점에서 전적으로 정당하다.

VIII 122   인간의 **둘째 불만**은 **생명의 짧음**과 관련된 자연 질서를 향한 것이다. 생명이 실제보다 더 길게 지속되기를 바란다면, 그것은 분명히 생명의 가치를 잘못 이해하는 것이다. 그것은 고난과 끝없이 씨름하는 경기를 연장하는 것일 뿐이다. 그러나 우리는 판단력이 유치한 사

A 25 람들이 삶을 사랑하지 않으면서 죽음을 두려워한다는 것을 물론 의심하지 않는다. 그들에게는 그런대로 만족스럽게 하루하루를 보내는 것이 힘들지만, 그럼에도 그런 괴로움을 반복할 날들이 결코 충분하지 않다는 것도 분명하다. 그러나 우리가 그렇게 짧은 삶을 보내는 수단을 얻으려고 얼마나 많은 근심이 우리를 괴롭히는지를, 그리고 미래에 있을 순간적 탐닉을 기대해서 얼마나 많은 부정의가 행해지는지를 생각만 한다면, 우리는 당연히 다음 사실을 믿어야 한다. 즉 인간이 800년 이상의 수명을 누릴 수 있다면 아버지는 아들에게서, 형제는 다른 형제에게서 혹은 친구는 다른 친구에게서 결코 자신의 생명을 보장받을 수 없을 것이다. 그리고 그렇게 오래 사는 인류의 악덕은 높이 치솟을 수밖에 없게 될 테고, 이로써 인간은 모든 곳에서 일어나는 홍수로 지상에서 사라지게 되는 운명에서 벗어날 수 없게 될 것이다(제6장 12-13절).

셋째 소망은 혹은 오히려 공허한 동경은 (우리는 이 소망을 결코 성

취할 수 없다는 것을 안다) 시인들이 그렇게 예찬한 **황금시대**에 대한
환상이다. 여기서는 우리를 탐욕으로 몰고 가는 공허한 욕구가 사라
지고, 자연의 단순한 필요에 따라 절제하는 것과 인간의 보편적 평 A 26
등, 인간들 간의 영원한 평화가 있다는 것이다. 한마디로 여기서 우
리는 걱정 없이 게으름 속에서 몽상하는 삶이나 유치한 놀이로 낭비
하는 삶을 순수하게 향유한다는 것이다.—이것은 로빈슨 크루소나
남쪽 바다의 섬을 향한 여행을 매우 매력 있게 만드는 동경이지만,
대체로 사유하는 인간이 문명화한 삶에서 느끼는 권태를 증명한다.
그가 문명화한 삶의 가치를 단순히 **향락**에서 찾고, 이성이 **행위**를 매
개로 삶에 가치를 부여할 것을 그에게 상기시킬 때 게으름으로 균형
을 얻으려고 한다면 말이다. 단순함과 순진무구의 그러한 시대로 돌
아가려는 이 소망의 무의미함은 원초적 상태에 관한 앞의 생각으로
다음 사실을 배운다면 충분히 드러날 것이다. 그것은 인간이 그런 시
대에서 살 수 없다는 것이다. 왜냐하면 그 시대는 인간을 만족시킬 Ⅷ 123
수 없고, 더욱이 인간은 언젠가 다시 그런 시대로 돌아가려고 하지
않기 때문이다. 그래서 인간은 괴로운 현재 상황을 그래도 여전히 자
신과 자신의 선택 탓으로 돌려야 한다.

따라서 인간 역사에 대한 이러한 서술은 인간에게 유익하고 교훈
과 개선점을 준다. 이 서술은 인간에게, 그를 억압하는 악 때문에 섭
리에 죄과를 돌리면 안 된디는 것을 가르쳐준다. 그리고 이 서술은
인간이 자신의 잘못을 조상의 원죄에 돌리는 것도, 그렇다면 아마 유 A 27
사한 범죄 성향이 후손에게 유전되었을 것이므로 (왜냐하면 자의적
인 행위들은 유전적인 어떤 것도 갖지 않기 때문이다) 정당하지 않다는
것을 가르쳐준다. 이 서술은 오히려 인간이 그러한 행위를 그 자신이
완전한 권리로 행한 것으로서 인정하고, 따라서 자신의 이성을 오용
함으로써 발생하는 모든 악에 대해 그 죄과를 전적으로 자신에게 돌

려야 한다고 가르친다. 인간은 그 자신이 같은 상황에서 정확히 똑같이 행할 것이며, 그래서 이성의 최초 사용에서 그렇게 (자연의 손짓에 조차 맞서서) 이성을 오용했음을 스스로 매우 잘 알 수 있다. 이 문제가 도덕적 악 때문에 바로잡아진다면, 본래적인 물리적 악은 공로와 죄과가 상쇄되어 우리에게 어떤 이점을 남겨주기 어려울 것이다.

그래서 최초 인간사를 기술하려는 철학의 시도가 내린 결론은 섭리와 인간사의 전체 과정에 만족하는 것이다. 이 과정은 선에서 시작하여 악으로 나아가는 것이 아니라, 더 나쁜 것에서 더 좋은 것으로 서서히 전개된다. 이 진보를 위해 각 개인은 그의 역량 안에 있는 한 자기 역할을 할 사명을 자연 자체에서 부여받았다.

사유 안에서 방향 정하기란 무엇인가?

홍우람 옮김

일러두기

1. 『사유 안에서 방향 정하기란 무엇인가?』(*Was heißt: Sich im Denken orientiren?*)
   번역은 1786년 발표된 원전을 대본으로 사용했고, 학술원판(Immanuel Kant,
   Abhandlungen nach 1781 in *Kant's gesammelte Schriften*, hrsg. von der Königlich
   Preußischen Akademie der Wissenschaften, Bd. Ⅷ, pp.131–148, Berlin, 1911)
   과 바이셰델판(Immanuel Kant, *Schriften zur Metaphysik und Logik* in *Immanuel
   Kant Werke in Zehn Bänden*, hrsg. von Wilhelm Weischedel, Bd. V, pp.265–283,
   Darmstadt, 1983)을 참조했다.

사유 안에서 방향 정하기란 무엇인가?

우리가 개념을 아무리 높이 여기고, 동시에 개념을 감성에서 아무 A 304; Ⅷ 133
리 철저히 추상한다 해도, 개념에는 여전히 **구상적 표상**[1]이 덧붙는
다. 그리고 본래적 사명에 따라 이 구상적 표상은 경험에서 도출되지
않는 개념을 **경험적 사용**에 적합하게 만든다. 우리의 개념 아래에 (궁
극적으로는 항상 어떤 가능한 경험에서 나온 예시일 수밖에 없는) 직관
이 전혀 놓여 있지 않다면, 이 개념에는 결코 의미나 의의가 제공될
수 없을 테니 말이다. 이 구체적 지성 작용에서 구상적 혼합이 배제
된다면, 즉 우선적으로 감각 능력을 통한 우연적 지각의 혼합이 배제
되고 이어서 순수한 감성적 직관 일반마저 배제된다면, 이제 외연이
확장되고 사유 일반의 규칙을 포함하는 저 순수한 지성 개념이 남게
된다. 이런 방식으로 성립된 것이 바로 일반 논리학이다. 그런데 아
마도 우리 지성과 이성의 경험적 사용 안에는 **발견**을 위한 사유 방법
이 아직 많이 감춰져 있을 것이다. 만일 이 방법이 경험에서 신중하
게 추출될 수 있다면, 이 방법에 의해 철학은 추상적으로 사유할 때 A 305
에도 유용한 여러 준칙을 풍부히 갖추게 될 수 있다.

작고한 멘델스존이 제시한 다음과 같은 원칙이 그런 종류에 속하
는데, 내가 아는 한 그는 마지막 저작(『아침』 165-166쪽과 「레싱의 친

구에게 보낸 편지」 33쪽과 67쪽)에서야 비로소 이 원칙을 분명히 인정했다. 이 원칙이란 곧, (평소 멘델스존이 초감성적 대상에 대한 인식과 관련하여 심지어 증명의 명증성까지 기대할 만큼 매우 신뢰했던) 이성의 사변적 사용에서는 그가 때로는 상식(『아침』)이라고 때로는 건전한 이성이라고 때로는 소박한 인간 지성(『레싱의 친구에게 보낸 편지』)이라고 불렀던 확실한 지침을 통해 방향을 정하는 것이 필연적이라는 준칙이다. 과연 누가 생각이나 했겠는가? 그가 이 준칙을 승인함에 따라 신학 문제에서 **사변적 이성 사용**이 지니는 힘에 대한 그의 유익한 의견이 심각하게 파괴될 뿐만 아니라(사실 이는 불가피했다),

그가 상식적인 건전한 이성의 실행을 사변과 모호하게 대립시킴에 따라 그런 건전한 이성 자체가 광신의 원칙이자 이성을 완전히 폐위시키는 원칙으로 이용될 위험에 빠질 것이라고 누가 생각이나 했겠는가 말이다. 그렇지만 이런 일이 멘델스존과 야코비의 논쟁에서, 특히『귀결들』*의 명민한 저자의 의미심장한 추론 과정에서 일어났다.

그러나 나는 멘델스존과 야코비 둘 중 어느 누구에게도 그런 파괴적 사고방식을 진행시키려는 의도가 없었다고 생각한다. 오히려 나는 저 명민한 저자의 시도를 대인 **논증**이라고, 즉 상대편이 노출한 약점을 상대편에게 불리하도록 이용하되 오직 방어를 위해 사용될 때에만 정당화되는 논증이라고 여긴다. 다른 한편으로 나는 사실 멘델스존이 필수적이라고 생각하며 칭찬했던 것은 오직 이성으로만 방향을 정하는 것임을, 이른바 신비한 진리감(眞理感)으로 방향을 정하는 것도 아니고 전통이나 계시가 이성의 동조 없이 결부될 수 있는 신앙의

---

* 야코비,『스피노자의 이론에 관한 서신』, 브레슬라우 1785.―야코비,『『스피노자의 이론에 관한 서신」에 관한 멘델스존의 고발에 반대하여』, 라이프치히, 1786.―『어떤 자원자에 의해 비판적으로 검토된 야코비와 멘델스존 철학의 귀결들』, 상동.[2]

이름하에서 과장된 직관으로 방향을 정하는 것도 아니며, 멘델스존이 마땅한 열정을 갖고 확고하게 주장했듯이, 오직 인간의 본래적이고 순수한 이성으로만 방향을 정하는 것임을 보일 것이다. 물론 이때 사변적 이성 능력의 지나친 요구, 특히 (증명을 통한) 그 자신만의 지배적 위신에 대한 요구는 금지되어야 하고, 사변적인 한에서 이 이성에게는 상식적인 이성 개념에서 모순을 제거하는 일과 건전한 이성의 준칙들에 대한 **이성 자신**의 궤변적 침해를 막는 일 이외에 더는 어떤 일도 맡겨서는 안 되지만 말이다. **방향 정하기**라는 개념을 확장하고 더 정확히 규정하는 일은 초감성적 대상에 대한 인식을 다루는 건전한 이성의 준칙을 명확히 제시하는 데에 우리에게 유용할 수 있다. A 307

방향 정하기는 그 단어의 본래적 의미에 따르면 주어진 하나의 방위(지평은 네 방위로 나뉜다)로 나머지 방위들을, 특히 해 뜨는 쪽을 찾아내는 것을 말한다. 내가 하늘의 해를 보고 지금이 정오임을 안다면 나는 남쪽, 서쪽, 북쪽 그리고 동쪽을 찾을 줄 안다. 그런데 이를 위해서 나는 나 자신의 주관에서 어떤 차이에 대한 느낌, 즉 오른손과 왼손의 차이에 대한 느낌을 반드시 필요로 한다. 나는 그것을 느낌이라고 부르는데, 이 두 쪽은 직관에서 아무런 특징적 차이도 외적으로 보여주지 않기 때문이다. 이런 능력이 없다면, 다시 말해서 하나의 원을 그릴 때 거기에 있는 대상들의 상이함은 선혀 필요로 하지 않으면서도 왼쪽에서 오른쪽으로의 움직임과 그 반대 방향으로의 움직임을 구별하고 이를 통해 대상들의 위치 차이를 아프리오리하게 규정하는 능력이 없다면, 나는 과연 서쪽을 지평의 남점에 대해 오른쪽으로 정해야 할지 왼쪽으로 정해야 할지 그래서 원을 북쪽과 동쪽을 거쳐 다시 남쪽까지 오른쪽으로 완성해야 할지 왼쪽으로 완성해야 할지 알지 못할 것이다. 그러므로 **지리적으로** 나는 하늘의 모든 객관 A 308

Ⅷ 135

적 자료에도 불구하고 오직 주관적 구별 근거로만 방향을 정한다. 어느 날 기적이 일어나서 모든 별자리가 동일한 형태 그리고 서로에 대한 동일한 배치를 유지하면서도 단지 평소 동쪽이었던 방향만 지금 서쪽으로 바뀐다면, 별 밝은 다음 날 밤 사람들은 아무런 변화도 눈치채지 못 테고, 심지어 천문학자도 자신이 본 것에만 주목하고 동시에 자신이 느낀 것에는 주목하지 않는다면 불가피하게 방향을 잃고 말 것이다. 그렇지만 천문학자는 자연적으로 마련되어 있긴 하지만 자주 사용하면서 익숙해진 능력인 오른손과 왼손의 느낌을 통한 구별 능력에서 매우 자연스럽게 도움을 얻는다. 그래서 북극성만 주시한다면 그는 앞서 일어난 변화를 알아챌 수 있을 뿐만 아니라 그런 변화에도 불구하고 방향을 정할 수 있을 것이다.

이제 나는 방향 정하기 과정에 대한 이런 지리적 개념을 확장해서 어떤 주어진 공간 일반에서 방향 정하기, 따라서 순전히 수학적으로 방향 정하기를 이해할 수 있다. 내게 익숙한 방 안에서 위치를 기억하는 단 하나의 대상만 붙잡을 수 있다면 나는 어둠 속에서 방향을 정한다. 하지만 여기서 내게 도움이 되는 것이라곤 주관적 구별 근거에 따른 위치 규정 능력밖에 없음이 명백하다. 찾아야 할 객관들이 내게 전혀 보이지 않으니 말이다. 그런데 만일 누군가가 나한테 장난으로 모든 대상을 이전과 동일한 상호 질서로 놓아두되 이전에 오른쪽에 있던 것을 왼쪽으로 옮겨둔다면, 평소 모든 벽이 완전히 똑같았던 방 안에서 나는 전혀 방향을 찾을 수 없을 것이다. 그렇지만 얼마 지나지 않아 나는 오른쪽과 왼쪽이라는 내 양쪽의 차이에 대한 단순한 느낌을 통해 방향을 정하게 된다. 한밤중에 내가 평소 익숙하지만 지금은 아무 집도 구별되지 않는 길을 걸으며 적절히 방향을 바꿔야 할 때도 똑같은 일이 일어난다.

마침내 나는 이 개념을 훨씬 더 확장할 수 있다. 이 개념은 단순히 공간에서 방향을 정하는 능력, 즉 수학적으로 방향을 정하는 능력에서 성립할 뿐만 아니라 일반적으로 **사유**에서 방향을 정하는 능력, 즉 **논리적으로** 방향을 정하는 능력에서도 성립하기 때문이다. 유비에 따라 쉽게 짐작할 수 있듯이, 이는 순수 이성의 일일 것이다. 즉, 사유 일반에서 방향을 정하는 일이란 순수 이성이 익숙한 (경험의) 대상에서 벗어나 경험의 모든 한계 너머로 자기를 확장하려 할 때, 하지만 아무런 직관의 객관도 발견하지 못하고 그저 직관을 위한 공간만을 발견할 때 순수 이성이 자신의 사용을 조종하는 일일 것이다. 왜냐하면 이때 순수 이성은 자기 판단을 일정한 준칙 아래에 포섭시키기 위해 더는 인식의 객관적 근거에 의거할 처지가 아니기 때문이다. 오히려 이때 순수 이성은 단지 자기 자신의 판단 능력을 규정하는 주관적 구별 근거에만 의거해야 한다.* 그런 경우에도 여전히 남아 있는 이 A 310
주관적 수단이란 자기 **욕구**에 대한 이성의 느낌 이외에 다른 것이 아니다. 규정적 판단을 위해 필요한 만큼 잘 알지 못하는 경우에 감히 판단을 시도하지 않는다면, 사람들은 모든 오류를 예방할 수 있다. 그러므로 무지 자체는 우리의 인식에서 한계의 원인이기는 하지만 오류의 원인은 아니다. 그러나 어떤 것에 대해 규정적으로 판단하기를 자의적으로 원하거나 원할 수 없는 경우라면 그리고 판단하기 위해 요구되는 요소들에 관한 지식이 부족해서 우리가 제한받는데도 어떤 실제적 **욕구**에 의해, 말하자면 이성 지체에 **부속된** 그런 욕구에 의해 반드시 판단해야 하는 경우라면, 우리가 판단을 내리기 위해 따라야 하는 어떤 준칙이 필요하다. 이성은 어떻게든 만족하길 원하니 말이다. 이런 경우에 객관에 대한 아무런 직관도 이곳에는 있을 수

---

* 그러므로 사유 일반에서 **방향 정하기**란 어떤 것을 참으로 간주할 이성의 객관적 원리들이 불충분할 때 이성의 주관적 원리에 따라 결정하는 것을 말한다.

없다는 사실, 우리의 확장된 개념에 적합한 대상을 현시해주고 따라서 그 개념이 실재적으로 가능함을 보장해줄 수 있는 직관과 동일한 종류의 어떤 것이 이곳에는 전혀 있을 수 없다는 사실이 이전에 이미 확정되어 있다면, 우리에게 남은 일은 우선 우리로 하여금 모든 가능한 경험 너머로 감히 나아가기를 원하도록 이끈 개념이 과연 모순에서 자유로운지 잘 검토하고, 이어서 최소한 그 대상과 경험의 대상 사이의 관계만이라도 순수한 지성 개념 아래에 포섭시키는 일뿐일 것이다. 물론 이런 일로 그 개념이 감성화되지는 않겠지만, 그럼에도 초감성적인 어떤 것이 적어도 이성의 경험적 사용에 유용하게끔 사유될 수 있다. 이런 식으로 주의하지 않는다면 우리는 그런 개념들을 하나도 사용할 수 없을 테고, 그런 개념에 대해 사유하는 대신 광신하게 될 것이다.

A 311

Ⅷ 137

그러나 이것만으로는, 즉 순전히 개념만으로는 여전히 그 대상의 실존에 관해서 그리고 그 대상과 세계(모든 가능한 경험 대상의 총합)의 실제적 연결에 관해서 아무것도 확보되지 않는다. 하지만 이제, 이성이 객관적 근거를 들어 아는 척해서는 안 되는 어떤 것을 전제하고 가정할 수 있는 주관적 근거로서, 따라서 우리가 보기에는 칠흑 같은 어둠으로 가득 찬 초감성적인 것의 끝없는 공간에서 사유할 때 이성이 단지 자기 욕구에 따라서만 **방향**을 정할 수 있는 주관적 근거로서 이성 **욕구의 권리**가 등장한다.

(감각 능력의 대상은 어차피 모든 가능성의 전 영역을 채우지 못하기 때문에) 초감성적인 것이 수많이 사유될 수 있지만, 이성은 그런 것에 이르기까지 자신을 확장하려는 욕구를 느끼지 않으며 그런 것의 현존을 가정하려는 욕구는 더더구나 느끼지 않는다. 이성은 감각 능력이 드러내는 (혹은 적어도 감각 능력이 드러내는 것과 동일한 종류에 속하는) 세계 내 원인들을 다루는 것으로 충분해서, 순수한 정신

A 312

적 자연존재가 그런 원인들에 미치는 영향은 불필요하다고 여긴다. 그런 정신적 존재를 가정하는 것은 오히려 이성의 사용에 해로울 것이다. 왜냐하면 우리는 그런 정신적 존재가 작용할 때 따르는 법칙에 대해서는 아무것도 알지 못하지만 전자에 대해서는, 즉 감각 능력의 대상에 대해서는 많은 것을 알 수 있거나 적어도 많은 것을 경험하리라 기대할 수 있고, 따라서 그런 정신적 존재를 전제하는 것이 도리어 이성 사용에 해를 입힐 것이기 때문이다. 그러므로 그런 정신적 존재를 전제하는 것은 전혀 욕구가 아니다. 그것은 오히려 순전한 호기심이며, 이 호기심은 그런 정신적 존재를 연구하거나 그런 환영과 놀이를 즐기는 몽상으로 이어질 뿐이다. 최고 지성체이자 동시에 최고선인 제일의 근원적 존재에 대한 개념의 경우에는 전혀 사정이 다르다. 왜냐하면 우리 이성은 이미 무제약자의 **개념**을 모든 제약자의 개념에 대한 근거로, 따라서 다른 모든 사물*의 개념에 대한 근거

---

*   모든 사물의 가능성을 위해서 이성은 실재성을 주어진 것으로 전제하려고 욕구하고 사물들의 상이함은 사물들에 부가된 부정에 의해 생긴 제한일 뿐이라고 간주하기 때문에, 이성은 유일무이한 가능성, 즉 무제약적 존재   A 313 의 가능성을 근원적인 것으로서 근거로 삼되, 다른 모든 것을 파생적인 것으로 간주하는 것이 필수적이라고 여긴다. 각 사물의 철저한 가능성도 역시 모든 실존의 전체 내에서 빠짐없이 확인되어야 하고, 적어도 철저한 규   Ⅷ 138 정의 원칙은 이성으로 하여금 가능한 것과 현실적인 것을 오직 그런 방식으로만 구별할 수 있게 만들기 때문에, 우리는 가장 실재적인 (최고) 존재의 현존을 모든 가능성의 근거로 삼으려는 우리 이성 자체의 욕구, 즉 그런 존재의 현존을 근거로 삼는 일이 필연적이라는 주관적 근거를 발견한다.[3) 그런데 신의 현존에 대한 **데카르트**의 증명이 이렇게 유래한다. 이 증명에서는 (근본적으로 항상 단지 경험적 사용에만 머무르는) 이성 사용을 위해 어떤 것을 전제하려는 주관적 근거가 객관적인 것으로 간주되고, 따라서 **욕구**가 통찰로 간주되니 말이다. 존경스러운 멘델스존이 『아침』에서 제시한 모든 증명도 데카르트의 증명과 마찬가지다. 멘델스존의 증명은 아무것도 입증해내지 못한다. 하지만 그렇다고 그의 증명이 쓸모없는 것은 결코 아니다. 그 이유에 대해 말하면, 우리 이성 사용의 주관적 조건들을 그토록 예리하

로 삼으려는 욕구를 느끼며, 그뿐 아니라 이 욕구는 무제약자의 현존
도 전제하려 하기 때문이다. 이런 전제 없이 우리 이성은 세계 내 사
물들의 실존의 우연성에 대해서, 아니면 적어도 매우 놀랄 만큼 도처
에서 (큰 것보다는, 우리 가까이에 있는 작은 것에서 훨씬 더) 발견되는
합목적성과 질서에 대해서 아무런 만족스러운 근거도 제시할 수 없
으니 말이다. 어떤 지적인 창조자가 가정되지 않는다면, 순전한 불합
리에 빠지지 않고는 그런 것을 납득할 만한 아무런 근거도 제시할 수
없다. 물론 최초의 지적 원인 없이는 그런 합목적성이 불가능하다는
것을 우리는 증명할 수 없다(만일 증명할 수 있다면 우리는 그 주장에
대해 충분한 객관적 근거를 가지고 있을 테고, 주관적 근거를 끌어들일

필요가 없을 테니 말이다). 그렇지만 이렇게 통찰이 부족하다 하더라
도, 최초의 지적 원인을 가정하기에 충분한 주관적 근거로 남아 있는

게 파헤침으로써 우리의 이 능력을 완전히 인식하기 위한 계기가 어떻게
훌륭히 마련되는지는 언급할 필요도 없다. 멘델스존의 증명이 바로 이에
대한 영원한 본보기이니 말이다. 멘델스존의 증명이 쓸모 있는 이유는 오
히려 이성 사용의 객관적 근거가 부족한 데도 우리가 반드시 판단해야 할
때 이성 사용의 주관적 근거에 의거해서 어떤 것을 참으로 여기는 일은 여
전히 큰 중요성을 지닌다는 점 때문이다. 이때 단지 우리는 불가피한 전제
에 불과한 것을 자유로운 통찰인 양 주장하지만 않으면 된다. 우리와 독단적
주장을 주고받는 상대편에게 쓸데없이 약점을 노출해서 그가 이 약점을 우
리에게 불리하게 사용하는 일이 없도록 말이다. 분명히 멘델스존은 초감
성적인 것의 영역에서 순수 이성으로 독단적 주장을 펼치는 것이 철학적 광
신으로 직통하는 길이며 바로 그 동일한 이성 능력에 대한 비판만이 그런
해악을 근본적으로 제거할 수 있다고 생각하지 않았다. 물론 (이런 이유로
멘델스존이 추천했던, 예컨대 볼프의 방법 같은) 스콜라적 방법의 훈육은, 모
든 개념이 정의를 통해 규정되고 모든 단계가 원칙을 통해 정당화되어야
한다는 점에서, 그런 잘못을 실제로 오랜 시간 억제할 수는 있겠지만 결코
완전히 막아낼 수는 없다. 멘델스존 스스로 인정한 대로 일찍이 그 영역에
서 그토록 훌륭하게 성공을 거둔 적이 있는 이성이 바로 그 동일한 영역에
서 더욱더 멀리 나아가려는 것을 사람들이 무슨 권리로 금지하겠는가? 그
런 경우 이성이 멈춰서야 하는 경계는 어디란 말인가?

사실은 이성이 이 주어진 현상을 설명하기 위해 스스로 납득할 수 있는 어떤 것을 전제하려고 욕구한다는 점이다. 이성이 최초의 지적 원인과는 다른 어떤 개념과만 결합할 수밖에 없는 것은 모두 이 욕구를 채워주지 못하기 때문이다.

그러나 이성의 욕구는 이중적으로 첫째로는 이론적 사용에서, 둘째로는 실천적 사용에서 고려될 수 있다. 방금 나는 첫째 욕구에 대해 이야기했는데, 이 첫째 욕구가 단지 조건적일 뿐이라는 것은 분명하다. 즉, 무엇보다도 세계 내에 실제로 놓여 있는 목적들의 질서 속에서 모든 우연적인 것의 제일 원인에 대해 판단하기를 원하는 경우, 우리는 신의 실존을 가정해야 한다. 실천적 사용에서 이성의 욕구는 훨씬 더 중요한데, 이 욕구는 무조건적이기 때문이다. 우리는 판단하기를 원하는 경우에만 필연적으로 신의 실존을 전제하는 것이 아니라, 판단해야 하기 때문에도 필연적으로 신의 실존을 전제한다. 이성의 순수한 실천적 사용은 도덕법칙의 명령에서 성립하기 때문이다. 하지만 모든 도덕법칙은, 자유에 의해서만 가능한 한에서, 세계 내에서 가능한 최고선의 이념, 즉 윤리성으로 이어지면서도 다른 한편으로는 인간 자유에 의존할 뿐만 아니라 자연에도 의존하는 것, 즉 최대의 행복으로도 이어진다. 이 행복이 윤리성에 비례하여 분배되는 한에서 말이다. 그런데 이성은 그런 의존적인 최고선을 가정하는 동시에 그런 최고선을 위한 최고 지성체를 독립적인 최고선으로 가정하기를 욕구한다. 물론 이런 욕구는 그런 가정으로 구속력 있는 도덕법칙의 권위나 도덕법칙 준수의 동기를 도출하기 위한 것이 아니라(왜냐하면 도덕법칙의 작용근거가 단지 그 자체로 자명하게 확실한 법칙에서만 도출되지 않고 그외의 다른 어떤 것에서 도출된다면, 그 법칙은 아무런 도덕적 가치도 지니지 못할 테니 말이다), 단지 최고선이라는 개념에 객관적 실재성을 제공하기 위한 것일 뿐이다. 다시 말해서 이런

A 316

욕구는 어떤 것의 이념에 불가분적으로 도덕성이 수반하는 데도 그
것이 어디에도 실존하지 않을 때 전체 윤리성과 더불어 최고선이 그
저 순전한 이상에 불과한 것으로 여겨지지 않도록 막기 위한 것이다.

그러므로 멘델스존이 (자기도 모르게) 사변적 사유 안에서 방향을
정했던 것은 이성의 인식에 따른 것이 아니라 이성의 욕구에 대한 느

낌*에 따른 것이다. 그런데 이 안내수단은 이성의 객관적 원리, 곧 통
찰의 원칙이 아니라 이성의 자기 한계로 말미암아 이성에게 유일하
게 허용되는 그런 이성 사용을 위한 순전히 주관적인 원리(즉 준칙),
곧 욕구의 귀결이다. 그리고 이 안내수단은 그 자신 홀로 최고 존재의
현존에 관한 우리 판단의 전체 규정 근거를 이루어서, 최고 존재라는
이 동일한 대상에 대한 사변적 시도에서 방향을 정하는 일은 이 안내
수단을 우연적으로 사용하는 것에 불과하다. 그럼에도 멘델스존은
이런 사변이 그 자체만으로 입증을 통해서 모든 것을 이루어 낼 수
있는 능력이라고 지나치게 신뢰했으며, 이런 점에서 그는 분명히 잘
못을 저질렀다. 저 안내수단의 필연성은 오직 이 사변 능력의 불충분
함이 온전히 인정될 경우에만 생겨날 수 있다. 만일 멘델스존에게 더
긴 수명과 더불어, 젊은 시절에 더 어울리는 정신의 민첩성, 즉 습관
화된 낡은 사고방식을 학문의 상황 변화에 따라 쉽게 변경하는 정신
의 민첩성이 허락되었더라면, 그는 자신의 총명함으로 결국 그렇게
사변 능력의 불충분함을 인정하기에 이르렀을 것이다. 그래도 멘델
스존의 공로로 남아 있는 것은, 그가 다른 경우와 마찬가지로 이 경

---

* 이성은 느끼지 않는다. 이성은 자신의 부족함을 통찰하고, 인식충동을 통해
VIII 140   서 욕구에 대한 느낌을 일으킨다. 도덕적 느낌도 이와 마찬가지다. 도덕법
칙은 전적으로 이성에서 유래하기 때문에, 도덕적 느낌은 어떤 도덕법칙
도 야기하지 않는다. 오히려 도덕법칙이, 따라서 이성이 도덕적 느낌을 야
기하거나 일으킨다. 활동적이지만 자유로운 의지는 규정 근거를 욕구하기
때문이다.

102

우에도 어떤 판단을 승인하기 위한 궁극적 시금석을 오직 이성 안에서만 찾아야 한다고 주장했다는 점이다. 이성이 자신의 논제를 선택할 때 통찰에 의해 인도되건 아니면 순전한 욕구와 자기 이익을 위한 준칙에 의해 인도되건 상관없이 말이다. 멘델스존은 후자의 방식으로 사용되는 이성을 상식적 인간 이성이라고 불렀다. 왜냐하면 이성 A 318 의 고유한 관심이 항상 무엇보다도 직접적으로 향하는 것이 바로 이런 이성 사용이기 때문이다. 그리고 이와 반대로 이런 관심을 잊어버리고 필요하건 필요하지 않건 순전히 자신의 앎을 확장하고자 객관적 관점에서 한가로이 개념들을 주시하는 것은 이미 사람들이 자연적 경로에서 벗어난 다음에야 가능하기 때문이다.

그러나 우리가 당면한 질문에서 '건전한 이성의 진술'이라는 표현은 항상 모호해서, 멘델스존조차 오해했듯이 이성 통찰에서 나온 판단으로 생각되거나, 『귀결들』의 저자가 파악했듯이 이성 영감에서 나온 판단으로 생각될 수 있다. 따라서 판단의 이런 원천에 다른 명칭을 부여할 필요가 있으며, 그에 적합한 명칭은 오직 이성 신앙뿐이다. 물론 모든 믿음은, 심지어 역사적 믿음조차 (진리의 궁극적 시금석은 항상 이성이므로) 이성적일 수밖에 없지만 이성 신앙은 순수 이성 안 Ⅷ 141 에 포함된 것 이외에는 어떤 다른 자료에도 근거를 두지 않는 믿음이다. 그런데 모든 **믿음**은 객관적으로는 불충분함을 의식하면서도 주관적으로는 충분히 참으로 여기는 것이며, 따라서 믿음은 앎과 대조된다.[4] 다른 한편, 의식적으로 불충분하지만 객관적인 근거에서 어떤 것이 참으로 여겨지고 이에 따라 단순한 의견이 생겨나는 경우, 그래도 이 의견은 동일한 종류의 근거들로 점차 보완되어 결국 하나의 앎 A 319 이 될 수 있다. 이와 반대로 참으로 여김의 근거가 그 종류상 전혀 객관적으로 타당하지 않다면, 그 믿음은 어떤 이성 사용으로도 결코 앎이 될 수 없다. 예를 들어 몇몇 편지에서 언급된 어떤 위대한 인물의 죽음에 대한 역사적 믿음은 지역 관청이 그의 죽음, 매장, 유언 등을 공언할 경우 앎이 될 수 있다. 따라서 한편으로, 역사적인 것이 단지 증언만으로 참으로 여겨진다는 사실, 다시 말해서 단지 증언만으로 가령 '세상에는 로마라는 도시가 있다'고 믿어진다는 사실과 다른 한편으로, 결코 로마에 가본 적 없는 사람도 로마가 실존한다는 것을 단순히 "나는 믿는다"고만 말하지 않고 "나는 안다"고 말한다는 사실은 전적으로 양립한다. 이와 반대로 순수한 이성 신앙은 이성과 경험의 모든 자연적 자료로도 결코 앎으로 바뀔 수 없다. 이성 신앙에서 참으로 여김의 근거는 순전히 주관적인 것, 즉 최고 존재의 현존을 입증하지 않고 단지 **전제할 뿐인** 이성의 필연적 욕구이기 (그리고 그것은 우리가 인간인 한에서 항상 그렇게 남아 있을 것이기) 때문이다. 이성 스스로 만족할 수 있는 **이론적 이성 사용**을 위한 이성의 이런 욕구는 순수한 이성 **가설**, 즉 주관적 근거에서 참으로 여기기에 충분한 의견일 뿐이다. 주어진 결과가 이런 근거 이외에는 결코 다른 어떤 근

A 320 거로도 **설명되리라** 기대할 수 없고, 이성은 어쨌든 설명근거를 필요로 하니 말이다. 이와 반대로 실천적 의도에서 이성을 사용하려는 욕구에 근거를 두는 **이성 신앙**은 이성의 **요청**이라고 부를 수 있을 것이다. 마치 그것이 확실성에 대한 모든 논리적 요구를 만족시키는 어떤 통찰과 같아서가 아니라, (인간 내의 모든 것이 도덕적으로 선하기만 하다면) 그렇게 참으로 여기는 것이 종류상으로는 앎과 완전히 구별되더라도 정도상으로는 결코 앎에 뒤떨어지지 않는다*는 이유에서

Ⅷ 142   *   믿음의 **불변함**에 대한 의식은 믿음의 확고함에 속한다. 이제 나는 "신은 존재한다"는 명제에 대해 어느 누구도 나에게 반박할 수 없으리라고 완전히 확신할 수 있다. 반박하기 위한 통찰을 그가 어디서 얻겠는가 말이다. 그러므로 이성 신앙은 역사적 믿음과 사정이 다르다. 역사적 믿음의 경우에는 반대 증명의 발견이 언제나 가능하고, 사태에 대한 우리의 인식이 확장될 때 사람들은 자신의 의견을 바꿀 수 있도록 항상 스스로 대비해야 한다.

말이다.

그러므로 순수한 이성 신앙은 이정표 혹은 나침반이다. 이것으로 _{Ⅷ142}
사변적 사유자는 이성을 통해 초감성적 대상들의 영역을 탐사할 때
방향을 정할 수 있지만, 상식적이면서도 (도덕적으로) 건전한 이성의
소유자는 이론적 의도에서뿐만 아니라 실천적 의도에서도 자기 소
명의 전체 목적에 온전히 부합하게 자기 길을 설계할 수 있다. 그리
고 이런 이성 신앙은 다른 모든 믿음을, 심지어 모든 계시를 정초해 A 321
야 하는 것이기도 하다.

신 개념 그리고 심지어 신의 현존에 대한 확신은 오직 이성 내에
서만 발견될 수 있고 오직 이성에서만 시작될 수 있지, 결코 영감이
나 주어진 정보를 매개로 먼저 우리 안에 유입될 수 없다. 그것의 권
위가 아무리 크다 해도 말이다. 내가 알고 있는 한 자연이 결코 나에
게 제공할 수 없는 그런 종류의 직접적 직관이 나에게 일어난다 해
도, 신 개념은 과연 이 현상이 신성(神性)의 특징을 나타내기 위해 필
요한 모든 것과 일치하는지 판정하는 기준으로 쓰여야 한다. 항상 단
지 생각될 뿐 결코 직관되지 않는 것을 어떤 현상이 단지 성질에 대
해서라도 현시해낸다는 것이 어떻게 가능할지 나는 지금 전혀 알지
못한다. 그렇지만 다음과 같은 사실은 적어도 아주 분명하다. 나에게
현상한 것, 즉 나의 느낌에 내적으로건 외적으로건 작용한 것이 과연
신인지 그저 판단민이라도 하기 위해서, 나는 그것을 신에 대한 나의
이성 개념에 견주어본 다음, 그것이 이 개념에 적합한지가 아니라 단
지 그것이 이 개념과 모순되지 않는지 검사해야 한다는 사실 말이다.
마찬가지로, 비록 그것이 내게 직접적으로 드러낸 모든 것 중에서
저 개념과 모순되는 것이 전혀 발견되지 않더라도, 이런 현상이나 직
관 혹은 직접적 계시 — 혹은 이런 현시가 달리 어떻게 명명되건 간 A 322
에 — 는 어떤 존재의 현존, 즉 그 개념의 크기가 (이 개념이 확정되어

서 모든 가능한 망상과 뒤섞이게 될 경우) 무한해서 모든 피조물과 구별할 것을 요구하는 그런 존재의 현존을 결코 증명하지 못한다는 사실도 분명하다. 어떤 경험이나 직관도 그런 존재의 개념에 결코 적합할 수 없으며, 따라서 그런 존재의 현존도 결코 명확하게 증명할 수 없다. 그러므로 아무도 최고 존재의 현존에 대해 어떤 직관을 통해서 먼저 확신하게 될 수 없다. 이성 신앙이 선행해야 한다. 그다음에 어떤 현상이나 드러남이 기껏 할 수 있는 일은, 우리에게 말을 거는 것이나 현시되는 것을 하나의 신성(神性)으로 간주할 권한이 우리에게 있는지 검토할 계기를 제공하고, 그 평가에 따라 저 이성 신앙을 보증하는 일뿐이다.

그러므로 신의 현존이나 미래 세계와 같이 초감성적 대상들과 관련된 사태에 대해 처음으로 말할 권리가 이성에게 있다는 사실에 이의가 제기된다면, 모든 광신과 미신을 향해 그리고 심지어 무신론을 향해 넓은 문이 개방된다. 야코비와 멘델스존의 논쟁에서 모든 것은 이런 식의 전복을 노리는 것처럼 보인다. 하지만 나는 과연 그것이 단지 **이성 통찰**과 (사변에 있다고 잘못 생각된 힘을 통한) 앎에 대한 전복만을 노리는 것인지 혹은 심지어 이성 신앙에 대한 전복까지 노리면서 그 대신 각자가 자기 마음대로 할 수 있는 다른 믿음을 구축하려는 것인지 잘 모르겠다. **스피노자주의**의 신 개념이 이성의 모든 원칙과 일치하는* 유일한 개념이지만 거부되어야 하는 개념으로 제시

A 323

---

* 언급된 학자들이 어떻게 『순수이성비판』에서 스피노자주의에 대한 지지를 발견할 수 있었는지5) 좀처럼 이해하기 어렵다. 『비판』은 초감성적인 대상에 대한 인식과 관련하여 독단주의의 날개를 완전히 잘라낸다. 그런데 그런 인식에서 스피노자주의는 대단히 독단적이어서 증명의 엄밀함과 관련하여 심지어 수학자와 경쟁할 정도다. 『비판』은 순수한 지성 개념의 표가 순수한 사유의 모든 재료를 포함해야 한다는 사실을 증명한다. 그런데 스피노자주의는 그 자체로도 생각하는 사유에 대해 말하고, 그래서 동시

되는 것을 보면, 후자를 노린다고 결론 내리는 사람이 대부분일 것이다. 왜냐하면 신이라고 생각할 수밖에 없는 어떤 존재의 **가능성**을 사변적 이성이 결코 스스로 통찰할 수 없다고 인정하는 것은 이성 신앙과 대단히 훌륭하게 조화를 이루지만, 이성이 어떤 대상의 **불가능성**을 충분히 통찰할 수 있으면서도 그 대상의 현실성을 다른 원천에서 인식할 수 있다고 하는 것은 어떤 믿음과도 양립할 수 없을 뿐만 아니라, 어떤 현존을 참으로 여기는 일 일체와 양립할 수 없기 때문이다.

뛰어난 정신과 넓은 마음을 지닌 자들이여! 나는 당신들의 재능을 존경하고 당신들의 인간적 정서를 사랑한다. 그러나 당신들이 무슨

에 단독으로도 주체로서 실존하는 우유(偶有)에 대해서 말한다. 즉, 스피노자주의는 인간 지성 안에서 결코 발견되지 않고 인간 지성 안으로 유입될 수도 없는 개념에 대해 말하는 것이다. 『비판』은 어떤 생각해낸 존재에 대한 개념 안에 모순적인 것이 아무것도 없다는 사실이 (물론 이런 경우에도 꼭 필요하다면 그 존재의 가능성을 가정하는 일이 계속 허용되겠지만) 아직 그런 존재의 가능성을 주장하기에 결코 충분하지 않다는 것을 보여준다. 그러나 스피노자주의는 어떤 존재의 이념이 오직 순수한 지성 개념들로만, 즉 일체의 감성 조건들만 제외되고 따라서 아무런 모순도 포함될 수 없는 순수한 지성 개념들로만 이루어지는 경우, 그런 존재의 불가능성을 통찰할 수 있는 척 우기지만, 모든 한계를 넘어가는 그런 월권적 주장을 전혀 보증해주지 못한다. 바로 이런 이유로 말미암아 스피노자주의는 광신으로 곧장 이어진다. 이와 반대로 순수한 이성 능력에 대한 『비판』의 한계 규정만이 모든 광신을 뿌리째 뽑아낼 수 있는 안전한 수단으로서 유일하게 존재한다.─마찬가지로 다른 어떤 학자는 『순수이성비판』에서 회의주의를 발견한다. 그러나 『비판』의 목표는 바로 우리의 아프리오리한 인식의 범위와 관련하여 확실하고 규정적인 것을 확립하는 것이다. 비판적 탐구에서 변증론도 마찬가지인데, 그것의 목표는 도처에서 독단적으로 운용되는 순수 이성이 스스로 휘말려 얽히게 되는 불가피한 변증성을 해결하고 영원히 근절하는 것이다. 신플라톤주의자들은 자기 자신의 착상을 고대 작가들 누구에게서나 찾아낼 줄 안다고 스스로를 절충주의자라고 불렀는데, 만일 그들이 그런 착상을 미리 가지고 있었다면, 그들도 마찬가지다. 그러므로 태양 아래 새로운 일이란 결코 일어나지 않는 법이다.[6]

일을 하고 있는지 그리고 이성에 대한 당신들의 공격이 무슨 일을 초래할지 당신들은 충분히 숙고했는가? 틀림없이 당신들은 **생각할 자유**가 별 탈 없이 유지되기를 원할 것이다. 생각할 자유가 없다면, 당신들이 천부적 재능을 자유롭게 발휘하는 것도 곧 마지막일 테니 말이다. 우리는 당신들이 벌인 것과 같은 일이 만연할 경우, 이 생각의 자유가 자연히 어떻게 될 수밖에 없는지 알아보려 한다.

첫째로, 생각할 자유는 **시민 강제**와 대립한다. 사실 사람들은 상위의 권력이 우리에게서 말을 하거나 글을 쓸 자유는 박탈할 수 있지만 결코 생각할 자유는 박탈할 수 없다고 말한다. 그렇지만 만일 우리가 다른 사람들에게 생각을 **전하고** 다른 사람들도 우리에게 생각을 전하며, 말하자면 다른 사람들과 공동체를 이루며 생각하지 않는다면, 우리는 과연 얼마나 많이 그리고 얼마나 올바르게 **생각할** 수 있겠는가! 그러므로 우리는 사람들에게서 자신의 생각을 공공연하게 **전할** 자유를 빼앗는 바로 그 외부 권력이 사람들에게서 **생각할** 자유도 역시 박탈한다고 충분히 말할 수 있다. 생각할 자유는 시민에게 부과되는 그 모든 부담에도 불구하고 우리에게 여전히 남아 있는 유일한 보석이며, 이것을 통해서만 현 상황의 모든 해악에 대한 대책이 강구될 수 있다.

둘째로, 생각할 자유는 **양심**에 대한 강제와 대립한다는 의미로도 파악된다. 아무런 외적 권력 없이도 어떤 시민들은 종교적인 일에서 감히 다른 시민들의 후견인을 자처한다. 그리고 그들은 일찍이 마음에 인상을 심어둠으로써 이성의 모든 추궁을 거부하는 방법을 알고 있는데, 그것은 논증을 통한 것이 아니라 **스스로 탐구하는** 일은 위험하다는 지나친 **두려움**을 동반하는 특정한 믿음 형식을 통한 것이다.

셋째로, 생각의 자유는 이성이 오직 **그 스스로** 자기에게 부여한 법칙만을 따른다는 것을 의미하기도 한다. 이와 반대되는 것이 이성의 무

법칙적 사용의 준칙이다(이 준칙을 통해서 천재는 법칙에 의해 제한되어 있을 때보다 마치 더 멀리 볼 수 있는 것처럼 생각한다). 여기서 자연적으로 귀결되는 것은, 이성이 스스로 자기에게 부여한 법칙을 따르지 않는다면 이성은 다른 것이 자기에게 부여한 법칙의 속박에 굴복해야 한다는 것이다. 도대체 아무런 법칙도 없다면 어떤 것도, 심지어 극도의 허튼짓조차도 오래 진행될 수 없으니 말이다. 그러므로 사유의 무법칙성(이성에 의한 제한에서 해방)이 선언됨에 따라 불가피하게 귀결되는 것은 결국 생각할 자유를 상실하는 것이다. 그리고 그 책임은 불운함에 있지 않고 진정으로 오만함에 있으므로, 본래적 의미에서 생각할 자유는 허비되어버린 것이다.

일의 추이는 대략 이렇다. 우선 천재는 자신의 대담한 도약에 매우 즐거워한다. 평소 이성에 의해 이끌릴 때 따르던 줄을 놓아버렸으니 말이다. 머지않아 그는 힘이 넘치는 발언과 거대한 전망으로 다른 사 A 327 람을 매혹하고, 이제 스스로 왕좌를 차지한 듯 보인다. 느리고 답답한 이성이 매우 초라하게 장식하고 있던 왕좌지만, 거기서 그는 항상 이성의 언어를 사용한다. 이때 가정되는 것이 이성은 최고 입법자로서 부당하다는 준칙인데, 우리 같은 보통 사람들은 이 준칙을 광신이라고 부르지만, 자비로운 자연의 저 총아(寵兒)는 이것을 조명이라고 부른다. 그렇지만 누구에게나 타당하게 명령할 수 있는 것은 오직 이성뿐인데도 이제는 긱자가 자신의 영감을 나르게 되니, 머지않아 이들 사이에서 언어의 혼란이 생겨날 수밖에 없다. 따라서 결국 내적 영감으로부터 외적 증언으로 보증된 사실이 생겨나고, 애초에는 그 자체로 선택적이었던 관습으로부터 점차 **강제력 있는 문서**가 생겨난다. 한마디로 말해, 사실에 대한 이성의 완전한 굴복, 즉 **미신**이 생겨날 수밖에 없다. 왜냐하면 미신은 어쨌건 적어도 법칙적 형식을 갖출 수 있고 그에 따라 안정될 수 있기 때문이다.

그럼에도 인간 이성은 여전히 항상 자유를 열망한다. 그래서 일단 이성이 족쇄를 부수고 나면 오랫동안 익숙하지 못했던 자유에 대한 이성의 최초 사용은, 객관적 근거와 독단적 확신으로 정당화될 수 있는 것 이외에는 어떤 것도 가정하지 않고 나머지 모든 것을 대담하게 부정하는 사변 이성의 유일 권력에 설득되어 오용으로 변질될 수밖에 없고 모든 제한에 대한 이성 능력의 독립성을 주제넘게 신뢰할 수밖에 없다. 그런데 자기의 **고유한 욕구**에 대해 이성이 독립적이라는 (이성 신앙을 포기하는) 준칙은 **불신**이라고 명명된다. 이 불신은 역사적 불신이 아니다. (원하건 원하지 않건 모든 사람은 어떤 사실이 충분히 보증되기만 하면, 수학적 입증을 믿어야 하는 것과 마찬가지로 그 사실을 신뢰할 수밖에 없으므로) 역사적 불신은 고의적인 것으로, 따라서 책임질 수 있는 것으로 생각될 수 없기 때문이다. 오히려 이 불신은 **이성의 불신**, 즉 인간 마음의 불안정한 상태다. 그것은 도덕법칙에서 우선 마음을 움직이는 모든 힘을 빼앗고 점차 모든 권위마저 빼앗으며, **자유사상**[7]이라고 불리는 사유방식, 즉 더는 아무런 의무도 인정하지 않는 원칙을 야기한다. 여기서는 이제 시민적 업무마저 극도의 무질서에 빠지지 않도록 정부 당국이 개입한다. 그리고 정부 당국은 가장 신속하면서도 가장 강력한 수단이 바로 최선의 수단이라고 여기므로, 생각할 자유를 폐지하고 다른 일과 마찬가지로 생각하는 일도 국가의 명령에 복종시킨다. 그래서 생각의 자유가 이성의 법칙에서조차 독립하여 나아가고자 하면 결국 자멸하고 만다.

인류를 사랑하고 인류에게 가장 신성한 것을 사랑하는 자들이여! 면밀하고 성실히 조사해서 사실들이건 이성적 근거들이건 간에 당신에게 가장 믿을 만한 것으로 나타나는 것을 수용하라. 이성을 지상

에서 최고로 선한 것으로 만드는 특권, 즉 진리의 궁극적 시금석*이
라는 이성의 특권을 부인하지 말라. 그것을 부인한다면 당신은 이 자 A 330
유를 가질 자격이 없게 될 뿐만 아니라 확실히 이 자유를 상실할 것 Ⅷ 147
이고, 심지어 무고한 다른 쪽 사람들마저, 즉 원래대로라면 자신의
자유를 적법하게 사용하고 그리하여 세계에 최선이 되도록 자신의
자유를 합목적적으로 사용하려는 훌륭한 생각을 품고 있었을 사람
들마저 그런 불행을 겪게 할 것이다!

쾨니히스베르크에서 임마누엘 칸트

---

* 스스로 생각하기는 자기 자신 안에서 (즉, 자기 자신의 이성 안에서) 진리의
최고 시금석을 찾는 일을 말한다. 그리고 항상 스스로 생각하라는 준칙은
계몽이다. 그런데 계몽이 지식 속에 있다고 여기는 사람들이 상상하는 것처
럼 그렇게 많은 것이 계몽에 속하지는 않는다. 왜냐하면 계몽은 오히려 자
기 인식 능력을 사용하기 위한 소극적 원칙이고, 지식이 대단히 풍부한 사
람이 자기 인식 능력을 사용하는 데서 극히 계몽되지 못한 경우가 많기 때
문이다. 자기 자신의 이성을 사용한다는 것은, 무엇을 가정해야 하건 간에,
과연 어떤 것을 가정할 때 의거하는 근거나 어떤 가정된 것에서 귀결되는
규칙을 자신의 이성 사용을 위한 보편적 원칙으로 삼는 일이 가능한지 자 Ⅷ 147
신에게 스스로 물어보는 것에 지나지 않는다. 모든 사람은 각자 스스로 이
것을 시험해볼 수 있고, 이런 검사를 통해 사람들은 미신과 광신을 객관적
근거에서 반박할 수 있을 만큼 지식을 얻지는 못하더라도 그 둘이 즉시 사
라지는 것을 보게 될 것이다. 왜냐하면 사람들은 이때 오직 이성의 자기 보
존이라는 준칙만을 사용하기 때문이다. 그러므로 교육을 통해서 개별적 주
체 안에 계몽을 확립하는 일은 대단히 쉽다. 우리는 그저 어린 두뇌가 이런
반성에 익숙해지도록 하는 일을 일찍 시작하기만 하면 되니 말이다. 그러
나 한 시대를 계몽하는 일은 대단히 더디다. 저런 교육 방식을 한편으로는
금지하고 또 한편으로는 방해하는 외적 장애물이 많기 때문이다.

철학에서 목적론적 원리의 사용

홍우람 옮김

일러두기

1. 『철학에서 목적론적 원리의 사용』(*Über den Gebrauch teleologischer Prinzipien in der Philosophie*) 번역은 1788년 발표된 원전을 대본으로 사용했고, 학술원판 (Immanuel Kant, *Abhandlungen nach 1781* in *Kant's gesammelte Schriften*, hrsg. von der Königlich Preußlichen Akademie der Wissenschaften, Bd. Ⅷ, pp.157-184, Berlin, 1911)과 바이셰델판(*Kritik der Urteilskraft und Schriften zur Naturphilosophie* in *Immanuel Kant Werke in Zehn Bänden*, hrsg. von Wilhelm Weischedel, Bd. Ⅷ, pp.137-170, Darmstadt, 1983)을 참조했다.

철학에서 목적론적 원리의 사용

(본래 자연이라고 불리는) 세계와 그 최고 원인을 함께 고려해서 법 A 36; VIII 159칙에 따라 규정된 채로 실존하는 모든 것의 총체를 **자연**이라고 이해한다면, (한편으로는 자연학이라고, 다른 한편으로는 형이상학이라고 불리는) 자연탐구는 두 가지 방식으로, 즉 순전히 **이론적인** 방식으로 시도되거나 **목적론적인** 방식으로 시도될 수 있다. 그런데 후자의 방식에서 시도될 경우 자연탐구는 **자연학**으로서 경험을 통해 우리에게 알려질 수 있는 목적만을 의도로 삼을 수도 있고, 반대로 **형이상학**으로서 그 사명에 걸맞게 순수 이성에 의해 정해진 하나의 목적만을 의도로 삼을 수도 있다. 다른 글[1])에서 나는, 형이상학에서 이성은 이론적인 자연탐구 방식을 따라서는 (신에 대한 인식과 관련하여) 자신의 진체 의도를 바람대로 싱취할 수 없고 따라서 이성에게는 그저 목적론적인 자연탐구 방식만이 남겠지만, 저 불충분한 이론의 결함은 오직 경험의 논거에만 의거하는 자연목적을 통해서가 아니라 (최고선의 이념 내에서) 순수한 실천 이성이 아프리오리하게 규정해서 제공하는 목적을 통해서 보완되어야 할 것임을 보였다. 그리고 인종에 관 A 37한 짧은 논문[2])에서 나는 이론이 우리를 버린 경우 유사하게 목적론적 원리에서 시작할 권한이 있음을, 아니 오히려 그런 원리에서 시작

할 필요가 있음을 증명하고자 했다. 그러나 두 경우 모두 지성이 마지못해 따르기는 하지만 오해의 계기가 되기에 충분한 어떤 요구를 담고 있다.

모든 자연탐구에서 이성은 응당 먼저 이론을 요구하고, 단지 나중에야 목적의 규정을 요구한다. 전자의 결함은 목적론에 의해서도, 실천적 합목적성에 의해서도 결코 메워질 수 없다. 목적인이 자연에 속하건 우리 의지에 속하건 우리가 목적인에 대한 우리 전제의 적합성을 아무리 분명하게 만들 수 있다 해도, 작용인과 관련해서 우리는 항상 무지한 채로 남는다. 이런 한탄이 가장 정당하게 보이는 경우는 (저 형이상학의 경우에서처럼) 오히려 실천적 법칙이 선행해서 목적을 최우선으로 지정해야 하는 경우다. 최우선적으로 지정된 이 목적에 따라 나는 어떤 원인에 대한 개념을 규정하고자 마음먹는데, 이런 VIII 160 원인 개념은 그렇게 대상의 본성과는 무관하며 단지 우리 자신의 의도와 필요에만 관련된 것으로 보인다.

A 38 이성이 이중적이며 상호 제한적인 관심을 가지는 경우에 원리들이 일치하기는 항상 어렵다. 그러나 이런 종류의 원리들에 대해서는 그저 이해하는 것조차 어렵다. 왜냐하면 이 원리들은 객관의 규정에 앞서서 사유하는 방법과 관련되어 있으며, 상충하는 이성의 주장들은 대상을 고찰해야 하는 관점을 모호하게 만들기 때문이다. 지금 이 잡지에서 매우 상이한 두 대상에 관한 그리고 중요성이 매우 다른 나의 두 논문이 명철하게 검토된 바 있다.[3] 두 경우 모두 재능이 탁월하고 기운이 넘치며 명성이 높은 인물이 검토했고, 그중 하나에서 나는 이해되기를 기대했지만 이해되지 못한 반면에, 다른 하나에서는 모든 기대 이상으로 잘 이해되었다. 전자에서 나는 종교를 근거로 들어 **자연학적** 자연탐구의 문제에 대해 대답하려 한 것처럼 혐의를 받았지만, 후자에서는 **형이상학적** 자연탐구의 불충분성을 증명함으로

써 종교를 침해하려 한 것처럼 그 혐의를 벗었다. 두 경우에서 모두 이해되기 어려웠던 이유는 아직 충분히 해명되지 않은 권한, 즉 이론적 인식원천이 충분하지 않은 경우에는 목적론적 원리를 이용해도 좋다는 권한 때문이다. 하지만 이런 목적론적 원리를 사용하는 것은 먼저 이론적이고 사변적인 탐구가 거기서 자신의 전 능력을 시험해 보기 위해 우선권을 보장받게끔(이때 형이상학적 탐구에서 신뢰를 기대할 수 있도록 순수 이성은 그런 우선권과 더불어 어떤 것을 결정하는 월권 일반을 사전에 정당화하되, 동시에 자기의 **능력 상태**를 완전히 드러낼 것을 요구받는다), 그리고 마찬가지로 그런 탐구가 진행되는 중에도 항상 이런 자유를 누리게끔 제한되어 있다. 여기서 불화는 대부분 이성 사용의 자유를 위협할 수도 있는 침해에 대한 우려에서 기인한다. 이런 우려가 불식된다면, 나는 일치의 장애물을 쉽게 제거할 수 있으리라고 믿는다. A 39

나는 **인종**의 개념과 기원에 관하여 오래전에 의견을 개진했고, 그에 대한 해설을 1785년 11월 『월간베를린』에 게재했다.[4] 이 해설에 반대해서 추밀고문관 포르스터 씨는 1786년 10월과 11월 『독일문학전령』에서, 내가 생각하기에는 단지 나의 출발점이 되었던 원리에 대한 오해에서 비롯했을 뿐인 이견들을 제시한다.[5] 이를테면 저 유명한 사람은 **탐색**하고 관찰할 때조차 자연탐구자를 인도해야 하는 어떤 원리가 미리 **확립된다**는 것이 애당초 미심쩍다고 생각한다. 특히 이 원리는 자연사를 향해 관찰을 이끌어가는 원리로서, 그렇게 도달한 **자연사**는 단순한 **자연기술**과 구별되는데, 아울러 그는 이 구별 자체도 부당하다고 생각한다. 그러나 이러한 불일치는 쉽게 해소된다. Ⅷ 161

첫째 의혹에 관해서 말해보자. 우리가 탐구할 때 따라야 하는 지도 원리 없이 그저 경험적으로 헤매고 다니는 것으로는 결코 합목적적인 것이 발견되지 않으리라는 점은 실로 의심할 여지없이 확실하다. A 40

경험을 **방법적으로** 다루는 것은 그저 관찰한다고 일컬어지기 때문이다. 나는 순전히 경험적인 여행자와 그의 이야기는 사양한다. 특히 어떤 일관된 인식이 문제되는 경우, 그래서 이성이 그 인식을 하나의 이론을 위한 것으로 만들어내야 하는 경우라면 말이다. 대개 여행자는 사람들이 무언가에 대해 물어보면, "그것에 대해 질문받을 줄 알았다면 그것을 잘 봐둘걸"이라고 대답한다. 사실 포르스터 씨 자신조차 식물에서는 생식기관의 특성이 지속된다는 린네[6] 원리의 지도를 따른다. 그런 원리가 없었다면 식물계에 대한 체계적인 **자연기술**은 그렇게 감탄할 만큼 정돈되고 확대되지 못했을 것이다. 유감스럽게도 많은 사람이 너무 부주의해서 자신의 이념들을 관찰 자체에 개입시킨다(그리고 자연에 대해 정통한 위대한 인물에게조차 뜻밖에 일어나듯이, 어떤 예에 의거하여 식물이 지니는 저 특성의 유사성을 식물이 지니는 힘의 유사성에 대한 표시로 간주한다)는 것은 분명히 참이며, 마찬가지로 **경솔한 궤변가들**에 대한 질책(짐작건대 이것은 우리 둘과 무관하다)도 전적으로 정당하다. 그러나 이런 오용이 저 규칙의 타당성을 폐기할 수는 없다.

A 41 그러나 의심받고 있을 뿐만 아니라 완전히 배척받고 있는 자연기술과 자연사 사이의 구별에 관해서 말해보자. 만일 누군가 자연사를 예컨대 식물과 동물의 최초 발생과 같이 어떤 인간 이성도 다다르지 못하는 자연 사건에 대한 서술로 이해하려 한다면, 당연히 자연사는 포르스터 씨가 말하듯이 당시 현존했던 신들 혹은 심지어 창조자였던 신들을 위한 학문이지 인간을 위한 학문이 아닐 것이다. 하지

Ⅷ 162 만 **자연사란** 그저, 우리가 지어낸 작용 법칙이 아니라 우리에게 나타나는 그대로 자연이 지니는 힘에서 도출된 작용 법칙에 따라서, 자연사물이 현재 지니는 어떤 성질이 예전에 그 원인과 맺었던 연관을 단지 유비가 허락하는 만큼만 멀리 역추적하는 일일 것이다. 말하자면

자연사는 단지 가능한 일일 뿐만 아니라, 예컨대 지구에 대한 이론들(저 유명한 린네의 이론도 역시 이 이론 가운데에 자리한다)에서 철저한 자연탐구자들이 꽤 자주 시도했던 일이기도 하다. 이런 시도로 자연탐구자들이 성취한 것이 많았는지 적었는지는 어쨌든 별개로 하더라도 말이다. 흑인종의 최초 기원에 관한 포르스터 씨 자신의 추측도 확실히 자연기술이 아니라 그저 자연사에 속할 뿐이다. 이 구별은 사태의 성질에 부합한다. 나는 이 구별로 새로운 어떤 것을 요구하는 것이 아니라, 단지 어떤 과업을 다른 과업과 분리하자고 요구하는 것 뿐이다. 그것들은 완전히 **이질적**이어서 어떤 것(자연기술)은 거대한 A 42
체계의 전체적 장관 속에서 학문으로 나타난다면, 다른 것(자연사)은 단지 파편들이나 흔들리는 가설만을 제시할 수 있기 때문이다. 나는 비록 당장은 (그리고 아마도 영원히) 완성품보다는 밑그림으로 실현될 수 있는 학문(이런 학문에서는 대부분의 질문에 대해 공백 표시가 나타날 것이다)이라 하더라도, 자연사를 그렇게 분리해서 하나의 고유한 학문으로 제시한다. 그렇게 함으로써 나는, 사람들이 어떤 것에 대한 통찰을 지녔다고 자처하고는 실제로는 단지 다른 것에 속할 뿐인 것에 몰두하지 않게 되기를 바라고, 사람들이 자연사가 최선의 방식으로 확장될 때 따라야 하는 원리와 더불어 자연사에서 실제적 인식의 범위(사람들이 그런 자연사적 인식을 어느 만큼 지니고 있으므로)그리고 이성 자체에 놓여 있는 그런 자연사적 인식의 한계를 더 확고하게 인식하게 되기를 바란다. 사람들은 나의 이런 주도면밀함을 틀림없이 양해해줄 것이다. 다른 경우에서 나는 학문들의 경계가 서로 부딪치도록 내버려두는 부주의함 때문에 대단히 많은 해악을 겪었으면서도, 그것을 모든 사람이 만족할 수 있도록 정확히 지적하지 못했으니 말이다. 게다가 그때 나는 이전에는 한데 섞어 생각되곤 했던 이질적인 것을 단지 분리하는 것만으로 학문들에 전적으로 새로운 빛이 드리워지는 일이 적지 않다고 완전히 확신하게 되었다. 이 새로운 빛은 이전에는 [한데 섞인] 이질적인 앎 속에 은폐되어 있을 수 있었던 수많은 불충분성을 드러내기도 하지만, [이전에는] 예상도 할 수 없었던 인식의 진정한 원천을 다양하게 드러내기도 한다. 이런 혁신을 생각할 때 가장 어려운 일은 단지 명칭과 관련되어 있다.

A 43 의미상으로 그리스어 'Historia'(이야기, 기술)와 동일한 것을 표현하

Ⅷ 163 는 '역사'(Geschichte)라는 단어는 이미 상당히 많이 그리고 오래 사용되었기 때문에, 사람들은 그 단어에 다른 의미, 즉 기원에 대한 자연탐구를 가리킬 수 있는 의미를 승인하는 것도 쉽게 받아들일 것이다. 더욱이 후자의 의미에서 저 단어에 대해 다른 적합한 전문적 표현을 발견하는 일도 쉽지는 않을 테니 말이다.* 그렇지만 구별할 때 언어적 어려움이 있다고 해서 사태의 구별이 무효화될 수는 없다. 추측건대, 고전적 표현에서 불가피하게 이탈함으로써 생겨난 불일치가 **종족** 개념과 관련해서도 사태 자체에 대한 불화의 원인이 되었다. 여기서 우리에게 일어난 일은 골상학 논쟁을 계기로 스턴[7]이 말한 바로 그것이다. 그의 익살스러운 생각에 따르면, 이 논쟁은 스트라스부르대학의 모든 학부에 소동을 일으켰는데, 그는 "논리학자들이 어떤 정의와 맞닥뜨리지만 않았어도, 그들이 그 사태를 해결했을 것"이라고 말했다. **종족이란 무엇인가?** 이 단어는 자연기술의 체계 내에는 전혀 등장하지 않으며, 따라서 아마 이런 사물 자체도 자연 내의 어디에도

A 44 없을 것이다. 그렇지만 이 표현이 지시하는 개념의 근거는, 교잡을 통해 태어난 다양한 동물이 지니고 있지만 그 동물들의 종 개념에는 놓여 있지 않은 유전적 특이성에 대해서 그 공통적인 원인을 생각하는,

---

* 자연기술에 대해서는 자연기술학이라는 단어를, 자연사에 대해서는 자연발생학이라는 단어를 제안할 수 있겠다.

말하자면 그 종의 문(門)[8] 자체에 본래 놓여 있는 원인을 생각하는 모든 자연 관찰자의 이성에 꽤 훌륭하게 놓여 있다. 이 단어가 자연 기술에서 나타나지 않는다(하지만 그 대신 다양성이라는 단어가 나타난다) 하더라도 자연 관찰자는 자연사를 위해서 이 단어가 필요하다고 여길 수 있다. 이를 위해서 물론 자연 관찰자는 그 단어를 명확히 규정해야 하고, 바로 그것을 여기서 우리는 시도하려 한다.

종족이라는 명칭은 공통의 계통적 기원을 가리키는 근원적 특이성이자, 동시에 동물의 동일한 종과 문(門)의 여러 특성이 끊임없이 유전되도록 허용하는 근원적 특이성이라고 생각하는 것이 적절하다. 변종(변성, 종의 자손)*은 (불변의 형식으로 자신의 종을 보존한다는) 자연법칙을 거스르기 때문에 허용될 수 없는 것으로, 나는 종족을 이런 변종과 구별하기 위해서 그 명칭을 아종(유의 자손)이라고 번역할 것이다. '자손'이라는 단어는 다음과 같은 사실을 알려준다. 즉, 종족 A 45; VIII 164 은 동일한 종의 종류들만큼 많은 수의 문(門)에 본래적으로 할당되어 있던 특성이 아니라 생식 과정 중에 처음 발현된 특성이고, 따라서 그것은 상이한 종들이 아니라 상이한 아종들이며, 그럼에도 그것은 대단히 결정적이고 항구적이어서 분류구별을 정당화한다는 사실 말이다.

---

* 강(綱)과 목(目)이라는 호칭들은 순진히 논리적인 분리, 즉 이성이 단지 비교를 위해 자신의 개념들 가운데서 만들어낸 분리를 매우 분명하게 표현한다. 그러나 유(類)와 종(種)은 자연적 분리, 즉 자연이 자신의 산물들 가운데서 그것들의 생산을 고려하여 만들어낸 분리도 의미할 수 있다. 그러므로 A 45 종족의 특성은 그에 따라 생물들을 분류하기에는 충분할 수 있지만, 그것으로 특수한 종을 이루어내기에는 충분할 수 없다. 이 특수한 종은 우리가 종족이라는 명칭에서 이해해주기를 바라지 않는 별도의 계통적 기원도 의미할 수 있을 테니 말이다. 여기서 우리가 '강'이라는 단어를 린네의 체계에서 채택된 것과 같은 확장된 의미로 채택하지는 않지만, 그 단어를 전혀 다른 의도로 구분하기 위해 사용한다는 것은 자명하다.

이 예비 개념들에 따르면 (자연기술에서 채택된 보편적 표지에 의거해서) 인류는 자연사의 체계에서 **문**(혹은 문들), **종족**이나 아종(유의 자손) 그리고 다양한 **인간부류**(선천적 다양성)로 나뉠 수 있을 것이고, 이 중에서 인간부류는 어떤 지정될 법칙에 따라 유전되지만 불가피하지 않은 표지, 그러므로 분류구별에는 충분하지 않은 표지를 포함할 것이다. 그러나 이 모든 것은 아직 그저 단순한 이념에 불과한데, 이 이념이란 생식에서 발생하는 최대의 다양성이 이성에 의해 계통적 기원이라는 최대의 통일성으로 통합되는 방식에 대한 이념이다. 과연 인류에게 그런 친족성이 실제로 존재하는지는 계통적 기원의 통일성을 식별하게 해주는 관찰에 의해 결정될 수밖에 없다. 그런데 이때 순수한 관찰을 위해서, 즉 단지 특성들의 유사성이 아니라 계통적 기원을 알려줄 수 있는 것에 주목하기 위해서 사람들이 어떤 규정된 원리에 따라 인도되어야 한다는 사실은 명백하다. 여기서 우리는 자연기술이나 단순한 명명 방법의 과제가 아니라 자연사의 과제를 다루니 말이다. 누군가가 그런 원리에 따라 자신의 자연탐구를 시행하지 않았다 해도, 그는 언젠가 그것을 찾아내야 한다. 생물들 사이에 친족성이 실제적으로 존재하는지 단지 명목적으로 존재하는지 식별하기 위해서 그가 필요로 하는 것, 그것은 그에게 저절로 나타나지 않을 것이기 때문이다.

근원적 계통의 상이함에 대한 가장 확실한 표지가 될 수 있는 경우는 유전적으로 다른 두 부류의 인간이 교잡해서 생식능력이 있는 자손을 얻는 것이 불가능할 경우다. 그러나 이것이 가능하다면, 형태의 상이함이 아무리 크다 하더라도 그들의 공통적인 계통적 기원이 적어도 가능하다는 사실을 확인하는 데에 전혀 장애가 되지 않는다. 왜냐하면 그런 상이함에도 그들이 생식을 통해 양쪽 특성을 모두 포함하는 하나의 산물로 **통일**될 수 있듯이, 그들은 양쪽 특성이 발현되기 위한 소질을 자기 안에 근원적으로 감춰두고 있던 하나의 계통에서 생식을 통해 그렇게 많은 종족으로 **분화**될 수 있었기 때문이다. 하나의 원리로 충분하다면 이성은 특별한 이유 없이 두 원리에서 시작하지 않을 것이다. 그런데 여러 유전적 특이성에 대한 확실한 표지는 똑같은 만큼의 여러 종족에 대한 징표로 이미 제시된 바 있다. 지금 더 이야기해야 할 것은 이런 인간부류 혹은 저런 인간부류(가계부류나 민족부류)를 지정할 수 있도록 계기를 제공하는 유전적 **다양성**에 대한 것이다.

다양성은 불가피하게 유전되지 않으므로 **분류에 적합한** 유전적 특이성이 아니다. 자연기술에서조차도 분류구별을 정당화하기 위해서만큼은 유전적 특성의 불가피한 지속성이 필요하기 때문이다. 유전될 때 가장 가까운 부모의 특성을 단지 **가끔**만 재생산하고, 게다가 대부분의 경우는 (아버지를 닮거나 어머니를 닮는 식으로) 단지 어느 한쪽만 재생산하는 외형은, 예컨대 금색머리인과 갈색머리인의 구별처럼, 부모 양쪽의 계통적 기원을 인지하기 위한 징표가 아니다. 마찬가지로 종족 혹은 아종은 **불가피한** 유전적 특이성, 즉 분류구별을 정당화하는 유전적 특이성이긴 하지만 종의 구별에 적합하지는 않다. 왜냐하면 불가피한 혼성적[9] 닮음(즉, 종족 구별을 위한 특성들의 A 48 융합)은, 종족의 유전적 차이가 애초에 그 계통 속에서 순전한 소질로만 **통일**되어 있디기 단지 **유전**될 때 점차 빌전되고 **분리**된 것으로 간주하는 것이 적어도 불가능하지 않다는 판단을 허용하기 때문이다. 어떤 동물의 가계가 다른 동물의 가계와 함께 하나의 자연적 생식 체계에 속해 있다면, 그 동물의 가계는 하나의 특수한 종류를 이룰 수 없으니 말이다. 그러므로 자연사에서 종과 종류[10]는 동일한 것, 즉 하나의 공통적인 계통적 기원으로 일치될 수 없는 유전적 특이성을 의미할 것이다. 그러나 하나의 공통적인 계통적 기원으로 통합될 수 있는 유전적 특이성은 필연적으로 유전되거나 그렇지 않거나 둘 중 하나다. 전자의 경우에 그것은 **종족**의 특성을 이루지만 후자의 경우에 그것은 **다양성**의 특성을 이룬다.

인류에서 **다양성**이라고 불릴 수 있는 것과 관련해서 지금 여기서 내가 지적해둘 것은, 다양성을 고려할 때도 자연은 완전히 자유롭게 형성해나가는 것으로 간주되어서는 안 된다는 점이다. 종족 특성의 경우와 마찬가지로, 오히려 자연은 단지 발전하는 것으로, 그리고 그런 다양성을 향해 자연은 근원적 소질에 따라 미리 규정되어 있는 것으로 간주되어야 한다. 그런 다양성 속에서도 결코 우연의 산물일 수 없는 합목적성과 그에 걸맞은 정연함이 발견되기 때문이다. 일찍이 샤프츠베리[11] 경은 모든 인간의 얼굴에서, 각 개인은 다른 사람들과 공유하지 않는 특수한 목적을 위해 규정되어 있음을 표시하는 어떤 독창성이 (마치 실제적 소묘처럼) 발견된다고 말한 바 있다. 비록 그런 표시를 해독하는 일이 우리 능력을 넘어선다 해도 말이다. 자신의 예술에 대해 사색하는 초상화가는 모두 샤프츠베리 경의 말을 승인할 수 있다. 사람들은 생생하게 채색되고 훌륭하게 표현된 그림에서 진리를 간파한다. 즉, 사람들은 그런 그림이 상상력에서 나온 것이 아님을 간파한다. 그런데 이 진리의 핵심은 무엇인가? 틀림없이 그것은 얼굴의 여러 부분 중에서 어느 한 부분이 다른 모든 부분에 대해 지니게 되는 일정한 비율이다. 이 비율은 개인적 특성을 표현하기 위한 것으로 그 안에는 모호하게 표상된 목적이 담겨 있다. 우리가 보기에 얼굴에서 어느 한 부분이 비율에 맞지 않는 것 같다 해도, 나머지 부분을 유지한 채로 어느 한 부분도 그림에서 수정될 수 없다. 만약 그렇게 수정된다면, 전문가는 설령 원형을 보지 못했다 하더라도 자연에서 복제된 초상화와 비교해서, 둘 중 어느 것이 순수한 자연을 담고 있으며 어느 것이 허구를 담고 있는지 즉시 눈치챌 것이다. 동일한 종족에 속하는 인간들 사이의 다양성은 십중팔구 무한히 다양한 목적을 위해 최대의 다양성을 확립하고 나아가 그것을 발현하고자 근원적 계통 안에 합목적적으로 놓여 있었을 것이다. 마치 종족들의 차이가 더 작으나 훨씬 본질적인 목적들을 위해 적합성을 확립하고 나아가 그것을 발현하고자 근원적 계통 안에 합목적적으로 놓여 있었던 것과 똑같이 말이다. 그렇지만 두 경우에는 차이가 존재한다. 종족들의 차이에서 소질이 일단 발현된 뒤에는 (이 발전은 이미 A 50 태고에 일어났음이 틀림없다) 그런 유형의 새로운 형식이 계속해서 생겨나는 것도, 오랜 형식이 사라지는 것도 허용되지 않는다. 이에 반해서 다양성은, 적어도 우리 지식에 따르면, 새로운 (내적인 그리고 외적인) 특성이 무진장한 자연을 나타내는 것 같다.

다양성과 관련해서 자연은 **융합**을 피하는 것처럼 보인다. 융합은 자연의 목적, 즉 특성들의 다양성과 대립하기 때문이다. 이와 반대로 종족들의 차이에 관해 말하면, 자연은 동일한 것(즉, 융합)을 장려하지는 않더라도 적어도 허용은 한다. 융합을 통해 생물은 더 많은 기후에 어울리게 되기 때문이다. 비록 어느 하나의 기후에도 최초의 적 Ⅷ 167 응만큼 그 정도로 적합해지지는 않더라도 말이다. (우리 백인 부류의) 아이는 (체격, 용모, 피부색 같은) 다양성에 속하는 표지를 부모에게서 반씩, 심지어는 많은 (내적인 그리고 외적인) 결함까지도 부모에게서 반씩 물려받게 마련이라는 통상적인 의견과 관련해서(이를테면 사람들은 이 아이가 저것은 아버지에게서, 이것은 어머니에게서 가져온다는 식으로 말한다) 나는 가계부류를 면밀히 살펴본 결과, 그 의견에 찬성할 수 없다. 아이들은 아버지나 어머니 둘 중 하나는 아니라 하더라도, 아버지 쪽 가계나 어머니 쪽 가계 둘 중 하나를 순수하게 닮는다. 근친교배에 대한 혐오가 대개 훌륭한 도덕적 근거를 가지고 있을 수도 있고 근친교배에 따른 불임 가능성이 충분히 증명되지 A 51

않을 수도 있지만, 그런 혐오가 야만족에게까지 널리 퍼져 있다는 사실에서, 그런 혐오의 근거가 멀게는 자연 자체에 놓여 있다고 추측할 수 있다. 자연은 오래된 형식이 항상 거듭해서 재생산되는 것을 원하지 않는다. 오히려 자연은 인간 계통의 근원적 배아에 다양성을 심어두고는 그 다양성이 모두 발휘되기를 바란다. 한 가계부류에서 혹은 심지어 한 민족부류에서도 발견되는 어느 정도의 동형성이 (내 의견으로는 다양성과 관련해서 결코 일어나지 않는) 그 특성들의 혼성적 타고남 때문이라고 간주돼서는 안 된다. 결혼한 사람 중 이쪽 편이나 저쪽 편의 생식력이 우월하면, 거의 모든 아이가 아버지 쪽 계통으로 편입되거나 아니면 어머니 쪽 계통으로 편입돼서 처음에는 특성들의 차이가 상당했더라도 작용과 반작용에 따라서, 즉 어느 한쪽 편을 닮는 일이 점점 드물게 일어남에 따라서, 다양성이 감소되고 (오직 외국인의 눈에만 보일 수 있는) 어느 정도의 동형성이 생겨날 수 있다. 그렇지만 이것은 내 의견 중에서 부수적인 것에 불과하며, 나는 이에 대한 판단을 독자의 뜻에 맡겨둔다. 더 중요한 점은, 다른 동물들이 (크기나 피부 속성 등과 같이) 그 동물들에서 다양성이라고 불릴 만한 거의 모든 것을 혼성적으로 타고난다는 사실이다. (유전의 관점

A 52 에서) 인간을 동물과 유비하여 고찰하면, 이 사실은 종족과 다양성에 대한 나의 구별에 반대되는 것처럼 보인다. 이에 대해 판단하기 위해서 이미 사람들은 이런 자연 설비를 설명할 수 있는 상위의 입장을

Ⅷ 168 취해야 한다. 그 상위의 입장에 따르면, 비이성적인 동물들의 실존은 단지 수단으로만 가치를 지니며, 따라서 그런 동물들은 다양하게 사용될 수 있도록 이미 다양한 소질을 갖추고 있어야 했다(뷔퐁12)에 따르면 다양한 견종이 목양견이라는 공통적 계통에서 유래한다). 이와 반대로 인류에게는 목적 일치성이 더 커서, 타고난 자연형식의 상이함이 그렇게 클 필요가 없었다. 그래서 인류에게 필연적으로 타고난 자

연형식은 서로 현저하게 구별되는 기후들 중 몇몇에 대해서 단지 종의 보존을 위해서만 소질을 갖춰두어도 좋았던 것이다. 그래도 어쨌건 나는 단지 **종족** 개념만을 변호하고자 했으므로, 다양성에 대한 설명을 정초하는 일은 내가 맡을 필요가 없다.

　의견 충돌은 종종 원리의 불일치보다 언어의 불일치에 더 큰 책임 　A 107[13] 이 있다. 이 언어의 불일치가 제거되었으니 나는 이제 내 설명 방식을 주장하는 데 장애에 덜 부닥치리라 기대한다. 포르스터 씨는 다양한 인간 외형 중에서 적어도 한 가지 유전적 특이성, 즉 흑인과 다른 인간의 유전적 특이성은 상당히 크다고 생각한다는 점에서, 그래서 그것은 단순한 자연의 놀이나 우연적 인상의 결과로 간주될 수 없고, 오히려 그것을 위해서는 계통 속에 근원적으로 포함되어 있는 소질과 특수한 자연 설비가 요구된다고 생각한다는 점에서 나와 일치한다. 우리의 개념들이 이렇게 일치한다는 사실은 진정으로 중요하다. 이런 일치로 양측은 일반적이고 피상적인 표상 방식을 따르지 않고, 설명 원리와 관련하여 서로 근접하게 된다. 우리 종의 모든 차이를 동일한 기초, 즉 우연이라는 기초 위에서 파악하고 그 모든 차이 　A 108 가 여전히 항상 외적 상황에 따라 생겨나고 사라질 수 있음을 허용하는 저 일반적이고 피상적인 표상 방식은 [우리의 탐구와 같은] 그런 종류의 모든 탐구를 불필요한 것으로 단언하고, 그리하여 동일한 합목적적 형식 속에 있는 종의 지속성조차 무효라고 난언한다. 우리의 개념에는 아직 두 가지 차이가 남아 있는데, 이는 결코 해결되지 않을 불일치를 필연적으로 초래할 만큼 상이한 것은 아니다. **첫째** 차이는 염두에 두고 있는 유전적 특이성, 즉 다른 모든 인간과 구별되는 흑인의 유전적 특이성이 근원적으로 심어져 있는 것으로 간주될 만한 유일한 유전적 특이성이라는 것이다. 이 경우 나는 반대로 훨씬 더 많은 유전적 특이성이 (즉, 백인의 유전적 특이성에 더해서 인도인과 아메리카인의 유전적 특이성도) 마찬가지로 완전한 분류 구분을 위해 적격이라고 판단한다. 그런데 **둘째** 어긋남은 관찰(자연기술)과 관련되기보다 가정된 이론(자연사)과 관련되어 있다. 말하자면 포르스터 씨는 저 특성을 설명하기 위해 두 개의 근원적 계통이 필수적이라고 생각한다. 이 경우 (포르스터 씨와 더불어 그 특성을 근원적 특성이라고 간주하면서도) 내 의견은 그 특성을 하나의 계통에 심어져 있는 합목적적인 최초의 소질에서 발전된 것으로 여기는 것이 가능하며, 심지어 철학적 설명 방식에 더 적합하다는 것이다. 물론 이것은 이성이 마찬가지로 화해에 이르지 못할 만큼 큰 불화는 아닌데, 유기적 존재의 최초의 물리적 기원이 우리 둘 모두에게 불가해한 것으로 그리고 일반적으로는 인간 이성에 불가해한 것으로 남아 있다는 점 그리고 유전될 때의 혼성적 타고남도 마찬가지라는 점이 고려된다면 말이다. 배아가 비록 처음에는 나뉘어 두 계통으로 격리되어 있더라도 나중에는 앞서 분리되어 있던 것이 교잡해 다시 조화롭게 융합되는 체계는, 다양한 배아가 원래 하나의 동일한 계통 내에 심어져 있다가 이후에 **최초의 일반적 정착**을 위해 합목적적으로 발전되는 체계보다 이성이 이해하기에 조금도 편리하지 않다. 게다가 여전히 후자의 가설은 다양한 지역적 창조물들을 줄일 수 있다는 이점을 지닌다. 더구나 유기적 존재의 경우 그 종류의 보존과 관련해서 **목적론적** 설명근거를 줄이고 그것을 **물리적** 설명근거로 대체한다는 것은 전혀 고려될 수 없고, 따라서 후자의 [동일한 계통을 가정하는] 설명 방식은 자연탐구가 결코 떨쳐낼 수 없는 짐, 즉 그와 관련해서는 **목적의 원리**만을 따르라는 짐 이외에 어떤 새로운 짐도 자연탐구에 지우지 않는다. 사실 포르스터 씨가 다른 인간과 흑인의 차이를, 모든 유전적 특성을 곧잘 서로 뒤섞어서 그것을 단지 우연적 명암으로 간주하고 싶어 하는 사람들에게 받아들여지는 것보다 더 중요하다고 결정하게 된 것은 그의 친구이자 유명한 철학적 해부학자 죄메링[14] 씨의 발견 덕분이었다. 이 뛰어난 인물은 흑인들의 형성이 그들의 모국과 관련 A 110 하여 완전히 합목적적이라고 공언한다.* 그런데 기후[16]에 대한 적합 Ⅷ 170 성이 납득할 만하게 예측되는 곳은 머리 골격이라기보다는 피에서 제거되어야 하는 모든 것의 훌륭한 분비 도구인 피부 조직이다. 따라서 죄메링 씨는 피부 조직이라는 후자의 자연 설비(그중에서 피부 성질은 중요한 부분이다)가 나머지 모든 것보다 두드러진다는 것을 잘 알고 있는 것처럼 보이며, 전자의 머리 골격은 단지 피부 조직의 가장 분명한 상징물로서 해부학자를 위한 것이라고 여긴다. 그래서 바라건대 포르스터 씨는, 마찬가지로 지속적으로 유전되면서도 기후의 단계 변화에 따라 전혀 서로 합류되지 않고 날카롭게 분리되어 있 A 111 는 소수의 다른 특이성이 더 있다는 사실이 증명될 경우, 비록 이런 특이성이 해부술의 영역으로 분류되지 않더라도, 합목적적으로 계통에 심어진 특수한 근원적 배아가 이런 특이성에 의해 동일하게 요구된다는 것을 거부하지 않을 것이다. 그러나 이 때문에 반드시 여러 계통이 인정돼야 하는지, 단지 하나의 계통만이 인정돼야 하는지에 관해서 우리는 바라건대 종국에 일치할 수 있을 것이다.

그러므로 포르스터 씨가 나의 의견에 찬성하지 못하도록 가로막

---

* 죄메링, 『흑인과 유럽인이 신체적 상이함에 관하여』,[15] 79쪽. "흑인의 체격에서 사람들은 흑인을 그 기후에 가장 완전한 생물로, 아마도 유럽인보다 더 완전한 생물로 만드는 속성을 발견한다." 이 뛰어난 인물은 (동일한 저작의 §44에서) 유해물질을 더 잘 배출할 수 있도록 더욱 적합하게 조직되어 있는 흑인의 피부에 대한 스코트 박사의 의견을 문제 삼는다. 그러나 린드가 전해준 소식(『열대기후에서 유럽인에게 발생하는 질병들』)과 결부되면, 이 의견은 상당한 개연성을 얻게 된다. 그 소식에 따르면, 잠비아강 주 Ⅷ 170 변 공기는 늪이 많은 삼림지 때문에 플로지스톤을 많이 함유해서 유해하며, 그 공기는 영국 선원들에게는 순식간에 치명적으로 작용하게 되지만 흑인들은 그 속에서 마치 자기 생활공간인 양 살아간다.

는 어려움만 제거되면 될 텐데, 이 어려움은 원리와 관련된 것이기보다는 오히려 모든 적용 사례에 그 원리를 적절히 맞추기 곤란하다는 점과 관련된 것이다. 1786년 10월에 발표된 논문 첫째 절 70쪽에서 포르스터 씨는 북유럽 거주민부터 스페인, 이집트, 아라비아, 에티오피아를 거쳐 적도의 거주민까지, 그리고 다시 거기서 반대로 카피르인과 호텐토트인의 나라를 거쳐 온화한 남쪽 지역으로 나아가는 피부색의 단계를 설정한다. (그의 의견에 따르면) 갈색에서 검은색으로 연속되는 단계 그리고 다시 거꾸로 연속되는 단계는 그 나라들의 기후와 너무 비례해서(여기서 그는, 아무런 증거도 없으면서도, 흑인지역[17])

에서 유래해서 아프리카의 끝으로 뻗어나간 이주민이 단지 기후의 영향으로 카피르인과 호텐토트인으로 점차 변했다고 가정한다), 그는 어떻게 이 사실이 아직까지 간과되었는지 놀라워한다. 그러나 마땅히 훨씬 더 놀라워해야 하는 사실은, 유일하게 결정적인 것으로 충분히 확고하고 정당하게 간주되는 표지, 즉 불가피한 혼성 생식이라는 표지

가 지금 모든 문제의 핵심인데도 어떻게 간과될 수 있었는가 하는 점이다. 왜냐하면 스페인 혈통의 사람과 교잡한 북유럽인 그리고 체르케스 여성과 교잡한 모리타니아인이나 아라비아인(짐작건대 아라비아인과 가까운 에티오피아인도)은 전혀 이 법칙에 종속되지 않기 때문이다. 물론 그들 나라의 태양이 그들 나라의 각 개인에게 새기는 자국을 무시한다면, 우리는 백인 부류 가운데서 그들의 피부색을 갈색 이외의 다른 어떤 색으로 판단할 아무런 근거도 없다. 그러나 카피르인의 흑인 유사성 그리고 같은 지역에 있는 호텐토트인의 그보다 덜한 흑인 유사성에 관해 말하자면, 아마도 이들은 혼성 생식의 실험을 견뎌냈을 텐데, 가장 그럴듯한 것은 이들이 태고에 이 해안을 방문한 아라비아인들과 어떤 흑인 민족의 이종적 생식 결과와 다르지 않을 것이라는 것이다. 이른바 동일한 피부색 단계가 아프리카

의 서쪽 해안에서도 역시 발견되지 않을 이유가 어디 있느냐 말이다. 오히려 거기서 자연은 중간 단계인 카피르인을 거치지 않고서 갈색의 아라비아인이나 모리타니아인에서 세네갈의 가장 검은 흑인으로 갑자기 건너뛴다. 이에 따라 74쪽에서 제안되고 미리 확정되어 있던 A 113 증명 실험도 중지된다. 이 실험은 나의 원리가 비난받아 마땅한 것임을, 말하자면 흑갈색의 에티오피아인이 카피르 여성과 교잡하면, 둘의 피부색은 모두 동일한 색, 즉 흑갈색이므로 피부색에 따른 중간부류는 결코 생겨나지 않을 것임을 증명하게 되어 있다. 포르스터 씨의 가정에 따르면, 에티오피아인은 카피르인이 지니는 것과 같은 농도의 갈색 피부색을 타고나며, 그래서 그 피부색은 이를테면 백인 여성과 교잡 생식을 해서 반드시 중간색을 낳을 수밖에 없다. 그렇다면저 실험은 당연히 포르스터 씨가 원하는 대로 귀결될 것이다. 그러나이 실험은 나와 반대되는 어떤 것도 증명해내지 못할 것이다. 종족들의 상이함은 그들에게서 동일한 것에 따라서가 아니라 상이한 것에 따라서 판단되기 때문이다. 사람들은 단지, 진갈색 종족도 있으며그 종족은 흑인이나 흑인의 계통적 기원과 **다른 징표**(예컨대, 골격)에서 구별된다고만 말할 수 있을 것이다. 오직 그런 징표와 관련해서만생식에 의해 잡종이 생겨나게 될 테고, 나의 피부색 목록에서는 단지하나가 증가하게 될 뿐일 테니 말이다. 그러나 자기 나라에서 성장한 에티오피아인의 진한 피부색이 선천적인 것이 아니라, 이를테면단지 같은 나라에서 어려서부터 자란 어떤 스페인인의 피부색과 같은 것일 뿐이라면, 그의 자연적 피부색은 카피르인의 그것과 섞일 때틀림없이 중간 부류의 생식 결과를 낳을 테지만, 태양에 의한 우연 Ⅷ 172 적 채색이 더해지기 때문에 그런 중간 부류의 생식 결과는 감춰지고그것은 마치 (피부색에 의거하면) 동일 부류인 것처럼 보이게 될 것 A 114 이다. 그러므로 이 계획된 실험은 필연적으로 유전되는 피부색의 종족 구별에 대한 적합성에 반대되는 어떤 것도 증명하지 못한다. 그것은 단지 태양이 우연적인 화장으로 피부색을 덮어버리는 지역에서는 선천적인 피부색을 정확히 규정하기 어렵다는 것을 증명할 뿐이며, 정확히 규정하려면 그 **지역 바깥**에서 동일한 부모에 의해 일어난 **생식 결과**를 우선시하라는 내 요구가 정당함을 보증한다.

그런데 후자에 관한 결정적 예는 우리의 북쪽 나라들에서 수세기 동안 증식해온 한 민족, 즉 **집시**의 인도인 피부색에서 발견된다. 그들이 인도 민족이라는 사실은 그들의 피부색과 별개로 그들의 언어로 증명된다. 그러나 자연은 그들의 피부색을 보존하는 데 매우 완고해서, 그들이 유럽에 존재하게 된 것은 무려 12세대를 거슬러 추적될 수 있는데도, 만일 그들이 인도에서 성장한다면 십중팔구 그들과 인도 토박이 사이에서 아무런 차이도 발견할 수 없을 만큼 그들의 피부색은 여전히 완전하게 나타난다. 그런데 이때 북쪽 공기가 그들의 유전된[18] 피부색을 완전히 표백하기까지는 12세대의 12배를 더 기다려야 할 것이라고 말하는 것은 자연연구자에게 우물쭈물 대답을 미루면서 핑계를 찾으라고 명령하는 것과 같을 것이다. 그러나 덴마크인과 대조되는 스페인인의 갈색 피부색과 마찬가지로 집시의 피부색을 순전한 다양성이라고 주장하는 것은 자연의 각인을 의심하는 것과 같다. 왜냐하면 집시는 우리 같은 오랜 토착민과 함께 불가피하게 혼성된 아이를 낳지만, 백인종은 자기의 특성적 다양성 중 어느 것과 관련해서도 그런 법칙에 종속되지 않기 때문이다.

하지만 가장 중요한 반대 논변은 155-156쪽에서 나타난다. 이 논변이 정당할 경우, 나의 **근원적 소질**[에 대한 주장]이 받아들여진다 해도, 지상에 인간이 **확산되어감**에 따라 인간의 모국에 대한 적합성은 그런 근원적 소질과 양립할 수 없다는 사실이 증명될 것이다. 가까스로 가능한 변명은 기껏해야 포르스터 씨가 말하듯이, 섭리의 현명한 안배에 의해서 이 기후 혹은 저 기후에 적합한 소질을 지닌 바로 그 인간이 마침 여기서 혹은 저기서 태어나게 되었으리라는 것이다. 하지만 포르스터 씨는 그렇다면 어떻게 이 섭리는 또 한 번의 이주를 생각하지 못할 만큼 근시안적으로 변했느냐고 말을 이어간다. 오직 하나의 기후에만 적합했던 저 배아는 또 한 번의 이주에서는 완전히 목적을 잃게 될 테니 말이다.

첫째 사항에 관해 말하면, 나는 저 최초의 소질이 다양한 인간에게 VIII 173 분배되어 있었다고 가정하지 않았다는 사실을 기억해야 한다. 그렇게 분배되어 있었다면, 그 인간들은 그만큼 많은 다양한 계통이 되었을 테니 말이다. 오히려 나는 저 최초의 소질이 최초의 인간 남녀 안에서 합쳐져 있었다고 가정했다. 그러므로 미래의 모든 아종을 위한 근원적 소질 전체를 분리되지 않은 채 지녔던 그들의 후손들은 모든 기 A 116 후에 (잠재적으로) 대단히 적합했고, 그래서 이 후손들이나 이들의 초기 자손이 성장하게 되어 있는 바로 그 지역에 이들을 어울리게 해주는 바로 그 배아가 그곳에서 발현될 수 있었던 것이다. 따라서 이들의 소질에 적합한 장소로 이들을 데려오는 어떤 특별히 현명한 섭리는 필요치 않았다. 오히려 이들이 우연히 도착해서 오랜 시간 세대를 이어갔던 곳에서 이들의 유기조직 안에 바로 그 지역을 위해 존재하던 배아가, 즉 이들을 그런 기후에 어울리게 해주는 배아가 발현된 것이다. 장소에 따라서 소질의 발전이 인도된 것이지, 가령 포르스터 씨가 오해하듯이, 이미 발전된 소질에 따라서 장소가 선택되어야 했던 것이 아니다. 그러나 이 모든 것은 단지 태고의 시대에 대해서만 타당하다. 그 시대는 최초로 정착할 곳을 마련한 한 무리의 사람들에게 그곳에 적합한 자기 소질을 발전시키는 데 필요한 기후와 토양의 영향을 제공하기에 (즉 이 땅에 인간이 점차 자리 잡게 되기에) 충분할 만큼 오래 지속되었을 테니 말이다. 그런데도 포르스터 씨는 계속해서 묻는다. 어떤 땅과 어떤 배아가 서로 부합해야 하는지 예전에 그토록 정확히 계산했던 바로 그 동일한 지성이 (앞서 말한 바에 따르면 땅과 배아는 항상 서로 부합해야 한다. 비록 동물의 유기조직을 내적으로 그토록 철저히 합목적적으로 설계했고 동물을 보존하기 위해서도 마찬가지로 그토록 신중하게 대비했던 것은 어떤 지성이 아니라 단지 그

A 117 동일한 자연이라고 보는 것이 좋겠지만 말이다) 어떻게 **또 한 번 이주하**는 경우도 예상하지 못할 만큼 갑자기 근시안적으로 변했는가? 그런 식으로 오직 하나의 기후에만 적합한 선천적 특이성은 완전히 목적을 잃게 된다는 식으로 그는 말을 이어간다.

이제 이 둘째 반대 지점에 관해 말하면 나는 저 지성 혹은 원한다면, 스스로 합목적적으로 작용하는 저 자연이 실제로 배아가 이미 발전된 다음에 일어난 이주를 전혀 고려하지 않았다는 점을 인정한다. 하지만 저 지성이나 자연이 그로 말미암아 현명치 못하며 근시안적이라고 책망받아서는 안 된다. 기후에 대한 적합성을 발휘시킴으로써 오히려 자연은 기후를 혼동하는 일, 특히 따뜻한 기후를 추운 기

Ⅷ 174 후와 혼동하는 일을 방지했다. 오래된 지역에 살고 있는 사람들이 저절로 새로운 지역을 멀리하게 되는 것은 바로 그들의 이미 적용된 자질에 대한 새로운 지역의 부조화에 따른 것이니 말이다. 인도인과 흑인이 스스로 북쪽 지방으로 퍼져나가고자 한 적이 어디 있었는가? 그럼에도 북쪽으로 쫓겨난 사람들은 (크리올 흑인이나 집시라는 명칭의 인도인 같은) 자기 자손 중에서 결코 정착한 농부나 수공업자에 적합한 부류를 이끌어내지 못했다.*

---

* 이 마지막 진술은 여기서 실증적인 것으로 제시된 것은 아니지만, 그렇다고 하찮은 것은 아니다. 스프렝겔 씨의 『논문집』 제5부 287-292쪽에서[19] 어떤 박식한 사람은 모든 흑인 노예를 자유노동자로 이용하려는 램지[20]의 소망에 반대한다. 그가 제시한 바에 따르면, 그는 아메리카와 잉글랜드에

그러나 포스터 씨가 나의 원리에 대해 극복하기 힘든 어려움이 A 118; VIII 175
라고 여긴 바로 그것이 일정하게 적용되면서, 그 어려움을 위해 유익
한 빛을 비춰주고, 다른 이론이 어찌하지 못하는 난점을 해결해준다. A 119
나는 인류가 태동한 이래로 어떤 기후에 완전히 적응하기 위해 인류

서 마주치는 수천 명의 자유 흑인 가운데 한 명이라도 진정 노동이라고 불 A 118
릴 수 있는 일에 종사하는 사례를 알지 못하며, 오히려 자유롭게 되자마자
그들은 이전에 노예로서 종사하도록 강요받았던 간단한 수공업을 즉시 포
기하고 그 대신 노점상이나 열악한 여관주인이나 제복 입은 하인 혹은 물
고기를 잡거나 사냥하러 다니는, 한마디로 떠돌이가 된다. 이와 똑같은 일
이 우리 주변의 집시들에서도 발견된다. 이와 관련해 동일한 저자는 그들
을 노동하고 싶지 않게 만드는 것은 북쪽 기후가 아니라고 지적한다. 그들
은 탈곡을 하고 땅을 파고 짐을 지는 등의 일을 할 때보다 (잉글랜드에서)
자기 주인의 마차 뒤에서 혹은 가장 지독한 겨울밤 추운 극장 입구에서 대
기해야 할 때 그래도 더 즐겁게 견디내니 말이다. 이 사실에서 우리는 노동
하는 능력과 별개로 활동(특히 근면함이라고 불리는 지속적인 활동)에 대한
직접적인 추동력이 있으며 어떤 유혹에도 흔들리지 않는 이 추동력은 어
떤 자연적 소질과 특별히 연관되어 있다고, 그리고 흑인뿐만 아니라 인도
인도 과거 자기 모국에서 자기 보존을 위해 필요해서 자연으로부터 부여
받았던 충돌을 다른 기후에서는 더 많이 소유하게 되거나 더 많이 물려주
게 되지 않는다고, 그리고 이 내적 소질은 가시적인 외적 소질과 마찬가지
로 소멸되지 않는다고 결론 내려서는 안 된다. 하지만 그런 나라에서는 필
요한 것이 훨씬 더 적으며 단지 그것을 조달하기 위해서는 많은 수고가 요
구되지 않기 때문에, 활동에 대한 소질이 더 클 필요가 없다. 여기서 나는
수마트라에 대한 마스든의 심오한 서술[21]에서 어떤 것을 더 인용하고자
한다(스프렝겔 씨의 『논문집』 제6부 198-199쪽을 보라). "그들(레장족)의 피 A 119
부색은 일반적으로 황색이며, 붉은색과 섞여 구릿빛을 띠지 않는디. 그들
은 거의 예외 없이 인도의 다른 지역 혼혈인보다 조금 더 밝다. 수마트라
주민들의 흰 피부색은 같은 지역의 다른 민족들과 비교할 때, 내 의견으로는
피부색이 결코 기후에 따라 직접적으로 결정되지 않는다는 강한 증거다.
(그는 거기서 태어난 유럽 아이들과 2세대 흑인들에 대해서도 동일하게 말하
고, 그곳에 오래 체류한 유럽인의 어두운 피부색은 그곳의 모든 사람에게 노출
되어 있는 담즙과 관련된 여러 질병의 결과라고 추측한다.) 더욱이 여기서 나
는, 더운 기후에도 불구하고 토착민과 혼혈인의 손이 일반적으로 차다는 VIII 175
사실을 지적해야 한다." (이 중요한 상황은 특이한 피부 성질이 피상적인 외
적 원인에서 기인할 수 없다는 사실을 알려준다.)

에 내재했던 소질이 점차 발전하기까지 많은 세대가 필요했다고 생각한다. 그 기간에 인류는 종의 증식을 그저 근근이 이어가면서도, 대개 위협적인 자연 전복에 의해 강제로 지구 전역으로 퍼져나갈 수 있었다. 그런데 그런 원인으로 말미암아 구세계 사람들이 남쪽 지역에서 북쪽 지역으로 이동하게 되었다면, 아마도 이전 지역에 알맞은 적응이 아직 완수되지 않고 점차 정지하게 되었을 테고, 그 대신 소질이 반대로 발전하도록, 즉 북쪽 기후를 위해 발전하도록 자리를 양보하게 되었을 것이 틀림없다. 이제 이 인간부류가 북동쪽으로 더욱더 멀리 아메리카에 이르기까지 이동했다고 가정해보자. 이것은 분명히 가장 그럴듯한 의견이다. 그랬다면 이 인간부류가 그 지역에서 다시 상당히 남쪽으로 퍼져나갈 수 있게 되기 전에 이미 그 부류의 자연적 소질은 가능한 한 많이 발전되었을 테고, 이제 이 발전이 완수된 만큼 새로운 기후에 대한 미래의 적응은 전혀 불가능하게 되었을 것이 틀림없다. 그러므로 이제 남쪽으로 이동하는 데도 모든 기후에 대해 항상 마찬가지인 종족, 따라서 사실 어떤 기후에도 적합하지 않은 종족이 확립되었을 것이다. 왜냐하면 그 종족이 [남쪽에서 북쪽으로] 출발하기 전에 남쪽에 대한 적응은 절반의 발전으로 중단되었고, 북쪽 기후에 대한 적응으로 교체되었으며, 그렇게 이 인간 무리의 영속적 상태가 확립되었기 때문이다. 실제로 우요아[22](그는 북반구와 남반구 양쪽의 아메리카 거주민을 모두 알고 있는 대단히 중요한 증인이다)는 이 지역 거주자의 특징적 외형이 예외 없이 매우 유사해 보인다고 단언한다(피부색에 관해 말하면, 지금 내가 확실하게 이름을 거명할 수 없는 더욱 최근의 항해자 중 한 명은 그것이 윤활유와 뒤섞인 쇳녹과 같다고 기술한다). 그러나 그들의 자질이 그 어떤 기후에도 완전히 적합해지지 않았다는 사실은, 왜 이 종족이 힘든 노동을 하기에는 너무 취약하고 근면한 노동을 하기에는 너무 무관심하며 어떤 문화도 이루어낼 능력이 없는지 (이를 위한 예시와 격려가 가까이에 충분히 있는 데도 말이다) 그리고 왜 이 종족이 흑인보다 아래에 위치하는지, 즉 왜 이 인종이 우리가 종족 상이성이라고 불렀던 저 다른 모든 위계에서 가장 낮은 자리를 차지하는 흑인보다 아래에 위치하는지 어떤 다른 근거도 제시하기 힘들다는 사실에서 추측할 수 있다.

이제 이 현상에 대한 다른 모든 가능한 가설을 검토해보자. 포스터 씨가 이미 제안했던 흑인의 특별한 창조를 또 하나의 창조로, 즉 아메리카인의 특별한 창조로 확장하기를 원하지 않는다면, 아메리카는 너무 **좁거나** 너무 **새로우며** 그래서 결코 흑인의 아종이나 황색 인디언을 만들어낼 수 없다고 대답하거나 사람들이 그곳에 살게 된 그 짧은 기간에 벌써 그런 것을 만들어냈을 수는 없다고 대답하는 것 이외에 다른 어떤 대답도 남아 있지 않다. **첫째** 주장은 이 지역의 더운 기후와 관련하여 지금 충분히 반박된다. 그리고 **둘째** 주장은 요컨대, 몇천 년 더 기다릴 참을성만 있다면 태양의 점차적 영향에 따라 장차 거기서도 (적어도 유전적 피부색에 따른) 흑인이 발견되리라는 것이다. 그렇다면 먼저 사람들은, 단지 추측되었을 뿐이며 매우 멀리 예정되어 있고 항상 더 멀리 미뤄지게 될 효과를 통해서 그저 반대에 맞서 스스로를 변호하고자 태양과 대기가 그렇게 서로 접목될 수 있다고 확신해야 할 것이다. 그런 접목 자체가 여전히 매우 의심스럽다면, 하물며 어떻게 임의적 **추측**에 불과한 것이 **사실**에 맞서서 제시될 수 있단 말인가? A 122

종을 보존하기 위해 인간 계통 내에 근원적이고 합목적적으로 공존하는 소질들이 발전함에 따라 불가피한 유전적 상이함이 생겨난다는 것은 다음과 같은 중요한 사실, 즉 인간 계통에서 발전된 종족은 (같은 기후에 세계 전 지역에 동일한 방식으로) 산재해서 퍼져 있는 것으로 발견되지 않고 오히려 통일된 무리를 이루는 키클라데스군도처럼 발견된다는 사실에서 보증된다. 키클라데스군도는 그 각각의 섬들이 형성될 수 있었던 어떤 지역 경계선 안에 분포되어 있다. 그런 식으로 황인의 순수한 계통적 기원은 힌두스탄의 경계 내에 한정되어 있고, 거기서 멀지 않으면서도 대부분 동일한 지대에 속해 있는 아라비아에는 황인이 전혀 없다. 그리고 두 지역에 모두 흑인은 없다. 흑인은 단지 아프리카의 세네갈강과 네그로만 사이에서 (그리고 이 지역 내에서) 발견될 뿐이다. 그런데 아메리카 전체에는 황인도 흑인도 없으며, 심지어 구세계의 어떤 종족 특성도 발견되지 않는다(에스키모인은 예외적인데, 외형상으로 상이하고 심지어 재능상으로도 상이한 그들의 특성을 고려하면 그들은 구세계의 어느 한 지역에서 나중에 이주한 사람들로 보인다). 말하자면 이 종족들 각각은 고립되어 있고, 서로 동일한 기후에 있으면서도 각 종족의 생식능력에 분리불가능하게 부착되어 있는 특성으로 서로 구별된다. 그래서 종족들은 그런 특성이 기후의 작용에서 기원한 것이라는 의견을 매우 믿음직스럽지 못한 것으로 만든다. 반대로 종족들은 계통적 기원의 통일성에 따른 생식상의 철저한 친족성을 추측하도록 보증해주면서도, 동시에 그들의 분류상 차이의 원인이 단지 기후에 있지 않고 그들 자신 안에 있다고 추측하도록 보증해준다. 종족들의 분류상 차이가 번식 장소에 적합하게 작용하기 위해서는 오랜 시간이 요구될 수밖에 없고, 그 작용이 일단 완수된 다음에는 장소를 옮긴다 해도 새로운 아종은 더 이상 가능하지 않다. 따라서 종족들의 분류상 차이의 원인으로 간주될 수 있는 것은 오직 그 계통 내에 놓여 있으면서 점차 합목적적으로 발전하고 대기 영향의 중요한 차이에 따라 일정한 수로 한정되어 있는 **근원적 소질**뿐이다. 이런 논거를 약화시키는 것처럼 보이는 것이 남아시아에 속한 섬들 그리고 그보다 동쪽으로 더 먼 태평양에 속한 섬들에 분산되어 있는 파푸아 종족, 즉 내가 포레스터[23) 선장과 마찬가지로 카피르인이라고 불렀던(왜냐하면 짐작건대 그는 그들을 흑인이라고 부르지 않을 이유를 부분적으로는 피부색에서, 부분적으로는 두발과 수염에서 발견했기 때문이다. 그들의 두발과 수염은 빗질로 상당 부분 정리될 수 있는데, 이는 흑인의 속성과 대조된다) 인종이   A 124
다. 그러나 그 곁에서 다른 종족들, 즉 아라푸라 종족과 순수한 인디언 계통과 더 유사한 인간들의 종족이 놀랄 만큼 확산되어 있는 것을 마주하게 되면 상황은 다시 좋아진다. 하나의 동일한 지대인데도 이 종족들의 유전적 속성이 그렇게 달라진다는 점에서 이 종족들의 유전적 속성에 대한 기후 작용의 증명도 역시 약화되기 때문이다. 그러므로 역시 훌륭한 근거에서 우리는 이 종족들을 원주민으로 간주하지 않고 뭔지 모를 원인에 의해(아마도 서쪽에서 동쪽으로 작용했음이 틀림없는 강력한 지각 변동에 따라) 자기 근거지에서 쫓겨난 (어쩌면 마다가스카르 출신의 저 파푸아 사람들처럼) 이방인으로 간주하는 것이 그럴듯하다고 깨닫는다. 그러므로 카테렛[24]이 전한 이야기[25]를 내 기억에 의거해 (아마도 부정확하게) 인용했던 남양제도에 있는 한 섬의 주민과 관련해서도 그 사정이 어떻건 간에, 우리는 종족 차이가 발전하게 되는 증거를 그 계통이 거주했던 것으로 추정되는 근거   Ⅷ 178
지에서, 즉 모든 점에서 보건대 자연의 작용이 오래전에 완수된 뒤에 처음으로 거주하게 되었던 섬이 아니라 대륙에서 찾아야 할 것이다.

하나의 동일한 자연종(생물들이 생식능력을 통해 결합할 수 있고 하나의 계통에서 생겨날 수 있다는 점에서* 자연종)에 속하는 유기적 생   A 125

---

* 하나의 동일한 계통에 속한다는 것이 곧 근원적인 단일한 쌍에서 생겨난다는 것을 의미하지는 않는다. 그것은 단지 어떤 동물종에서 지금 다양성이 발견된다고 해서 그만큼 많은 근원적 상이함이 있다고 여겨서는 안 된다는 것 정도를 의미할 뿐이다. 그런데 최초의 인간 계통이 동일한 종에 속하는 (두 가지 성별의) 대단히 많은 사람으로 이루어졌다 해도, 나는 여러 쌍에서 지금의 인간들을 이끌어낼 수 있는 것과 마찬가지로 단일한 쌍에서

물의 유전적 다양성의 유래에 대한 나의 개념을 지지하는 것은 이렇게 많다. 자연종은 학문적인 종(생물들이 단순 비교의 공통 표징 아래에 놓여 있다는 점에서 인위종)과 구별되는데, 이 중 전자는 자연사에 속하고 후자는 자연기술에 속한다. 이제 포르스터 씨의 고유한 체계에 대해 그 기원과 관련하여 조금 더 이야기해보자. 우리 둘은 자연과학 내의 모든 것이 **자연적으로** 설명되어야 한다는 점에 대해 일치한다. 만일 자연적으로 설명되지 않는다면, 그 모든 것은 자연과학에 A 126 속하지 않게 될 테니 말이다. 나는 이 원칙을 매우 철저히 따랐고, 그래서 어떤 명민한 사람(앞서 언급한 나의 논문을 논평한 뷔싱[26] 씨)조차도 자연의 의도, 지혜, 배려 등의 표현을 근거로 나를, 비록 '**독특한 종류**'라는 단서를 달기는 했지만, 자연주의자로 만들어버린다. 그런데 내가 그렇게 철저했던 이유는, 단순한 자연인식에 관해서 그리고 그 인식이 어디까지 이르는지에 관해서 논의하면서(이런 경우 **목적론적으로** 표현되는 것이 대단히 어울린다) 신학적 언어를 사용하는 것은 각각의 인식방식에 대해 그 경계를 매우 신중하게 표시하기 위해 유용하지 않다고 생각했기 때문이다.

하지만 자연과학 내의 모든 것은 자연적으로 설명되어야 한다는 Ⅷ 179 바로 그 동일한 원칙은 동시에 자연과학의 경계를 표시한다. 모든 설명 근거 가운데 **경험**에 의해 여전히 보증될 수 있는 최후의 근거를 사용하게 되면, 사람들은 자연과학의 가장 바깥 경계에 도달할 것이

도 지금의 인간들을 이끌어낼 수 있다. 포르스터 씨는 내가 전자를 사실로, 말하자면 어떤 권위에 의거한 것으로 단언하려 한다는 혐의를 씌우지만, 그것은 단지 이론에서 완전히 자연스럽게 따라 나오는 이념일 뿐이다. 그러나 단일한 쌍에서 시작된 인류는 맹수 때문에 안전하기 힘들었을 것이라는 어려움에 대해 말하자면, 이 어려움은 인류에게 별다른 문제를 야기할 리 없다. 모든 것을 산출하는 우리의 지구는 인간보다 나중에야 비로소 맹수를 만들어내야 했을 테니 말이다.

기 때문이다. 경험적 설명근거들이 끝나고, 결코 증명될 수 없는 전대미문의 법칙에 따라서 사람들이 스스로 고안해낸 물질의 힘으로 시작할 수밖에 없다면, 사람들은 이미 자연과학 너머에 있는 것이다. 그때 사람들은 여전히 자연사물을 원인이라고 부르긴 하지만, 동시에 그 자연사물에 실존이 증명할 수 없는 어떤 힘, 심지어 그 가능성이 이성과 합치하기 어려운 힘을 부여한다. 유기적 존재라는 개념이 이미 알려주는 사실은, 유기적 존재란 그 안의 모든 것이 서로 목적과 수단의 상호 관계에 놓여 있는 물질이며, 심지어 그것은 오직 목적인의 체계로만 생각될 수 있다는 것이다. 그러므로 적어도 인간 이 A 127 성에게 유기적 존재의 가능성은 결코 물리적이고 기계적인 설명 방식이 아니라 오직 목적론적인 설명 방식만을 남겨둔다. 따라서 물리학에서는 모든 유기체 자체가 근원적으로 어디에서 유래하는가라는 질문이 제기될 수 없다. 만일 우리가 이 질문을 일반적으로 다룰 수 있다면, 그 대답은 분명히 자연과학 바깥의 형이상학 속에 놓여 있을 것이다. 내가 보기에 모든 유기조직은 (생식을 통해) 유기적 존재에서 유래한다. 그리고 (이런 종류의 자연사물의) 장래 형식은 그 계통의 유기조직 속에 있었어야 하는 근원적 소질의 점진적 발전(이와 같은 것이 식물의 이식에서 자주 발견될 수 있다) 법칙에 따라 유래한다. 그 계통 자체는 어떻게 생겨났는가라는 문제는 인간에게 가능한 모든 물리학의 한계, 즉 내가 나 자신을 그 안에 가두어두어야 한다고 믿었던 그 한계를 완전히 넘어서 있다.

그러므로 나는 포르스터 씨의 체계를 위한 이교도 재판에 관하여 아무것도 염려하지 않는다(왜냐하면 그것은 자기 영역 바깥에서 감히 똑같은 재판권을 행사하는 것일 테니 말이다). 필요한 경우라면 나 역시 순전한 자연탐구자들에 의한 철학적 배심(166쪽)을 찬성하지만, 그들의 진술이 그에게 유리할 것이라고 믿기는 어렵다. "동물과 식물이 자기와 동일한 것의 생식에 의해 생겨나지 않고 바다 진흙으로 비옥해진 부드러운 어머니 자궁에서 생겨날 수 있게 하는 저 출산하

A 128 는 지구(80쪽), 이에 근거를 둔 지역적 생식, 즉 **아프리카**가 자기 인간(흑인)을 산출하고 **아시아**가 자기 것(나머지 모든 인간)을 산출하게 되었다는 유기물의 지역적 생식(158쪽), 여기서 도출되는 친족성, 즉 인간에서 고래까지 그리고 더 아래로 (아마도 단순한 비교의 체계가 아니라 공통된 계통의 생식체계에서 선태류와 지의류에 이르기까지) 각각의 단계가 분간될 수 없이 이어지는 유기적 존재의 자연 사슬*에

Ⅷ 180 있는 모든 것의 친족성(77쪽)," 이런 것이 자연탐구자로 하여금 마치 엄청난 것을 마주한 것처럼(75쪽) 그 앞에서 물러서게 만들지는 못할 것이다(왜냐하면 그것은 매우 많은 사람이 언젠가 한번쯤 즐겼지만 결국 아무것도 얻지 못해서 그만두어버린 유희적 시도이기 때문이다). 그렇지만 자연탐구자는 이런 것에 의해 알지 못하는 사이에 자연탐구의 비옥한 토양에서 벗어나 형이상학의 황무지에서 헤매게 된다는 생각에 두려워 거기서 물러날 것이다. 더구나 나는 **나약하지 않은**

A 129 두려움, 즉 이성을 그 제일 원칙들에서 풀어주고 이성이 한계 없는 상상 속에서 방황하도록 허용하는 모든 것 앞에서 물러서는 두려움을 알고 있다. 아마도 이로 말미암아 포르스터 씨도 **지나친 형이상학자**(왜냐하면 요소개념들을 알지 못하고 그것들을 무시하는 체하면서도 정복을 위해 영웅적으로 나아가는 사람들도 있으니 말이다)에 대해서 그저 어떻게든 호의를 보이고 그의 환상에 재료를 제공한 다음 나중

---

*   특히 보네[27]를 통해 매우 인기를 얻게 된 이 이념과 관련하여 블루멘바흐 교수가 상기한 것(『자연사 편람』, 1779, 서문 §7)은 읽어볼 가치가 있다. 통찰력이 뛰어난 이 사람은 생식 이론을 해명하기 위해 자신이 매우 잘 사용했던 **형성적 추동력**[28]도 무기물질이 아니라 오직 유기적 존재의 일원에만 부여한다.

에 이를 재미 삼으려 했을 것이다.

참된 형이상학은 인간 이성의 한계를 알고 있으며, 다른 것들 중에서도 이성이 결코 부정할 수 없는 이성의 이런 유전적 결함을 알고 있다. 이성은 절대로 **근본력**을 아프리오리하게 고안할 수 없고 고안해서도 안 된다(그러면 이성은 단지 공허한 개념을 생각해낼 뿐이니 말이다). 이성은 경험이 가르쳐주는 대로 (근본력이 겉보기에는 상이하지만 근본적으로는 동일하다는 점에서) 근본력을 가능한 한 가장 적은 수로 환원하는 일 그리고 그에 적합한 **근본력**을, 자연학이 문제될 경우에는 **세계 내에서** 찾지만 (더 이상 의존적이지 않은 근본력에 대해 말하는) 형이상학과 관련될 경우에는 결국 세계 **바깥에서** 찾는 일 이외에 다른 어떤 일도 할 수 없다. 그러나 근본력에 대해서 (우리는 원인과 결과의 관계로만 근본력을 알 수 있으므로) 우리는 결과에서 얻어지는 것 그리고 바로 그 결과와 관련해서만 표현되는 것 A 130 이외에 다른 어떤 개념도 제공할 수 없고 어떤 명칭도 찾아낼 수 없다.* 그런데 유기적 존재라는 개념은 이렇다. 유기적 존재는 그 안에 A 131; Ⅷ 181

---

* 예컨대, 인간에게 상상이란 우리가 마음의 다른 결과와 동일하지 않다고 인식하는 결과다. 그러므로 이 결과와 관련된 힘은 (근본력으로서) 상상력이라고 불릴 수밖에 없다. 마찬가지로 운동력이라는 명칭 아래에서 척력과 인력은 근본력이다. 다양한 사람이 실체의 통일을 위해서 유일한 근본력을 가정해야 한다고 믿었고 심지어는, 예컨대 영혼의 유일한 근본력이 세계에 대한 표상력이듯이, 상이한 근본력들을 **공통의 명칭**으로 부름으로써 그런 유일한 근본력을 인식한다고 생각했다. 이것은 마치 밀침과 당김이 모두 운동이라는 공통 개념 아래에 있으므로 물질의 유일한 근본력은 운동력이라고 말하는 것과 같다. 그러나 사람들이 알고 싶어 하는 것은 과연 밀침과 당김이 이 운동력에서 **도출**될 수 있는가다. 사실 그렇게 도출되는 것은 불가능한데, 하위 개념들이 지닌 상이함을 고려하면 하위 개념들은 결코 상위 개념에서 도출될 수 없으니 말이다. 그리고 실체의 통일과 관련해 말하면, 실체는 그 개념 안에서 이미 근본력의 통일을 지닌 것처럼 보이는데, 이런 착각은 힘에 대한 부정확한 정의에서 기인한다. 왜냐하면 힘은

포함된 모든 것이 목적과 수단으로 서로 관계맺음에 의해서만 가능한 물질적 존재다(실제로 생리학자와 마찬가지로 모든 해부학자도 이 개념에서 시작한다). 그러므로 유기화를 일으키는 근본력은 목적에 따라 작용하는 원인으로 생각되어야 하고, 그래서 이 목적은 결과의 가능성에 대한 근거로 놓여야 한다. 그러나 우리는 전적으로 목적에 따라 계획된 산물인 **예술작품**의 가능성의 원인으로서 그런 근본력을 그 **규정 근거**에 따라서 경험을 통해 오직 우리 자신 안에서, 즉 우리의 지성과 의지에서 인식한다. 우리에게 지성과 의지는 근본력이고 그중 의지는, 지성에 의해 규정되는 한에서, 목적이라고 불리는 하나의 **이념**에 적합한 것을 산출해내는 능력이다. 물론 우리는 모든 경험에서 독립적으로 어떤 새로운 힘을 고안해서는 안 되지만, 그럼에도 그렇게 생각된 힘이란 하나의 **이념**에 규정 근거를 두지 않으면서도 어떤 존재 안에서 **합목적적으로** 작용하는 것일 것이다. 그러므로 자기나 자기의 원인 안에 어떤 **목적**과 **의도**가 놓여 있지 않을 텐데도 자기 스스로 합목적적으로 작용하는 어떤 존재의 능력에 대한 개념은, 말하자면 경험이 어떤 예도 제공하지 못하는 어떤 특수한 근본력에 대한 개념으로서 완전히 허구적이며 공허한 것, 즉 어떤 대상이 도대체 어떻게든 그에 상응할 수 있으리라는 최소한의 보장도 없는 것이다. 따라서 유기적 존재의 원인이 세계 내에 있건 세계 **바깥에** 있건, 우리는 그런 존재의 원인에 대한 모든 규정을 단념하거나, 아니면 그런 존재와 더불어 어떤 **지적 존재**를 생각해내야 한다. 그 이유는 (작고한 멘델스존이 다른 사람들과 마찬가지로 생각했듯

VIII 182
A 132

우유들의 현실성에 대한 근거를 포함하는 것이 아니라(그런 것은 실체이므로), 실체가 우유들의 현실성을 포함하는 한에서 그 실체가 우유들과 맺는 관계일 뿐이기 때문이다. 그러나 실체에는 (그것의 통일과 별개로) 다양한 관계가 매우 잘 부여될 수 있다.

이) 마치 우리가 다른 어떤 원인에 의해서도 그런 결과는 **불가능**하다는 것을 통찰한 체하려는 것이 아니라, 목적인을 배제하고 다른 어떤 원인을 근거로 삼기 위해서 우리는 어떤 근본력을 고안해내야 할 텐데 이성에게는 그럴 자격이 전혀 없기 때문이다. 만일 이성에게 그럴 자격이 있다면, 자기가 무엇을 그리고 얼마나 원하는지 낱낱이 밝히는 것이 이성에게는 전혀 수고스럽지 않을 것이다.

*　*　*

그리고 이제 이 모든 것을 정리해보자! 목적은 외래적인 이성이건 우리의 고유한 이성이건 **이성**과 직접 관계를 맺는다. 하지만 목적을 외래적인 이성에 두기 위해서도 역시 우리는 적어도 외래적 이성의 유비로서 우리의 고유한 이성을 근거로 삼아야 한다. 그런 목적은 이런 유비 없이 전혀 표상될 수 없으니 말이다. 그런데 목적은 **자연**의 목적이거나 **자유**의 목적이다. 자연에 목적이 있어야 한다는 사실을 어떤 인간도 아프리오리하게 통찰할 수는 없지만, 반대로 자연에 원인과 결과의 결합이 있어야 한다는 사실은 인간이 아프리오리하게 훌륭히 통찰할 수 있다. 따라서 자연과 관련한 목적론적 원리의 사용은 항상 경험적으로 조건 지어진다. 만일 우리가 목적으로 삼는 것을 A 133 규정 근거들의 단순한 상호 비교와 진체 비교만으로 이성을 통해 규정하고자 한다면, 자유의 목적과 관련해서도 사정은 마찬가지일 것이다. 그렇게 규정하기 위해서는 자유에 미리 의욕의 대상이 규정 근거로서 자연에 의해 (욕구와 경향성에서) 주어져 있어야 하니 말이다. 그러나 실천 이성 비판은 이성을 아프리오리하게 규정하고 따라서 이성의 목적을 아프리오리하게 지시하는 순수한 실천적 원리가 있다는 것을 보여준다. 그런데 자연을 설명하기 위한 목적론적 원리는 경험적 조건으로 제한되어 있으므로 그런 목적론적 원리를 사용한다 해도 합목적적 연결의 근원은 결코 완벽하게 그리고 모든 목적에 대해 충분히 확고하게 알려질 수 없다. 그래서 이런 일은 그와 반대로 순수 목적에 대한 이론(이것은 다름 아닌 **자유**의 이론이다)에, 말하자면 이성 일반과 모든 목적 전체의 관계를 아프리오리하게 담고 있으며 오직 실천적일 수밖에 없는 것을 원리로 삼는 이론에 기대해

Ⅷ183 야 한다. 그러나 순수한 실천적 목적론, 즉 도덕은 자기목적을 세계 내에서 실현하도록 정해져 있기 때문에, 세계 내에서 주어지는 **목적인**과 관련해서뿐만 아니라 결과로서 모든 목적 전체에 대한 **최고 세계 원인**의 적합성과 관련해서도, 세계 내에서 목적의 **가능성**을 등한히 해서는 안 되며, 따라서 **자연목적론**뿐만 아니라 자연 일반의 가능성, 즉 선험철학도 등한히 해서는 안 된다. 실천적인 순수 목적에 대한 이론에 실제적인 대상의 가능성과 관련하여 객관적 실재성을 보장하고자 한다면, 즉 이 이론이 세계 내에서 실현할 것을 명한 목적의 객관적 실재성을 보장하고자 한다면 말이다.

A 134　　그런데 이 두 가지를 모두 고려할 때 『칸트 철학에 대한 편지들』의 저자[29]는 칸트 철학을 보편적으로 필연적인 목적에 유용하도록 적용하는 자신의 재능, 통찰 그리고 칭찬할 만한 사유방식을 훌륭하게 입증했다. 그래서 나는 이 잡지의 우수한 편집인의 조심성을 침해하는 것처럼 보이는 요구일지 모르겠지만, 얼마 전까지만 해도 알려지지 않았던 저 「편지들」의 익명 저자의 공로에 대한 내 승인을 이 잡지에 삽입하도록 허락해달라고 편집인에게 청하지 않을 수 없었다. 그 저자의 공로는 확고한 원칙에 따라 인도되는 사변 이성과 실천 이성 모두의 공통적 업무에 관한 것으로, 그것은 내가 기여하기 위해 노력해왔던 것이다. 무미건조하고 추상적인 이론을 명료하고 심지어 우아하게 제시하면서도 그 이론의 철저함을 놓치지 않는 재능은 매우 드

물지만 (이 재능은 나이든 사람에게 가장 부족하다) 대단히 유용해서, 나는 단지 추천하기 위해서뿐만 아니라 통찰과 이해력 그리고 그와 연관된 신념을 명확히 하기 위해서 다음과 같이 말하고 싶다. 내가 용이하게 만들지 못했던 나의 저작을 그런 방식으로 보완해준 사람에게 감사의 뜻을 공개적으로 표하는 것이 내 의무라고 말이다.

이 기회에 나는 부피가 상당한 어떤 저작에서 이른바 모순들이 발견된다는 비난에 대해 조금만 더 언급하고자 한다. 이 비난은 그 저작을 전체적으로 제대로 파악하지 못한 상태에서 나온 것으로, 그 모순들은 [그 저작의] 나머지 것과 연결해서 고찰할 경우 모두 저절로 A 135 해소된다. 1787년 『신 라이프치히 학술지』[30] 제94호에서 1787년판 『순수이성비판』 서론 3쪽의 7째 줄에 있는 것은 곧이어 5쪽의 1째 줄과 2째 줄에 나오는 것과 정확히 모순되는 것으로 지적된다. 앞의 단락에서 내가 "아프리오리한 인식 중에서 경험적인 것이 전혀 섞이지 VIII 184 않은 것은 **순수하다**고 불린다"고 말했고, 이에 반대되는 예로 "**가변적인 모든 것은 어떤 원인을 가진다**"는 명제를 제시했다는 것이 그 이유다. 그와 반대로 나는 5쪽에서 바로 이 명제를 아프리오리하고 순수한 명제의 예로, 즉 경험적인 것에 전혀 의존적이지 않은 명제의 예로 제시하니 말이다. 이렇게 '순수하다'는 단어는 두 가지 의미를 지니지만, 나는 그 저작 전체에서 그 단어를 오직 후자의 의미로만 다룬다. 물론 나는 "**우연적인 모든 것은 어떤 원인을 가진다**"는 명제를 첫째 종류의 명제의 예로 사용함으로써 오해를 피할 수도 있었다. 이 명제에는 경험적인 것이 전혀 섞여 있지 않으니 말이다. 하지만 어느 누가 오해의 계기들을 모두 자각하는가? 나에게 똑같은 일이 『자연과학의 형이상학적 기초원리』「머리말」 xvi-xvii쪽의 주석에서 일어난다. 거기서 나는 범주의 연역이 물론 중요하기는 하나 **궁극적으로 필연적이지는 않다**고 주장하지만, 그럼에도 일부러 『순수이성비판』에서는 궁극적으로 필연적이라고 주장한다. 그러나『자연과학의 형이상학적 기초원리』에서 범주는 단지 **부정적** 의도로만, 즉 (감성적 직관 없이) 범주들만으로는 사물을 전혀 인식할 수 **없다**는 것을 증명하려는 의도로만 고찰된다는 것이 쉽게 간파된다. 사실 범주들만으로 사물을 인식할 수 없다는 것은 (대상 일반에만 적용되는 논리적 기능이라는) 범주들에 대한 해설만 손에 쥐고 있더라도 이미 명백하다. 하지만 그럼에도 우리는 범주들을 (경험의) 객관에 대한 인식에 실제로 수반되도록 사용한다. 따라서 우리는 그 개념들이 아무런 의미도 없다고 판단하거나 그런 개념들이 경험적으로 **생겨난다**고 판단하지 않도록, 경험적인 것과 관련하여 그런 아프리오리한 개념들의 객관적 타당성의 가능성을 특별히 증명해야 했다. 이것은 **긍정적** 의도에 따랐던 것으로, 이 의도와 관련하여 **연역**은 어쨌건 불가결하게 요구된다.

나는 위에서 언급한『편지들』의 저자인 고문관 라인홀트 씨가 지금 예나대학 철학교수라는 것을 방금 알았다. 이 유명한 대학에 대단히 유익한 발전이 아닐 수 없다.

A 136

순수 이성의 이전 비판이 모든 새로운 비판을 불필요하게 만든다는 발견

오은택 옮김

일러두기

1. 『순수 이성의 이전 비판이 모든 새로운 비판을 불필요하게 만든다는 발견』
   (*Über eine Entdeckung, nach der alle neue Kritik der reinen Vernunft durch eine
   ältere entbehrlich gemacht weren soll*) 번역은 1790년 발표된 원전을 대본으로 사
   용했고, 학술원판(Immanuel Kant, *Abhandlungen nach 1781* in *Kant's gesammelte
   Schriften*, Bd. Ⅷ, pp.185-251, hrsg. von der Königlich Preußlichen Akademie der
   Wissenschaften, Berlin, 1911)과 바이셰델판(*Schriften zur Metaphysik und Logik*
   in *Immanuel Kant Werke in Zehn Bänden*, Bd. Ⅴ, pp.293-373, hrsg. von Wilhelm
   Weischedel, Darmstadt, 1983)을 참조했다.

에버하르트는 『철학잡지』[1] 제1권 289쪽에서 다음 사실을 발견했   A 3; VIII 187
다고 주장한다. "라이프니츠의 철학은 최근의 철학과 마찬가지로 이
성 비판을 포함하지만, 그럼에도 동시에 인식 능력에 대한 정확한 분
석에 근거를 둔 독단주의를 도입하고 있다. 따라서 그의 철학은 더욱
이 지성 영역의 근거가 확실한 확장 속에서 최근 철학의 모든 참된
것을 포함하고 있다." 그런데 에버하르트는 우리가 왜 이런 사태를
이미 오래전에 위대한 사람의 철학에서 그리고 그 철학을 이어받은
볼프 철학에서 알아차리지 못했는지를 확실히 설명하지 않는다. 그   A 4
러나 그는 유능한 해석자들이 무엇을 살펴봐야 할지를 제시하고 난
다음, 새로운 것으로 간주되는 매우 많은 발견을 지금도 그들이 왜
옛사람들에게서 완전히 명확하게 보지 못하는지를 설명한다.

그러나 이전의 비판이 그 결과에서 새로운 비판과 정반대되는 것
을 포함하지 않을 경우에만 우리는 새로움에 대한 기대가 실패했음
을 그럭저럭 받아들일 수 있다. 왜냐하면 이 경우[즉 이전의 비판이
그 결과에서 새로운 비판과 정반대되는 것을 포함할 경우] 에버하르
트가 자신의 논증이 불충분할 것이라는 두려움 때문에 교묘하게 (때
때로 298쪽에서처럼 말을 돌려서) 사용한 논증, 즉 (로크가 명명하듯

이)[2] 권위에 호소하는 논증은 아마도 새로운 비판을 수용하는 데에 큰 방해물이 될 것이기 때문이다. 그러나 순수 이성의 명제들을 (우리가 오직 저자처럼 가까이 있는 원천에서만 얻을 수 있는) 책들로 반박하려는 것은 언짢은 일이다. 에버하르트는 매우 총명한 사람인데도 이번에는 그리 정확하게 보지 못했던 것 같다. 더욱이 그는 종종 (381쪽과 393쪽의 주석에서처럼) 라이프니츠의 보증인이 되고 싶지 않은 것처럼 말한다. 따라서 우리는 이 유명한 사람을 개입시키지 않고, 에버하르트가 라이프니츠의 명성에 근거를 두어 서술하고 『비판』에 대항하는 무기로 이용한 명제들을 에버하르트 자신의 주장으로 간

A 5 주하는 것이 최선일 것이다. 그렇지 않을 경우 그가 라이프니츠의 명성을 빌려 가한 일격이 우리를 타격하지만, 이에 정당하게 대응한 우리의 일격은 위대한 사람을 타격하게 되어, 우리는 이 위대한 사람을 존경하는 사람들의 미움을 받는 곤란한 상황에 빠지게 될 테니 말이다.

Ⅷ 188 　　소송을 진행 중인 법률가의 예에 따르면, 우리가 이 논쟁에서 보아야 할 첫째 것은 형식이다. 이에 관하여 에버하르트는 255쪽에서 다음과 같은 방식으로 견해를 표명한다. "이 잡지의 편집 방침에 따르면 우리는 우리 여행을 임의로 중단하거나 다시 계속할 수 있고, **앞쪽으로나 뒤쪽으로** 갈 수 있으며 어느 쪽으로든 방향을 바꿀 수 있다." ―그런데 우리는 물론 한 잡지가 그것의 다른 부들과 난들에 전혀 다른 것들을 수록하는 것을 (마치 이 잡지에서 **논리적 참**에 관한 논문 다음에 곧바로 **수염**의 역사에 관한 기고문이, 그리고 이것 다음에 시가 따라 나오는 것처럼) 허용할 수 있을 것이다. 그러나 지금처럼 특히 두 체계를 대조하고 비교하는 것이 문제라면, 에버하르트는 종류가 다른 것들이 동일한 부에 섞여 있거나 맨 뒤의 것이 가장 앞에 오고 가

A 6 장 아래 것이 가장 위에 오는 것을 (이 경우에 잡동사니 창고가 될지도

모르는) 잡지의 특성으로 정당화하기 어려울 성싶다. 실제로 그도 이런 식으로 판단하지는 않는다.

이처럼 이른바 주제들의 마구잡이식 배치는 실제로 매우 계획적으로 마련되었다. 이는 진리의 시금석이 결정되기도 전에, 따라서 독자가 어떤 시금석도 갖기 전에 독자에게 정확한 검사가 필요한 명제들을 먼저 호의적으로 수용하게 만든 다음, 선택될 시금석의 타당성을—원래 그래야 하지만—시금석의 고유한 성질로부터 증명(명제들을 시금석에서 검사)하는 것이 아니라 오히려 시금석을 이 명제들에서 검사해 시금석의 타당성을 이 명제들로 증명하기 위한 것이다. 이것은 교묘한 선결문제 요구의 오류로, 객관과 관련해 우리가 지닌 아프리오리한 인식의 요소들과 이 인식 요소들의 타당성 근거를 모든 경험에 앞서 탐구하는 일, 즉 (지루하고도 난해한 작업들인) 이런 인식 요소들의 객관적 실재성을 연역하는 일을 회피하려고 의도적으로 고안한 것이다. 그리고 이것은 과연 가능할지 모르지만 한번 펜놀림으로『비판』을 파기하기 위해, 이와 동시에 순수 이성의 무제한적인 독단주의를 위한 자리를 마련하기 위해 의도적으로 고안한 것이다. 왜냐하면 주지하다시피 순수 지성 비판은 '어떻게 아프리오리한 종합 명제가 가능한가?'라는 일반적 물음에 대한 해결을 그 목적으로 삼는 연구에서 출발하기 때문이다. 그리고 순수 지성 비판은 단지 이를 위해 필요한 모든 조건을 애써 해명한 후에만, 다음과 같은 결정 _{A7} 적 결론에 도달할 수 있다. 말하자면, 개념은 오직 그에 상응하는 (우 _{Ⅷ189} 리에게는 언제나 감성적인) 직관에서 현시될 수 있는 방식으로만 자신의 객관적 실재성을 확보할 수 있으며, 따라서 감성의 한계를, 가능한 경험의 한계를 넘어선다면 단적으로 어떤 인식도, 다시 말해 우리가 공허하지 않다고 확신하는 어떤 개념도 결코 있을 수 없다는 결론이 바로 그것이다.—잡지는 이와 반대되는 증명, 즉 실제로 감관의 대상을 넘어서는 인식의 확장이 있다는 증명을 해서 우리 주장을 반박하는 데서 출발하여 어떻게 그와 같은 일이 아프리오리한 종합 명제로 가능한지를 탐구하면서 끝난다.

따라서 실제로 잡지 제1권에 실린 에버하르트 글은 두 부분[절]으로 구성되어 있다. 제1절에서는 비감성적인 것인 우리 개념들의 객관적 실재성이 입증되어야 하며, 제2절에서는 '어떻게 아프리오리한 종합 명제가 가능한가'라는 과제가 해결되어야 한다. 그가 이미 163-166쪽에서 설명한 충분 근거율[3]과 관련해서 보면, 충분 근거율은 이 종합적 원칙에서 근거 개념의 실재성을 확립하기 위해 제1절에 놓여 있다. 그러나 316쪽에서 제시한 저자 자신의 설명에 따르면, 충분 근거율은 종합적 원칙의 가능성에 관해 비로소 무언가를 확정해야 하는 제2절, 즉 종합 판단과 분석 판단에 대한 절에도 속한다. 이 제2절보다 앞서 또는 제2절 여기저기서 이야기된 나머지 것은 모두 미래의 증명에 대한 시사, 앞선 증명에 대한 호소, 라이프니츠에 대한 인용과 다른 주장들, 용어들에 대한—대체로 의미 왜곡에 따른—공격들 따위로 되어 있다. 이 모든 것은 정확하게 퀸틸리아누스가 논증과 관련해 청중을 기만하려는 연설가에게 해준 다음과 같은 충고에 따른 것이다. "만약 논증이 강도 때문에 설득력이 없다면, 분량 때문에는 설득력이 있게 될 것이다.—논증은 하나하나 보면 하잘것없고 평범하지만 전체적으로 보면 위력을 발휘한다. 그 논증은 번개의 압도적 힘은 아닐지라도 우박의 파괴적 힘은 가질 것이다."[4] 이런 내용은 단지 부록에서나 논의될 만한 가치가 있다. 질서를 모르는 저자를 상대해야 하는 것은 나쁜 일이긴 하지만, 이보다 더 나쁜 것은 피상적이거나 거짓된 명제를 남몰래 슬쩍 집어넣기 위해 무질서를 꾸며내는 저자를 상대해야 하는 일이다.

제1절
대응하는 감성적 직관이 주어질 수 없는 개념들의 객관적 실재성. 에버하르트에 따를 경우

에버하르트는 157-158쪽에서 이 논제의 중요성에 적합한 위엄을 갖추고 논의를 시작한다. 그는 학문(형이상학)을 위한 오래되었지만 편파적이지 않은 노력을 우리에게 이야기한다. 또 그는 필요하다면 상당한 영토를 버릴 수 있지만 언제나 훨씬 더 광대한 영토가 남아 있게 될 왕국으로 이 학문을 간주한다. 그는 존재론이라는 **논쟁할 여지없이** 풍성한 들판*이 약속하는 꽃들과 열매들을 이야기하면서 우주론이라는 논쟁할 여지가 있는 들판에 관해서도 손을 거두어들이지 말라고 격려한다. 그가 말하듯이, "우리는 이 학문의 확장에 종사 A 10 하는 연구를 계속 진행할 수 있고, 이들 진리의 선험적 타당성(이것은 여기서 우주론적 개념들의 객관적 실재성을 의미한다)에 당장 관여하지 않고도 이 학문의 들판을 언제나 새로운 진리로 풍부하게 만들고자 할 수 있기" 때문이다. 그리고 그는 덧붙여 주장한다. "이런 방식으로

---

* 그러나 이 들판에서는 바로 **사물들 일반에 대한 인식 요구들**로서 개념들과 원칙들은 논쟁할 여지를 남겼다. 그래서 이 들판은 가능한 경험의 대상들이라는 매우 협소한 영역에 제한되었다. 그런데 소유권 관련 문제에 당장 관여하지 않으려는 것은 진정한 논쟁점을 판사 눈에서 벗어나게 하려는 책략임이 즉각 드러난다.

심지어 수학자들도 그들이 다루는 대상의 실재성에 대해 한마디도 언급하지 않고 학문 전체의 설계도를 완성했다." 그는 "이것을 놀랄 만한 예, 즉 내가 여기에서 인용할 필요도 없을 정도로 매우 적절하고 교훈적인 예를 들어 증명할 수 있다"라고 말하면서, 독자가 이 점에 정확

히 주목하길 원한다. 물론 그것은 매우 교훈적이다. 왜냐하면 우리가 이해하지 못하는 학문들에서 나온 증명 근거들뿐만 아니라, 심지어 단지 이에 대해 보고한 다른 유명한 사람들의 발언들에도—이것들 역시 이해하지 못할 것이라 예상되므로—호소해서는 안 된다고 경고하려고 사실상 [이보다] 더 적절한 예를 제시한 적이 결코 없기 때문이다. 에버하르트는 아폴로니우스[1]의 『원뿔 곡선론』에 관하여 보렐리[2]가 되풀이해서 흉내 낸 판단을 통해서보다 더 강력하게 그 자신과 그의 공표된 계획을 반박할 수는 없었다.

아폴로니우스는 먼저 원뿔 개념을 구성한다. 즉 그는 이 개념을 아

프리오리하게 직관에 현시한다. (그런데 이는 기하학자가 자신이 다루는 개념의 객관적 실재성을 미리 제시하기 위해 수행하는 최초의 조작이다.) 아폴로니우스는 원뿔을 특정한 규칙에 따라, 예를 들어 원뿔의 꼭짓점을 통과하여 원뿔 밑면과 직각으로 만나는 삼각형의 한 면과 평행하게 원뿔을 자름으로써 이 원뿔의 표면에 저 단면으로 생겨난 곡선의 성질들을 아프리오리한 직관에서 증명한다. 이렇게 해서 그는 원뿔 표면의 세로 좌표가 매개 변수와 맺는 관계 개념을 산출하는데, 이 개념은, 즉 (이 경우에는) 포물선 개념은 그런 관계 맺음으로 아프리오리한 직관에 주어진다. 그 결과 이 개념의 객관적 실재성은, 즉 언급된 성질들을 지닌 사물이 있을 가능성은 단지 이 개념 밑에 대응하는 직관을 놓는 방식으로만 증명된다.—에버하르트는 우리 인식이 아마도 완전히 공허하고 전혀 어떤 대상도 지닐 수 없는 개념들과 관계하는지(이는 상식과 바로 상충하는 주장이다) 안 하는지를 먼저

고려하지 않고도, 우리 인식을 확장하고 새로운 진리로 풍성하게 할 수 있다는 것을 증명하고자 했으며, 자기 의견을 증명하기 위해 수학자에게로 시선을 돌렸다. 그러나 그가 수학자에게서 찾은 전거는 완전히 불운한 것이었다.—이 불운은 그가 아폴로니우스 자체를 알 A 12 지 못했으며, 고대 기하학자의 방식에 관해 반성한 보렐리를 이해하지 못했기에[3] 발생했다. 보렐리는 (원 바깥에 이루어진) 원뿔 곡선 개념의 **기계적 구성**을 언급하며, 수학자는 기계적 구성을 언급하지 않고도 원뿔 곡선의 성질들을 가르친다고 말한다. 이것은 물론 맞는 말이지만 전혀 중요하지 않은 지적이다. 포물선을 이론의 지시에 맞게 **그리라는** 지침은 기술자를 위한 것일 뿐 기하학자를 위한 것은 아니니 말이다.* 에버하르트는 보렐리의 주석에서 스스로 인용했고 게다 Ⅷ 192 가 줄까지 쳐서 강조했던 구절에서 이 점을 깨우칠 수 있어야 했다. 그 구절은 다음과 같다. "하나의 대상은 **규정된** 것으로 간주될 수 있

---

* 개념들의 구성—『순수이성비판』은 이에 대해 다양한 방식으로 설명함으로써 처음으로 수학에서 이성의 방식을 철학에서 이성의 방식과 정확하게 구별했다—이라는 표현을 오용에 맞서 안전하게 보호하기 위해 아마도 다음 말이 도움이 될 것이다. 일반적인 의미에서 개념에 대응하는 직관을 (자발적으로) 산출함으로써 개념을 현시하는 것을 모두 구성이라고 말할 수 있다. 구성이 아프리오리한 개념에 따라 순전한 상상력으로 이루어진다면, 그것은 순수한 구성이다. (그와 같은 구성을 수학자는 자신의 모든 증명의 근저에 두어야만 한다. 따라서 그가 막대기로 모래에 그린 원이 아무리 불규칙한 A 13 모습을 나타낸다 할지라도, 그는 마치 최고 기술자가 동판에 새긴 원에서처럼 원 일반의 성질을 완벽하게 증명할 수 있다.) 그러나 구성이 어떤 재료로 이루어진다면, 그것은 **경험적** 구성이라 할 수 있을 것이다. 첫째 것[순수한 구성]은 또한 도식적 구성이라고 할 수 있으며, 둘째 것[경험적 구성]은 **기술적** 구성이라고 할 수 있다. 후자의, 실제로는 부적절하게 구성이라 하는 것 (왜냐하면 그것은 학문이 아니라 기술에 속하며 도구로 수행한 것이기 때문이다)은 컴퍼스와 자를 이용한 기하학적 구성이거나 아니면 기계적 구성인데, 기계적 구성을 하려면 이를테면 원 바깥에 다른 원뿔 곡선들을 그릴 때처럼 다른 도구들이 필요하다.

으므로 다루어야 할 대상을 그리는 기법을 전제하지 않더라도 그 대상의 다양한 성질이 제시된다."[4] 그러나 이것을 기하학자는 이런 기계적 구성에서 무엇보다도 먼저 그런 선의 가능성에 대한 증명, 결과적으로 기하학적 개념의 객관적 실재성[에 대한 증명]을 기대한다고 보렐리가 주장하는 것으로 해석하는 것은 매우 불합리하다. 오히려 우리는 최근 기하학자들이 다음과 같은 성향을 지녔다고 비난할 수 있다. 즉 그들이 곡선의 객관의 가능성에 관해 아무런 확신도 하지 못한 채 곡선의 성질들을 곡선의 정의에서 이끌어낸다는 것이 아니라(왜냐하면 그들은 이 정의와 함께 동시에 순전히 도식적인 순수 구성에 대해서 완벽하게 알며, 또 필요하다면 정의한 뒤 **기계적 구성**도 수행하기 때문이다), 도리어 그들 자신이 그런 선(예를 들어, $ax=y^2$이라는 공식을 통한 포물선)을 임의로 생각하며, 고대 기하학자들의 예에 따

라 이 선을 먼저 원뿔 단면에 주어진 것으로 산출해내지 않는다는 것이다. 이렇게 비난하는 것이 기하학이라는 이름의 품위에 더 어울릴 것이다. 또 이를 위해 사람들은 매우 많은 것을 발견해낸 분석적 방법 때문에 고대인들의 종합적 방법을 완전히 무시하지는 말라고 여러 번 충고해왔다.

그러므로 에버하르트는 수학자들이 아니라 모래를 비벼서 밧줄을 만들 수 있는 기술자의 예에 따라 다음과 같은 방식으로 작업에 착수한다.

그는 이미 자기 잡지의 첫째 장에서 인식의 **형식** 원리를, 즉 모순율과 충분 근거율을 인식의 **재료** 원리(그에 따르면 표상과 연장)와 구별했다. 그는 이 재료 원리를 재료를 구성하는 단순한 것 속에 정립한다. 이제 아무도 그에게 모순율의 선험적 타당성에 대해 이의를 제기하지 않기 때문에 그는 먼저 **충분 근거율**의 선험적 타당성과 더불어 충분한 근거 개념의 객관적 실재성을, 다음으로 단순한 **존재자** 개

넘의 실재성을 확립하려고 한다. [하지만]『비판』이 요구한 것처럼 이 개념들을 대응하는 직관으로 증명해야 하는데, 그럴 필요성 없이 확립하려고 한다. 왜냐하면 참인 것에 관하여 먼저 그것이 가능한지 물어서는 안 되기 때문이다. 그런 한에서 논리학은 '존재에서 가능 A 15 성을 이끌어내는 것은 타당하다'[5]는 원칙을 형이상학과 공유하거나 아니면 오히려 이 원칙을 형이상학에 빌려준다.—이제 이런 분류에 따라 우리 검토도 나누어 진행하고자 한다.

A
충분한 근거 개념의 객관적 실재성 증명.
에버하르트에 따를 경우

무엇보다도 먼저 주목해야 할 것은 에버하르트가 충분 근거율을 순전히 인식의 형식적 원리에 귀속하려 했지만, 그럼에도 그는 160쪽에서 "충분 근거율 또한 선험적 타당성이 있는가"(그것이 도대체 선험적 원리인가)라는 것을『비판』이 제기한 물음으로 간주한다는 점이다. 에버하르트는 인식의 논리적(형식적) 원리와 선험적(재료적) 원리의 구별을 전혀 파악하지 못했음이 분명하거나, 아니면 문제가 되는 깃 대신에 아무도 묻지 않는 다른 어떤 것을 슬쩍 뒤바꿔 넣으려는 교활한 수법을 부리고 있다. 이 후자가 더 그럴듯해 보인다.

'모든 명제는 근거가 있어야만 한다'는 것은 인식의 논리적(형식적) 원리로, 이 원리는 모순율과 나란히 있는 것이 아니라 모순율에 종속 A 16 된 것이다.* '모든 사물은 자신의 근거가 있어야만 한다'는 것은 선험적 Ⅷ 194

---

* 『비판』은 개연 판단과 실연 판단 간의 구별을 언급했다. 실연 판단은 하나

(재료적) 원리인데, 이는 어느 누구도 모순율을 근거로 (그리고 도대체 감성적 직관에 관계하지 않고 순전한 개념들에서) 증명한 적이 없고 또 증명하지도 않을 원리다. 선험적 원리가 객관과 객관의 가능성에 관하여 어떤 것을 아프리오리하게 규정해야 한다는 것은 아주 명백하며 『비판』에서 셀 수 없을 정도로 많이 언급했다. 따라서 선험적 원리는 (객관의 가능성에 관계하는 모든 것을 전적으로 도외시하는) 논리적 원리처럼 순전히 판단의 형식적 조건들에만 관계하는 것이 결코 아니다. 그러나 에버하르트는 163쪽에서 자신의 명제[원리]를 '모든 것은 근거가 있다'는 정식으로 관철해내고자 했고, 또 (그곳에서 그가 인용한 예에서 알 수 있듯이) 실제로는 인과성이라는 재료적 원칙을 모순율을 매개로 슬며시 끼워 넣으려 했기 때문에 '모든 것'이라는 말을 사용하며 '모든 사물'이라 말하지 않으려고 조심한다. 모든 사물이라 말할 경우, 그 원칙은 인식의 형식적이며 논리적인 원칙이 아니라, 이미 (모순율에 근거를 둔 모든 원칙처럼) 논리학에 자리 잡을 수 있는 인식의 재료적이며 선험적인 원칙이라는 것이 너무나도 명백해질 테니 말이다.

의 명제다. 논리학자들은 명제를 단어들로 표현된 판단이라고 정의한다는 점에서 결코 올바르지 않다. 왜냐하면 우리는 또한 우리가 명제로 간주하지 않는 판단에 대해서도 사유 속에서 단어들을 사용해야 하기 때문이다. '만약 물체가 단순하다면, 그것은 불변한다'는 조건 명제에서는 두 판단이 관련되어 있는데, 이 두 판단 중 어떤 것도 명제가 아니며, 단지 앞의 판단(전건)에서 뒤의 판단(후건)이 귀결되는 것만이 명제를 형성한다. '어떤 물체는 단순하다'는 판단은 언제나 모순된 것일 수 있음에도 이 판단이 하나의 주장, 즉 명제로 진술된다면 그것에서 무엇이 귀결되는지 알기 위해 제시될 수는 있다. '모든 물체는 나뉠 수 있다'는 실연 판단은 단순한 개연 판단(우리는 모든 물체가 나뉠 수 있다고 생각한다 등등) 이상의 것을 말하며, 명제들의 보편적인 논리적 원리에, 즉 모순율에서 귀결되는 '모든 명제는 (순전히 가능 판단이 아니라) 근거 지어져야만 한다'는 원리에 종속한다. 그렇지 않다면 앞의 명제는 명제가 아닐 테니 말이다.

그러나 에버하르트는 신중히 반성하지 않는 것은 아니지만 기꺼이 독자에게 숨기고 싶다는 의도에서 이 선험적 원칙을 정말로 모순율을 근거로 증명하려고 고집을 부린다. 그는 근거 개념을 (이 개념과 함께 또한 은근슬쩍 원인성 개념을) 모든 사물 일반에 타당화하려고 하며, 다시 말해 이 개념의 객관적 실재성을 순전히 감관 대상에 제한하지 않고 증명하려고 하며, 그렇게 해서『비판』이 부가한 조건, Ⅷ 195 즉 '개념은 직관을 필요로 하며, 직관으로만 비로소 그 실재성이 증 A 18 명될 수 있다'는 조건을 비켜 나가려고 한다. 그런데 모순율이 우리가 단지 사유할 수 있는 모든 것—그것이 감성적 대상이든 아니든, 또 가능한 직관이 그 모든 것에 귀속하든 아니든—일반에 타당한 원리라는 것은 분명하다. 모순율은 객관에 대한 고려 없이 사유 일반에 타당하기 때문이다. 따라서 이 원리로 성립할 수 없는 것은 명백히 아무것도 아니다(심지어 사유조차 아니다). 그러므로 그가 감성적 직관의 대상으로 제한하는 것에 구속받지 않은 채 근거 개념의 객관적 실재성을 제시하길 원했다면, 이를 위해 사유 일반에 타당한 원리를 사용해야만 했다. 또 비록 근거 개념이 실제로는 순전히 논리적 의미만 지닌다 하더라도, 여기서는 실재적 근거를 (따라서 원인성 개념을) 자체 내에 포함하는 것처럼 설정해야만 했다. 그러나 그는 자기가 심지어 가장 평범한 판단력을 지닌 사람도 당연히 가정할 수 있는 것 이상의 순진함을 독자에게 허용했다.

계략을 꾸밀 때 그렇게 되는 경향이 있듯이, 에버하르트는 자신의 계략에 스스로 말려들었다. 앞서 그는 형이상학 전체를 두 가지 중심점에, 즉 모순율과 충분 근거율에 결부해놓았다. 그는 이런 자신의 주장을 철저히 고수하면서 라이프니츠를 따라 (적어도 그가 라이프니 A 19 츠를 해석하는 방식에 따라) 형이상학을 위해 모순율을 충분 근거율로 보충할 필요가 있다고 말한다. 그런데 그는 163쪽에서는 "충분 근거울이 보편적으로 진리임은 이것(모순율)을 근거로 해서만 **증명될 수 있다**"라고 말하면서, 곧이어 바로 이 일을 대담하게 수행한다. 그러나 이렇게 됨으로써 형이상학 전체는 앞서 언급한 두 가지 중심점과 결부되어야 했지만, 이제는 다시 한 가지 중심점과 결부된다. 왜냐하면 원리 적용의 새로운 조건을 조금도 덧붙이지 않은 채 전체적 보편성의 원리에서 단순히 추론하는 것은 앞선 원리가 결여하는 것을 보충해줄 새로운 원리가 전혀 아니기 때문이다!

그러나 에버하르트는 충분 근거율에 관한 이런 증명을 (이와 더불어 모순율 이상의 어떤 것도 더 필요로 하지 않은 채 실로 원인 개념의 객관적 실재성을) 제시하기 전에, 161-162쪽에서 자신의 작업을 거창하게 구분하고 게다가 다시 그의 방법을 수학자의 방법과 비교함으로써—그러나 이런 비교는 항상 실패하게 되는데—독자의 기대를

VIII 196 증폭시킨다. 유클리드조차 "그의 공리들 가운데는 물론 여전히 증명이 필요하지만, 그럼에도 증명 없이도 제시되는 명제들이 있다"라고 한다. 그런데 에버하르트는 수학자에 대해 언급하면서 다음과 같은 말을 덧붙인다. "우리가 수학자의 **공리들** 중 하나를 수학자에게서

A 20 부정하자마자 그것에 의존하던 모든 정리도 무너진다. 그러나 이것은 매우 드문 일이므로, 수학자는 자기 설명이 지닌 단순한 경쾌함과 이론 체계가 지닌 **아름다운 비례**를 단념해야 한다고는 생각하지 않는다. 철학은 더 친절해야만 한다." 따라서 이미 오래전부터 시학에 자유가 있어온 것처럼, 이제 기하학에도 자유가 있다. 그러나 **친절한 철학**이 (바로 다음에 말하게 될 **증명**에서) 유클리드에게서 예를—유클리드가 **수학적으로** 증명 가능한 명제를 공리로 제시하는 경우에—인용할 정도로 충분히 친절하기만 했으면 좋았으련만 사실은 그럴 수 없었던 것 같다. 왜냐하면 순전히 철학적으로 (개념들에서) 증명할 수 있는 것, 예를 들어 '전체는 그것의 부분보다 더 크다'는 것에 대한

증명은 엄밀하게 말해 수학에는 속하지 않기 때문이다.

이제 약속한 **증명**이 뒤따른다. 이 증명은 장황하지 않아서 좋으며, 그럴수록 증명의 설득력이 더욱 눈에 띈다. 따라서 우리는 이 증명을 온전히 그대로 진술하고자 한다. "모든 것은 근거가 있거나 모든 것은 근거가 없다. 따라서 후자의 경우 근거가 무인[없는] 어떤 것이 가능하며 생각될 수 있을 것이다.─그러나 만약 대립하는 두 사물 중 하나가 충분한 근거 없이 있을[없는 것일] 수 있다면, 두 대립하는 것 중 다른 것도 충분한 근거 없이 있을[없는 것일] 수 있을 것이다. 예 A 21 를 들어 일정량의 공기가 동쪽으로 움직이고, 또 동쪽의 공기가 더 따뜻해지거나 더 희박해지지 않고도 바람이 동쪽으로 불 수 있다면, 이 일정량의 공기는 동쪽으로 움직이는 것과 **마찬가지로** 서쪽으로도 잘 움직일 수 있을 것이다. 따라서 동일한 공기가 **동시에** 서로 대립하는 두 방향인 동쪽과 서쪽으로 움직일 수 있을 것이며, 그 결과 동쪽으로 움직이면서 동쪽으로 움직이지 않을 수 있을 것이다. 다시 말해 '어떤 것이 **동시에** 있으면서 있지 않을[~이면서 ~이지 않을] 수 있'는데,[6] 이것은 모순이며 불가능하다."

철학자가 그 철저성에서 심지어 수학자보다 훨씬 더 친절한 모습을 보이도록 해주는 이 증명은 논리학에서 우리가 어떻게 증명해서는 안 되는지에 대한 예로 쓰기 위해 증명이 지녀야 할 모든 특성을 다 갖추고 있다. 무엇보다도 먼저 증명되어야 할 명제가 두 가지 의미로 제시되어 있다. '**모든 것**'이라는 말은 우리가 명제로서 어떤 것 VIII 197 에 대해 내리는 모든 판단을 의미할 수 있거나 아니면 모든 **사물**을 의미할 수 있기 때문에, 우리는 증명되어야 할 그 명제를 논리적 원칙이나 아니면 선험적 원칙을 만들어낼 수 있는 것으로 해석할 수 있다. 만약 그것을 첫째 의미로 이해한다면(이 경우에 그것은 '모든 명제는 자신의 근거가 있다'는 것을 의미할 것이 틀림없다), 그것은 **보편**

적으로 참일 뿐만 아니라 심지어 **모순율**에서도 직접 도출된다. 그러
나 만약 '모든 것'이라는 말을 모든 **사물**을 의미하는 것으로 이해한다
면, 전적으로 다른 증명 방식이 요구될 것이다.

둘째로 이 증명은 통일성이 없다. 이 증명은 두 가지 증명으로 되
어 있다. 첫째 증명은 이제 더는 누구도 호소하지 않게 된 잘 알려진
바움가르텐의 증명[7]이다. 이 증명은 각자 추정해야 하는 ('자기 모
순적'이라는) 결론이 생략되어 있다는 것을 제외하고는 내가 줄표를
그었던 곳에서 완전히 끝난다. 이어서 곧바로 둘째 증명이 뒤따르는
데, 이 증명은 '그러나'라는 말로 첫째 증명의 결론에 도달하기 위해
단지 추론이 연쇄적으로 진행되는 것인 양 제시되지만, '그러나'라는
말을 빼버린다면, 그 자체로 하나의 독립적 증명을 형성한다. 이제
'어떤 것은 근거 없이 있[없는 것이]다'는 명제에서 모순을 발견하기
위해, 모순을 직접 이 명제 자체에서 발견했던 첫째 증명 이상의 어
떤 것이 요구된다. 그리하여 모순을 억지로 고안해내기 위해 에버하
르트는 이 증명에 또 다른 명제, 말하자면 이 경우에는 '이 사물의 반
대도 근거 없이 있을[없는 것일] 터이다'는 명제를 부가해야만 한다.
그 결과 둘째 증명은 그것의 한 항을 형성할 것으로 기대되는 바움가
르텐의 증명과는 완전히 다르게 수행된다.

셋째로 에버하르트가 자신의 증명에 부여한다고 생각했던 161쪽[8]
의 새로운 전환은 매우 불운한 것이다. 이 증명을 전환한 이성추론은
네 단계로 진행되기 때문이다.—그 이성추론을 삼단논법의 형식으
로 표현해보면 다음과 같다.

근거 없이 동쪽으로 움직이는 바람은 (그 대신에) 또한 마찬가지로
서쪽으로 잘 움직일 수 있다.

그런데 (충분 근거율의 반대자가 내세우는 것처럼) 바람은 근거 없
이 동쪽으로 움직인다.

따라서 바람은 **동시에** 동쪽과 서쪽으로 움직일 수 있다. (이것은 자기모순이다.) 내가 완전히 정당하게 '그 대신에'라는 말을 대전제에 삽입했다는 것은 명백하다. 의미상 이런 제한을 두지 않는다면, 어느 누구도 대전제를 받아들일 수 없기 때문이다. 만약 누군가가 일정 금액을 주사위 던지기와 같은 요행수에 걸고 이긴다면, 그에게 도박을 하지 말라고 충고하려고 한 사람은 다음과 같이 말할 수 있다. "그는 마찬가지로 똑같이 빗맞을 수도 있었으며 그만큼 잃을 수도 있었지만, 단지 적중하는 대신에 그렇게 할 수 있을 뿐이지, **동시에** 똑같은 주사위 던지기에서 빗맞으면서 맞지는 않는다." 목재 한 조각으 Ⅷ 198
로 신을 조각했던 예술가는 (그 대신에) 그 목재로 마찬가지로 의자를 잘 만들 수도 있을 것이다. 하지만 여기에서 그가 그 목재로 **동시**에 두 가지를 다 만들 수 있다는 결론은 나오지 않는다.

넷째로 만약 명제가 사태에 타당한 것이어야 한다면, 거기서 그렇게 쓰이듯이 무제한적 보편성을 지닌 명제 자체는 명백히 거짓이다. 이 명제에 따르면, 무조건적인 것은 절대적으로 없을 테니 말이다. 그 A 24
러나 근원 존재자에 관해 그런 존재자도 자기 현존의 근거가 있지만, 이 근거는 이 존재자 자체에 있다고 말함으로써 이런 당황스러운 결과를 피해 보려고 하는 것은 모순을 야기한다. 왜냐하면 실재 근거로 간주된 한 사물의 현존을 위한 근거는 언제나 이 사물과 구별되어야 하고, 이 경우 이 사물은 반드시 다른 사물에 의존하는 것으로 생각되어야 하기 때문이다. 한 명제에 관해 나는 이 명제가 참이라는 것에 대한 (논리적) 근거가 이 명제 자체에 있다고 할 수 있다. 주어 개념은 술어 개념과 다른 어떤 것이며, 따라서 술어의 근거를 포함할 수 있기 때문이다. 이와 반대로 내가 한 사물의 현존을 위한—이 사물 자체와—다른 어떤 근거를 가정하는 것을 허용하지 않는다면, 이로써 나는 이 사물은 어떤 실재 근거도 더는 없다고 말하려는 것이다.

그러므로 에버하르트가 인과성 개념과 관련해 성취하고자 한 것, 즉 사물을 인식하기 위해 이 범주와 그리고 아마 이와 더불어 나머지 범주의 사용과 타당성을 경험 대상들에 제한하지 않고, 사물들 일반에 대해 타당한 것으로 만들려고 한 시도는 완전히 실패했다. 더욱이 그가 이런 목적을 위해 모순율이라는 절대적 원칙을 사용한 것은 헛된 일이었다. 『비판』의 주장은 언제나 확고하다. 범주에 대응하는 직관, 이 직관은 우리 인간에게는 언제나 감성적인데, 이 직관이 주어질 수 없다면 범주는 최소한의 인식도 포함하지 않거나 산출할 수 없다. 따라서 범주의 사용은 사물들에 대한 이론적 인식과 관련해 결코 모든 가능한 경험의 한계 너머로까지 확장될 수 없다.

A 25

B
경험 대상들에서 단순자 개념의 객관적 실재성 증명. 에버하르트에 따를 경우

앞서 에버하르트는 감관들의 대상들에도 적용될 수 있는 지성 개념(인과성 개념)에 관하여 이야기했지만, 그럼에도 그것이 감관들의 대상들에 제한되지 않고도 사물들 일반에 타당할 수 있는 개념이라고 이야기했다. 그래서 그는 적어도 하나의 범주, 즉 원인 범주의 객관적 실재성을 직관의 조건들에 의존하지 않고 증명하고자 했다. 이제 169-173쪽에서 그는 한 걸음 더 나아가 심지어 결코 대상적으로 감관들의 대상일 수 없는 것, 즉 단순한 존재자 개념의 객관적 실재성을 확보하려고 한다. 그리하여 그가 칭송했던 이성적 심리학과 신학이라는 풍성한 들판들로 향하는 입구를—이 입구에서 『비판』의 메두사 머리는 그것들을 놀라게 하여 움찔거리며 뒤로 물러나게 했다—

VIII 199

A 26

활짝 열려고 했다. 169-170쪽에서 그가 행한 증명은 다음과 같다.

　"구체적* 시간 또는 우리가 감각하는 시간(아마도 그 안에서 우리가 어떤 것을 감각하는 것이라고 해야 할 그런 시간)은 단지 우리 표상들 A 27 의 잇따름에 지나지 않는다. 운동에서 잇따름도 표상들의 잇따름으 Ⅷ 200 로 설명될 수 있기 때문이다. 따라서 구체적 시간은 합성된 어떤 것

＊　여기 등장하는 구체적 시간과 반대로 170쪽의 추상적 시간이라는 표현은 완전히 잘못되었는데, 이런 잘못 사용한 것 자체를 최근 논리학자들이 설령 정당한 것으로 인정했다 할지라도, 특히 최대한 논리적 정확성이 문제가 될 경우 결코 수용해서는 안 된다. 우리는 공통된 징표인 개념을 추상하는 것이 아니라 오히려 개념의 사용에서 이 개념 아래 포섭되어 있는 다양성을 추상[도외시]한다. 화학자는 액체를 따로 가지기 위해 그것을 다른 물질에서 뽑아낼 경우에만 어떤 것을 추상[추출]할 수 있다. 철학자는 개념의 어떤 사용에서 그가 고려하지 않으려는 것을 추상[도외시]한다. 교육을 위한 규칙을 기획하고자 하는 사람은 추상적 아이와 구체적 아이의 구별을 말하지 않고, 추상적으로 아이의 개념을 근저에 놓거나 아니면 (구체적으로) 시민사회에서 아이의 개념을 근저에 놓고 이 일을 수행할 수 있다. '추상적'과 '구체적'의 구별은 개념 자체가 아니라 단지 개념의 사용에만 관계한다. 이런 스콜라적 정확성을 경시하면 자주 대상에 관한 판단이 왜곡된다. 만약 내가 추상적 시간이나 공간은 이런저런 성질들을 가진다고 말한다면, 붉은색이 붉은 장미나 붉은 모래 따위에 먼저 주어져 있듯이, 마치 시간과 공간도 감관들의 대상들에 먼저 주어져 있으며, 단지 논리적으로만 여기에서 추상된 것처럼 되어버린다. 그러나 만약 내가 추상적으로, 즉 모든 경험적 조건에 앞서 고찰한 시간과 공간에서 이런저런 성질들을 A 27 알아차릴 수 있다고 말한다면, 이런 성질들을 또한 경험과 독립적으로 (아프리오리하게) 인식힐 수 있다는 생각은 적이도 나에게 열려 있지만, 만약 내가 시간을 경험에서 순전히 추상된 개념으로 간주한다면, 그런 생각은 나에게 선뜻 열려 있지 않다. 첫째 경우에 경험적인 것을 모두 추상[도외시]함으로써 나는 경험적인 특정한 시간과 공간과 구별하여 순수한 시간과 공간에 관해 아프리오리한 원칙에 의거하여 판단할 수 있고, 적어도 판단하려고 시도할 수 있다. 하지만 둘째 경우에 (사람들이 말하듯이) 내가 이 개념들 자체를 (위에서 언급한 붉은색의 예처럼) 단지 경험에서 추상했다면, 나는 그렇게 할 수 없다.—따라서 사이비 지식을 가지고 정확한 검사를 의도적으로 회피하고자 하는 사람들은 이런 사이비 지식을 눈에 띄지 않게 교묘하게 숨길 표현들을 사용해야만 한다.

이고, 그런 시간의 단순한 요소들은 표상들이다. 모든 유한한 사물은 지속적인 흐름 속에 있기 때문에(그가 이런 사실을 한갓 현상에 대해서만이 아니라* 모든 유한한 사물에 대해서 아프리오리하게 말할 수 있는 것은 무엇 때문인가?), 이 요소들은 결코 **감각될** 수 없다. 내감은 이 요소들을 분리해서 감각할 수 없고, 언제나 앞서가며 뒤따르는 어떤 것으로 함께 감각한다. 더 나아가 모든 유한한 사물의 변화 흐름은 **연**

A 28 **속적인**(이 말은 그가 스스로 밑줄을 그어 강조한 것이다) 중단 없는 흐름이기 때문에 시간의 **감각될** 수 있는 어떤 부분도 결코 가장 작은 부분이거나 완전히 단순한 부분이 아니다. 따라서 구체적 시간의 단순한 요소들은 **전적으로** 감성 영역 바깥에 있다.—그러나 지성은, 감성의 형상을 시간과 관련해서도 가능하도록 해주는 **비형상적 단순자를** 발견함으로써 이런 감성의 영역 너머로 고양된다. 그러므로 시간의 형상에는 무엇보다 먼저 객관적인 어떤 것이, 즉 나눌 수 없는 이런 요소 표상들이 속하며, 이 요소 표상들은 유한한 정신의 제한들 안에 놓여 있는 주관적 근거들과 함께 동시에 감성을 위해 구체적 시간의 형상을 제공한다는 것을 지성은 인식한다. 이런 제한들 때문에 이 표상들은 동시에 존재할 수 없고, 바로 이 제한들 때문에 이 표상들은 형상 속에서는 서로 구별할 수 없다." 171쪽에서 그는 공간에 대한 논의로 전환하여 다음과 같이 말한다. "직관의 다른 형식인 공간은 시간과 매우 유사하기 때문에, 우리는 공간의 분석에서 시간의 분석과 공유하는 것을 모두 반복하는 수고를 하지 않아도 된다.—공간과 동시에 현존하는 합성체의 최초 요소들은 시간의 요소들과 마찬가지로 단순하며 감성의 영역 너머에 있다. 그 요소들은 어떤 감성적

A 29 형식 아래에서도 직관될 수 없는, 비형상적인 지성적 존재자다. 그럼

---

*   여기서 '아니라'(nicht)는 1791년 재판(B)에서 추가되었다.

에도 그것들은 참된 대상이다. 공간의 요소들은 이 모든 것을 시간의 요소들과 공유한다."

에버하르트는 특별히 대단한 논리적 엄밀성을 갖춘 것은 아니지만, 적어도 사려 깊게 숙고한 후 그의 의도에 따라 교묘하게 증명을 Ⅷ 201 선택했다. 그런데 에버하르트가 쉽게 알아챌 수 없도록 아무리 자신의 의도를 숨기려고 한다 하더라도, 증명의 계획을 살펴보는 일은 어렵지 않으며, 증명을 판정하기 위해 불필요한 것도 아니다. 그는 순수한 지성적 존재자들인 단순한 존재자들 개념의 객관적 실재성을 증명하고자 하며, 이런 존재자들을 감관들의 대상인 것의 요소들에서 찾는다. 하지만 이런 계획은 얼핏 보기에 사려 깊지 못하며 그의 의도와 모순된다. 그러나 그는 이에 대한 상당한 근거를 가지고 있다. '합성된 것의 근원 근거들은 반드시 단순한 것에서 구해져야 한다'는 명제가 통상의 방식으로 증명되는 것처럼, 그가 일반적으로 순전히 개념들로만 그의 증명을 수행하고자 했다면, 우리는 이 증명을 받아들일 수 있지만, 동시에 다음과 같은 점을 덧붙이지 않을 수 없을 것이다. 즉 우리가 아무것도 알 수 없는 그런 사물 자체를 생각하고자 한다면, 이 증명은 우리 이념들에 대해서는 물론 타당하겠지만, 그러나 단지 우리에게 인식 가능한 유일한 객관들인 감관들의 대상 A 30 들(현상들)에 대해서는 결코 타당하지 않다. 따라서 앞서 말한 단순한 존재자 개념의 객관적 실제성은 전혀 증명되지 않는다. 그러므로 에버하르트는 마지못해서라도 앞서 말한 지성적 존재자들을 감관들의 대상들에서 찾아야만 했다. 어떻게 이런 일이 수행될 수 있었는가? 그는 비감성적인 것의 개념을 독자들이 정확하게 알아챌 수 없는 어떤 의미 변경으로 『비판』뿐만 아니라 일반적으로 모든 사람이 그 개념과 연결하는 경향이 있는 의미와는 다른, 새로운 의미를 그 개념에 부여해야만 했다. 그래서 그는 때로는 비감성적인 것을, 마치 그것이 물체의 작은 부분들이거나 아니면 심지어 우리가 분리 상태에서 명확하게 표상할 수 없는 우리 표상 능력에서 규정들의 작은 부분들처럼 감성적 표상에서 더는 의식적으로 지각되지는 않지만, 여전히 그것의 존재가 지성으로 인식되는 그런 감성적 표상의 부분들이라고 한다. 그러나 그는 때로는 비감성적인 것을, (주로 앞서 말한 작은 부분들이 정확하게 단순한 것으로 사유되어야 한다는 것이 문제될 경우에는), 그것에 관한 어떤 형상도 가능하지 않으며, 171쪽에서처럼 어떤 감성적 형식(즉 하나의 형상)에서도 표상될 수 없는 비형상적인 것이라고 한다.—만약 우리가 언젠가 (고의가 아닐 수도 있는 혼동이 아니라 [즉 고의로]) 개념을 왜곡했다는 이유로 어떤 작가를 정당하게 비판할 수 있다면, 그것이 바로 이런 경우다. 왜냐하면『비판』

A 31 에서 언제나 비감성적인 것은 전혀, 심지어 조금도 감성적 직관에 포함될 수 없는 것만 의미하기 때문이다. 따라서 어떤 것에 대해서는 (특정한 관계에서 다양한 것을, 그러므로 어떤 형태를 자체 내에 포함하는 직관을 의미하는) 어떤 형상도 주어질 수 없기 때문에, 그 어떤 것을 감관들의 객관에 속하는 것 대신에 비감성적인 것으로 슬쩍 바꿔

Ⅷ 202 치기하는 것은 미숙한 독자를 의도적으로 현혹하는 것이다. 만약 이런 (그리 정교하지 않은) 속임수가 성공했다면, 미숙한 독자는 단지 이념에서만 발견되는 사물들에서 지성이 사유하는 진정으로 단순한 것이 이제 (그가 모순을 깨닫지 못한 채) 감관들의 대상들에서 제시되었으며, 그 결과 이 개념의 객관적 실재성이 직관에서 밝혀졌다고 믿는다.—이제 우리는 이 증명을 더 상세히 검토해보고자 한다.

증명은 두 가지 가정에 기초를 둔다. **첫째로** 구체적 시간과 공간은 단순한 요소들로 이루어져 있다는 것이고, **둘째로** 그럼에도 이 요소들은 감성적인 것이 아니라 지성적 존재자라는 가정이 그것이다. 이 가정은 둘 다 오류인데, 그 이유는 첫째 가정은 수학과 모순되고, 둘

째 가정은 자기모순이기 때문이다.

첫째 오류에 관해서는 짧게 다룰 수 있다. 에버하르트는 (수학자들을 자주 언급하긴 해도) 그들과 어떤 특별한 친분도 없는 것처럼 보이지만, 그럼에도 킬이 그의 『참 물리학 입문』에서 제시한, '무한히 많 A 32 은 다른 선들에 의해 하나의 직선을 순전히 분할함으로써 수행한 증명'[9]을 이해 가능한 것이라고 생각하고, 그러고 [나서] 이 증명에서 주어진 두 점을 통과하는 오직 하나의 직선만 그을 수 있다는 기하학의 순전한 원칙에 따라 직선의 단순한 요소들은 있을 수 없다는 사실을 간파해낸다. 이 증명은 다양한 방식으로 변형될 수 있으며, 동시에 우리가 직선을 따라 움직이는 점의 운동을 그 기초로 삼는다면, 시간의 단순한 부분들을 상정하는 것이 불가능하다는 증명을 포함한다.—그런데 우리는 여기서 구체적 시간과 공간은 상상의 산물인 추상적 공간(과 시간)에 관하여 수학이 증명한 것에 종속하지 않는다고 주장함으로써 이런 사실을 피해가려고 할 수는 없다. 왜냐하면 이런 증명 방식으로 물리학이 기하학의 명증적 이론을 정확하게 따를 때, 물리학은 매우 많은 경우에서 (예를 들어 물체의 낙하법칙에서) 오류에 빠질 것을 걱정해야 한다는 사실이 응당 도출될 뿐만 아니라, 공간 안의 모든 사물이나 시간 안의 모든 변화는 그것들이 공간이나 시간의 한 부분을 차지하자마자 바로 그것들이 차지하는 공간이나 시간의 부분들과 같은 수의 사물들과 변화로 나뉜다는 사실 역시 자명하게 증명될 수 있기 때문이다. 또한 (모든 합성된 것의 기초로 결국 A 33 단순한 것을 요구하는 이성은 수학이 감성적 직관과 관련해 증명한 것과 모순되기 때문에) 여기서 생긴다고 느껴지는 역설을 제거하기 위해, 우리는 공간과 시간이 순전한 사유물들이며 상상력의 산물들이 Ⅷ 203 라는 것을 인정할 수 있으며 또 인정해야만 한다. 이것은 공간과 시간이 상상력을 통해 발명되었다는 점을 말하려는 것이 아니라 오히려 공간과 시간이 상상력의 모든 합성과 발명의 기초가 되어야 한다는 점을 말하려는 것이다. 이것은 공간과 시간이 우리 감성과 직관의 수용성의 본질적 형식—이런 형식으로 우리에게 정말 대상이 주어진다—이기 때문이다. 더욱이 감성의 보편적 조건들은 동시에 필연적으로 현상들인 감관들의 모든 객관을 가능하게 하는 아프리오리한 조건들이므로 이런 현상들은 그런 조건들과도 일치해야만 한다. 따라서 공간에서처럼 시간의 연속[경과]에서 단순한 것은 전적으로 불가능하다. 그러므로 만약 라이프니츠가 때때로 단순한 존재자에 대한 그의 이론을 물질은 이런 단순한 존재자가 합성된 것이라는 사실을 의미하는 것으로 해석할 수 있는 방식에서 스스로 설명했다면, 라이프니츠의 [독특한] 설명과 일치할 수 있는 한에서, 단순한 것을 물질의 한 부분을 의미하는 것이 아니라 모든 감성적인 것을 전적으로 넘어서 있어 우리에게는 전혀 알려질 수 없는, 우리가 물질이라고

A 34 하는 현상의 근거(이 근거는 비록 현상을 이루는 물질이 합성된 것이라 할지라도 단순한 존재자일 수 있다)를 의미하는 것으로 이해하는 것이 라이프니츠에게 더 합당할 것이다. 만약 우리가 라이프니츠를 이런 방식으로 해석할 수 없다면, 우리는 그의 주장을 기각해야만 한다. 그는 탐구에서 다른 사람의 이런 자유를 시인해야만 하는 최초의 위대한 사람도 아니며 또 최후의 위대한 사람도 아닐 테니 말이다.

둘째 오류는 에버하르트도 인지했음이 틀림없을 분명한 모순과 관련된 것이다. 하지만 그는 이 모순을 알아차릴 수 없도록 하려고 그가 할 수 있는 한 최선을 다해 이 모순을 숨기고 덮어 가렸다. 요컨대 경험적 직관 전체는 감성의 영역 내에 있지만 경험적 직관의 단순한 요소들은 완전히 감성의 영역 바깥에 있다는 주장이 그것이다. 이때 그는 단순한 것을 공간과 시간에서 직관의 근거라고 **이성적으로 추론**하려 한 것이 아니라(이렇게 했다면 그는 『비판』에 매우 가까이 다가

섰을 것이다), 오히려 단순한 것을 감성적 직관 자체의 요소 표상들에서 (명확하게 의식하지는 못하더라도) 만날 수 있기를 바란다. 나아가 그는 이런 요소 표상들로 합성된 것은 감성적 존재자로 간주하지만 그렇게 합성된 것의 부분들은 감관들의 대상들이 아니라 지성적 존재자로 간주할 것을 요구한다. 그는 170쪽에서 "(구체적 공간뿐만 아니라) 구체적 시간의 요소들에는 이런 직관적 측면이 없는 것이 아니다"라고 주장하지만, 그럼에도 바로 다음(171쪽)에서는 "이런 요소들은 감성적 형식 아래에서 결코 직관될 수 없다"라고 말한다. A 35

먼저, 무엇 때문에 에버하르트는 이런 이상하고 명백히 불합리한 VIII 204 혼란에 빠지게 되었는가? 그 자신도 개념에 대응하는 직관이 주어지지 않는다면, 그 개념의 객관적 실재성은 전혀 확정되지 않는다는 것을 알고 있었다. 그런데 그는 여기서 단순한 존재자 개념과 같은 일종의 이성 개념의 객관적 실재성을 확보하고자 했으며, 게다가 그렇게 함으로써 단순한 존재자는 (『비판』에서 주장하듯이) 그것에 대해 더는 인식이 전혀 불가능한 객관이 아니게 된다. 이 경우 그것[직관]의 가능성을 위해 앞서 언급한 초감성적 객관을 상정하는 직관은 순전한 현상으로 간주되어야 하는데, 그는 이 점을 역시 마찬가지로 『비판』에 허용하지 않으려 했다. 그래서 그는 감성적 직관을 감성적이지 않은 부분들로 합성해내야만 했는데, 이것은 명백한 모순이다.*

---

* 우리는 여기서 그가 이제 감성을 표상들의 순전한 혼란함[10]에서 정립하려고 하는 것이 아니라, 오히려 마치 그가 그렇게 함으로써 그에게 뭔가 이익이 되는 것을 얻게 되는 것처럼, 객관이 감관들에 주어지게 된다는 사실에서 감성을 정립하려고 했다는 점에 주목해야 한다(299쪽). 170쪽에서 그는 시간의 표상을 감성에 귀속했는데, 그 이유는 유한한 정신의 제한들로 시간의 단순한 부분들이 구별될 수 없기 때문이다(그러므로 시간의 표상은 혼란하다). 나중에(299쪽) 그는 이 견해에 대한 확실한 비난을 피하려 이 개념 A 36 을 어느 정도 더 엄밀하게 만들려고 한다. 그래서 그는 정말로 그에게는 가장 불리한, 앞서 언급한 조건을 이 견해에 덧붙인다. 그 이유는 그가 단순

그렇다면 어떻게 에버하르트는 이런 난점에서 벗어나는가? 그 수단은 단지 이중적 의미 때문에 순간 머뭇거리게 하는 단어들로 순전히 장난치는 것이다. 감각될 수 없는[11] 부분은 완전히 감성의 영역 바깥에 있다. 하지만 감각될 수 없는 것은 결코 **분리되어** 감각될 수 없는 것이다. 이것은 단순한 것으로 우리 표상들에서뿐만 아니라 사물들에서도 적용된다. 감관 표상들의 부분들 혹은 그런 표상들의 대상들의 부분들로 지성적 존재자를 만든다고 하는 둘째 단어는 **비형상적** 단순자다. 이런 표현이 가장 그의 마음에 들었는지 그는 그 표현을 결과적으로 가장 빈번하게 사용했다. 비감성적인 것의 개념을 감성적 직관 안으로 가져오기 위한 수단으로 사용하려고 감각될 수 없는 것이면서도 여전히 감각될 수 있는 것의 부분을 형성하는 것은 심지어 그에게조차 너무나 명백히 모순적인 것으로 여겨졌다.

감각될 수 없는 부분이란 여기서 경험적 직관의 부분, 즉 의식되지 않는 경험적 직관의 부분을 의미한다. 그러나 에버하르트는 의식되지 않는 경험적 직관의 부분을 인정하고 싶어 하지 않는다. 왜냐하면 그가 그런 경험적 직관의 부분을 인정했더라면, 그는 감성은 단지 직 관의 다양에서 혼란한 표상들의 상태에 지나지 않는다는 사실을 또한 인정해야만 했기 때문이다. 하지만 그가 이런 사실을 인정하는 것은 이번에는 그가 피하고 싶어 한 『비판』의 비난에 자신을 드러내는 일이었다. 다른 한편으로 '감각될 수 있는'이라는 단어가 그 고유한 의미에서 사용될 경우, 감관들의 대상의 어떤 단순한 부분도 감각될 수 없다면, 전체로서 감관들의 대상 역시 감각될 수 없을 것이다. 이와 반대로 어떤 것이 감관들과 감각의 대상이라면, 비록 표상의 명

한 존재자를 지성적 존재자로 확립하고자 했기 때문인데, 이렇게 해서 그는 자신의 주장에 모순을 끌어들인다.

확성은 결여할지라도 그 단순한 부분들도 모두 마찬가지로 감관들과 감각의 대상이어야만 한다는 것은 분명하다. 하지만 전체의 부분 표상들이 전체 속에 그리고 전체의 직관 속에 포함되어 있어야 한다는 것을 지성이 통찰하는 한, 전체의 부분 표상들이 아무리 모호하다고 해도 이 부분 표상들을 감성의 영역 너머로 끌어올리거나 지성적 존재자들로 전환할 수는 없다. 물체들의 색체 입자들을 구성하는 뉴턴의 작은 판막들[12]은 현미경으로도 관찰할 수 없다. 그럼에도 지성은 그런 판막들의 존재뿐만 아니라 그것들이 우리의 경험적 직관에서, 비록 의식적으로 포착되는 것은 아니라 하더라도 실제로 표상된다는 것을 인지(혹은 추측)한다. 그러나 바로 이런 이유에서 뉴턴 추종자들 가운데 어느 누구도 이 판막들이 전혀 감각될 수 없는 것이라고, 그리고 더 나아가 지성적 존재자라고 억지 주장할 마음을 먹지는 않았다. 그런데 이처럼 작은 부분들과 완전히 단순한 부분들 사이에는 작아지는 정도에서 차이만 있을 뿐이다. 전체가 감관들의 대상이 A 38 어야 한다면, 마찬가지로 그것의 부분들도 모두 반드시 감관들의 대상이어야 한다.

그러나 단순한 부분 자체가 형상의 부분, 즉 감성적 직관의 부분이라 할지라도, 단순한 부분에 대한 **어떤 형상도** 생겨나지 않는다는 사실로 단순한 부분이 초감성적 영역으로 끌어올려질 수는 없다. 물론 단순한 존재자들은 (『비판』이 제시하듯이) 감성적인 것의 한계를 넘어서는 것으로 생각되어야 하며, 또 그것들의 개념에 대응하는 어떤 형상도, 즉 어떤 직관도 주어질 수 없다. 그러나 이 경우에 우리는 단순한 존재자들을 감성적인 것의 부분들로 간주할 수 없다. 그럼에도 단순한 존재자들이 (수학의 모든 증명에 반하여) 여전히 감성적인 것의 부분들로 간주된다면, 어떤 형상도 이런 존재자들에 대응하지 않는다는 사실에서 이런 존재자들의 표상이 초감성적인 어떤 것이라는 것은 결코 귀결되지 않는다. 이런 표상은 이 경우 단순한 감각, 따라서 감성의 요소다. 그리고 지성은 자신이 이런 표상을 합성된 것으로 사유했을 때보다 이런 표상으로 훨씬 더 자신을 감성 너머로 끌어올리지 않는다. 합성된 것뿐만 아니라 단지 그것의 부정일 뿐인 단순한 존재자 개념도 마찬가지로 지성의 개념이기 때문이다. 지성이 감성적 직관과 그 대상들에서 단순한 것을 완전히 제거할 경우에만 지성은 감성 너머로 끌어올려지게 될 터이며, 또 지성은 (수학이 요구하는 것처럼) 무한하게 진행되는 물질의 분할 가능성과 더불어 작은 입자 세계에 대한 전망을 열게 할 것이다. 그런데 지성은 (단순한 것이 전적으로 결여되어 있기 때문에 분할을 완결할 수 없는) 감성적으로 합성된 것에 대한 바로 그 내적 설명근거가 불충분하다는 것을 기초로, 이런 단순한 것이 완전히 감성적 직관의 영역 너머에 놓여 있다고 추론할 수 있다. 그러므로 이런 단순한 것은 감성적 직관의 한 부분이 아니라 순전한 이념에서 발견되는, 우리에게는 전혀 알려지지 않은 감성적 직관의 근거로 생각될 것이다. 하지만 이 경우 물론 우리는 이런 초감성적인 단순자에 관해 최소한의 인식도 얻을 수 없다는 것을 에버하르트가 인정하리라는 것은 매우 어려운 일이겠지만, 그는 이것을 불가피하게 인정하지 않을 수 없을 것이다.

에버하르트는 이런 초감성적인 단순자에 관해 최소한의 인식도 얻을 수 없다는 것을 인정하지 않으려고 실제로 이른바 자신의 증명에 매우 이상한 이중 언어를 도입한다. "모든 유한한 **사물**의 변화의 흐름은 중단 없는 연속적인 흐름이다.—어떤 감각될 수 있는 부분도 결코 가장 작은 부분이거나 완전히 단순한 부분이 아니다"라고 말하는 구절은 마치 수학자가 받아쓰게 강요한 것처럼 들린다. 그러나 이 구절에 이어 바로 이런 변화들에는 감각될 수 없기 때문에 지성만이 인식하는 단순한 부분들이 있다. 만약 단순한 부분들이 언젠가 한

번 변화들 속에 있다면, 변화들의 흐름에 관한 연속성의 법칙은 거짓이다. 변화들은 불연속적으로 일어나며, 에버하르트가 잘못 표현했듯이 변화들이 감각되지 않는다는, 즉 의식적으로 지각되지 않는다는 A 40 사실은 순전히 경험적인 감성적 직관의 부분들인 변화들의 특성을 전혀 제거하지 않을 테니 말이다. 에버하르트가 과연 연속성에 관한 확실한 개념을 가지고 있었을까?

한마디로 말하면, 『비판』은 개념에 대응하는 직관이 주어지지 않는다면, 그 개념의 객관적 실재성은 결코 확증되지 않는다고 주장했다. 에버하르트는 정반대를 증명하고자 했으며, 또 그의 증명은 거짓이라고 널리 알려진 것, 즉 시간과 공간 안의 직관의 대상들인 사물들에서 지성은 단순자를 인식한다는 것에 근거를 두었지만, 우리는 이런 그의 견해를 허용하려고 한다. 그런데 우리가 그렇게 허용한 이유는 그가 『비판』의 요구를 반박했다기보다는 이 요구를 그 나름의 방식으로 충족했기 때문이다. 『비판』은 객관적 실재성이 직관에서 증명될 것만을 요구했지만, 그러나 이렇게 됨으로써 개념에 대응하는 직관이 주어져야 한다는 것을 『비판』은 주장했지만, 그는 이것을 Ⅷ 207 반박하고 싶어 했다.

어떻게 에버하르트가 감성적인 대상과 비감성적인 대상을 구별하는 『비판』의 의미를 전혀 통찰하지 못했는지에 관해 혹은 오히려 그가 원하듯, 그가 그 구별을 오해했다는 것에 관해 반박 불가능한 증명이 수반되지 않는다면, 나는 이런 분명한 문제에 오래 머물러 있지 않을 것이다.

C
감성적인 것에서 비감성적인 것으로 상승하는 방법.
에버하르트에 따를 경우

에버하르트가 위의 증명들, 특히 마지막 증명에서 도출해낸 결론은 다음과 같다(262쪽). "따라서 공간과 시간이 동시에 주관적 근거들과 객관적 근거들을 갖는다는 참된 주장은 완전히 확실하게 증명되었다. 공간과 시간의 **최종적인 객관적 근거들**은 사물들 자체라는 것이 증명되었다." 그런데 『비판』의 독자는 이것이 모두 바로 나 자신의 주장이라는 사실을 인정할 것이다. 따라서 에버하르트는 자신의 확실한 증명들(그것들이 어느 정도 확실한지는 위의 설명에서 알 수 있다)을 이용해 『비판』에 반대하는 **어떤 것도** 주장하지 않았다. 그러나 이 객관적 근거들, 말하자면 사물들 자체는 시간과 공간 안에서 구할 수 있는 것이 아니라 오히려 『비판』이 시간과 공간의 감성 외적이거나 감성을 넘어선[초감성적인] 기체(지성체)라고 하는 데서 구할 수 있다는 것이 바로 내 주장이었다. 에버하르트는 이와는 정반대의 것을 증명하고자 했지만, 심지어 여기 결론에서조차 결코 그것을 숨김없이 정확하게 말하려고 하지 않는다.

에버하르트는 258쪽의 3번과 4번에서 "공간과 시간은 주관적 근거들 이외에도 객관적 근거들을 가지며, 이 객관적 근거들은 결코 현상들이 아니라 오히려 인식 가능한 참된 사물들이고", "그것들의 최종적인 근거들은 사물들 자체"(259쪽)라고 말하는데, 이는 모두 『비판』이 마찬가지로 문자 그대로 반복해서 주장하는 것이다. 그런데 다른 경우에는 자신에게 이익이 되는 것을 충분히 날카롭게 간파해내는 에버하르트가 어찌해서 이번 경우에는 자신에게 해가 된다는 것을 알아차리지 못했을까? 우리는 어떤 것이 알려지길 원치 않기 때문에 그 어떤 것을 알려고 하지 않는 약삭빠른 사람과 상대하고 있다. 그는 실제로 현상들이 아니라 사물들 자체인 그의 객관적 근거들이 순 Ⅷ208
전히 현상들의 (단순한) 부분들이라는 것을 독자가 알아차리지 못하
길 원했다. 여기서는 이런 설명 방식이 지닌 부적절성이 즉시 감지될
수 있기 때문이다. 말하자면 그는 '근거들'이라는 말을 사용한다. 부
분들도 또한 합성된 것을 가능하게 하는 근거들이다. 그리고 여기서
그는 『비판』과 동일한 말, 즉 현상들이 아닌 최종 근거들이라는 말을
가져온다. 그러나 그가 그 자체로는 결코 현상들이 아닌 현상들의 부
분들에 관해서, [즉] 그것의 부분들이 여전히 비감성적인 그런 감성
적인 것에 관해서 솔직하게 말했더라면, 근거들이라는 말을 사용하
는 것이 지닌 불합리성이 (비록 우리가 단순한 부분들이라는 전제를
받아들인다 하더라도) 즉시 명백해졌을 것이다. 그런데 '근거'라는 말
이 이 모든 것을 덮어버린다. 그래서 조심성 없는 독자는 '근거'라는
말이 『비판』이 원하는 것처럼, 앞서 언급한 직관과는 완전히 다른 어
떤 것을 의미한다고 믿고, 심지어 감관들의 대상에서조차 지성을 통 A 43
해 초감성적인 것을 인식하는 능력이 증명되었다고 확신한다.

　이런 속임수를 평가할 때, 특히 중요한 것은 독자가 공간과 시간
그리고 또한 마찬가지로 감관 인식 일반에 대한 에버하르트의 연역
에 관해 우리가 말했던 것을 잘 기억한다는 점이다. 에버하르트에 따
르면, 어떤 것은 그것의 표상이 그가 말하듯이 감각될 수 없는, 다시
말해 직관에서 의식적으로 지각될 수 없는 부분들을 포함하는 한에
서 단지 감관 인식이며 그런 인식의 객관은 현상이다. 그에 따르면,
지성이 현상 자신의 부분들이어야 할 현상의 제일 근거들을 통찰하
고 발견하자마자 감관 인식은 즉각 감성적인 것이기를 멈추며, 그 대
상은 더는 현상이 아니라 사물 자체로 인식된다. 한마디로 말해서 그
것은 이제 지성체가 된다. 그래서 현상체인 사물과 그 현상체의 근저

제1절 대응하는 감성적 직관이 주어질 수 없는 개념들의 객관적 실재성······ 179

에 놓인 지성체의 표상 사이의 차이는 내가 멀리서 바라보는 한 무리와 내가 하나씩 셀 수 있을 정도로 가까이 있는 한 무리 사이의 차이 이외의 다른 것이 아니다. 단지 그는 우리가 [『비판』에서 말하는 그런] 차이에 결코 그처럼 가까이 갈 수 없다고 주장하지만, 이는 사태에서는 결코 어떤 차이도 형성하지 않으며, 그 때문에 종류에서는 언제

A 44
나 동일하게 남아 있는 우리 지각능력의 정도에서만 차이를 형성할 뿐이다. 만약 이것이 실제로 『비판』이 「감성론」에서 그토록 공을 들인, 현상들로서 사물들에 대한 인식과 사물들 자체로서 사물들에 대

VIII 209
한 개념들 사이에 형성한 차이라면, 이렇게 구별하는 것은 순전히 어린애 같은 짓이며, 심지어 이에 대한 장황한 반박조차 이보다 더 나은 명칭을 얻지는 못할 것이다. 그런데 『비판』은 (많은 예 중 하나만 인용하면) 외감의 모든 대상의 총체인 물체 세계에는 비록 도처에 합성된 사물들이 있지만, 단순한 것은 물체 세계에서 결코 발견되지 않는다는 것을 보여준다. 그러나 만약 이성이 실체들로 구성된 합성물을 (우리의 감관이 지닌 특수한 성질과는 무관한) 사물 자체로 생각한다면, 이성은 이 합성물을 전적으로 단순한 실체들로 구성된 것으로 생각해야만 한다는 것을 『비판』은 동시에 증명한다. 공간 안 대상들의 직관이 필연적으로 동반하는 것에 따르면, 이성은 공간 안의 대상들에서 어떤 단순한 것도 생각할 수 없으며 또 생각해서도 안 되는데, 이것에서 다음 사실이 귀결된다. 즉 우리 감관이 아무리 무한히 예리해진다 하더라도, 여전히 우리 감관은 단순한 것에 조금도 가까이 갈 수 없으며, 최종적으로 단순한 것을 만나는 일은 더욱더 불가능하게 남아 있을 수밖에 없다. [우리 감관은] 공간 안의 대상들에서 단순한

A 45
것을 마주칠 수 없기 때문이다. 그러므로 물체들은 결코 사물들 자체가 아니며, 또 우리가 물체적 사물들이라 이름 붙이는 물체들에 대한 감관 표상은 그 어떤 것의 현상에 지나지 않는다는 것을 인정하는

것 외에는 달리 뾰족한 수가 없다. 그리고 그 어떤 것은 사물 자체로
서 단지 단순한 것*을 포함할 수는 있지만, 우리에게는 전혀 인식 가
능한 것으로 남아 있지 않다. 왜냐하면 그것 아래에서만 그 어떤 것   A 46
이 우리에게 주어질 수 있는 직관은 사물에 그 자체로 귀속되는 사물   Ⅷ 210
의 성질들이 아니라 단지 우리 감성의 주관적 조건들만을 제공하며,
이런 조건들 아래에서만 우리는 사물의 성질들에 관한 직관적 표상
을 얻을 수 있기 때문이다.—따라서 『비판』에 따르면 지성이 아무리
현상을 그 부분들로 분할하고 또 감관이 더 분명하게 지각할 수 없는
부분들의 실재성을 증명할 수 있다 하더라도, 현상 안의 모든 것은
그 자체로 다시금 현상일 뿐이다. 그러나 에버하르트에 따르면 그 부

---

*   어떤 객관을 단순한 것으로 표상하는 것은 이성에는 피할 수 없는 순전히
소극적인 개념이다. 왜냐하면 이 개념은 단지 그것의 가능성이 언제나 조
건 지어져 있는 그런 모든 합성된 것(순전한 형식이 아니라 사물)을 위한 무
조건적인 것만을 포함하기 때문이다. 따라서 이 개념은 결코 우리 인식을
확장하는 데에 사용되는 개념이 아니라, 단지 감관들의 객관들(이것들은
모두 어떤 합성을 포함한다)과 구별되어야 하는 한에서 어떤 것을 특징적으
로 나타내는 개념이다. 그런데 만약 내가 합성된 것의 가능성의 근저에 놓
여 있는 것을, 따라서 오직 합성되지 않은 것으로 사유될 수 있는 것을 지
성체라고 한다면(감성적인 것에서 그런 것은 발견될 수 없기 때문에), 나는
이 말로써 현상인 물체의 근저에는 순수한 지성적 존재자들만큼 많은 단순
한 **존재자**의 집합체가 놓여 있다고 말하는 것은 아니다. 오히려 나는 기체
로서 저 현상 밑에 놓여 있는 초감성적인 것이 사물 자체로서 합성된 것이
지 아니면 단순한 것인지에 대해서 어느 누구도 저어도 어떤 것을 알 수 없
다고 말하는 것이다. 나아가 만약 이를 통해 물질의 초감성적 기체는 내가
마치 물질 자체를 분할하는 것처럼 그렇게 기체의 단자들로 분할될 것이
라는 것을 의미한다고 우리가 상상하거나 다른 사람에게 그렇게 상상하도
록 요구한다면, 이는 우리가 그것들 밑에 비감성적인 어떤 것을 놓아야만
하는 순전한 현상들인 감관들의 대상들에 관한 이론을 완전히 잘못 이해
하는 것이다. 왜냐하면 그 경우 (단지 합성된 것의 더 이상 조건 지어져 있지
않은 조건이라는 **이념**일 뿐인) 단자는 물론 공간 안으로 옮겨지게 될 텐데, A 46
이때 단자는 지성체이기를 멈추며, 그 자체로 다시 합성된 것이 될 것이기
때문이다.

분들은 즉시 현상임을 멈추고 사태 자체가 된다.

에버하르트가 반박하고자 했던 『비판』은 감성적인 것에 대한 개념을 제공했는데, 이 개념을 그가 자의적으로 그처럼 명백하게 왜곡했다는 사실이나 그가 감각적 존재자들과 지성적 존재자들의 구별이라는, 진부하고 형이상학에도 전혀 무익하며 단지 표상 방식의 순전히 논리적 형식에 불과한 개념을 제시했다는 사실을 독자는 아마도 믿지 못할 수도 있다. 그렇기 때문에 우리는 이제 그가 의도한 것을 그에게 스스로 설명할 수 있게 하고자 한다.

A 47   말하자면 에버하르트는 어느 누구도 의심하지 않았던 것을 증명하려고 아주 불필요한 노력을 기울인다. 그와 동시에 그는 자연스러운 일이지만, 한 개념의 객관적 실재성은 개별적으로 오직 경험 대상에서만 증명될 수 있는데도 논쟁할 여지가 없이 또한 보편적으로, 즉 사물들 일반에 관해서도 증명될 수 있다는 사실과 또 그런 개념은 객관적 실재성이 없이는 있을 수 없다는 사실을 (물론 이로써 경험 대상일 수 없는 사물의 개념에 대해서도 이런 실재성이 증명될 수 있다는 추론이 오류임에도) 비판적 관념론이 간과할 수 있었던 것에 대해 매우 놀란 뒤 271-272쪽에서 다음과 같이 말한다. "여기서 나는 하나의 예를 사용해야만 하는데, 이 예가 적절하게 사용되었다는 것을 우리는 한참 뒤에야 비로소 확신하게 될 것이다. 인간의 감관[감각 능력]과 상상력은 그의 현재 상태에서 천각형에 대한 정확한 형상을, 다시 말해 그것으로 천각형이 예를 들어 구백구십구각형과 구별될 수 있는 형상을 결코 형성할 수 없다. 그렇지만 하나의 도형이 천각형이라는 것을 알자마자, 내 지성은 그 도형에 다양한 술어를 부가할 수 있다는 등이다. 그런데 상상력이 사물 자체에 관해 어떤 형상도 형성할 수 없기 때문에 혹은 우리가 사물 자체의 개체성에 속하는 모든 규정을 알지 못하기 때문에, 지성이 **사물 자체**에 관해 어떤 것도 긍정하거

Ⅷ 211

A 48

나 부정할 수 없다는 사실이 어떻게 증명될 수 있겠는가?" 그는 계속해서, 말하자면 291-292쪽에서 『비판』이 논리적 의미의 감성과 선험적 의미의 감성 사이에 형성한 구별에 관해 다음과 같이 설명한다. "지성의 대상들은 비형상적이지만, 이에 반해 감성의 대상들은 형상적이다." 그리고 이제 그는 우리가 그것에 대한 형상을 만들 수는 없지만 아마도 지성의 이념을 형성할 수 있는 영원성에 대한 예를 라이프니츠*에게서 인용하지만, 동시에 앞서 언급한 천각형의 예도 다시 끌어들이면서 이에 대해 다음과 같이 말한다. "인간의 감각 능력과 상상력은 그의 현재 상태에서 그것으로 천각형을 구백구십구각형과 구별해주는 어떤 정확한 형상도 결코 형성할 수 없다."

그런데 나는 『비판』에 대한 자의적 왜곡과 관련해서는, 이 왜곡이 A 49 속여 넘길 만큼 그다지 충분히 성공한 것 같지는 않기 때문에 말하지 않겠지만, 논의되는 문제에 대한 전적인 무지와 관련해서는 말하고자 하는데, 이와 관련하여 우리는 에버하르트가 제시한 증명보다 더 명확한 증명을 요구할 수는 없을 것이다. 그에 따르면, 오각형은 아직 감각적 존재자이지만, 천각형은 이미 순전한 지성적 존재자, 즉 비감성적인 어떤 것(혹은 그가 표현하는 것처럼 비형상적인 것)이다. 나는 구각형도 감성적인 것에서 초감성적인 것으로 이미 절반 이상 넘어간 것은 아닌가 하는 의심이 든다. 왜냐하면 우리가 이 변들을

---

* 독자는 아마도 에버하르트가 라이프니츠 이론에서 추론해낸 모든 것을 즉시 라이프니츠 탓으로 돌리지 않을 것이다. 라이프니츠는 로크의 경험론을 반박하고 싶어 했다. 이런 의도에서 수학적인 것과 같은 종류의 예들은 이 수학적 인식들이 경험적으로 획득된 개념들이 할 수 있는 것보다 훨씬 더 많은 것에 미칠 수 있다는 것을 증명하기 위해, 또 이로써 수학적 인식들의 아프리오리한 기원을 로크의 공격에 대항하여 옹호하기 위해 매우 적절한 것이었다. 그러나 이를 통해 대상들은 감성적 직관의 순전한 객관들이기를 멈추며, 다른 종류의 존재자를 근거에 놓인 것으로 전제한다고 주장할 생각조차 그[라이프니츠]는 전혀 할 수 없었다.

손가락으로 세어보지 않는다면, 한 번 힐끗 봄으로써 그 변들의 수를 확정하기는 어렵기 때문이다. 문제는 '우리가 그것에 대응하는 어떤 직관도 주어질 수 없는 것에 대한 인식을 획득할 수 있으리라 기대할 수 있는가' 하는 것이었다. 이것을 『비판』은 감관의 어떤 대상일 수도 없는 것과 관련하여 부정했다. 왜냐하면 우리는 개념의 객관적 실재성을 위해 언제나 직관이 필요하지만, 우리의 직관은 수학에서 주어질 때조차 단지 감성적인 것이기 때문이다. 이와 반대로 에버하르트는 이 문제에 긍정적으로 답하면서, 불행하게도 모든 것을 언제나 직관에서 증명하는 수학자가 마치 자신의 개념에 정확히 대응하는 직관이 상상력에 주어지지 않아도 그 개념의 대상을 지성을 통해 다양한 술어로 증명할 수 있으며, 따라서 앞서 언급한 조건 없이도 그 개념의 대상을 인식할 수 있는 것처럼 수학자를 인용한다. 그런데 아르키메데스가 구십육각형을 원 주위에다 그리고 동일한 도형 또 하나를 원 안에다 그려서, 이 원이 첫째 도형보다는 작고 둘째 도형보다는 크며 또 어느 정도 더 작고 더 큰지를 증명했을 때, 그는 논의되는 정다각형 개념 밑에 직관을 두는가, 아니면 그렇지 않은가? 그는 직관을 불가피하게 근저에 두었지만, 이것은 그가 그 도형을 실제로 그렸기 때문이 아니라(이것은 불필요하고 불합리한 요구일 것이다), 오히려 그가 자신의 개념을 구성하는 규칙을 알고 있었고, 그와 함께 그 도형 크기를 그가 원했던 것만큼 그렇게 객관 자체의 크기에 가깝게 규정하고, 이렇게 해서 이 객관을 개념에 적합하게 직관에 제공하는 자신의 능력을 알고 있었으며, 그 결과 상상력을 사용해 규칙 자체의 실재성뿐만 아니라 이와 더불어 이 개념의 실재성도 증명했기 때문이다. 만약 우리가 그에게 어떻게 단자들에서 하나의 전체가 합성될 수 있는지 밝혀내라고 요구했다면, 그는 그런 종류의 이성적 존재자들은 공간에서 발견될 수 없다는 것을 알았기 때문에, 우리가 그것들에 대해 어떤 것도 말할 수 없다는 것을 그는 인정했을 것이다. 단지 사유 속에서만 나타나며 결코 그 자체로 직관에서 나타날 수 없는 것은 바로 초감성적 존재자들이기 때문이다.─그러나 후자[초감성적 존재자들]가 우리 감관들의 예리함 정도에 비해 너무 작은 것이거나 아니면 주어진 직관적 표상에서 다수의 이런 존재자가 지금 정도 상상력과 상상력의 파악 능력에 비해 너무 큰 것인 한 에버하르트는 그런 존재자들을, 그것들에 대해 우리가 마땅히 지성으로 많은 것을 인식할 수 있다는 비감성적 대상들로 간주하고자 한다. 우리는 이 문제에 대해 에버하르트와 논쟁하지 않을 것이다. 왜냐하면 비감성적인 것에 대한 그런 개념은 『비판』이 제시한 개념과 전혀 유사하지 않으며, 더욱이 이 개념은 이미 그 표현에서 모순을 동반하므로 추종자를 얻기도 쉽지 않을 것이기 때문이다. A 51

지금까지 논의에서 분명하게 알 수 있는 것은 에버하르트가 모든 인식을 위한 재료를 감관들에서 구한다는 점이며, 이 점에서 그는 틀린 것도 없다는 사실이다. 그러나 그는 또한 이 재료를 초감성적인 것을 인식하기 위해 사용하고자 한다. 그는 초감성적인 것으로 넘어가는 교량으로 충분 근거율을 사용한다. 그는 이 충분 근거율을 그것의 무제한적 보편성에서 가정하지만, 이 경우 그는 그가 인정하고자 하는 것과는 전혀 다른 방식으로 감성적인 것과 지성적인 것에 대한 구별을 요구한다. 그뿐만 아니라 그는 또한 이 충분 근거율을 그것의 형식에 따라서도 조심스럽게 인과율과 구별한다. 그렇지 않다면 자신의 목적에 방해가 될 테니 말이다.* 그러나 이런 교량만으로는 충 Ⅷ 213 A 52

---

* '모든 사물은 자신의 근거가 있다' 혹은 달리 말하면 '모든 것은 단지 결과로만, 다시 말해 자신의 규정에 따라 볼 때 다른 어떤 것에 의존해서만 현존한다'는 명제는 공간과 시간 안의 현상인 모든 사물에 예외 없이 타당하지만, 사물 자체에는 결코 타당하지 않은데도 에버하르트는 바로 이런 사 A 52

분하지 않다. 우리는 저 건너편 해안에는 감관 표상의 재료들을 가지고 결코 어떤 것도 건설할 수 없기 때문이다. 그런데도 그는 (모든 다른 사람처럼) 어떤 다른 재료도 가지지 않았기 때문에 이런 재료를 사용한다. 그러나 그가 이전에 감관 표상의 부분으로 발견했다고 믿었던 단순한 것은 순전한 지각을 통한 감관 표상에서는 결코 발견되지 않기 때문에, 그는 이 단순한 것을 재료 속으로 집어넣어 **증명**했다고 자랑함으로써 이 단순한 것에서 오염을 씻어내고 순수하게 만든다. 그런데 이 부분 표상(단순한 것)은 그의 억지 주장에 따르면 확실히

A 53   감관의 대상인 재료 속에 실재한다. 그러나 앞선 증명과 상관없이 우리가 단지 감관의 대상에서 증명했던 개념이 전혀 감관의 대상일 수 없는 (결코 그런 대상의 동질적인 부분일 수도 없는) 존재자를 의미해야만 할 경우, 어떻게 우리는 이 개념의 실재성을 확보해야만 하는가 하는 작은 의혹이 항상 여전히 남아 있다. 왜냐하면 우리가 단순한 것을 재료의 한 부분일 수 있게 해주는 속성들을 모두 이 단순한 것에서 제거할 경우, 도대체 가능한 사물이라 할 수 있는 어떤 것이 남을 수 있는지 없는지가 불확실하기 때문이다. 결과적으로 그는 앞선 증명을 통해 재료의 부분이며, 따라서 오직 감관 직관과 그 자체로 가능한 경험에 속하는 객관인 단순한 것의 객관적 실재성은 증명했겠

물 자체를 위해 실제로 이 명제에 그런 보편성을 부여했다. 그러나 인과성의 원칙인 이 명제를 보편적으로 '현존하는 모든 것은 원인이 있다. 즉 단지 결과로만 현존한다'라고 표현하는 것은 그의 계획에 훨씬 덜 유용한 것이 될 것이다. 그는 어떤 원인에도 의존하지 않는 근원 존재자 개념의 실재성을 증명하고자 했다. 따라서 우리는 그가 마음 내키는 대로 왜곡할 수 있는 표현들 뒤에 감추어진 것을 알 필요가 있다. 가령 259쪽에서처럼 그는 '근거'라는 말이 감각들과 구별되는 어떤 것을 의미한다고 우리가 믿도록 유도하는 방식에서 이 말을 사용한다. 그러나 실제로 그는 이번에는 이 말을 동시에 우리가 논리적 관점에서 전체 가능성의 근거들이라고 하곤 하는 순전히 부분 감각들을 의미하는 것으로 이해한다.

지만 결코 가능한 경험의 바깥에 있는 초감성적 대상을 포함한 모든 Ⅷ 214 대상에 대해서조차 객관적 실재성을 증명했던 것은 아니다. 그러나 원래 문제가 된 것은 바로 이것을 증명하는 것이었다.

이제 263-306쪽에 뒤따라 나오는, 위에서 말한 것을 확증하기 위해 사용하려 한 모든 것에서 만날 수 있는 것은 우리가 쉽게 예상할 수 있듯이, 『비판』의 명제들을 왜곡한 것일 뿐이다. 특히 (어떤 대상도 고려하지 않은 채) 순전히 사고 형식에만 관계하는 논리적 명제를 (지성이 사물들에 대한 아프리오리한 인식을 위해 사고 형식을 완전히 순수하게 그리고 자기 자신 이외에 다른 어떤 원천도 필요로 하지 않고 A 54 사용하는 방식에 관계하는) 선험적 명제와 혼동하고 잘못 해석한 것 이외의 다른 어떤 것도 아니다. 그 많은 것 중에서도 첫째에 해당하는 것은 『비판』의 추론들을 삼단논법 형식으로 변형한 것이다. 그는 내가 다음과 같이 추론했다고 주장한다(270쪽). "현상들이 아닌 모든 표상에는 감성적 직관의 형식들이 결여되어 있다(이것은 『비판』에는 전혀 등장하지 않는 어색한 표현이지만 사용될 수도 있다).—사물들 자체에 대한 모든 표상은 현상들이 아닌 표상들이다(이것 역시 『비판』의 사용에 반하는 표현으로, 『비판』에서는 그것들을 현상들이 아닌 **사물들에 대한 표상들**이라고 말한다).—따라서 이런 표상들은 전적으로 공허하다." 여기에는 네 가지 주요 개념이 있으며, 나는 그가 주장하듯이 다음과 같이 추론했어야만 했다. "따라서 이 표상들에는 감성적 직관의 형식들이 결여되어 있다."

그런데 마지막 명제는 실제로 우리가 『비판』에서 유일하게 이끌어낼 수 있는 결론이고, 처음 명제는 에버하르트가 단지 지어서 덧붙인 것이다. 그러나 『비판』에 따르면 여기에 다음과 같은 유사 삼단논법이 뒤따라 나오는데, 이 유사 삼단논법으로도 결국 위의 결론이 도출된다. 즉 감성적 직관의 형식들이 결여된 표상들에는 모든 직관이 결여되어 있다(우리의 모든 직관은 감성적이기 때문이다).─그런데 표상들, 특히 사물들 자체에 대한 표상들에는 그런 직관이 결여되어 있다.─따라서 그 표상들에는 모든 직관이 결여되어 있다. 그래서 결국 모든 직관이 결여된 (그것들에 대응하는 어떤 직관도 주어질 수 없는 개념들인) 표상들은 전적으로 공허하다(그것들의 객관에 대한 인식이 없다).─그런데 현상들이 아닌 사물들에 대한 표상들에는 모든 직관이 결여되어 있다.─그러므로 그런 표상들은 (인식에서) 전적으로 공허하다.

우리는 에버하르트에게서 무엇을 의심해야 하는가? 그의 통찰인가, 아니면 그의 정직함인가?

그가 『비판』의 참된 의미를 완전히 잘못 이해했으며, 또 이를 대신하여 더 나은 체계를 구축할 수 있다고 주장했던 것이 근거가 없다는 것에 대해 여기서 단지 몇 가지 증거만 제시할 수 있다. 왜냐하면 심지어 에버하르트의 가장 단호한 동지조차 그의 반박들과 반대 주장들의 요인들을 함께 그 자체와 연관해서 통일성을 부여하는 작업을 힘겨워할 것이기 때문이다.

275쪽에서 그는 "누가 (무엇이) 감성에 그 재료를, 즉 감각들을 제공하는가?"라고 물은 다음에 276쪽에서 "우리는 우리가 원하는 것을 선택할 수 있으며─그렇게 해서 우리는 사물들 자체에 도달한다"

라고 주장하면서 『비판』을 반박했다고 믿는다. 그런데 물론 단지 『비판』이 감성적 표상들의 재료의 이런 근거를 그 자체로 다시 감관의 대상들인 사물들 속에 두는 것이 아니라, 감관 대상들의 근저에 놓여 있는 초감성적인 어떤 것, 즉 우리가 그것에 관해 어떤 인식도 가질 수 없는 초감성적인 어떤 것 속에 둔다는 것만을 제외한다면, 위 물음과 관련된 문제는 정말 『비판』이 지속적으로 주장한 것이다. 『비판』은 사물들 자체로서 대상들은 경험적 직관들을 위한 재료를 제공하지만(다시 말해 이 대상들은 감성에 따라서 표상 능력을 규정하는 근거를 포함하지만), 그러나 이 대상들이 경험적 직관들의 재료는 아니라고 주장한다.

곧이어 우리는 지성이 그런 재료를 (그것이 어디에서 주어지든) 어떻게 가공하는지 묻게 된다. 『비판』은 「선험적 논리학」에서 이것이 순수 지성에 전적으로 아프리오리하게 근거를 두어야만 하는 사물들 일반의 개념들인 범주들 아래로 감성적 (순수한 것이든 경험적인 것이든) 직관들을 포섭함으로써 이루어진다는 것을 증명했다. 이에 반해 에버하르트는 276-279쪽에서 "우리는 우리가 감관들로 지각한 사물들에서 혹은 우리가 우리 자신의 영혼 안에서 의식한 사물들에서 **추상하지 않은** 어떤 보편 개념들도 있을 수 없다"라고 주장함으로써 자신의 체계를 드러내 보인다. 그리고 나서 그는 개별적인 것에서 이런 추상을 같은 단락에서 정확하게 규정한다. 이것이 지성의 첫째 활동이다. 둘째 활동은 279쪽에 따르면, 지성이 이처럼 순화된 재료로 다시 개념들을 합성해내는 것이다. 따라서 이 추상을 매개로 지성은 (감관 표상들에서) 범주들에 도달한다. 그리고 이제 범주들에서 그리고 사물들의 본질적 부분들에서 그것들의 속성들로 올라간다. 따라서 278쪽에서 그는 다음과 같이 말한다. "그래서 지성은 마치 지성 자신이 추상을 통해 점점 더 보편적이며, 점점 더 단순한 것으로 상승해 가능한 것과 근거 지어진 것이라는 개념들로까지 나아가듯이 이성의 도움으로 새롭게 합성된 개념들을 보유하게 된다" 등등. A 57

VIII 216

이렇게 상승하는 것은 (우리 지성의 자연 성질에 따라 우리 자신이 먼저 아프리오리하게 집어넣었던 지적인 것, 즉 범주만이 남으므로 그것을 지성의 경험적 사용에서 경험적인 것에서의 추상에 불과한 상승하는 것이라 부를 수 있다면) 단지 **논리적인 것**, 말하자면 더 보편적인 규칙들로 상승하는 것에 불과하다. 그러나 이런 규칙들의 사용은 단지 항상 가능한 경험의 범위 내에 머물러 있[어야만 한]다. 왜냐하면 이 규칙들은 범주들에 대응하는 감성적 직관이 주어지는 가능한 경험에서의 지성 사용에서 추상되었기 때문이다.—참으로 실제적으로 상승하려면, 즉 감관들에 심지어 가장 완전한 감관에조차 일반적으로 주어질 수 있는 것과는 다른 종류의 존재자로 상승하려면 우리가 지적이라 불렀던(인식에 속하면서 감성적이 아닌 것은 다른 이름이나 의미를 지닐 수 없다) 다른 종류의 직관이 요구된다. 이 경우 우리에게는 이제 더는 범주들이 필요하지 않을 뿐만 아니라 이 범주들은 또한 지성이 이런 성질을 가지고 있을 경우 전혀 사용되지도 않을 것이다. 그런데 누가 우리에게 이처럼 직관하는 지성을 불어넣어 주겠는가, 혹은 이런 지성이 우리 안에 감추어진 채 있다면 누가 이런 지성을 우리에게 깨우쳐 알려주겠는가?

A 58

그러나 에버하르트는 이에 대한 해결책도 알고 있다. 왜냐하면 280-281쪽에 따르면, "또한 감성적이지 않은 (그러나 또한 지성의 직관도 아닌) 직관들, 즉 공간과 시간 안의 감성적 직관과는 다른 직관도 있"기 때문이다.—"구체적 시간의 제일 요소들과 구체적 공간의 제일 요소들은 더는 현상들(감성적 직관의 객관들)이 아니다." 따라서 그것들은 진정한 사물들, 사물들 자체다. 그는 299쪽에서 이런 비감성적 직관을—감성적 직관이란 그 안에서 어떤 것이 "감관으로 불판명하거나 혼란하게 표상되는" 직관이라는 사실을 이유로—감성적 직관들과 구별하고, 295쪽에서 지성을 "판명한 인식 능력"으로 정의하고자 했다.—따라서 그의 비감성적 직관과 감성적 직관의 구별은 구체적 공간과 시간 안의 단순한 부분들이 감성적 직관에서는 혼란하게 표상되지만 비감성적 직관에서는 판명하게 표상된다는 점으로 성립한다. 자연히 이런 방식으로 단순한 존재자들의 개념에 대응하는 (단지 비감성적인) 직관이 주어지게 됨으로써 그 개념의 객관적

A 59

실재성에 관한 『비판』의 요구가 충족된다.

그런데 이것은 그럴수록 점점 더 하강할 뿐인 **상승**이었다. 그런 단 Ⅷ 217
순한 존재자들을 직관 자체 안으로 교묘하게 집어넣었다면, 이런 존
재자들의 표상들은 경험적 직관 안에 포함된 부분들로 증명되었으
며, 또 이런 표상들에서도 직관은 전체에 관해서 그러했던 것으로,
즉 감성적인 것으로 남아 있었으니 말이다. 표상에 대한 의식은 그
표상의 특수한 성질을 구별하지 않는다. 그런 의식은 모든 표상과 결
합될 수 있기 때문이다. 경험적 직관에 대한 의식은 지각이라 한다.
따라서 앞서 언급된 이른바 단순한 부분들이 **지각되지** 않는다는 사
실은 감성적 직관들인 이런 표상들의 성질에 대한 최소한의 차이도
만들지 않는다. 그래서 설령 우리의 감관이 예리해지고, 동시에 감관
직관의 다양을 의식적으로 파악하는 상상력도 마찬가지로 그만큼
확장된다고 할지라도, 이런 표상의 판명성* 때문에 우리가 감성적 직 A 60

---

* 직관에도, 따라서 단지 일반적인 의미에서 사물들이 아니라 개별적 사물
에 대한 표상에도(295쪽) 판명성이 있기 때문이다. 이것은 미적[감성적]이
라 불릴 수 있는 판명성이며, 개념들을 통한 논리적 판명성과 완전히 구별
되는 것이지만(가령 뉴기니섬 원주민이 처음 집을 보았을 때, 집에 대한 개념
이 전혀 없는데도 집의 모든 부분을 구별할 정도로 충분히 가까이에 있는 경우
처럼), 물론 어떤 논리학 교본에도 포함될 수 없다. 이 때문에 지성을 개념들
을 통한 인식 능력으로 설명하는 『비판』의 정의 대신에 에버하르트가 요구
하듯 지성을 판명한 인식 능력으로 가정하는 것은 결코 허용될 수 없다. 그
러나 『비판』의 설명에 따르면 지성은 근원적으로 자신에서만 생겨나는 개
념들(범주들)의 선험적 능력을 나타내기 때문에 특히 『비판』의 설명이 유
일하게 적합한 정의다. 이에 반해 에버하르트의 설명은 감관 표상들에서
징표들을 분리해내고 순전히 명확하게 표상함으로써 이 표상들에 판명성
과 보편성을 부여하는 순전히 논리적 능력을 나타낼 뿐이다. 그러나 에버
하르트에게 중요한 것은 자신의 정의들 밑에 이중적 의미를 지닌 징표들
을 놓음으로써 매우 중요한 비판적 탐구들을 피하는 것이다. **보편적 사물들**
에 대한 인식이라는 (295쪽과 다른 곳에 등장하는) 표현도 이에 속한다. 이
표현은 유명론자와 실재론자 사이의 논쟁을 다시 불러일으킬 수 있는, 비

관들에서 비감성적인 어떤 것을 지각할 수는 없다.—여기서 아마 독
자는 에버하르트가 감성의 영역 너머로 고양된 적이 한 번이라도 있
다면(169쪽), 여전히 그가 왜 계속 비감성적이라는 표현을 사용하며,
오히려 초감성적이라는 표현을 사용하지 않는지를 물어볼 생각을 하
게 될 것이다. 그렇지만 이것은 미리 잘 생각해보고 한 일이다. 왜냐
하면 초감성적인 것과 관련하여 감성적 직관은 바로 감성적인 것이
기 때문에, 그가 감성적 직관에서 초감성적인 것을 도출해낼 수 없다
는 사실이 너무나 명백하기 때문이다. 그러나 비-감성적인 것은 순
전한 결여(예를 들어 감관 대상의 표상에서 어떤 것에 대한 의식의 결
여)를 나타내는데, 이런 표현에서 독자는 다른 종류의 현실적 대상들
에 대한 표상이 몰래 슬쩍 주어지게 된다는 것을 바로 깨닫지 못한
다. 뒤에서 논의하려고 하지만, (사물들의 보편적 술어들 대신에) '보
편적 사물들'이라는 표현의 경우나—이 용어는 특수한 종류의 존재
자를 의미함이 분명하다고 독자는 생각한다—또는 (종합적이라는 표
현 대신에) '비-동일적 판단들'이라는 표현도 이와 마찬가지다. 볼품

없는 것들을 독자에게 중요한 것처럼 팔려면 불확실한 표현들을 선
택하는 기술이 많이 필요하다.

그러므로 에버하르트가 직관의 감성이라는 라이프니츠-볼프의
개념을 감성은 직관 표상들의 다양이 순전히 혼란하다는 점에서 성

난받아 마땅한 스콜라적 용어로 물론 몇몇 형이상학 편람에 들어 있긴 하
지만, 그래도 선험철학이 아니라 오로지 논리학에 속한다. 왜냐하면 이 표
현은 사물들의 성질에서 어떤 차이를 보여주는 것이 아니라 단지 개념들
의 사용에서 어떤 차이를, 즉 개념들이 단지 보편적으로 적용되었는지 아
니면 개별적인 것에 적용되었는지를 보여주는 것이기 때문이다. 그럼에도
이 표현은 '비형상적인'이라는 표현과 나란히 마치 이 표현에 따라 특수한
종류의 객관이, 가령 단순한 요소들이 생각되는 것처럼 독자들을 잠시나
마 잡아두기 위해 사용된다.

립하지만, 그럼에도 이 표상들은 여전히 사물들 자체를 표상하며 이
런 사물들 자체에 대한 판명한 인식은 (그런 직관에서 단순한 부분들
을 인식하는) 지성에 의거한다고 올바르게 해석했다면, 물론『비판』
은 라이프니츠와 볼프 철학에 대해 아무것도 날조해내지도 거짓으
로 부과하지도 않았다. 이제『비판』은 그들 철학이 (어떤 특수한 능력
이나 수용성인) 감성을 특징지으려고 취했던 관점이 올바르지 않다
고 주장할 권리가 또한 있는지를 결정하는 일만 남아 있다.* 에버하
르트는『비판』이 라이프니츠 철학에 부여한 감성 개념의 이런 의미   A 63
가 올바르다는 것을 303쪽에서 혼란한 표상들인 현상들의 주관적 근   Ⅷ 219
거를 모든 징표를 (감관 직관의 부분 표상들을) 구별할 능력이 없음 속
에 정립함으로써 확증한다. 더욱이 그는 377쪽에서『비판』은 이런
근거를 제시하지 않았다고 비난하면서, 이 근거는 주관의 제한들 안
에 놓여 있다고 말한다. 그러나『비판』 자체는 직관의 논리적 형식의
이런 주관적 근거들 이외에도 현상들이 또한 객관적 근거들도 지닌다
고 주장하는데, 이 점에서『비판』은 라이프니츠와 상충하지 않는다.
그러나 만약 이 객관적 근거들이 (단순한 요소들이) 부분들로서 현상
들 자체 안에 놓여 있고, 단지 혼란함 때문에 그 자체로 지각될 수 없

---

* 에버하르트는 298쪽에서 이런 비난이 주제 넘는다고 비웃으면서 투덜거
리고 흥분한다. (게다가 그는 여기서 슬쩍 잘못된 표현으로 바꿔 말한다.) 만
약 누군가 키케로가 훌륭한 라틴어로 글을 쓰지 않았냐고 비난할 생각이
라면, 누군가 스키오피우스(유명한 문법학의 열광자)[13]라면 아주 완강하게
그러나 정당하게 그에게 자제하라고 요구할 것이다. 무엇이 좋은 라틴어인
지를 우리는 오직 키케로(와 그의 동시대인들)에게서 배울 수 있기 때문이
다. 그러나 만약 누군가가 플라톤이나 라이프니츠의 철학에서 오류를 발
견했다고 믿는다면, 라이프니츠에게서조차 비난할 것이 있다는 사실에 분   A 63
개하는 것은 우스운 일일 것이다. 왜냐하면 어느 누구도 철학적으로 올바른
것이 무엇인지를 결코 라이프니츠에게서 배울 수도 없고 배워서도 안 되며,
오히려 누구에게나 명백한 시금석은 공통된 인간 이성이고, 또 철학의 고
전적 작가란 없기 때문이다.

으며, 단지 [현상에] 집어넣어 증명될 수 있을 뿐이라면, 이 근거들은 감성적인데도 순전히 감성적인 것은 아니며, 후자의 이유 때문에라도 지적 직관들이라 불러야 하는데, 이것은 명백한 모순이다. 감성과 현상들에 대한 라이프니츠의 개념은 이처럼 해석될 수 없다. 에버하르트는 라이프니츠의 견해를 완전히 잘못 해석했거나, 아니면 이런 견해는 주저 없이 거부되어야 한다. 둘 중 하나다. 직관은 객관에 관해 볼 때 완전히 지적이다. 즉 우리는 사물들을 있는 그대로 직관하며, 이 경우에 감성은 이처럼 다면적인 직관과 분리될 수 없는 혼란함에서 성립하거나, 아니면 직관은 지적이지 않으며 직관 자체로는 우리에게 전혀 알려지지 않은 객관에 의해 우리가 촉발되는 방식만을 의미한다. 이 경우 감성은 결코 혼란함에서 성립하는 것이 아니라 오히려 감성의 직관 역시 어쨌든 가장 높은 정도의 판명성을 가질 수 있으며, 직관 안에 단순한 부분들이 놓여 있는 한 감성의 직관은 이런 부분들을 명확하게 구별하는 데에까지 확장될 수 있지만, 그럼에도 이런 직관은 순전한 현상 이상의 어떤 것도 포함하지 않을 것이다. 양자는 하나의 동일한 감성 개념에서 함께 생각될 수 없다. 따라서 에버하르트가 라이프니츠의 감성 개념에 의미를 부여한 것처럼 감성은 내용에 관해 보면 사물들 자체에 대한 순수지성의 표상들만 포함하므로 단지 논리적 형식(혼란함)으로만 지성 인식과 구별되거나, 아니면 감성은 아무리 판명한 것이라 하더라도 객관들 자체의 성질에 관한 것은 아무것도 포함하지 않으며 순전히 주관이 촉발되는 방식만 포함하므로 지성 인식과 선험적으로, 즉 기원과 내용에 따라서도 구별된다. 후자의 경우가 『비판』의 주장인데, 이런 『비판』의 주장은 감성을 오직 주어진 직관에 포함된 표상들의 혼란함 속에만 정립하는 전자의 견해와 대립될 수 있다.

보편적 원리들에 의거하여 규정할 수 있는 감성의 아프리오리한 형식을 지닌 특수한 직관 방식으로서 감성에 대한 이론과 이런 직관을 단지 표상의 불판명성으로만 지적 직관과 구별되는 특징을 지닌 사물들 자체에 대한 순전한 경험적 포착(감성적 직관)으로서 간주하는 감성에 대한 이론 사이에 나타나는 엄청난 차이를 우리는 에버하르트가 자신의 의지에 반하여 행한 것보다 더 잘 설명할 수는 없을 것이다. 표상력의 **무능력, 약함** 그리고 **제한들**(에버하르트가 스스로 사용하는 바로 그 표현들)에서 우리는 말하자면 인식의 확장들을, 즉 객관들에 대한 적극적 규정들을 결코 이끌어낼 수 없다. 주어진 원리는 그 자체로 그런 명제들을 위한 기체를 형성하는 적극적인 어떤 것이어야 하지만, 그럼에도 단지 순전히 주관적으로만 그러하며, 또 단지 객관들이 현상들로 간주되는 한에서만 이 객관들에 대해 타당하다. 만약 우리가 감성적 직관의 대상들의 단순한 부분들을 에버하르트 A 66 에게 선사하고 또 그가 할 수 있는 한 최선의 방식으로 근거율에 의거하여 그런 단순한 부분들의 결합을 이해할 수 있게 만들었다는 것을 인정한다 해도, 그는 어떻게 그리고 어떤 추론들에 따라 공간 표상을, 예를 들어 공간이 완전한 공간으로서 삼차원을 갖는다는 사실을, 그리고 마찬가지로 세 종류의 경계를 갖는 공간 중에서 두 경계[선, 면]는 그 자체로 공간인 반면, 셋째 경계, 말하자면 점은 모든 경계의 경계라는 사실을 단자들과 힘들에 의한 이 단자들의 결합이라는 개념들에서 이끌어내려고 하는가? 또는 그는 어떻게 내김의 긱관들에 관해 내감의 근저에 놓여 있는 조건인 시간을, 그것도 단지 일차원만을 갖는 분량인 시간을, 또 (공간과 마찬가지로) 연속적인 분량인 시간을, 그의 의견에 따르면 감관은 물론 분리하지 않고 지각하기는 하지만, 이에 반해 지성은 덧붙여 사유하는 단순한 부분들에서 이성적으로 추론해내려고 하는가? 그리고 마지막으로 그는 어떻게 모든 학문 가운데 아프리오리하게 가장 많이 확장하는 학문들(기하학과 보편 자연학)의 조건들을 포함하는 그토록 적극적인 인식을, 앞서 언급한 제한들, 불판명성 그리고 순전한 결여들에서 도출해내려고 하는가? 그는 모든 이런 성질을 (이 성질들은 바로 그가 가정한 단순한 부분들과 모순되기 때문에) 거짓이며 순전히 덧붙여 꾸며낸 것으로 간주해야 하거나 아니면 이것들의 객관적 실재성을 사물들 자체가 아니라 현상들인 사물들에서 구해야만 할 것이다. 이 후자는 (감성적 직관의 객관들인) 그런 사물들의 표상 형식을 주관 속에서, 그리고 주어진 대상들의 직접적 표상을 수용하는 주관의 수용성 속에서 구하는 것이 될 텐데, 주관의 이 수용성의 형식은 오직 그것[조건]들 아래에서만 객관들이 감관들에 나타날 수 있게 되는 조건들에 대한 다양한 인식의 가능성을 아프리오리하게 (심지어 대상들이 주어지기 전에) 이해할 수 있게 만들어준다. 이제 이것을 에버하르트가 370쪽에서 "현상들에서 주관적 근거가 무엇인지 칸트는 규정하지 않았다.— 그것은 주관의 제한들이다"(그런데 이것은 그의 규정[생각]이다)라고 말한 것과 비교해 읽고 판단해보자.

에버하르트는 내가 "감성적 직관의 형식을, 다양한 것을 시간과 공간의 **형상**으로 만드는 인식력의 제한들로 이해하는지 아니면 일반적으로 이런 형상들 자체로 이해하는지"에 대한 확신이 없다(391쪽).—"그것[형상]들을 그 근거들에서가 아니라, 그 자체 근원적으로 천부적인[심어져 있는] 것이라고 생각하는 사람은 숨겨져 있는 성질을 생각하는 것이다. 그러나 그가 위의 두 설명 중 하나를 가정한다면, 그의 이론은 완전히 또는 부분적으로 라이프니츠 이론 속에 포함되어 있다." 378쪽에서 에버하르트는 앞서 언급한 **현상**의 형식에 관하여, 그가 말하듯 "친절한 것이든 혹독한 것이든" 가르침을 요구한다. 이 단락에서는 주로 혹독한 목소리를 취하는 것이 그에게는 좋을 것이다. 하지만 나는 자기편에 우세한 근거들을 지닌 사람에게 어울리는 친절한 목소리를 유지하려 한다.

『비판』은 천부적이거나[심어져 있거나] 타고난 **표상들**을 전혀 인정하지 않는다. 그것은 모든 표상을 전부, 직관에 속하든 지성의 개념들에 속하든 **획득된 것**으로 간주한다. 그러나 또한 (자연권 이론가들이 표현하듯이) 근원적 획득, 결과적으로 그 이전에는 전혀 현존하지 않았던 것, 그래서 이 활동에 앞서서 어떤 사태에도 속하지 않았던 것의 획득도 있다. 그런 것으로는 『비판』이 주장하는 것처럼, **첫째**로 공간과 시간 안의 사물들의 형식과, **둘째**로 개념들에서 다양한 것의 종합적 통일이 있다. 왜냐하면 우리 인식 능력은 이 두 가지 중 어느 것도 객관들에서, 객관들 자체에서 주어진 것으로서 가져오지 않으며, 오히려 그것들을 자기 자신에서 아프리오리하게 산출하기 때문이다. 그럼에도 주관 안에는 이를 위한 하나의 근거가, 즉 논의되는 표상들이 다른 방식으로가 아니라 바로 이런 방식으로 생겨날 수 있도록 해주고, 게다가 아직 주어지지 않은 객관들에 관계할 수 있도록 만들어주는 근거가 있어야 한다. 이런 근거는 적어도 **타고난** 것이 Ⅷ 222 다. ('천부적인[심어져 있는]'이라는 표현을 정당화하려면 신의 현존에 A 69 대한 증명이 이미 전제되어야 한다는 것을 에버하르트 자신도 알기에, 왜 하필 그는 모든 인식의 제일 토대에 관계하는 비판에서 '타고난'이라는 이전의 표현을 사용하지 않고 이 표현을 사용하는가?) 에버하르트는 390쪽에서 "공간과 시간의 보편적이지만 아직 획정되지 않은 형성들의 근거들과 이와 더불어 영혼은 창조된 것"이라고 말한다. 그러나 바로 다음 쪽에서 그는 다시 내가 직관의 형식을 (직관의 모든 형식의 근거를) 인식력의 **제한들**로 이해하는지 아니면 앞서 언급한 **형상들** 자체로 이해하는지 의심스러워한다. 어떻게 그가 첫째 것[인식력의 제한들]을 심지어 의심스러워하면서도 추측할 수 있었는지는 전혀 파악할 수 없다. 그가 『비판』과는 반대로 감성에 대한 앞서의 설명 방식을 관철하려 했다는 것을 분명히 의식했기 때문이다. 그러나 둘째 것, 즉 내가 시간과 공간에 관한 확정되지 않은 형상들 자체를 의미하는 것은 아닌지에 대해 그가 의심스러워한다는 점은 설명될 수는 있겠지만 인정될 수는 없다. 도대체 내가 어디서 언제 그것들 안에서 비로소 형상들이 가능한 공간과 시간의 직관들 자체를 형상들(형상들은 항상 개념을 전제하며, 이 개념에 대한 **현시**가 바로 형상들이다. 예를 들어 그것에 대해 변들의 관계도 각도 주어지지 않은 삼각형을 개념 짓기 위한 확정되지 않은 형상이 그런 것이다)이라고 불렀는

A 70 가? 그는 '**감성적**'이라는 표현 대신에 '**형상적**'이라는 표현을 쓰는 기만적인 책략을 생각해내 도처에서 이 표현을 사용한다. 감성적 직관이 가능하다는 근거는 둘 중 어떤 것도 아니다. 즉 인식 능력의 제한도 **형상**도 결코 아니다. 그것은 우리 마음이 (감각에서) 어떤 것에 의해 촉발될 때, 자신의 주관적 성질에 의거하여 표상을 획득하는 마음의 순전히 고유한 **수용성**일 뿐이다. 이런 최초의 형식적 근거, 예를 들어 공간 직관의 가능성의 형식적 근거만이 타고난 것이며, 공간 표상 자체는 타고난 것이 아니다. 인식 능력을 우선 (언제나 하나의 고유한 활동인) 객관을 표상하기 위해 규정하려면 항상 인상들이 필요하기 때문이다. 따라서 우리가 공간이라 부르는 형식적 직관은 근원적으로 획득된 (외적 대상들 일반의 형식의) 표상으로 생겨났지만, 이런 표상의 근거는 그럼에도 (순전한 수용성으로서) 타고난 것이며, 이런 표상의 획득은 이 형식에 따르는 사물들의 특정한 **개념**들에 훨씬 선행한다. 후자의[사물들의 특정한 개념들의] 획득은 파생적 획득이

Ⅷ 223 다. 이런 획득은 이미 보편적인 선험적 지성 개념들을 전제한다. 마찬가지로 이 보편적인 선험적 지성 개념들도 타고난 것*이 아니라 획

---

* 라이프니츠가 '타고난'이라는 말을 인식의 어떤 특정한 요소들에 관해 사

득된 것이지만, 이 개념들의 획득도 공간의 획득처럼 근원적인 어떤
것이지, 사고의 자발성의 주관적 조건들(통각의 통일과 일치) 이외에
는 타고난 어떤 것도 결코 전제하지 않는다. 사전의 도움을 받아『비
판』을 대충 훑어보긴 했지만 충분히 생각해보지 않은 사람이 아니라
면, 그 누구도 순수 감성적 직관의 가능성의 근거인 이런 의미를 의
심할 수는 없을 것이다.

　에버하르트가 어떻게『비판』의 매우 명확한 주장들조차 거의 이해
하지 못했는지 또는 어떻게『비판』을 의도적으로 왜곡하는지에 대한
예로 다음과 같은 것을 사용할 수 있다.

　『비판』에서 나는 다음과 같이 말했다. 즉 (다른 모든 범주와 마찬가
지로) 실체라는 순전한 범주는 이것[논리적 기능]과 관련하여 객관
을 규정된 것으로 사고하는 논리적 기능 이외에 다른 어떤 것을 결코
포함하지 않으며, 따라서 우리가 이 범주 밑에 감성적 직관을 두지 않
는 한 이런 범주로는, 심지어는 최소한의 (종합적) 술어로도 대상에
대한 어떤 인식도 결코 산출되지 않는다. 여기에서 우리는 범주들 없
이는 사물들에 대해 전혀 판단할 수 없기 때문에 초감성적인 것에 대
한 (여기서는 항상 이론적 의미에서 이해된) 어떤 인식도 전적으로 가
능하지 않다는 결론이 정당하게 도출되었다. 에버하르트는 384-385
쪽에서 감성적 직관의 도움 없이도 실체라는 순수 범주의 이런 인
식을 제공할 수 있는 양 큰소리친다. "이것은 우연적 속성들을 생기
게 하는 힘이다." 그러나 힘 자체는 다시 범주 (혹은 범주의 준술어),
즉 원인 범주 이외에 다른 어떤 것도 아니며, 이런 범주에 대해서도
나는 마찬가지로 이 범주 밑에 감성적 직관이 놓여 있지 않다면, 실

　　용할 때, 그가 이 말을 어떤 의미로 이해하는지는 이에 따라 평가될 수 있
　　을 것이다.『전령의 소식』(*Teutschen Merkur*, 1777. 10)에 실린 히스만의 논
　　문[14]은 이런 평가를 용이하게 해줄 수 있다.

체 개념의 객관적 타당성과 마찬가지로 이 범주의 객관적 타당성도 증명될 수 없다고 주장했다. 그런데 그는 385쪽에서 이 증명을 실제로 감성적 (내적) 직관에서 우연적 속성들의 현시에, 또한 이런 속성들의 근거인 힘의 현시에 입각해 정초한다. 왜냐하면 그는 실제로 원인 개념을 시간에서 마음 상태들의 경과, 즉 서로 잇따르는 표상들의 경과나 이 표상들의 정도들과 관련시키는데, 이런 표상들의 근거는 "모든 현재, 과거 그리고 미래의 변화들 전체에 걸쳐 완벽하게 규정된 사물 속에" 포함되어 있다고 보기 때문이다. 그는 "그렇기 때문에 이 사물은 힘이며, 또 그렇기 때문에 그것은 실체"라고 말한다. 그러나 『비판』도 물론 내적인 감성적 직관에서 힘 개념(이 개념은 덧붙여 말하면, 에버하르트가 실재성을 확보하고자 했던 개념인 실체 개념과는 완전히 다른 것이다)*의 현시 이상을 요구하지 않으며, 또 이를 통해 감성적 존재자로서 실체의 객관적 실재성이 확보된다. 그러나 논의되는 문제는 순수 범주인 힘 개념의 실재성을, 다시 말해 이 범주를

---

* '실체는 힘을 지닌다'는 매우 자연스러운 명제 대신에 '사물(실체)은 힘이다'라는 명제는 모든 존재론적 개념과 상충하며, 결국에는 형이상학에 매우 불리한 명제다. 왜냐하면 이를 통해 실체 개념, 즉 주체에서 내속이라는 개념은 근본적으로 사라지며, 그 대신에 이 경우 원인에 대한 의존이라는 개념이 정립되기 때문이다. 이것은 스피노자가 원했던 바로 그것인데, 그는 세계의 모든 사물을 그것들의 공통된 원인인 하나의 근원 존재자에게 보편적으로 의존하는 것으로 확신했으며, 이처럼 보편적으로 작용하는 힘 자체를 실체로 만듦으로써 모든 사물의 의존을 근원 존재자에서의 내속으로 변형시켰다. 사실 실체는 자신이 주체로서 우연적 속성들과 (그리고 그것들의 내속과) 맺는 관계 이외에도, 자신이 원인으로서 바로 그런 우연적 속성들인 결과들과도 관계를 맺는다. 그러나 전자의 관계는 후자의 관계와 동일하지 않다. 힘은 우연적 속성들의 현존 근거를 포함하는 것이 아니라(이런 근거는 실체가 포함한다), 오히려 실체가 우연적 속성들의 근거를 포함하는 한에서 우연적 속성들과 맺는 순전한 관계 개념이다. 그리고 이 관계는 내속의 관계와 완전히 다른 것이다.

감성적 직관의 대상에 적용하지 않고도 증명할 수 있는지, 따라서 초감성적인 대상들, 즉 순전히 지성적인 존재자들에 대해서도 타당한 것으로 증명할 수 있는지에 관한 것이었다. 왜냐하면 이 경우 시간 조건들에 의존하는 모든 의식은, 따라서 과거, 현재 그리고 미래의 모든 경과는 변화된 마음 상태의 연속성 법칙 전체와 더불어 제거되어야만 하고, 그 결과 우연적 속성을 제공하며, 또 힘 개념을 위해 증 A 74 거로 사용할 수 있게 할 어떤 것도 남아 있지 않을 것이기 때문이다. 따라서 에버하르트의 요구에 맞게, 이제 만약 그가 (그 개념 속에 이미 물체 개념이 포함되어 있는 그런) 인간이라는 개념을 제거하고, 마찬가지로 시간에서 그것들의 현존이 규정될 수 있는 표상들의 개념도 제거하며, 그와 함께 외적 직관과 내적 직관의 조건들을 포함하는 모든 것을 제거한다면(왜냐하면 그가 순수 범주들인, 다시 말해 경우에 따라서는 초감성적인 것을 인식하기 위해서도 사용될 수 있을 개념들인 원인 개념뿐만 아니라 실체 개념의 실재성을 보장하려 한다면, 그는 이렇게 제거하는 일을 해야만 하기 때문이다), 그것의 현존이 단지 한 주 Ⅷ 225 어의 현존으로만 생각되어야 하지 다른 주어의 순전한 술어의 현존으로 생각되어서는 안 되는 어떤 것에 관한 개념 이외에 실체 개념에서 어떤 것도 그에게 남아 있지 않다. 마찬가지로 어떤 것이 현존에서 다른 것과 맺는 관계—이런 관계에 따르면 내가 전자를 정립한다면, 후자 역시 규정되고 필연적으로 정립된다—개념 이외에 원인 개념에서 어떤 것도 그에게 남아 있지 않다. 그는 이 두[실체와 원인] 개념에서 그런 성질을 지닌 사물에 대한 어떤 인식도 산출할 수 없으며, 심지어는 그런 성질이 가능한지, 다시 말해 그런 성질을 발견할 어떤 것이 있을 수 있는지 없는지도 전혀 알 수 없다. 여기서 이제 실천적인 아프리오리한 원칙들과 관계하여, 만약 (지성체로서) 사물 개념 A 75 이 근저에 놓여 있다면, 이 경우 실체 범주와 원인 범주가 이성의 순수한 **실천적** 규정과 관련해 객관적 실재성을 획득하는지 그렇지 않은지에 대한 물음이 제기되어서는 안 된다. 왜냐하면 순전히 주어로만 현존할 수 있고, 다시 다른 주어의 술어로는 현존할 수 없는 사물의 가능성이나 다른 것의 현존과 관련해 근거 관계는 있지만 이와 반대로 이 동일한 것[그 현존]과 결과 관계는 없는 속성의 가능성은 이 사물을 이론적으로 인식하기 위해서는 물론 반드시 이 개념들에 대응하는 직관으로 증명되어야 하기 때문이다. 이런 직관이 없다면 이 개념들에는 객관적 실재성이 부여될 수 없으며, 따라서 그런 객관에 대한 인식도 성립될 수 없을 것이다. 그러나 만약 이런 개념들이 구성적 원리들이 아니라 (지성체에 관한 이념의 경우에 언제나 그런 것처럼) 이성을 사용하기 위한 순전히 규제적 원리들만을 제공한다면, 이 개념들은 또한 그것들의 가능성이 증명될 수 없는 사물들의 개념들을 위한 순전히 논리적인 기능들로서 이성을 위해 실천적 의도에서 필수불가결하게 사용될 수는 있다. 왜냐하면 이 개념들은 이 경우 지성체들의 가능성의 객관적 근거들로서가 아니라 단지 현상체들과만 관계하는 (이성의 이론적이거나 실천적인 사용의) 주관적 원리들로서만 타당하기 때문이다.—하지만 이미 말했듯이, 여기서 문제가 되는 것은 언제나 오직 사물들에 대한 인식의 구성적 원리들이며, 또 범주들을 (우리에게는 언제나 감성적인) 직관으로 증명하지 않고도, 내가 순전히 범주들을 통해서만 어떤 객관에 관해 진술함으로써 이 객관에 대한 인식을 획득할 수 있는지 없는지 하는 것이다. 에버하르트는 그런 인식을 획득할 수 있다고 생각하지만, 메마른 존재론이라는 사막이 풍성하다고 그가 아무리 자랑한다 하더라도 그런 인식은 결코 성취될 수 없다.

A 76

제2절 과제의 해결:
어떻게 아프리오리한 종합 판단이 가능한가?
에버하르트에 따를 경우

이 과제는 일반적으로 보면, 모든 형이상학적 독단론자가 피할 길 없이 부딪쳐 좌절하게 만드는 방해물이다. 그래서 그들은 가능한 한 멀리 우회할 수밖에 없었다. 그렇기 때문에 아직 나는 『비판』에 반대하면서도 이 과제를 모든 경우에 대해 타당하게 해결하는 사람을 발견하지 못했던 것 같다. 에버하르트는 모순율과 (그가 단지 분석적인 것으로 제시한) 충분 근거율에 의거하여 감히 이 일을 하고자 한다. 다행스럽게도 그가 성공했는지는 곧 알게 될 것이다.

에버하르트는 『비판』이 독단주의라고 부르는 것을 분명하게 이해하지 못한 것처럼 보인다. 그래서 그는 262쪽에서 그가 유도하려고 했던 필연[명증]적 증명들을 언급하면서 다음 말을 덧붙인다. "만약 확신을 짓고 사물들 자체를 가징하는 사람이 독단론자라면, 비록 그 대가가 비싸기는 하지만 우리는 독단론자라 불리는 모욕을 감수해야만 할 것이다." 그리고 나서 그는 289쪽에서 "라이프니츠 철학은 칸트 철학과 마찬가지로 이성 비판을 포함한다. 왜냐하면 라이프니 $A 78$ 츠 철학은 각각의 인식 능력으로 가능한 것이 무엇인지를 제시하고자 함으로써[1] 인식 능력에 대한 정확한 분석에 근거를 둔 자신의 독단주의를 정초하기 때문"이라고 말한다. 그런데—만약 라이프니츠

철학이 실제로 이런 일을 수행한다면, 그의 철학은 결코 우리『비판』이 언제나 이 용어를 사용하는 의미에서 독단론주의는 아닐 것이다.

『비판』은 형이상학에서 독단주의를 이성 능력 자체에 대한 선행적 비판 없이 순전히 이성의 성공을 예상하여 이성의 원리들을 일반적으로 신뢰하는 것으로 이해한다.『비판』은 또한 회의주의를 선행적 비판 없이 순전히 이성의 주장들의 실패를 예상하여, 순수 이성을 일

반적으로 불신하는 것으로 이해한다.* 이에 반해 형이상학에 속하는 모든 것에 관계하는 수행 방식의 비판주의(판단 유보로서 의심)란 형이상학의 모든 종합 명제에서 가능성의 보편적 근거가 우리 인식 능력들의 본질적 조건들 속에서 통찰되기 전까지는 이런 종합 명제들을 모두 일반적으로 불신하라는 준칙이다.

---

* 아프리오리한 원리들의 사용에서 성공한다는 것은 이 원리들을 경험에 적용하여 철저하게 확증한다는 것이다. 이 경우 우리는 거의 독단론자에게 그의 아프리오리한 증명을 용인해준다. 회의주의를 야기하는 아프리오리한 원리들의 사용에서 실패한다는 것은, 경험이 이에 관해 아무것도 확증할 수도 반박할 수도 없기 때문에 오로지 아프리오리한 증명들만이 요구될 수 있는 경우들에서만 발생한다. 또 이렇게 실패한다는 것은 바로 정반대의 것을 증명하는 동일한 힘을 지닌 아프리오리한 증명들이 보편적인 인간 이성에 포함되어 있다는 사실에서 성립한다. 첫째[성공한] 원리들은 오직 경험 가능성의 원칙들이며「분석론」에 포함되어 있다. 그러나『비판』

이 이런 원칙들을 먼저 그 자체로 확증하지 않았다면, 이 원칙들은 단지 경험 대상들에 대해 타당한 것 이상의 타당한 원칙들로 쉽사리 간주되기 때문에, 초감성적인 것에 관한 독단주의가 생겨난다. 둘째[실패한] 원리들은, 첫째 원칙들처럼 지성 개념들이 아니라, 경험에 결코 주어질 수 없는 이념들로 대상들과 관계한다. 그런데 그것들[증명들]을 위한 원리들이 오직 경험 대상들을 위한 것이라 생각되는 증명들은 이 경우에 반드시 모순되기 때문에, 만약 우리가 오직 경계선만을 확정할 수 있는『비판』을 무시한다면, 이성의 순전한 이념들을 통해 생각되는 모든 것에 관하여 회의주의가 발생할 뿐만 아니라 궁극적으로 모든 아프리오리한 인식에 대한 회의가 생겨나게 되는데, 이것은 정말 결국에는 일반적인 형이상학적 회의론을 초래한다.

에버하르트가 262쪽에서 그런 것처럼, 사람들이 독단주의의 형이상학적 주장들을 위해 이른바 명증적인 증명들에 호소한다고 해서 독단주의에 대한 이런 근거 있는 비난에서 벗어나지는 못한다. 왜냐하면 그런 증명들에서 확실한 오류가 발견되지 않을 때조차도(이것은 확실히 위의 경우에 해당하지 않는다) 증명의 실패는 익숙한 일이 되었으며, 또 그런 증명들에 대하여 결코 적지 않은 명확성을 지닌 정반대 증명들이 종종 등장함으로써 설령 회의론자가 논증에 반대하여 아무것도 산출할 줄 모른다 할지라도, 그는 대립되는 증명들 사이에서 판결의 보류²⁾를 선언할 권한을 갖기 때문이다. 단지 성숙해 A 80 진 『비판』이 먼저 아프리오리한 인식의 가능성과 그런 인식의 보편적 조건들을 확실하게 제시했던 길 위에서 증명되었을 경우에만 형이상학자는 온갖 증명들에도 불구하고 그런 비판이 없어 여전히 맹목적인 독단주의로부터 자신을 정당화할 수 있다. 또 이런 종류의 평가를 위한 『비판』의 규준은 '어떻게 아프리오리한 종합적 인식이 가능한가?'라는 과제의 보편적 해결 속에 포함되어 있다. 만약 이 과제가 먼저 해결되지 않았다면, 이 시점까지 형이상학자들은 모두 그들이 Ⅷ 228 다른 곳에서 이룬 공적에 따라 아직도 위대한 명성을 정당하게 소유한다 하더라도, 맹목적인 독단주의나 회의주의라는 비난에서 벗어나지 못했을 것이다.

에버하르트는 그렇게 생각하지 않는 보양이다. 그는 「선험적 변증론」에서 수많은 예를 들어 정당화된 경고의 소리가 마치 독단론자에게는 전혀 해당하지 않는 것처럼 행동한다. 그래서 그는 종합적으로 판단하는 우리의 아프리오리한 능력에 대한 비판이 나오기 훨씬 이전에 옛날부터 대단한 논쟁거리였던 종합 명제를, 즉 시간과 공간 그리고 그것들 안의 사물들은 단순한 요소들로 되어 있다는 종합 명제를, 초감성적인 것에 관한 이념들을 통해 감성적인 것을 이처럼 규정

A 81 할 수 있는 가능성에 관해 선행하는 최소한의 비판적 탐구도 수행하지 않은 채 확정된 것으로 가정한다. 그러나 이런 탐구는 종합 명제가 수학과 모순되기 때문에 그가 불가피하게 수행하지 않을 수 없는 탐구였다. 그 자신의 고유한 진행 방식은 『비판』이 모든 선험철학에서 독단주의라고 하는 것의 가장 좋은 예를 제공하는데, 이것은 모든 선험철학에서 영원히 추방된 채 남아 있어야만 한다. 나는 이제 그가 이런 독단주의의 의미를 그 자신의 예들에서 더 명확하게 이해하기를 바란다.

이제 우리가 앞서 제시한 주요 과제를 해결하는 일에 착수하기 전에, **첫째로** 『비판』에서 분석 판단과 구별되는 것으로서 종합 판단을 도대체 무엇으로 이해하는지, 그리고 **둘째로** 경험적 판단과 구별되는 것으로서 아프리오리한 판단이라고 표현하면서 말하려고 한 것이 무엇인지 분명하고도 확실하게 이해하는 것이 반드시 필요하다.—첫째 문제, 즉 분석 판단과 종합 판단을 구별하는 문제는 『비판』에서 내가 필요한 만큼 명확하게 그리고 되풀이해서 설명했다. 종합 판단은 그 판단의 술어로 내가 그 술어를 진술하는 주어 개념 속에서 내가 생각한 것 **이상**의 것을 판단의 주어에 부가하는 판단이다. 따라서 종합 판단에서 술어는 주어 개념이 포함하는 것 이상으로 인식을 확장한다. 이런 일은 분석 판단으로는 일어나지 않는다. 분석 판단은 단지 주어진 개념 속에서 실제로 이미 생각되고 포함된 것을 이 개념

A 82 에 속하는 것으로 **명확하게** 표상하고 진술하는 판단이다.—둘째 문제, 즉 경험적 판단과 구별된 것으로서 **아프리오리한 판단**이 무엇인가 하는 문제는 어떤 어려움도 야기하지 않는다. 왜냐하면 이 문제는 논리학에서 이미 오래전부터 알려졌고 명칭이 부여되었던 구별이며, 첫째 문제처럼 최소한 (에버하르트가 그러려고 한 것처럼) 새로운 명칭으로 등장한 것은 아니기 때문이다. 그럼에도 에버하르트를 위해 말

하면, 아프리오리한 판단이 한 명제에서 술어가 주어에 아프리오리 하게 부가된다는 것, 바로 이렇게 해서 술어가 주어에 **필연적으로** 귀 Ⅷ 229 속하는 것으로 (주어 개념과 분리될 수 없는 것으로) 진술된다는 사실 을 지적하는 것은 불필요한 일이 아니다. 주어에 필연적으로 귀속하 는 술어들은 또한 본질(개념의 내적 가능성)에 속하는 (본질에 속하 는)* 술어들이라 불리며, 따라서 아프리오리하게 타당한 모든 명제 는 이런 술어들을 포함해야만 한다. 나머지 술어들, 즉 개념에서 (개 념을 손상하지 않고) 분리되는 술어들은 본질 외적 징표들이라 불린 다. 첫째 술어들은 본질의 구성 요소들로서 본질에 속하든지 아니면 본질에서 충분하게 정초된, 본질에서 나온 결과들로서 본질에 속한 다. 첫째 술어들은 동일한 개념 속에 포함된 다른 술어들에서 이끌어 A 83 낼 수 있는 술어들을 포함하지 않는 본질적 부분들을 의미하며, 이런 술어들의 총체가 논리적 본질을 형성한다. 둘째 술어들은 속성들이 라 불린다. 본질 외적[임시적인][4] 징표들은 내적 징표들(양태들)이 거나 관계 징표들이며, 아프리오리한 명제들에서 술어들로 쓰일 수 없다. 속성들이라 불리는 술어들은 주어 개념과 분리되어 있으며, 따 라서 주어 개념과 필연적으로 결합되어 있지 않기 때문이다.―그런 데 우리가 앞서 아프리오리한 종합 명제에 대한 어떤 규준을 이미 제 시하지 않았다면, 아프리오리한 종합 명제의 술어는 속성이라고 주 장한다고 해서 아프리오리한 종합 명제와 분석 명제의 구별이 전혀 밝혀지지 않는다는 것은 분명한 사실이다. 왜냐하면 아프리오리한 종합 명제의 술어가 속성이라고 불린다는 것으로 이 술어가 필연적 인 결과로서 본질에서 도출될 수 있는 것 이상이 말해지지 않기 때문

---

* 이 용어에서 조금이라도 순환 설명인 듯 보이지 않으려면 '본질에 속하는' 이라는 표현 대신, 이 자리에 동음의[등가의][3] '내적 가능성에 속하는'이 라는 표현을 사용할 수 있다.

이다. 따라서 아프리오리한 종합 명제의 술어가 모순율에 의거한 분석적인 것인지 아니면 다른 원칙에 의거한 종합적인 것인지 하는 문제는 아프리오리한 종합 명제의 술어가 속성이라고 주장하는 것으로는 전혀 확정되지 않는다. 그러므로 '모든 물체는 나뉠 수 있다'는 명제에서 술어는 속성이다. 이 술어는 주어 개념의 본질적 부분인 연장에서 필연적인 결과로서 도출될 수 있다. 그러나 이 술어는 모순율

A 84 에 의거하여 물체 개념에 귀속하는 것으로 표상된 속성이다. 따라서 명제가 주어의 속성을 진술한다 하더라도, 이 명제 자체는 분석적이다. 이에 반해 지속성 역시 실체의 속성이다. 지속성은 실체의 전적으로 필연적인 술어이기 때문이다. 그러나 지속성은 실체 개념 자체에는 포함되지 않으며, 실체 개념을 분석함으로써 이 개념에서 (모순율에 의거하여) 도출될 수는 없다. 따라서 '모든 실체는 지속한다'는

Ⅷ 230 명제는 종합 명제다. 그러므로 어떤 명제에 대해 이 명제는 주어의 속성을 술어로 가진다고 말할 경우, 이 명제가 분석적인지 종합적인지는 아무도 알 수 없다. 따라서 우리는 '이 명제는 종합적 속성을 포함한다, 즉 종합 판단에서 (비록 파생된 것이라 하더라도) 필연적인 술어, 따라서 아프리오리하게 인식 가능한 술어를 포함한다'고 덧붙여야만 한다. 그러므로 에버하르트에 따르면 아프리오리한 종합 판단들은 사물들에 관해 종합적 속성들을 진술하는 판단이라고 설명된다. 에버하르트는 할 수 있는 한 아프리오리한 종합 판단의 특성을 더 잘 그리고 더 확정적으로 설명하기 위해서뿐만 아니라 아프리오리한 종합 판단의 정의와 함께 아프리오리한 종합 판단의 가능성을 평가할 수 있게 해주는 일반적 원리를 제시하려다보니 이런 동어반복에 빠져들고 말았다. 이런 일은『비판』이 온갖 노력 끝에 겨우 해낼 수 있었던 일이다. 그[에버하르트]에 따르면(315쪽) "분석 판단은

A 85 판단의 술어가 주어의 본질이나 주어의 어떤 본질적 부분을 진술하

는 판단이지만, 종합 판단은(316쪽) 그 판단이 필연적으로 참일 경우 속성을 판단의 술어로 가진다." 속성[들]이라는 표현으로 그는 종합 판단을 (판단의 술어들이 필연적인 것이기 때문에) 아프리오리한 판단으로 표시하지만, 동시에 그 자체로 본질 자체나 본질의 몇몇 부분이 아니라 본질의 결과들을 진술하는 판단으로 표시한다. 따라서 그는 충분 근거율을 암시하는데, 이것을 매개로 해서만 속성들은 주어에 관해 술어화될 수 있다. 또 그는 충분 근거율이 여기서는 오직 논리적 근거로만 허용될 뿐이라는 사실을, 즉 술어가 물론 단지 간접적으로이긴 하지만 여전히 모순율에 따라 주어 개념에서 도출된 것이라는 점만을 나타내는 논리적 근거일 수 있을 뿐이라는 사실을 우리가 알아차리지 못할 것이라고 믿었던 모양이다. 그러나 이렇게 됨으로써 명제가 속성을 진술함에도 이 명제는 여전히 분석적일 수 있으며, 따라서 종합 명제의 특징을 수반하지 않게 된다. 속성이 술어로 사용되는 명제가 종합 명제로 간주될 수 있으려면, 그 술어가 종합적 속성이어야만 한다는 제한이 필연적이라는 것을 알아차렸음에도, 그는 이것을 솔직히 인정하지 않으려고 매우 조심한다. 그렇지 않다면 동어반복이 너무나도 명확하게 드러날 테니 말이다. 이렇게 해서 그는 경험이 없는 사람에게는 새롭고 뭔가 내용이 있는 것처럼 보이지만 실제로는 쉽게 판별할 수 있는 연막에 불과한 것을 내놓았을 뿐이나. A 86

이제 에버하르트가 위에서 진술한 충분 근거율이 무엇을 말하려는지 알게 되었다. 즉, 사람들은 (특히 에버하르트가 끌어들인 예들에 따라 판단하면) 그가 충분 근거율을 실재 근거에 관한 것으로 이해했으리라 믿었을 것이다. 왜냐하면 근거와 귀결은 실제로 서로 구별되고, 그 둘을 묶어주는 명제는 바로 그와 같은 방식의 종합 명제이기 때문이다. 하지만 사실은 결코 그렇지 않다! 오히려 그는 그때 이미 VIII 231

장차 충분 근거율을 사용할 경우들을 매우 사려 깊게 예견했으며, 충분 근거율에 그때그때 필요한 의미를 부여할 수 있는 불확정적인 방식으로 충분 근거율을 진술했다. 따라서 그는 때때로 충분 근거율을 독자가 전혀 알아차릴 수 없게끔 분석 판단의 원리로도 사용할 수 있었다. 그런데 '모든 물체는 나뉠 수 있다'는 명제는, 이 명제의 술어가 무엇보다도 개념에 직접 귀속하는 것(본질적 부분), 즉 연장에서 분석을 매개로 비로소 도출될 수 있기 때문에 덜 분석적인 것인가? 만약 모순율에 의거하여 개념에서 직접 인식된 한 술어에서, 마찬가지로 모순율에 의거하여 한 술어에서 도출된 다른 술어가 추론된다면, 이 경우 후자[한 술어에서 도출된 다른 술어]는 전자[개념에서 직접 인식된 한 술어]보다 개념에서 모순율에 의거하여 덜 도출된 것인가?

A 87

    따라서 우선 우리가 속성들에 대해 이 속성들이 종합적이라는 것을 덧붙이지 않아 명백한 동어반복을 범하게 된다면, 명제들의 주어의 속성들을 술어들로 가지는 명제들로 아프리오리한 종합 명제들을 설명할 수 있으리라는 희망은 당분간 완전히 사라질 것이다. 둘째로 만약 충분 근거율이 특수한 원리로 제공되어야 한다면, 충분 근거율에는 단지 개념들의 종합적 관계를 정당화해주는 한에서만 그 자체로 선험철학에서 허용될 것이라는 제한이 따라붙어야 할 것이다. 이것을 우리는 317쪽 저자의 즐거운 외침과 비교해볼 수 있다. "따라서 우리는 이처럼 이미 가장 풍요롭고도 명확한 설명근거(이것은 그가 위에서 자랑한 존재론이라는 풍요로운 들판을 가리킨다)에서 분석 판단과 종합 판단의 구별을 이끌어냈고, 게다가 **판단들의 경계를 가장 정확하게** 제시했는데(분석 판단은 순전히 본질적인 것과 관계하며, 종합 판단은 오직 속성과 관계한다), 더욱이 이 구별이 판단의 구별 근거를 완전히 상세하게 드러낸다는 것을 전적으로 확신하며 그렇게 했다."

그러나 에버하르트는 이처럼 승리의 함성을 질렀으면서도 아직 승리를 완전히 확신하지는 못했던 것처럼 보인다. 왜냐하면 그는 『비판』이 단지 다른 명칭으로 진행한 것과 동일한 것을 이미 오래전 에 볼프와 바움가르텐이 알고 있었으며, 다른 방식으로이긴 하지만 명백하게 나타냈다는 것을 전적으로 확실한 것으로 전제한 뒤 318 쪽에서 갑자기 내가 종합 판단에서 어떤 술어를 염두에 두었는지에 대해 확신을 갖지 못하며, 또 판단에 등장할 수 있는 술어를 구분하 고 분류하느라 자욱한 먼지를 일으켜 문제가 되는 사태를 더는 알아 볼 수 없게 만들기 때문이다. 이 모든 일은 분석 판단과 구별되는 종 합 판단, 특히 아프리오리한 종합 판단을 실제로 내가 정의했던 것과 다르게 정의해야만 한다는 것을 증명하기 위한 것이었다. 그러나 그는 아프리오리한 종합 판단이 어떻게 가능한가 하는 문제를 내가 해결 하는 방식은 논의하지 않으며, 단지 내가 아프리오리한 종합 판단을 무엇이라고 이해하며, 내가 이런 판단에서 어떤 종류의 술어를 가정 한다면 그것은 너무 넓지만(319쪽), 내가 술어가 다른 종류의 것이라 고 생각한다면 그것은 너무 좁다는(320쪽) 것만 언급한다. 그런데 하 나의 개념이 정의를 바탕으로 비로소 생겨난다면, 그 개념이 너무 좁 거나 너무 넓을 수 없다는 것은 명백하다. 개념은 정의가 말하는 것 보다 더 많은 것도 더 적은 것도 의미하지 않기 때문이다. 우리가 정 의에 대해 비난할 수 있는 것이라 해봐야 그 정의가 설명에 전혀 적 합하지 않은, 말하자면 이해할 수 없는 어떤 것을 포함할 때일 것이 다. 그러나 분명한 것을 모호하게 만들어버리는 뛰어난 예술가도 『비판』이 종합 명제에 대해 제시한 다음과 같은 정의에 반대해서는 아무것도 할 수 없을 것이다. 즉 종합 명제는 이 명제의 술어가 주어 개념 속에서 실제로 생각된 것 이상의 것을 포함하는 명제이며, 다시 말해 종합 명제는 이 명제의 술어로 주어에 포함되지 않았던 어떤 것이 주어의 사고에 부가되는 명제다. 반면에 분석 명제는 이 명제의 술어가 바로 이 판단[명제]의 주어 개념 속에서 생각되었던 것과 동일한 것만을 포함하는 명제다. 그런데 첫째 종류의 명제, 즉 종합 명제가 아프리오리한 명제라면 종합 명제의 술어는 (판단의 주어의) 속성일 수 있거나 누군가 알고 있는 다른 무엇일 수도 있겠지만, 그렇다고 해도 이 규정이 종합 명제에 대한 정의가 될 수도 없고 더구나 되어서도 안 된다. 에버하르트가 매우 훈계하는 듯한 방식으로 증명했던 것처럼, 종합 명제의 술어[속성]가 주어에 귀속하는 것으로 증명된다 할지라도, 이런 증명은 먼저 정의가 이루어지고 그다음에 비로소 등장해야 하는 종류의 판단을 통한 사물들의 인식 가능성의 연역에 속한다. 그러나 그는 아프리오리한 종합 판단에 대한 우리 정의가 이해 불가능하다고, 즉 너무 넓거나 너무 좁다고 생각한다. 우리 정의는 아프리오리한 종합 판단의 술어에 관한 그의 이른바 더 상세한 규정에 맞지 않기 때문이다.

에버하르트는 매우 명백하고 단순한 사태를 가능한 한 극심한 혼란에 빠뜨리려고 온갖 수단을 사용한다. 그러나 이 수단들은 전적으로 그의 의도와 반대로 작용한다.

에버하르트는 308쪽에서 "형이상학 전체는 칸트가 주장한 것처럼 순전히 분석 판단만을 포함한다"라고 말하면서 자신의 무리한 주장의 증거로『형이상학 서설』(33쪽)[5]의 한 구절을 인용한다. 그는 마치 내가 이것을 형이상학 일반에 관해 주장한 것처럼 말한다. 그러나 이 구절에서 전적으로 문제가 되는 것은 단지 그것[형이상학]의 명제들이 타당한 증명들에 근거를 두는 한에서 이제까지 형이상학이다. 형이상학 자체에 대해서『형이상학 서설』은 다음과 같이 주장하기 때문이다 (36쪽).[6] 즉 "본래적 의미에서 형이상학적 판단은 전부 종합적이다." 그러나 또한 이제까지 형이상학에 대해서도『형이상학 서설』의 인용된 구절 바로 뒤에서 "이제까지 형이상학은 또한 종합 명제들도 제시하는데, 이 명제들은 우리가 형이상학에 기꺼이 승인한 명제들이지만, 그러나 이제까지 형이상학이 결코 아프리오리하게 **증명**하지 못했던 것들이다"라고 주장한다. 따라서 언급된 구절에서 주장하는 것은 이제까지 형이상학이 종합 명제들을 전혀 포함하지 않는다는 것이 아니라(이제까지 형이상학은 지나칠 정도로 많은 종합 명제를 갖고 있다), 또 종합 명제들 중에서도 전적으로 참인 (즉 가능한 경험의 원리들인) 명제들을 포함하지 않는다는 것이 아니라, 오히려 단지 이제까지 형이상학은 종합 명제들을 아프리오리한 근거들로부터 증명하지 않았다는 것이다. 그러므로 이런 내 주장을 반박하려면, 에버하르트는 단지 이와 같이 명증적으로 증명된 명제를 제시해야 할 필요가 있다. 잡지의 163–164쪽에서 증명된 충분 근거율로는 내 주장을 확실히 반박하지 못하기 때문이다. 마찬가지로 "내가 수학이 아프리오리한 A 91 종합 판단들을 포함하는 유일한 학문이라고 주장했다"(314쪽)라는 것도 꾸며낸 말이다. 그는 내가 이런 주장을 한다고 생각되는 구절을 인용하지 않았다. 그러나 '어떻게 순수 자연과학이 가능한가?'라는 선험적인 주요 질문의 둘째 부분(『형이상학 서설』의 71쪽에서 124쪽까지)[7]은 내가 오히려 장황하게 정반대의 것을 주장했다는 것을—그가 바로 이와 정반대되는 주장을 보고 싶어 하지 않았다 해도—그에게 명백하게 보여주었다. 318쪽에서 그는 "수학의 판단들을 제외하면 단지 경험 판단들만이 종합적이다"라는 주장을 내가 했다고 한다. 그러나『비판』(초판의 158–235쪽)은 형이상학적이면서도 정말 **종합적인** 원칙들의 체계 전체의 표상을 제시하며, 이런 원칙들을 아프리오리한 증명들로 확증한다. 나의 주장은 그렇지만 이런 원칙들은 단지 **경험의 가능성** 원리들에 지나지 않는다는 것이었다. 그는 이런 내 주장에서 "이 원칙들은 단지 **경험 판단들이다**"라는 주장을 만들어 내며, 내가 경험의 근거라고 부른 것에서 경험의 결과를 만들어낸다. 그래서 『비판』에서 그의 머릿속에 들어온 모든 것은 미리 왜곡되고 변형되어 잠시 잘못된 조명 속에서 모습을 드러내게 된다.

A 92; Ⅷ 234 자신의 반대 주장들에 매여 있지 않으려고 도모한 또 다른 책략은, 에버하르트가 그것들을 매우 일반적인 표현들로 그리고 할 수 있는 한 추상적으로 진술한다는 것이다. 더욱이 그는 그가 주장하는 것이 무엇인지를 우리가 확실하게 알 수 있는 예를 제시하지 않으려 조심한다. 그래서 그는 318쪽에서 속성들을 우리가 아프리오리하게 인식할 수 있는 것이거나 아니면 아포스테리오리하게 인식할 수 있는 것으로 구별하고, 내가 종합 판단을 "순전히 전적으로 필연적인 참인 것은 아니며, 판단의 필연적인 술어가 단지 인간 지성에 따라 아포스테리오리하게만 인식될 수 있는 종류의 후자[아포스테리오리한] 판단에 속하는 전적으로 필연적인 참인 것"으로 이해하는 것처럼 보인다고 주장한다. 이에 반해 나에게는 이런 말들과 함께 그가 실제로 주장했던 것과 다른 어떤 것이 주장되어야 하는 것처럼 보인다. 이런 말들을 있는 그대로 볼 경우 명백하게 모순되기 때문이다. 단지 아포스테리오리하게만 인식되지만 그럼에도 **필연적인** 것으로 인식되는 술어들은 321쪽에 따르면, 우리가 "주어의 본질에서 이끌어 낼 수 없는" 그런 종류의 속성들과 마찬가지로, 에버하르트 자신이 위에서 제시한 속성들에 관한 설명에 따르면 전혀 생각될 수 없는 것들이다. 그런데 이런 주장들 아래에서 어떤 것이 생각되는지 답해야 한다면, 또 『비판』이 종합 판단에 대해 제공했던 정의의 사용 가능성에 반대하여 거의 이해 불가능한 이런 구별에 따라 에버하르트가 제기한 반론에 답해야 한다면, 그는 매우 기이한 종류의 앞선 속성들에 A 93 대해 적어도 하나의 예를 제시해야만 한다. 그러나 이렇게 한다 해도

내가 어떤 의미도 갖고 있지 않다고 생각하는 반론을 반박할 수는 없다. 그는 그가 할 수 있는 한 형이상학에서 예들을 도입하려 하지 않고 가능한 한 수학에서 나온 예들을 고집하는데, 이런 예들을 가지고 완전히 자신의 관심에 따라 진행해나간다. 그리하여 그는 이제까지 형이상학은 아프리오리한 종합 명제들을 전혀 증명하지 못했다는 (이제까지 형이상학은 이런 명제들을 사물들 자체에 타당한 것으로 보고 개념들에서 증명하고자 했다) 호된 비난을 피하고 싶어 했다. 더욱이 그가 인식을 우리에게 어떠한 가능적 직관도 대응하지 않는 초감성적인 것에까지 확장하려는 모든 희망을 포기하지 않고, 그렇게 해서 심리학과 신학이라는 풍성한 열매를 약속하는 땅을 경작하지 않은 상태로 방치하지 않으려 한 탓에, 그는 항상 그 명제들이 엄밀한 증명에 기초를 두는 수학에서 예들을 선택한다. 수학의 명제들이 아프리오리한 직관을 근저에 두기 때문이다. 하지만 그 아프리오리한 직관이야말로 그가 모든 아프리오리한 종합 명제를 가능하게 하는 본질적 조건으로 결코 인정할 수 없었던 것이다. 따라서 논쟁적인 문제를 해명하려는 그의 통찰이나 의도에는 결코 동의할 수 없다 해도, 우리는 단지 겉보기에 유리해 보이는 것은 무엇이든 이용하는 그의 명민함만큼은 인정하지 않을 수 없다.

　그러나 에버하르트가 정말 우연하게라도 형이상학에서 취한 예에 A 94; Ⅷ 235 마주치기라도 하는 날에는 그로써 반드시 곤욕을 치를 것이며, 더욱이 그런 예를 들어 그가 증명하고자 했던 것과는 정반대의 것을 증명하게 될 것이다. 위에서 그는 모순율 이외에도 사물들의 가능성에 관한 또 다른 원리[충분 근거율]가 있어야만 한다는 것을 증명하고자 했다. 하지만 그는 이 원리가 모순율에서 추론되어야 한다고 말하며, 실제로도 모순율에서 이 원리를 도출하려고 시도한다. 그런데 319쪽에서 그는 "필연적인 모든 것은 영원하며, 필연적으로 참인 모든 것은 영원히 참이다는 명제는 **명백히 종합** 명제이지만 아프리오리하게 인식될 수 있다"라고 말한다. 그러나 이 명제는 **명백히 분석** 명제이다. 이런 예에서 우리는 에버하르트가 아주 철저하게 아는 체하며 시도한 명제들의 이런 구별에 대해 그가 항상 얼마나 전도된 개념을 갖고 있었는지를 충분히 간파할 수 있다. 왜냐하면 그가 진리[참]를 시간 속에서 현존하는 것, 즉 그 존재가 영원하거나 아니면 오직 일시적인, 그런 특수한 어떤 것으로 간주하고 싶어 하지는 않을 것이기 때문이다. '모든 물체는 연장된 것이다'라는 명제는 물체가 지금 현존하든 현존하지 않든, 잠시 현존하든 오래 현존하든 또한 모든 시간에 걸쳐서, 즉 영원히 현존하든 그렇지 않든, 필연적으로 그리고 영원히 참이다. 이 명제는 단지 참인 것[들]이 (반드시 그 어떤 시간에 자리매김해야만 하는) 경험에 의존하지 않으며, 따라서 시간 조건에 제약되어 있지 않다는 것만을, 즉 참인 것이 아프리오리하게 참인 것으로 인식될 수 있다는 것만을 말하고자 하는데, 이 말은 참인 것은 필연적으로 참인 것으로 인식될 수 있다는 명제와 완전히 동일하다.

A 95

325쪽에 인용된 예도 사정은 마찬가지다. 여기서 에버하르트는 "나는 어떻게 사람들이 형이상학에서 모든 종합 판단을 부정하려고 하는지 알지 못한다"라고 말하는데, 사람들은 그가 예로 든 것들을 보면 『비판』의 명제들을 불러내는 데 그가 얼마나 정확한지를 짐작할 수 있을 것이다. 그런데 『비판』은 형이상학에서 모든 종합 판단을 부정하는 일을 하기보다는 오히려 (이미 앞서 언급한 것처럼) 참인 원칙들로서 그런 판단들의 전체적이며 실제로 완전한 체계를 제시했다. 『비판』은 동시에 이 원칙들은 모두 단지 (경험의 가능성의 조건인) 직관의 다양을 종합 통일한 것만 나타내며, 따라서 직관에 주어질 수 있는 한에서 대상들에만 적용 가능하다는 것을 보여주었다. 그런데 형이상학이 이런 명제들을 증명할 경우라는 조심스러운 제한과 함께 아프리오리한 **종합** 명제들에 대해 그가 인용한 형이상학적 예는 "모든 유한한 사물은 변화하고 무한한 사물은 불변한다"라는 것인데, 이 두 명제는 모두 **분석적**이다. 그 어떤 것의 규정들이 시간에서 경과할 수 있는 것은 실제로, 즉 **현존**과 관련해서 변화하는 것이기 때문이다. 따라서 오직 시간 안에서만 실존할 수 있는 것이 변화한다. 그러나 이 조건은 유한한 (모든 실재성을 갖는 것은 아닌) 사물 일반의 개념과 필연적으로 결합되는 것이 아니라, 오히려 다만 감성적 직관의 대상인 사물과 결합된다. 그런데 에버하르트는 자신의 아프리오리한 명제들이 이런 후자의 조건에서 독립해 있다고 주장하고 싶어 하므로 유한한 모든 것이 그 자체로서 (즉 그 자신의 순전한 개념에 따라, 또한 지성체로서) 변화한다는 그의 명제는 거짓이다. 그러므로 '유한한 모든 것은 그 자체로서 변화한다'는 명제는 단지 유한한 모든 것의 개념 규정에서, 따라서 **논리적으로** 이해되어야만 한다. 왜냐하면 이 경우에 '변화하는'이라는 말은 유한한 모든 것의 개념으로 철저히 규정되지 않는 것, 따라서 갖가지 대립적인 방식으로 규정될 수 있는 것을 의미하기 때문이다. 그러나 이 경우 '유한한 사물들은, 즉 가장 실재적인 것을 제외한 모든 사물은 논리적으로 (우리가 이런 사물들에 대해 형성할 수 있는 개념과 관련해서만) 변화한다'는 명제는 분석 명제일 것이다. 왜냐하면 '나는 유한한 사물을 실재성이 전혀 **없는** 것이라고 생각한다'고 말하는 것과 '유한한 사물이라는 개념을 통해서는 그 사물에 내가 어떤 실재성을 혹은 **얼마나 많은** 실재성을 부여해야 하는지가 결정되어 있지 않다'고, 다시 말해 '나는 이 사물에 한 번은 이것을, 다른 한 번은 저것을 부여할 수 있으며, 또 이런 사물의 유한성에 대한 개념을 손상하지 않고도 이 사물의 규정을 다양한 방식으로 **변화시킬** 수 있다'고 말하는 것은 완전히 같기 때문이다. '무한한 존재자는 불변한다'는 명제도 바로 이와 동일한 방식으

로, 즉 논리적으로 이해되어야만 한다. 왜냐하면 만약 무한한 존재자
가 그 개념 덕분에 오직 실재성만을 술어로 가질 수 있는 존재자를,
따라서 그 개념으로 이미 철저하게 (말하자면 그것이 참으로 실재하
는지 그렇지 않은지를 우리가 알고 있는 술어들에 관해) 규정된 존재자
를 의미한다면, 그 개념을 손상하지 않고는 이 존재자의 어떤 술어의
자리에도 다른 술어가 대신 들어설 수 없기 때문이다. 그러나 동시에
이것은 '무한한 존재자는 불변한다'는 명제는 모순율에 의거하여 명
제의 주어에서 전개될 수 있는 술어 이외에 다른 어떤 술어도 주어
에 부가하지 않는 순전한 분석 명제라는 것을 명확히 보여준다.* 만

약 우리가 개념들의 객관적 실재성은 전혀 문제 삼지 않고 순전히 개

---

*   순전히 논리학에 속하지만 표현이 모호하기 때문에 무릇 형이상학에 속하
는 것인 양 슬며시 끼어들어서 분석적인 것임에도 종합적인 것으로 간주
되는 명제들에는 또한 '사물의 본질은 **불변한다**, 즉 우리는 사물이라는 개
념 자체를 동시에 파기하지 않고는 이 개념에 본질적으로 속하는 어떤 것
도 변경할 수 없다'는 명제가 속한다. 이 명제는 바움가르텐의 『형이상학』
§ 132[8])에, 더 정확히 말하면 변화하는 것과 불변하는 것에 대한 장에—여
기서 (정당하게도) 변화는 사물의 서로 잇따르는 규정들의 실존(규정들의
잇따름)으로, 따라서 시간에서 이런 규정들의 경과로 설명된다—있는 명제
로, 마치 이 명제를 통해 (특히 시간에서 실존이 문제가 되기 때문에) 감관들
의 대상들에 관한 우리의 개념을 **확장하는** 자연법칙이 설명되는 것처럼 들
린다. 그러므로 철학 초심자들 역시 이로써 무언가 중요한 것을 배웠다고
믿으며, 또 예를 들어 사물의 본질은 불변한다고 말함으로써 조약돌 토양
이 아마 점차 점토 토양으로 변화될 수 있을 것이라는 몇몇 광물학자의 의
견을 간단하고 확실하게 폐기한다. 그러나 이런 형이상학적 금언은 사물
들의 현존과 이 사물들의 가능한 혹은 불가능한 변화들과는 전혀 관계하
지 않는 보잘것없는 동일 명제에 지나지 않는다. 이런 형이상학적 금언은
차라리 전적으로 논리학에 속하고, 또 어차피 아무도 부정할 생각조차 할
수 없는 것을, 말하자면 내가 하나의 동일한 객관에 대한 개념을 유지하고
자 한다면, 나는 이 개념에서 아무것도 변경해서는 안 된다는 것을, 즉 내
가 이 개념에 따라 생각한 것과 반대되는 것을 이 개념의 술어로 사용해서
는 안 된다는 것을 명심하게 한다.

넘들만으로 장난친다면, 우리는 직관이 없어도 매우 쉽게 학문을 눈속임으로 확장할 수 있을 테지만, 우리가 객관에 대한 인식의 확장을 목표로 하자마자 사태는 완전히 달라진다. 또 이런 순전히 겉보기만의 확장에 속하는 명제로는 다음 명제가 있다. (앞서 언급한 형이상학적 의미에서 취해진) 무한한 존재자는 그 자체로 **실제로** 변화하지 않는다. 즉 무한한 존재자에게 자신의 규정들은 시간에서 경과하지 않는다. (순전한 지성체인 무한한 존재자의 현존은 모순 없이 시간에서 생각될 수 없기 때문이다.) 이 명제는 우리가 현상체들인 사물들의 형식적 직관들인 공간과 시간에 대한 종합적 원리들을 전제할 경우, 또한 마찬가지로 순전한 분석 명제일 뿐이다. 왜냐하면 이 명제는 가장 실재적인 존재자 개념은 현상체에 대한 개념이 아니다는 『비판』의 명제와 동일하며, 또 이 명제는 종합 명제로서 무한한 존재자에 대한 인식을 확장하는 것과는 전혀 관계가 없고, 오히려 무한한 존재자 개념에서 직관을 부정함으로써 이 개념에서 모든 확장을 배제하기 때문이다.—게다가 위에서 언급한 명제들을 에버하르트가 제시하면서 "형이상학이 이 명제[들]를 증명할 수 있을 경우에"라는 말을 조심스럽게 덧붙인다는 사실에 주목해야 한다. 나는 형이상학이 마치 종합 명제를 동반하는 것처럼 속이곤 했던 이 명제[들]의 증명 근거를 곧바로 함께 제시했다. 또 이런 증명 근거는 (불변하는 것이란 규정들처럼) 딘지 (개념의) 논리적 본질과 관련하여 득징한 의미를 지닌 규정들을 나중에 완전히 다른 의미에서 실재적 본질(객관의 본성)에 관해 사용할 수 있게 해주는 유일하게 가능한 증명 근거다. 그러므로 독자는 유보적인 답변(결국 개념을 사태로 간주하는 친애하는 바움가르텐에게로 귀결될 그런 답변)에 따라 지체할 필요가 없으며, 바로 이 자리에서 스스로 판단할 수 있을 것이다.

이 장의 논의 전체에 비춰볼 때 우리는 에버하르트가 아프리오리

A 99

Ⅷ 238

A 100

한 종합 판단을 전혀 이해하지 못했거나, 아니면 더 그럴듯하게는 독자가 명확하게 파악할 수 있는 것을 의심하게 하려고 아프리오리한 종합 판단의 개념을 일부러 혼란하게 만들려 했다는 것을 알 수 있다. 정확히 살펴보면 둘 다 분석적인 것인데도 그가 기꺼이 종합적인 것처럼 슬그머니 넘어가게 만들고 싶어 했던 독보적인 형이상학적 예 두 가지는 "필연적으로 참인 것들은 모두 **영원**하며(여기에 그는 마찬가지로 '**불변하는**'이라는 말을 사용할 수도 있었을 것이다), 필연적인 존재자는 **불변한다**"라는 것이다. 『비판』이 그에게 진정으로 종합적인 예를 많이 제시해주었던 것에 반해 이런 예들이 매우 보잘것없는 것이라는 점은 매우 잘 설명될 수 있다. 그에게 중요한 일은 그가 순전한 주어 개념에서 나온 주어의 속성들로 증명할 수 있었던 술어들을 자신의 판단들을 위해 가지는 것이었다. 그러나 만약 술어가 종합적이라면, 이런 일은 일어나지 않기 때문에 그는 형이상학에서 이미 일상적으로 가지고 장난쳤던 술어, 즉 '변화하는'과 '불변하는'이라는 개념을 찾아야만 했다. 그는 이 술어를 한 번은 단순히 주어 개념과 논리적 관계에서 고찰하고, 다른 한 번은 대상과 실재적 관계에서 고찰하면서도 이 술어 안에서 오직 하나의 의미만 발견했다고 생각

A 101 했다. 이 술어는 물론 우리가 그 주어의 실존을 시간 안에 정립한다면, 주어의 속성과 종합 명제를 제공한다. 그러나 이 경우 단지 현상체라 할지라도 감성적 직관과 사물 자체가 전제되는데, 이런 것을 에버하르트는 종합 판단의 조건으로 받아들이고 싶어 하지 않았다. 그런데 '불변하는'이라는 술어를 (실존하는) 사물들에 대해 타당한 것으로 사용하는 대신에 그는 이 술어를 사물들에 대한 개념들에 사용한다. 왜냐하면 이 경우에 술어가 필연적으로 어떤 개념에—이 개념 자체에 어떤 대상이 대응하든 아니면 이 개념이 공허한 개념이든—속하는 한에서, 불변성은 확실히 모든 술어의 속성이기 때문이다.—

물에 관해 어떤 것을 아프리오리하게 규정하는 형이상학적 명제를
진술한다고 생각해야 하는데, 이 명제는 순전히 논리적 명제에 불과
한 것으로, 하나의 판단이 명제이려면 이 판단은 순전히 가능한 것
(미정인 것)으로뿐만 아니라 동시에 (분석적이든 종합적이든 그것은
마찬가지인데) 근거 지어진 것으로 표상되어야 한다는 것 이상을 말
하지 않는다. 인과성이라는 형이상학적 명제[원칙]도 그에게 떠올랐
지만, 그는 이 원칙[인과율]을 언급하지 않으려 조심한다. (그가 인과
율에 대해 제시한 예는 앞서 언급한 모든 종합 판단의 이른바 최상 원칙
의 보편성에 적합한 것이 아니기 때문이다.) 그 이유는 그가 전적으로
분석적이며 사물들의 모든 성질을 도외시한 논리적 규칙을 형이상 A 102
학이 문제로 삼아야만 하는 자연 원리인 양 교묘하게 간주하고 싶어
했기 때문이다.

에버하르트는 독자가 이런 속임수를 결국에는 알아차릴 수 있을
지도 모른다고 걱정해야만 했다. 그래서 그는 독자가 이런 속임수를
전혀 알아차리지 못하게 하려고, 이 장의 마지막에서(331쪽) "어떤
명제가 분석 명제인지 종합 명제인지에 대한 논쟁은 명제의 논리적
참에 관해서 볼 때 사소한 논쟁에 불과하다"라고 말한다. 그러나 소
용없는 일이었다. 그저 건전한 상식만으로도 의구심이 생길 것이며,
이내 문제가 있다는 것이 드러날 것이다. 점점 확대되어가는 경험을
바탕으로 내 지식이 매일 증가한다는 사실은 내가 주어진 개념을 넘
어 나의 인식을 확장할 수 있다는 것을 나에게 가르쳐준다. 그러나
만약 누군가 내가 주어진 개념을 넘어서서 심지어 경험 없이도 내 인
식을 증가할 수 있다고, 즉 아프리오리하게 종합적으로 판단할 수 있
다고 말하면서 이에 덧붙여 이를 위해서는 내가 개념을 가지는 것 이
상의 것이 반드시 필요하며, 내가 개념 속에서 이미 생각한 것 이상

을 내 개념에 실제로 부가하기 위한 근거가 또한 요구된다고 말한다면, 아프리오리하게 사물에 관한 개념에 속하기는 하지만 그럼에도 그런 개념에 포함되어 있지는 않다고 생각한 그 이상의 것을 나는 속성이라고 생각해야 하므로 내가 나의 개념 이외에 이 개념 속에 놓여 있는 것 이상을 말하려면 또한 어떤 하나의 근거가 있어야 한다는 명제를 인식을 확장하기 위한 충분 근거율이라고 그가 나에게 말할 경우, 나는 그를 비웃게 될 것이다. 왜냐하면 나의 개념에 본질적으로 고유한 것과 내가 이미 알고 있는 것 이외에도 나는 속성으로서 필연적으로 하나의 사물에 속하지만, 그 사물에 대한 개념에는 포함되지 않은 다수를 나에게 알려주는 근거가 도대체 어떤 것인지 알고 싶기 때문이다. 그런데 나는 경험을 통한 인식의 확장은 경험적인 (감관) 직관에 의존한다는 사실을 알고 있었으며, 이런 직관에서 나는 내 개념에 대응하는 많은 것을 만나지만, 이 개념 속에서 아직 사유되지 않았음에도 이 개념과 결합된 많은 것을 배울 수 있다는 것을 알고 있었다. 그런데 내 개념을 넘어서는 인식의 확장이 아프리오리하게 발생해야 한다면, 아까의 경우에 경험적 직관이 필요했던 것과 마찬가지로 이번 경우에는 아프리오리한 순수 직관이 필요하다는 것을 누군가가 나에게 지적해준다면, 아마도 나는 그것을 쉽게 이해할 것이다. 다만 나는 아프리오리한 순수 직관을 어디서 발견하고 이런 직관의 가능성을 어떻게 설명해야 할지 당황스러울 뿐이다. 이제 『비판』은 나에게 경험적인 모든 것 혹은 공간과 시간 안에서 실제로-감각될 수 있는 모든 것을 제거하라고, 따라서 경험적 표상과 관련하여 모든 사물을 폐기하라고 지시하며, 이렇게 해서 나는 마치 개별적 존재자들처럼 공간과 시간이 남아 있다는 사실을 알게 되는데, 이 공간과 시간에 대한 직관은 공간과 시간 안의 사물들과 이 사물들에 대한 모든 개념에 선행한다. 이런 근원적 표상 방식의 성질이 어떻든 간에 나는 이런 근원적 표상 방식을 언제나 **사물들 자체**의 형식들이 아니라, 따라서 모든 감성적 직관의 객관들의 형식들이 아니라 (순전히 감성을 통한 표상들의 판명성의 결여로서가 아니라), 나의 감성의 순전한 주관적인 (하지만 적극적인) 형식들로, 그러므로 순전한 현상들의 형식들로 생각해야만 한다. 이로써 이런 아프리오리한 직관이 인식의 확장을 가능하게 하며, 아프리오리한 직관의 객관을 사유하기 위해 지성이 언제나 직관의 다양에 제공해야 하는 종합적 통일은 인식의 확장을 **현실적인** 것으로 만들기 때문에, 어떻게 수학에서뿐만 아니라 자연과학에서도 아프리오리한 종합적 인식이 가능한지가 나에게는 명확해질 것이다. 그뿐만 아니라 그와 동시에 지성은 자기편에서는 직관할 수 없기 때문에 그런 아프리오리한 종합 명제들은 감성적 직관의 한계를 넘어서 추구될 수 없다는 것도 나에게는 분명해질 것이다. 이런 영역을 넘어선 모든 개념은 공허하며, 그런 개념에 대응하는 대상이 없을 것이 틀림없다. 그런데도 감성적 직관의 한계를 넘어선 인식들에 도달하려고 한다면, 나는 감관들의 대상들을 인식 A 105 하기 위해 이용하는 나의 저장품 가운데 결코 제거되어서는 안 되는 몇 가지 것을 제거해야 하거나 아니면 나머지 다른 것을 결코 감성적 인식에서 결합될 수 없는 방식에서 결합해야 한다. 이렇게 해서 나는 개념 안에 모순이 없음에도 개념들에 도대체 하나의 대상이 대응하는지 대응하지 않는지를 결코 알 수 없으며, 따라서 **나에게는** 완전히 공허한 개념들을 감히 형성하려고 해야 할 것이다.

그런데 만약 독자가 여기서 말한 것을 316쪽부터 에버하르트가 종합 판단에 대한 자신의 설명에 대해 자랑했던 것과 비교해본다면, 우 Ⅷ 241 리 둘 중에서 누가 사태를 인식하는 대신에 공허한 군더더기 말들을 제시하는지 스스로 판단할 수 있을 것이다.

게다가 에버하르트는 316쪽에서 "종합 판단은 **영원히 참인 경우**

에는 주어의 속성을, **시간적으로 참인** 경우에는 우연적 성질이나 관계를 그것의 술어로 가진다는 것"을 종합 판단의 특성이라고 말하며, 또 317쪽에서 이런 특성과 317쪽의 가장 **풍부**하고 가장 **명백한** 이런 구별 근거에 의거하여 『비판』이 종합 판단에 대해 제공한 생각, 즉 종합 판단 자체는 그 원리가 모순율이 아닌 판단이라는 생각과 비교한다! "그렇다면 어떤 원리지?"라고 에버하르트는 언짢은 듯 묻고

A 106 는, 곧이어 (이른바 라이프니츠의 저서들에서 끌어낸) 자신의 발견, 즉 분석 판단에서 중심이 되는 [첫째 중심점인] 모순율과 나란히, 인간의 지성이 요컨대 **종합** 판단에서 중심으로 삼는 둘째 중심점인 충분 근거율을 거론한다.

그런데 내가 지성 비판의 분석적 부분의 결과로 짧게 요약해서 제시했던 것에 비춰볼 때, 우리는 지성 비판이 종합 판단에 대한 정의에서 필연적으로 귀결되는 종합 판단 일반의 원리를 필요한 만큼 상세하게 설명해준다는 것을, 말하자면 **종합** 판단은 오직 직관이―만약 종합 판단이 경험[적 종합] 판단일 경우에는 경험적 직관이, 아프리오리한 종합 판단일 경우에는 아프리오리한 순수 직관이―판단의 주어 개념 밑에 놓여 있다는 조건 아래에서만 가능하다는 것을 알 수 있다. 모든 독자는 단지 인간의 이성 사용의 한계를 규정하기 위해서뿐만 아니라 심지어 우리 감성의 진정한 본성을 통찰하기 위해서도 아프리오리한 종합 명제가 어떤 결과들을 지니는지를(왜냐하면 이 명제는 공간과 시간 표상들의 유래와 관계없이 증명될 수 있으며, 그렇게 해서 우리가 공간과 시간의 내적 본성에서 그것들의 관념성을 추론해내기 이전에 이미 공간과 시간의 관념성을 증명하려고 사용할 수 있기 때문이다) 쉽게 통찰할 것이 분명하다.

A 107 이제 이것을 아프리오리한 종합 명제의 본성에 대한 에버하르트의 규정이 야기하는, 진위가 의심스러운 원리와 비교해보자. "아프리

오리한 종합 명제들은 주어 개념에 관해 주어의 속성들을", 즉 필연적이지만 단지 결과들로서만 주어에 속하는 속성들을 "진술하는 명제들이며" 이런 속성들은 그 자체로 보면 근거에 관계하는 것이 분명하기 때문에, 이런 속성들의 가능성은 충분 근거율로 파악된다. 그러나 이제 우리는 종합 판단에서 술어의 이 근거가 모순율에 의거하여 주어 안에서 찾아져야 하는지(이 경우 판단은 충분 근거율에도 불구하고 언제나 단지 분석적일 것이다) 아니면 모순율에 의거하여 주어 개념에서 끌어낼 수 없는 것인지를—이 경우 속성만이 종합적이다—정당하게 묻게 된다. 따라서 속성이라는 명칭과 충분 근거율은 둘 다 종합 판단과 분석 판단을 구별해주지 못한다. 오히려 만약 종합 판단이 아프리오리한 판단을 의미한다면, 우리는 이런 명명에 따라 아프리오리한 종합 판단의 술어는 필연적으로 주어 개념의 본질 속에 어떤 방식으로든 근거 지어져 있으며, 따라서 속성이지만 순전히 모순율에 따른 것만은 아니라는 것 이상을 주장할 수 없다. 그러나 아프리오리한 종합 판단의 술어는 주어 개념을 분석해 주어 개념에서 끌어낼 수 없기 때문에, 어떻게 이런 판단의 술어가 종합적 속성으로서 주어 개념과 결합되는가 하는 문제는 속성 개념에서 그리고 '술어의 어떤 근거가 있다'는 명제에서 밝혀지지 않는다. 따라서 에버하르트의 규정은 완전히 공허하다. 그러나 『비판』은 이런 가능성의 근거를, 즉 수어 개념 밑에 순수 직관이 놓여 있어야 한다는 것을 명백히 제시하는데, 순수 직관에서 오직 그것에서만 종합적 술어를 개념과 아프리오리하게 결합하는 일이 가능하다.

　여기서 결정적인 것은 논리학은 '어떻게 아프리오리한 종합 명제가 가능한가?'라는 물음에 관해 결코 어떤 정보도 제공할 수 없다는 것이다. 만약 논리학이 '너희 개념의 본질을 형성하는 것에서, 이로써 충분히 규정된(이 경우에는 속성들이라고 불리게 될) 종합적 술어들을 이끌어내라'고 말하려고 한다면, 우리는 조금도 나아가지 못한 채 제자리에 있게 될 것이다. 나의 개념으로 이 개념 자체를 넘어서기 위해, 그리고 이 개념 속에서 생각되었던 것 이상의 것을 이 개념에 대해 말하기 위해 나는 어떻게 시작해야 하는가? 논리학이 하는 것처럼 만약 우리가 순전히 지성의 측면에서만 인식 조건들을 고려한다면, 이 물음은 결코 해결되지 않는다. 그 경우 감성, 더욱이 아프리오리한 직관 능력으로서 감성은 함께 의문시될 것이며, 누군가 논

A 109   리학이 (당연히 그래야 하듯 논리학이 개념들의 객관들을 전적으로 추상해야 하기 때문에) 개념들을 분류하는 일에서 가치가 있다고 잘못 생각하는 사람은 정성들여 노력한 것을 잃어버리게 될 것이다. 그렇지만 에버하르트는 이런 의도[관점]에서, 그리고 그가 속성들의 개념(그리고 오로지 이런 속성들에 속하는 아프리오리한 종합 판단의 원

VIII 243   칙, 즉 충분 근거율)에서 끌어낸 표식들에 따라 논리학을 선험철학의 모호한 문제들을 해명하기 위해 내용이 매우 풍부하고 전도유망한 것이라고 평가한다. 심지어 그는 더 나아가 322쪽에서 논리학을 위해 판단들의 새로운 분류표를 기획하는데(그러나 『비판』의 저자는 그곳에서 그에게 할당된 자리를 거절할 것이다), 그를 이렇게 하도록 유도한 것은 320쪽에 인용된 베르누이의 이른바 판단들의 새로운 분류다.[9] 그와 같은 논리적 발명에 대해 사람들은 아마도, 이미 언젠가 학자들의 신문에서 이야기된 것처럼, "유감스럽게도 무익하도다! 다시 새로운 온도계가 발명되었구나"라고 말할 수 있을 것이다. 왜냐하면 우리가 구분의 확고한 두 점, 즉 물의 어는점과 끓는점만으로도 만족하고, 이 두 점 중 한 점에 있는 온도가 절대온도와 맺는 관계를 규정할 수 없이 지내는 한, 중간 영역이 80도나 100도 등으로 구분되는지 그렇지 않은지는 중요하지 않기 때문이다. 따라서 주어 개념 자체에

A 110   서 전개되어 나올 수 없는 (종합적이라고 이해된) 속성들이 도대체 어

떻게 주어의 필연적 술어들이 될 수 있는지(322쪽, I, 2), 아니면 속성들이 그 자체로 어떻게 주어와 함께 수용될 수 있는지에 대해 우리가 일반적으로 가르침을 받지 못하는 한, 판단들의 가능성을 동시에 제시해주는, 물론 그럴 가능성도 별로 없지만, 앞서의 모든 체계적 분류는 우리 기억에 전혀 쓸모없는 짐이 될 뿐이며, 또 논리학의 어떤 최신 체계에도 자리 잡기 어려울 것이다. (에버하르트가 매우 모순되게 비본질적 판단이라 부른) 아프리오리한 종합 판단의 순전한 이념조차 전혀 논리학에 속하지 않을 것이다.

마지막으로 에버하르트와 다른 사람들이 제기한 주장, 즉 종합 판단과 분석 판단의 구별은 새로운 것이 아니라 이미 오래전부터 알려져 있던 (짐작건대 중요하지 않기 때문에 단지 소홀하게 다루어진) 것이라는 주장을 살펴보자. 진리에 관계하는 사람이 특히 적어도 이제까지 **시도되지 않았던** 방식의 구별을 사용할 때, 이 구별이 이미 누군가 다른 사람이 한 것인지 아닌지 하는 문제는 그에게 별로 중요하지 않을 것이다. 더욱이 우리가 새로운 것에 반대할 이유가 없다면, 학문들에서 새로운 모든 것이 적어도 이미 오래전 옛사람들에게는 알려져 있던 것으로 발견되는 일은 또한 모든 새로운 것이 겪는 일상적 운명이다. 그러나 새로운 것이라고 제시된 설명에서, 만약 이 설명이 이미 다른 곳에서 행해졌다면 간과될 수 없을 정도로 명백히 중요한 결과늘이 즉각 눈에 띌 경우에는 앞서의 구별 자체가 올바른지 혹은 중요한지에 대한 회의가 생겨날 것이며, 이 회의는 이런 구별을 사용하는 데 방해가 될 것이다. 그러나 이 구별이 의심 없이 정립되고 동시에 또한 필연성이—이 필연성에 따라 중요한 결과들이 스스로 강제된다—명백하다면, 우리는 이런 구별이 아직 이루어진 적이 없다는 것을 매우 그럴듯한 것으로 가정할 수 있다.

그런데 '어떻게 아프리오리한 인식이 가능한가'라는 물음은 이미

A 111

VIII 244

오래전부터, 특히 **로크**의 시대 이래 제기되어왔고 다루어져왔다. 이때 우리가 인식에서 분석적인 것과 종합적인 것의 구별을 명백히 깨닫자마자 이 일반적 물음을 특수한 물음, 즉 '어떻게 아프리오리한 **종합** 판단이 가능한가'라는 물음으로 제한하는 것보다 더 자연스러운 것이 무엇이겠는가? 이런 물음이 제기되자마자 형이상학의 성공과 실패는 전적으로 '어떻게 아프리오리한 종합 판단이 가능한가'라는 과제가 해결되는 방식에 의거한다는 것이 즉시 명백해질 테니 말이다. 더욱이 우리가 이 유일한 과제에 관해 충분한 정보를 얻을 때까지 형이상학의 모든 독단적 방법은 확실히 중지되었을 테고, 또 '순수 이성 비판'은 하나의 구호가 되었을 것이며, 그런 구호 앞에서 또한 형이상학의 독단적 주장들의 매우 큰 나팔소리도 울려 퍼질 수 없었을 것이다. 그런데 '어떻게 아프리오리한 종합 판단이 가능한가'라는 물음을 제기하는 일이 일어나지 않았기 때문에 우리는 논의되는 판단들의 구별이 결코 적절하게 통찰된 적이 없었다고밖에 달리 판단할 수 없다. 또 판단들의 술어들 중에서 속성들을 주어의 본질적 부분들이나 본질과 단순하게 구별해버린 에버하르트처럼 이 구별을 평가하고 그렇게 해서 이런 구별을 논리학에 귀속시켰다면, 불가피하게 그렇게 판단할 수밖에 없게 된다. 왜냐하면 논리학은 결코 인식의 내용과 관련하여 인식의 가능성을 문제 삼지 않으며, 단지 **논증적** 인식인 한에서 인식의 형식만을 문제 삼지만, 대상들에 대한 아프리오리한 인식의 기원을 탐구하는 일은 오로지 선험철학이 떠맡아야 하기 때문이다. 만약 언급한 구별이 분석 판단과 종합 판단이라는 용어들 대신에 **동일** 판단과 **비동일** 판단이라는 매우 잘못 선택된 용어들로 바뀌었다면, 이 구별은 이런 통찰에 도달할 수도 확정적으로 사용될 수도 없었을 것이다. 동일 판단과 비동일 판단이라는 용어들은 표상들의 이런 아프리오리한 결합 가능성의 특수한 방식을 조금도 제시하지 않지만, 그런 용어 대신에 (분석 판단과 대립하는) 종합 판단이란 용어는 곧장 아프리오리한 **종합** 일반을 암시해주며, 또 자연스럽게 더는 논리적 탐구가 아니라 이미 선험적 탐구를 유발할 것이 분명하다. 선험적 탐구란 객관 일반의 개념을 위해 오직 (어떤 직관의) 다양의 순수한 **종합적** 통일만을 말해주며, 또 모든 객관 인식의 근저에 아프리오리하게 놓여 있는 개념들(범주들)이 있는 것은 아닌지에 대한 것이다. 그리고 이런 개념들은 단지 대상 일반의 사유에 관계하므로, 또한 그런 종합적 인식을 위해서는 객관이 주어져야 하는 방식이, 즉 객관을 직관하는 형식이 마찬가지로 아프리오리하게 전제되어 있어야 하는 것은 아닌지에 대한 것이다. 이 경우 이런 문제들에 주목한다면, 다른 경우에는 아무런 쓸모도 없을 앞서의 논리적 구별은 필히 선험적 과제로 변형될 테니 말이다. VIII 245 A 114

그러므로 『비판』이 **처음으로** 동일률이나 모순율에 전적으로 의존하는 판단을 분석 판단과 대립되는 종합 판단이라는 명칭으로 또 다른 원칙을 필요로 하는 판단과 구별하고, 이런 구별을 알 수 있게 해 주었을 때, 이것은 단순히 말치레에 불과한 것이 아니라 사태 인식에 한 발 더 가까이 다가선 것이었다. 왜냐하면 종합이라는 용어는 주어진 개념 이외에도 어떤 것이 기체로서, 즉 내 술어들을 가지고 이 개념을 넘어가는 것을 가능하게 하는 어떤 것이 기체로서 부가되어야만 한다는 것을 명확하게 제시하기 때문이다. 따라서 탐구는 인식 일반을 위한 표상들의 종합의 가능성으로 향하게 되는데, 그리하여 곧바로 인식의 필수 불가결한 조건들로서 직관을, 더욱이 아프리오리한 인식을 하기 위해서는 순수 직관을 인정하지 않을 수 없게 된다. 그러나 이런 일은 종합 판단을 비동일 판단이라고 설명하는 것으로는 기대할 수 없으며, 또 결코 그런 설명의 결과일 수도 없다. 이 점을 확실하게 하려고 우리는 언급된 구별이 이미 상당히 이루어져 비 A 115

록 다른 용어들로 표현되긴 했지만, 철학에서 잘 알려져 있었다는 것을 증명하려고 이제까지 인용했던 예들을 검토해보아야 한다. (나 스스로, 그러나 단지 다소 유사한 것으로 인용했던) 최초의 예는 로크[10]에게서 나왔는데, 로크는 그가 명명한 이른바 공존과 관계의 인식들을 전자는 경험 판단들에서, 후자는 도덕 판단들에서 제시한다. 그러나 그는 판단들의 종합적 측면에 대해서는 일반적으로 명칭을 부여하지 않았으며, 게다가 동일성의 명제들을 이처럼 구별함으로써 아프리오리한 순수 인식 일반을 위한 보편적 규칙을 조금도 이끌어내지 못했다. 로이슈[11]에게서 이끌어낸 예는 완전히 논리학을 위한 것이며, 객관들과 관련된 인식의 확장, 특히 아프리오리한 인식의 확장에는 신경도 쓰지 않고 단지 주어진 개념들에 판명성을 부여하는 다른 두 가지 방식만을 제시한다. 크루지우스[12]에게서 이끌어낸 마지막

VIII 246
A 116

예는 단지 모순율로는 증명될 수 없는, 순전히 형이상학적인 명제들을 언급한다. 따라서 어느 누구도 이런 구별을 이성 일반을 비판하기 위해 그 보편성에서 파악하지 못했다. 그렇지 않았다면 아프리오리한 종합적 인식을 매우 풍부하게 지닌 수학이 위에서 최초의 예로 제시되었어야 했으며, 또 이런 수학과 그리고 (분석 명제들은 충분히 풍부하게 지닌 데 반해) 이런 종류의 명제들에 관하여 빈약한 순수 철학 사이의 뚜렷한 대조는 수학의 가능성에 관한 탐구를 불가피하게 야기했을 테니 말이다. 반면에 만약 누군가 언급된 탐구가 불필요하다거나, 탐구 목적이 이미 오래전에 달성되었다는 이유로 그 탐구를 등한시하지 않는 한, 그가 판단들의 구별을 일반적으로 이미 알고 있었으며, 또 다른 사람에게서 발견했다는 것을 의식했는지, 그렇지 않은지에 대한 판단은 전적으로 그 자신에게 남겨져 있다.

* * *

형이상학의 방대한 요구를 정당화하고자 했던 이전의 비판을 단지 반복할 뿐인 이런 논의, 즉 이른바 [사이비] 순수 이성 비판과 관련된 논의를 우리는 이제 영원히 끝내도 좋을 성싶다. [진정한] 순수 이성 비판이 있었다 하더라도, 에버하르트는 비판의 어떤 문제도 보 A 117
고 이해하거나 해결할 수 없었으며, 심지어 철학의 이런 요구를 간접적으로라도 충족해주지 못했다는 것이 충분히 명백하게 밝혀졌다.—지금까지 자신들의 반박을 통해 비판적 작업을 계속 진행하려고 노력해왔던 다른 정직한 사람들은 (어떤 형식적인 논쟁에도 결코 끼어들지 않으려는) 나의 결심에서 벗어나는 이번과 같은 유일한 예외를, 내가 그들의 논증들이나 철학적 명성을 별로 중요하지 않게 생각했기 때문이라고 해석하지는 않을 것이다. 단지 이번 경우에 한번 내가 예외적으로 논쟁에 끼어들었던 것은 무언가 그 자체로 주목할 만한 가치가 있어 보이는 어떤 행동, 즉 에버하르트 자신의 특별한 행동에 주의를 환기하기 위해서였다. 이것 이외에도 『순수이성비판』은 내적 완벽성 때문에 그 자체로 계속 변함없이 유지될 수 있을 것이라는 점을 가능한 한 말하고 싶었다. 『비판』이 한번 세상에 알려지고 나면, 그것은 적어도 지금까지 존재했던 것보다 더 완벽한 순수 철학의 체계가 정립되지 않고는 결코 사라지지 않을 것이다. 그러나 우리가 이런 순수 철학의 체계가 만들어지는 경우를 상상해본다면, 현재의 사태 진행만 보더라도 오늘날 『비판』의 적대자들 사이에 드 Ⅷ 247
러나는 외견상 일치는 단지 은폐된 불화일 뿐이라는 사실을 충분히 A 118
알 수 있다. 그들이 『비판』 대신에 세우고자 하는 원리[들]에서, 그들은 서로 아주 크게 대립하기 때문이다. 그러므로 먼저 그들이 자신들의 적에 대항하여 가정하고자 했던 원칙들에 관해 합의하기 위해 자신들의 공통의 적과 벌이는 논쟁을 잠시 유보한다면, 우스우면서도 교훈을 주는 장면이 벌어질 것이다. 그러나 강을 가로질러 다리를 놓는 대신에 강을 따라 다리를 놓으려는 사람이 작업을 끝낼 수 없는 것처럼 그들 역시 은폐된 불화를 끝내지 못할 것이다.

철학하는 국민은 순전히 보이지 않는 것, 즉 이성을 자신의 유일한 지배자로 인식한다. 그 때문에 철학하는 국민에게는 어쩔 수 없이 무정부주의가 지배함에도, 위대한 어떤 한 사람을 중심으로 그 주위에 한 무리의 소란스러운 사람들이 모여드는 일은 항상 피할 수 없었다. 그러나 이 위대한 사람을 이해한다는 것은, 자기 자신의 지성이 없거나 자신의 지성을 사용하는 일에 관심이 없었던 사람들에게는 혹은 이 두 가지가 결여되지는 않았다고 하더라도 그들의 지성을 다른 사람에게 의존하던 사람들에게는 어려운 일이다. 이런 어려움이 지금까지 확고한 사고 체계를 형성하지 못하도록 방해해왔으며, 그래서 적어도 일정 기간은 그런 사고 체계를 가로막는 방해물로 남아 있을 것이다.

A 119

라이프니츠의 형이상학에는 무엇보다도 다음 세 가지 특성이 있다. 그것은 1) 필연적으로 참인 것을 인식하려면 모순율만으로는 불충분하다는 것을 지시해주는 한에서 충분 근거율, 2) 단자론, 3) 예정 조화 이론이다. 이 세 가지 원리 때문에 라이프니츠는 자신을 이해하지 못했던 많은 적대자에게서 괴롭힘을 당했을 뿐만 아니라, (라이프니츠 철학에 정통한 사람과 열렬한 찬양자가 기회가 날 때마다 말하는 것처럼) 이른바 그의 추종자들과 해석자들[13]에게서도 부당하게 대우받아왔다. 이런 일은 과거의 다른 철학자들도 경험했던 것으로, 이 철학자들은 아마 다음과 같이 말할 수도 있었을 것이다. "신은 단지 우리 친구들에게서만 우리를 지켜준다. 우리 적들 앞에서는 우리 스스로 조심하고자 한다."

I. 라이프니츠가 지금까지 철학을 보충해준다는 점에서 충분 근거율을 매우 중요시했다고 하더라도, 그가 이 원칙을 객관적으로 (자연법칙으로) 이해하고자 했다는 것을 정말 믿을 수 있겠는가? 이 원칙은 물론 이처럼 일반적으로 알려져 있고, (적절한 제한들이 가해질 경우) 매우 분명한 것이라고 하더라도 심지어 머리가 나쁜 사람도 이 A 120 원칙으로 새로운 것이 발견됐다고 믿을 수는 없을 것이다. 사실 그는 이 원칙을 오해한 적대자들에게서 많은 조롱을 받아왔다. 그러나 라 Ⅷ 248 이프니츠에게 이 원칙은 단지 주관적인 것, 즉 이성 비판에 관계하는 원리였다. 도대체 모순율을 넘어서서 또 다른 원칙이 추가되어야 한다는 말이 무엇을 의미하겠는가? 이 말은 단지 모순율로는 객관에 관한 개념들 속에 이미 놓여 있는 것만이 인식될 뿐이라는 것을 의미한다. 만약 객관에 관해 그 이상의 것을 말해야 한다면, 이 개념을 넘어서는 무엇인가를 부가해야만 하고 이것을 부가할 수 있으려면, 또한 모순율과 구별되는 특수한 원리를 찾아야 한다는 것, 즉 개념[들]은 자신의 특수한 근거를 지녀야만 한다는 것이다. 그런데 후자와 같은 종류의 명제는 (지금으로서는 적어도) 종합적이라 불리기 때문에, 라이프니츠는 단지 (분석 판단의 원리인) 모순율을 넘어서서 또 다른 원리, 즉 종합 판단의 원리가 추가되어야 한다는 것만 주장하고자 했을 뿐이다. 이것은 형이상학에서 아직 성취된 적이 없었던 (그런데 사실 단지 최근에 비로소 수행되었던) 탐구들을 확실히 새롭고도 주목할 만한 방식으로 암시해주는 것이었다. 그런데 라이프니츠 추종자가 그 당시에는 아직 찾지 못했던 특수한 원리에 대한 이런 암시 A 121 를 라이프니츠가 그것[원리]에 의해 새로운 발견을 했다고 생각했던 (이미 발견된 종합적 인식의) 원리라고 억지 주장한다면, 그는 라이프니츠를 칭송한다고 생각하는 순간 바로 라이프니츠를 조롱하는 것은 아닌가?

Ⅱ. 그토록 위대한 수학자(!)인 라이프니츠가 물체들은 단자들로 (따라서 공간도 단순한 부분들로) 구성되어 있다고 주장하고자 했다는 것을 정말 믿을 수 있겠는가? 그가 주장하려 했던 것은 물체 세계가 아니라 우리에게는 알려져 있지 않은 물체 세계의 기체인 지성계다. 이 지성계는 순전히 이성의 이념 안에 있고, 또 이성의 이념 안에서 우리는 실제로 우리가 합성된 실체라고 생각한 모든 것이 단순한 실체들로 구성되어 있다고 표상해야만 한다. 또 라이프니츠는 플라톤과 더불어 인간 정신에 이런 초감성적 존재자에 대한 근원적인— 지금은 모호해졌을 뿐인—지적 직관을 부여한 것처럼 보인다. 그러나 라이프니츠는 이런 직관 능력을 결코 감성적 존재자들과 연관시키지 않는다. 그는 감성적 존재자들을 우리에게 가능한 인식들을 위해 우리가 유일하게 할 수 있는 특수한 종류의 직관과 연관된 사물들

A 122 로, 즉 가장 엄밀한 의미에서 (특수하게 고유한) 직관의 형식들인 순전한 현상들로 간주하고자 한다. 그러므로 우리는 라이프니츠가 감성을 혼란한 표상 방식으로 설명하는 데에 얽매여서는 안 되며 오히

Ⅷ 249 려 그의 의도에 좀더 들어맞는 다른 설명으로 대체해야 한다. 라이프니츠의 의도에 좀더 들어맞는 다른 설명이 없을 경우, 그의 체계는 그 자체로 모순을 포함할 것이다. 그런데 [있을 수도 있는] 이런 오류를 라이프니츠가 범하지 않으려고 의도적으로 현명하게 조심한 것이라고 추종자들이 받아들인다면, (마치 모방하는 사람들이 본래의 사람과 완전히 비슷하게 되려고 원래 사람의 태도나 언어의 실수마저도 모방하는 것처럼) 그들이 자기들 스승의 명예를 위해 공을 세웠다고 평가하기는 어려울 것이다. 라이프니츠가 단지 경험적 기원 이외에 다른 어떤 것도 인정하지 않은 로크에 반대하려고 사용한 개념들의 타고남, 즉 우리 인식의 아프리오리한 원리들에 관계하는 **근본 능력**을 위한 용어로 사용한 특정한 개념들의 생득성을 우리가 문자 그대

로 받아들인다면, 마찬가지로 잘못 이해하는 것이다.

Ⅲ. 자신의 [이른바] 영혼과 육체 사이의 예정 조화를 라이프니츠가 각자의 본성에서 서로 완전히 독립적이며 또 각자 자신의 힘으로도 관계를 맺을 수 없는 두 존재자의 일치를 의미하는 것으로 이해했다고 믿을 수 있겠는가? 그의 예정 조화 이론은 바로 관념론을 예고하는 일이 될 것이다. 만약 영혼에서 일어나는 모든 것이 영혼이 완 A 123 전히 고립적으로 행사하는 영혼 자신의 힘들이 낳은 결과로 간주될 수 있다면, 도대체 왜 우리가 육체를 가정해야만 하겠는가? 영혼과 우리가 육체라 부르는, 우리에게는 전혀 알려지지 않은 현상들의 기체는 물론 서로 전혀 다른 존재자들이다. 그러나 이 현상들 자체는 주관의 (영혼의) 성질에 의존하는 직관의 순전한 형식[들]에 따라 조건 지어진 순전한 표상들이다. 그리하여 우리는 어떤 아프리오리한 법칙들에 의거하여 동일한 주관에서 지성과 감성 사이의 관계를 생각할 수 있으며, 또한 동시에 외적 사물들을 관념론에 넘겨주지 않고도 외적 사물들에 대한 감성의 필연적인 자연적 의존성을 생각할 수 있다. 지성과 감성 사이의 이런 조화가 보편적인 자연법칙들에 대한 인식을 아프리오리하게 가능하게 만드는 것인 한, 『비판』은 근본적으로 이런 조화가 없이는 어떤 경험도 가능하지 않다는 것을 보여주었다. 다시 말해 이런 조화가 없다면, 대상들은 (대상들은 한편으론 직관과 관련해서는 우리 감성의 형식적 조건들에 따른 것이기도 하시만, 나른 한편으론 다양의 결합과 관련해서는 대상들에 대한 인식을 가능하게 하는 조건인 하나의 의식으로 통합해서 질서를 부여하는 원리들에 따른 것이므로) 우리에게 의식의 통일로 받아들여지지 않아 경험되지 않 A 124 는다는 것을, 따라서 대상들은 우리에게 아무것도 아닐 것이라는 것을 『비판』은 지적했다. 그러나 왜 우리가 양자의 결합으로 경험을 가능하게 만드는 바로 그런 종류의 감성과 그런 지성의 본성을 지녔는

지에 대한 근거는 우리도 여전히 제시할 수 없다. 또 우리는 왜 다른 경우에는 완전히 이질적인 인식의 두 원천인 감성과 지성이, 경험 인식 일반의 가능성을 위해, 그러나 특히 (『판단력비판』에서 이 점을 주목하게 되겠지만) 지성이 아프리오리하게 우리에게 아무것도 가르쳐 주지 않는 다양하게 특수하면서도 순전히 경험적인 법칙들 아래에 있는 자연에 대한 경험 가능성을 위해, 마치 자연이 우리의 파악 능력을 위해 의도적으로 설계되어 있는 것처럼 언제나 서로 잘 일치하는지에 대해서도 근거를 제시할 수 없다. 이것을 우리는 (그 어느 누구라도) 더는 설명할 수 없었던 것이다. 이런 일치의 근거를 라이프니츠는 특히 물체들에 대한 인식과 이런 인식 중에서 무엇보다 먼저 우리 자신에 대한 인식과 관련하여 이런[영혼과 육체 사이의] 관계의 매개적 근거를 **예정 조화**라고 명명했다. 라이프니츠는 이렇게 명명함으로써 앞서 언급한 일치를 분명히 설명하지도 또한 설명하고자 하지도 않았으며, 그렇게 해서 단지 우리는 최상의 원인에 따른

우리 자신뿐만 아니라 우리 바깥의 모든 사물의 배치에서 어떤 합목적성을 생각하지 않을 수 없다는 것만 암시했다. 그리고 이 합목적성은 물론 이미 창조할 때 집어넣은 것(예정된 것)이지만, 그러나 서로 바깥에 존재하는 사물들에 대한 예정이 아니라 우리 안의 마음의 능력들인 감성과 지성 사이에 각자 자신의 특성에 따른 **상호적** 예정으로 생각해야만 한다는 것이다. 이것은 마치 『비판』이 이들 능력은 사물들에 대한 아프리오리한 인식을 위해 우리 마음 안에서 서로 관계 맺어야 한다고 가르친 것과 같다. 이것이 비록 명확하게 전개되지는 않았지만 진짜 라이프니츠의 의견이라는 것은 그가 앞서 언급한 예정 조화를 영혼과 육체 사이의 일치를 훨씬 넘어선 것에까지, 즉 **자연의 왕국**과 **은총의 왕국**(궁극 목적, 즉 도덕법칙 아래에 있는 인류와 관계하는 목적의 왕국) 사이의 일치로까지 확장한다는 사실에서 추측할

수 있다. 이런 조화는 우리의 자연 개념에서 나온 결과와 자유 개념에서 나온 결과 사이의 조화로, 따라서 우리 안의 완전히 종류가 다른 원리들에 종속하는 두 가지 완전히 다른 능력들 사이의 조화로 생각되어야지 두 가지 다른 사물들, 즉 서로 바깥에 조화롭게 존재하는 사물들 사이의 조화로 생각되어서는 안 된다. 더욱이 (사실 도덕에서 요구되는) 이런 조화는 『비판』이 보여주는 것처럼 전적으로 세계 속에 존재하는 것들의 성질로부터 생각될 수 있는 것이 아니라, 오히려 우리에게는 적어도 우연적 일치이며, 단지 세계의 지성적 원인을 통해 A 126 서만 생각될 수 있다.

  결국 『순수이성비판』은 라이프니츠를 위한 진정한 변론일 수 있으며, 그것도 라이프니츠를 칭송의 말만 늘어놓을 뿐 결코 명예롭게 해주지 못하는 그의 추종자들에 반대하는 변론일 수 있다. 마찬가지로 『순수이성비판』은 철학의 많은 역사 서술가가 이전의 다양한 철학자 VIII 251 에게 칭송의 말을 바쳤음에도 순전히 무의미한 말만을 늘어놓았던 철학자들을 위한 진정한 변론일 수도 있다. 철학의 많은 역사 서술가는 순전한 개념들에서 나온 순수 이성의 산물들을 모두 해석할 수 있는 실마리를, 즉 (이 모든 개념의 공통 원천인) 이성 비판 자체를 등한시했기 때문에 이전의 다양한 철학자의 의도를 파악하지 못했다. 그래서 철학의 많은 역사 서술가는 이전의 다양한 철학자가 말했던 단이[개념]에 대한 탐구를 넘어서 실로 이런 철학사들이 무엇을 주상하려고 했는지를 알 수 없었다.

변신론에서 모든 철학적 시도의 실패

이남원 옮김

일러두기

1. 『변신론에서 모든 철학적 시도의 실패』(*Über das Mißlingen aller philosophischen Versuche in der Theodizee*) 번역은 1791년 발표된 원전을 대본으로 사용했고, 학술원판(Immanuel Kant, *Abhandlungen nach 1781* in *Kant's gesammelte Schriften*, Bd. VIII, pp.253-272, hrsg. von der Königlich Preußlichen Akademie der Wissenschaften, Berlin, 1911)과 바이셰델판(*Schriften zur Anthropologie, Geschichtsphilosophie, Politik und Pädagogik* in *Immanuel Kant Werke in Zehn Bänden*, Bd. IX, pp.103-124, hrsg. von Wilhelm Weischedel, Darmstadt, 1983)을 참조했다.

변신론에서 모든 철학적 시도의 실패

변신론이란 이성이 이 세계에서 목적에 반하는 것[1]을 근거로 고소
한 세계 창조자의 최상의 지혜를 변호하는 것을 뜻한다.—이것을 사
람들은 신에 관한 소송 사건에서 쟁론하는 것이라고 한다. 이것은 근
본적으로 자신의 한계를 인정하지 않는 오만한 우리 이성이 제기한
소송에 불과하다. 물론 이는 최상의 소송은 아니지만 그럼에도 다음
과 같은 점에서는 용인될 수 있다. 즉 (오만을 별도로 한다면) 이성적
존재인 인간이 그에게 존경을 요구하는 모든 주장과 학설을, 이 존
경이 거짓이 아니라 진실한 것이 되도록, 주장과 학설에 복종하기에
앞서 이것을 검사하는 자격을 지닌다는 점에서 이 소송은 용인될 수
있다.

그런데 이러한 징딩화를 하려면 신의 변호인이라 사칭하는 사람
은 다음 세 가지 중 어느 쪽이든 증명해야 한다. 즉 우리가 세계에
서 목적에 반한다[2]고 판정하는 것 모두 그렇지 않다든가 또는 목적
에 반하는 것이 존재하더라도 그것은 사실이라고 판정되어서는 안
되고 다만 사물 본성의 불가피한 결과라고 판정되어야 한다든가 또
는 마지막으로 적어도 만물의 최고 창조자의 사실로서 간주되어서는
안 되고, 오히려 어느 정도는 책임을 물을 수 있는 세계 내 존재, 즉

인간이 (선하든 악하든 어쨌든 고차원적인 정신적 존재가) 의도한 결과로서 간주되지 않으면 안 된다든가 이 세 가지다.

그러므로 변신론의 저자는 이러한 소송을 이성의 법정에 계류하는 일을 승낙하고, 더 나아가 원고의 모든 이의를 형식적으로 논박함으로써 피고인의 권리를 옹호하는 대리인이 되겠다고 기꺼이 자청한다. 그러므로 변호인은 재판이 진행하는 도중에 인간 이성의 법정이 무능력(*exceptio fori*)[3]하다고 자의적으로 선언할 수는 없다. 즉 변호인은 반대자에 대해 세계 창조자의 지고의 지혜를 승인하라고 강요함으로써 이의를 기각해서는 안 된다. 이렇게 하는 것은 그것에 대해 제기될 수 있는 모든 의심을 조사도 해보지 않고 곧바로 근거 없는 것으로 선언해버리는 것이다. 오히려 그는 이들 반대에 귀를 기울여야 하고, 이 반대들을 명료화해 제거함으로써 어떻게 해야 이 반대들이 최고 지혜의 개념*을 훼손하지 않을지를 이해시키지 않으면 안

A 196

Ⅷ 256

---

* 지혜의 고유한 개념은 의지가 만물의 **궁극 목적**으로서 최고선과 합치하는 성질을 드러내는 반면에, 기술[의 개념]은 임의의 **목적**을 위한 유용한 수단으로서 사용되는 능력만 드러낼 뿐이다. 그러나 기술이 인간 이성의 어떤 통찰도 초월할 가능성이 있는 이념(예컨대 유기체에서처럼 수단과 목적이 서로 산출하는 경우)에 적합한 능력을 스스로 가지고 있다는 것을 증명한다면, 그 기술에 대해 신적 기술로서 지혜라는 이름이 주어지더라도 부당하지는 않겠지만, 개념의 혼동을 피하려고 세계 창조자의 **도덕적 지혜**와 구별해서 세계 창조자의 기술적 지혜라는 이름이 주어질 수 있다. 목적론은(그리고 이 목적론을 통해서 자연 신학도) 경험에서 이 기술적 지혜의 사례를 풍부하게 부여하고 있다. 그러나 목적론에서는 세계 창조자의 도덕적 지혜를 결코 추론할 수 없다. 왜냐하면 자연법칙과 도덕법칙은 완전히 이질적인 원리에 의거하며, 도덕적 지혜를 증명하는 일은 완전히 아프리오리하게 수행되지 않으면 안 되고, 세계 안에서 일어나는 것에 관한 경험에는 결코 근거를 두지 않기 때문이다. 그런데 종교에서 유용하다고 생각되는 신의 개념은 도덕적 존재로서 신의 개념이지 않으면 안 되며(왜냐하면 자연을 설명하기 위해서는, 따라서 사변적 의도를 위해서는 우리는 도덕적 존재로서 신이 필요하지 않기 때문이다), 이 개념은 경험에 근거를 두지 않은 것과

A 197

된다.—그러나 변호인이 주목할 필요가 없는 것이 한 가지 있는데, A 197 그것은 바로 이 세계의 경험이 가르쳐주는 것에서 신의 지혜를 증명하는 것이다. 왜냐하면 그는 이 점에서 결코 성공하지 못할 것이기 때문이다. 주어진 세계(경험의 인식에 그 자신을 제공하는 것처럼)에서 이 이상의 창조와 통치는 어디에도 있을 수 없다고 단언할 수 있는 완전성을 이해하려면 전지(全知)가 필요할 테니 말이다.

그런데 세계 내에서 목적에 반하고 세계 창조자의 지혜에 대립할 수 있는 것은 모두 세 가지다.

Ⅰ. 목적으로서도 수단으로서도 허용될 수도 없고 욕구될 수도 A 198 없는, 절대적으로 목적에 반하는 것

Ⅱ. 목적으로서는 의지의 지혜와 양립할 수 없지만 수단으로서는 그렇게 양립할 수 있는, 조건부로 목적에 반하는 것

첫째 것은 본래의 악⁴⁾(죄)으로서 도덕적으로 목적에 반하는 것이다. **둘째** 것은 자연적으로 목적에 반하는 것, 즉 해악⁵⁾(고통)이다.— 그러나 해악과 도덕적인 악의 관계에는 후자가 일단 현존하고 있고 Ⅷ 257 회피될 수도 없으며 회피되어서도 안 되는 경우의 합목적성이 여전히 존재한다. 즉 벌로서 해악과 고통이 죄로서 악과 맺는 결합에서 합목적성이 존재한다. 그리고 세계의 이러한 합목적성에 관해서 모든 사람이 이 세계에서 자신의 정의를 수행하는가 하는 물음이 생겨난다. 따라서 또

마찬가지로 우리를 완전히 초월한 절대적으로 필연적인 존재라는 단순한 초월적 개념에서도 산출되지 않기 때문에, 그러한 존재의 현존재를 증명하는 일은 도덕적 증명 이외의 것일 수 없다는 것은 아주 명백하다.

제Ⅲ종류의, 세계의 목적에 반하는 것이 고려되지 않으면 안 된다. 즉 세계에서 죄와 벌의 불균형이 고려되지 않으면 안 된다.

따라서 이들 세 가지 목적에 반하는 것이 반박하는 세계 창조자의 최고 지성의 속성도 세 가지다.

첫째, 세계의 도덕적 악과 대립하는, **입법자**(창조자)로서 세계 창조자의 **신성성**(神聖性)

A 199   둘째, 이성적 세계 존재의 셀 수 없는 해악이나 고통과 대비되는, **통치자**(보호자)로서 세계 창조자의 **선성**(善性)

셋째, 악인이 처벌되지 않는 것과 그의 죄 사이의 불균형이 세계 안에서 나타내는 것처럼 보이는 해악 상태와 비교되는, **재판관으로서** 세계 창조자의 **정의***

---

*   이 세 가지 속성은 어느 하나도 다른 것들에 환원되지 않는다. 예컨대 정의는 선에 환원되지 않고, 전체는 그것의 더 작은 수로 환원되지 않지만, 합해져서는 신의 도덕적 개념을 구성한다. 그뿐만 아니라 이 순서도 이 도덕적 개념을 근저로 하는 종교에 타격을 주지 않고는 변경될 수 없다(예컨대, 선성을 세계 창조의 최고 조건으로 하여, 입법의 신성성을 선성에 종속시키는 방식으로). 우리 고유의 순수한(특히 실천적인) 이성이 이 순서를 규정하며, 가령 입법이 선성을 따른다면 이 존엄이나 의무의 확고한 개념조차 소멸해버린다. 실로 인간은 우선 행복하기를 원하지만, 또 행복할 만한 자격이 있는 것, 즉 자기 자유의 행사와 신성한 법의 일치가 창조자의 결정에서는 그 선성의 조건이지 않으면 안 되며, 따라서 필연적으로 선행하지 않으면 안 된다고 하는 점을 알고 있고 (마지못해서라도) 받아들이게 된다. 왜냐하면 (자애의) 주관적 목적의 근저에 있는 원망(願望)은 의지에 무조건적으로 규칙을 부여하는 법이 지정하는 (지혜의) 객관적 목적을 규정할 수 없기

A 200   때문이다.─그뿐만 아니라 벌도 정의의 수행에서 결코 단순한 수단으로서가 아니라 목적으로서 입법적 지혜 안에 그 근거를 갖는다. 일탈은 해악과 결합해 있지만, 그것은 어딘가 다른 선을 낳기 위한 것이 아니다. 이 결합

Ⅷ 258   은 그 자체로, 즉 도덕적으로 그리고 필연적으로 선한 것이다. 정의는 입법

따라서 앞의 세 가지 소송은 위에서 언급한 세 가지[목적에 반하
는 것]에 따라서 대응해야 하며, 이들 세 가지 목적에 반하는 것의 타
당성에 따라서 검토하지 않으면 안 된다.

I. 신의 작품인 세계를 손상하는 도덕적 악을 이유로 신의 의지
의 신성성에 맞서는 항고에 대항한 첫째 정당화는 다음의 점에 성립
한다.

(a) 그 자체가 이성의 순수 법칙의 침해라고 우리가 생각하는 절대
적 목적에 반하는 것과 같은 것은 결코 존재하지 않는다. 그것은 인
간의 지혜를 침해하는 데 지나지 않는다. 신의 지혜는 우리에게 이해
될 수 없는 완전히 다른 규칙에 따라서 이들을 판정한다. 우리가 실
천 이성과 그것의 규칙의 눈으로 볼 때 비난해야 마땅하다고 생각하
는 것이 신의 목적과 최고 지성의 눈으로 볼 때는 우리의 개별적 복
리뿐만 아니라 세계 전체의 복리 일반을 위한 가장 적합한 수단이 될
는지 모른다. 지고자(至高者)의 길은 우리 길이 아니며[7),8)] 이 세계에
서 인간과 관계에서만 법칙인 것에 지나지 않는 것을 절대적 의미에
서 법칙이라고 판정하고, 그리하여 사물을 저차원의 견지에 머물러

자의 선성을 전제로 하지만(왜냐하면 입법자의 의지가 종속자의 복리로 함께
있지 않을 경우 그의 의지는 종속자가 그것에 따르도록 의무 지을 수 없기 때문
이다), 그러나 정의는 선이 아니고 지혜의 일반적 개념 안에 포함되어 있다
하더라도 선과는 근본적으로 구별된다. 따라서 이 세상에서 인간에게 주
어진 운명에서 나타나는 정의의 결여에 대한 비탄은 선인에게 닥치지 않
는 복리를 향해 있는 것이 아니라 악인에게 닥치지 않는 재앙을 향해 있다
(복리가 악인에게 나타난다면, 양자의 대비[6)]는 더 큰 충격을 주겠지만). 왜냐
하면 신의 통치 아래서는 최고의 인간도 또한 행복에 대한 염원을 신의 정
의에 기초를 두어서는 안 되고, 결국 그것을 신의 선성에 기초 짓지 않으면
안 되며, 자기에게 책임이 있는 것만 하는 자는 신의 은혜를 요구할 어떤
정당한 권리를 가질 수 없기 때문이다.

서 바라보는 우리 관점에서 목적에 반하는 것처럼 보이는 것을 지고의 견지에서 보더라도 목적에 반하는 것이라고 생각하는 것은 잘못이다.―이 변호에서는 입증책임이 항고보다도 더 고약하기 때문에 이 변호에는 반박이 필요하지 않다. 도덕에 대해 최소한의 도덕감이 있는 어떤 사람에게도 그 변호를 혐오하는 일이 안전하게 맡겨질 수 있겠다.

(b) 이른바 둘째 정당화는 이 세계에서 도덕적 악의 현실성을 실제

로 인정하지만, 그것은 유한한 존재로서 인간 본성의 한계에 근거를 두기 때문에 세계 창조자는 그것을 막을 능력이 없다고 하여 세계 창

조자에게 면죄부를 주는 것이다.―그러나 그렇게 함으로써 악 자체가 정당화될 것이다. 그리고 악은 인간의 죄로서 인간에게 귀속되지 않기 때문에 우리는 그것을 도덕적 악이라고 하지 못하게 될 것이다.

(c) 셋째 답변은 우리가 도덕적 악이라고 하는 것이 실제로 인간에게 있는 죄라고 가정하더라도, 그것을 신에게 귀속시키지는 않는다는 것이다. 왜냐하면 신은 그것을 현명한 원인[이유]에 근거를 두고서 인간의 행위로 용인할 뿐이지, 그것 자체를 승인하거나 의도하거나 조장하는 것은 아니기 때문이다.―이것은 (세계의 유일한 창조자인 존재가 단지 **용인**할 뿐이라고 하는 생각에서 어떤 혐오도 느끼지 않는다 하더라도) 앞의 (b)의 변호와 동일한 귀결에 도달한다. 즉 신에서조차 더 고차적이고 그 자체가 도덕적인 여타 목적에 위해를 가하지 않고는 이 악을 막는 것이 불가능하기 때문에 이 해악(이제야 우리가 진실로 그렇게 부르지 않으면 안 되므로)의 근거는 사물의 본질 속에서 특히 유한한 본성을 지닌 존재로서 인간의 필연적 한계 안에서 찾아야 하며, 따라서 인간에게 귀속시키는 일은 불가능할 것이다.

Ⅱ. 이 세계에서 해악, 즉 고통에 근거를 두고서 신의 선의에 제기하는 항고와 관련해서 그 변호는 마찬가지로 다음과 같이 성립한다.

⒜ 인간의 운명에서 삶의 쾌적한 향유보다 해악이 더 압도적이라고 가정하는 것은 잘못이다. 왜냐하면 어떤 인간도 운명이 나쁘게 전개되더라도 죽음보다 삶을 선택하며, 죽음을 선택하는 극히 소수도 죽음을 연기하는 한 삶이 좋다는 것을 인정하는 것이며, 죽음을 선택할 만큼 실성했다면, 그때도 어떤 고통도 느낄 수 없는 무감각 상태로 이행한 것에 불과하기 때문이다.—그러나 이런 궤변에 대한 대답은 건전한 상식을 가지고 충분히 오래 살고서 인생의 가치에 관해 성찰했던 사람들의 의견에 안전하게 맡길 수 있을 것이다. 우리는 다만 그런 인물에게, 완전히 동일하다고는 말하지 못하지만 임의의 다른 상황에서 (단 요정의 세계가 아니라 이 지구상에서라면) 인생이라는 연극을 한 번 더 공연할 의욕이 있는가 하는 물음을 던질 수도 있겠다.

⒝ 둘째 변호에 관하여, 고통의 감정이 쾌의 감정을 압도한다는 것은 인간과 같은 동물적 존재의 본성과 분리될 수 없다(예컨대 베리 백작이 쾌락의 본성에 관한 저서에서 주장하듯이).[9]—우리는 다음처럼 반박할 것이다. 사태가 이러하다면 다른 의문이 생겨난다. 즉 우리 현존재의 창조자는 우리가 올바른 판단을 할 경우 우리 삶이 바람직하지 않은데도 우리를 왜 이 세상에 불러들였는가? 이 세상에서의 삶에 대한 불만은 저 인도 여성이 받은 고통스러운 폭력에 대해 배상도 하시 않고 장래의 안전노 제공하시 않았던 칭기스칸에 대해서 말했던 "당신이 우리를 보호할 마음이 없다면, 왜 우리를 정복하는가"라는 불만과 같은 것이다.

⒞ 난문의 셋째 해결 방법은 다음과 같다. 신은 미래의 행복을 위해서, 따라서 확실히 선성(善性)에서 우리를 이 세상에 두었지만 희망을 주는 초월적으로 거대한 지복에 앞서서 노고와 비애로 가득 찬 현세의 상태가 선행하지 않으면 안 되며, 거기에서 우리는 역경과 싸

A 204; Ⅷ 260

워서 미래의 영광에 걸맞게 되는 것이라고.—그러나 최고 지혜 앞에서 이 시험 기간(대다수 인간이 거기에 굴복하고, 이 기간 중 최고인 사람도 자신의 인생에 만족하지 않는다면)은 미래에 우리가 향유하는 기쁨을 위한 절대적 조건으로 간주될 수 있다는 것, 피조물에게 그 인생의 모든 시기에 만족을 주는 일은 불가능하다는 것은 주장될 수는 있더라도 절대로 이해될 수는 없다. 따라서 우리는 그것을 바랐던 최고 지혜를 끌어들임으로써 이 난점에서 도망갈 수는 있지만 난점을 해결할 수는 없다. 그렇지만 그것이야말로 변신론이 이행하기로 자청한 것이다.

Ⅲ. 최후 항고, 즉 세계 심판자*의 정의에 항의하는 것에 대해서는 다음처럼 답할 수 있다.

(a) 이 세계에서 악인이 벌을 받지 않는다는 주장은 근거가 없다. 왜냐하면 양심의 내적인 비난은 악인을 복수의 여신보다 엄하게 고통스럽게 하므로, 모든 범죄는 그 본성상 이 세계에서 그것에 걸맞은 벌을 수반하기 때문이다.—그러나 이 판단에는 분명히 오해가 있다. 왜냐하면 이 경우 덕이 있는 자가 악인에게 자신이 가지고 있는 성격을, 즉 가장 엄한 양심을 빌려주는데, 그 양심은 사람의 덕이 증가하

---

*   이 세계의 사건들을 그것의 창조적인 신성과 일치시키려는 시도에서 생겨나는 모든 난점 중 어떤 것도 이 세상에서 정의가 결핍되어 있는 듯이 보이는 데서 생겨나는 난점만큼 격하게 마음을 압박하는 것은 아니라는 점은 주목할 만한 일이다. 만약 (거의 일어나지는 않지만) 부정한, 특히 폭력을 행사하는 악한이 벌을 받지 않고 이 세상에서 벗어나지 못하는 일이 일어난다면, 공평한 관찰자는 쾌재를 부르고 하늘과 화해할 것이다. 어떤 자연의 합목적성도 그 관찰자를 그만큼 경탄하게 만들지 못할 것이며, 그로 하여금 신의 손이 작용한다는 것을 강력하게 간파하게 할 만한 것은 없을 것이다. 왜 그런가? 여기서 자연은 도덕적이며, 우리가 자연의 세계에서 신의 손이 작용하는 일에 대한 인식을 희망할 수 있는 유일한 종류이기 때문이다.

면 할수록 그의 안에 있는 내적인 도덕법칙이 언짢아하는 최소한의 무분별에 대해서도 재빨리 자신을 벌하기 때문이다. 그러나 이러한 마음의 태도와 이에 수반하는 양심을 완전히 결여한 경우에는, 저질러진 범죄에 대한 괴롭힘 또한 존재하지 않는다. 그리고 악인은 그의 악한 일에 따른 외적인 벌을 피할 수 있다면, 자기 자신을 힐책하고 내적으로 고통스럽게 하는 올바른 사람의 배려심을 조소한다. 어쩌다 그가 자신에 대해 행할지도 모르는 작은 비난은 전혀 양심에 따라 행해지는 것이 아니거나 다소 양심이 있다 하더라도 그가 거기에 대해서만 관심을 갖는 감각적 향락으로 외면되고 크게 보상을 받게 된다.—이 고소가 다음처럼 계속된다면,

(b) 논박은 다음과 같다. 물론 이 세상에 죄와 벌 간의 정의에 따른 관계는 결코 존재하지 않고, 이 세상이 진행되는 과정에서 우리는 절규할 만큼 부정의와 함께 영위되었지만 그럼에도 결국에는 행복하게 되는 삶을 불만스러워하면서 가끔 목격[10]할 수밖에 없다는 것을 부정할 수 없다. 그러나 이러한 일은 자연 안에 있는 것이어서 의도적으로 조장된 것은 아니며, 따라서 도덕적 부조화는 아니다. 왜냐하면 역경과 싸우는 일은 덕의 속성 중 하나이고(여기에는 덕스러운 사람이 자신의 불운을 악한 사람의 행복과 비교했을 때 느끼지 않으면 안 되는 고통도 포함되어 있다), 고난만이 덕의 가치를 향상하는 데 기여하며, 그리하여 살면서 벌 받지 않은 악의 이러한 부소화는 이성 앞에서는 가장 아름다운 도덕적 조화로 해결되기 때문이다.—이러한 해결을 반대하는 의견은 다음과 같다. 만약 적어도 인생의 종말에 이르러 덕은 보상을 받게 되고 악은 벌을 받게 된다면, 악이 덕의 연마석(研磨石)으로서 덕에 선행하거나 덕을 동반할 때, 이 악은 덕과 도덕적인 일치 속에 있는 것으로 고려될 수 있지만, 이에 대한 경험이 많은 실례를 보여주는 것처럼, 심지어 인생의 끝에서조차 부조리한

결과로 이어진다면, 덕이 있음으로써 생기는 고난, **그것으로써** 덕이
순수한 것이 아니라 덕은 순수한 것이었기 **때문에**(따라서 영리한 자
기애의 규칙과 반대된다) 주어진 것처럼 보인다. 이것은 인간이 형성
할 수 있는 정의 개념의 정반대다. 왜냐하면 이 지상에서 인생의 끝

이 아마도 일체 인생의 끝은 아닐는지 모른다는 가능성에 관해서 말
하면, 이 가능성은 섭리를 **변호하는** 역할을 할 수 없고, 오히려 그것은
단지 도덕적으로 신앙을 가지는 이성의 명령일 뿐이며, 이 명령은 의
심하는 사람에게 인내하라는 지시는 하지만 그를 만족시키지는 못
하기 때문이다.

(c) 마지막으로, 인간의 도덕적 가치가 그들에게 부여된 운명과 부
조화한 관계를 이루는 것에 대한 셋째 설명 방식이 시도된다. 즉 이
세상에서 모든 화복(禍福)은 인간능력이 적용된 숙련과 영리함에 비
례하고, 동시에 그것들이 우연적으로 일어났던 환경에도 비례해서
인간의 능력을 자연의 법칙에 따라 사용한 결과라고 판정하지 않으
면 안 되며, 결코 초감성적인 목적과 합치에 따라서 판정해서는 안
되는 것이다. 반면에 내세에서는 사물의 다른 질서가 도래하고, 각자
는 현 세상에서 그의 행위에 대한 도덕적 판정에 따라 보상을 받게
된다[는 것이 그 설명 방식이다].—이러한 가정도 자의적[11]이다. 오
히려 도덕적 입법 능력으로서 이성이 이러한 입법적 관심에 따라 명
령하지 않는다면, 이성은 이론적 인식의 규칙에만 의거해야 한다. 인
식의 규칙에 따를 경우 내세에서 인간의 운명은 현세에서와 같이 자
연 질서에 따라 결정되는 것처럼 보인다. 이성이 이론적 추측을 위해
서 자연법칙 외에 안내로 삼을 수 있는 것이 달리 무엇이 있겠는가?

그리고 먼저 (b)에서 추론한 것처럼 미래의 더 좋은 세계의 인내와 희
망에 호소한다 하더라도, 자연 질서에 따른 이 세계의 진행이 여기
서도 그 자체로 현명한 것이기 때문에, 어떻게 이성이 동일한 법칙에

따라 내세에서는 이러한 진행이 현명하지 않다는 것을 기대할 수 있겠는가? 그래서 동일한 이성에 따를 경우, 자유의 법칙을 따르는 의지의 내적 규정 근거(즉 도덕적 사고방식)와 (대부분 외적인) 우리 의지에서 독립해 있는, 자연법칙을 따르는 우리의 쾌(快)의 원인 사이에는 이해될 수 있는 어떤 관계도 없기 때문에, 인간의 운명과 신의 정의(우리가 이것에 대해 해석하는 바의 개념에 따른 정의)가 일치하는 일은 현재 세계에서와 마찬가지로 내세에서도 거의 기대할 수 없다.

* * *

철학의 법정 앞에서 이 법률 사건의 결과는 다음과 같다. 즉 지금 Ⅷ 263 까지 변신론은 모두 약속했던 바를 수행하지 못했다. 즉 이 세계의 경험에서 생겨났던 의심을 반박하여 [신의] 세계 지배의 도덕적 현명함을 정당화하고자 했으나 이를 제대로 수행하지 못했다. 물론 반대로서 이 의심은 우리 이성의 본성 안에 있는 우리 통찰이 이 반대에 미치는 한, 그것의 반대도 증명할 수 없다. 그러나 기소된 지혜 A 210 를 (지금처럼) 소송에 따른 지속성[12)]에 따라 무죄 방면하는 것은 아닌지, 기소된 지혜를 정당화하는 더욱 확실한 근거가 언젠가는 발견될 수 있는 것은 아닌지 하는 것은, 여전히 항상 결정되지 않은 채 남아 있다. 우리가 경험으로 늘 알게 되는 세계와 최고 지혜의 관계를 우리 이성이 결코 통찰할 수 없다는 점을 확실히 하는 데 성공하지 못한다면, 신의 지혜의 길을 통찰하려고 하는 자칭 인간적 지혜에 따른 모든 미래의 시도는 완전히 배척된다. 따라서 적어도 부정적인 지혜, 즉 우리에게 너무 높은 데 있는 것에 관한 우리의 불손은 반드시 제한되어야 한다는 통찰에 도달할 수 있다는 사실은 이 재판을 영원히 종료하기 위해서 증명되어야 하며, 이것은 충분히 행해질 수 있다.

그러나 우리는 이 세계의 배열에서 **기술적 지혜**의 개념을 가지고 있다. 이 개념은 우리의 사변적 이성 능력에서 자연 신학에 도달하려면 요구되는 객관적 실재성을 결여하지 않는다. 그리고 우리는 우리 자신의 실천 이성의 도덕적 관념 안에 **도덕적 지혜**의 개념, 즉 가장 완전한 창조자를 통해 세계 일반 안에 배치되었던 개념도 가지고

A 211 있다.—그러나 기술적 지혜가 도덕적 지혜와 감성적 세계에서 **일치하는 통일**에 관해서는 우리는 어떤 개념도 가지고 있지 못하며, 또한 그것에 도달하는 것은 결코 기대할 수 없다. 피조물이라는 것 그리고 동시에 자연적 존재로서 창조자의 의지의 결과일 뿐이라는 것, 그러나 자유로이 행동하는 존재(이것은 외적 영향에서 독립해서 외적 영향과 여러 면에서 대립할 수 있는 의지를 가지고 있는 존재)로서 책임을 질 수 있으며, 그럼에도 자기 행위를 동시에 더 높은 존재의 작용으

Ⅷ 264 로 간주할 수 있다는 것—이것이 확실히 우리가 최고선으로서 세계라는 이념에서 함께 생각해야 하는 개념들의 결합이니 말이다. 그러나 이것은 초감성적(예지적) 세계의 인식까지 관통하며 이 세계가 감성적 세계의 근저에 있는 방식을 통찰했던 자만이 직관할 수 있는 것이다. 감성적 세계에서 세계 창조자의 도덕적 지혜를 증명하는 것은 이러한 통찰에서만 기초를 둘 수 있다.—왜냐하면 감성적 세계는 단지 다른 [예지적] 세계의 현상만 드러낼 뿐이기 때문이다.—그리고 죽을 수밖에 없는 어떤 존재도 이러한 통찰에는 도달할 수 없다.

* * *

변신론은 모두 신이 자연을 통해서 자기 의지의 목적을 알리는 한에서 본래 자연에 대한 해석이어야 한다. 그런데 입법자가 선언한 의

A 212 지에 대한 해석은 모두 **교의적**이거나 **인증적**(認證的)[13]이다. 전자는

입법자가 [우리에게] 했던 표현과 그밖의 다른 방식으로 알려진 입법자의 목적을 조합해서 입법자의 의지를 합리적으로 추론한 것이며, 후자는 입법자 자신이 했던 것이다.

신의 작품으로서 이 세계는 신이 자기 의지의 **목적**을 우리에게 고지하는 것으로도 간주될 수 있다. 그러나 이러한 점에서 보면 세계는 우리에게 **가끔**은 닫혀 있는 책이다. 그러나 만약 신의 최종 의도(이것은 항상 도덕적이다)를, 그것이 경험 대상이라 하더라도 세계에서 도출하는 것을 기도하고자 한다면, 그것은 언제나 닫혀 있는 책이다. 이런 종류의 해석을 하는 철학적 시도는 교의적이며, 본래의 변신론을 구성한다. 그 때문에 그것을 '교의적 변신론'이라 명명할 수 있다.— 그렇지만 우리는 신의 지혜에 대한 모든 반대의 단순한 거부에 대해서도, 그 거부가 신의 **명령**이라면 혹은 (이 경우에도 동일한 결과에 귀착하지만) 필연적으로 그리고 모든 경험에 앞서서 도덕적이면서 지혜로운 존재로서 신에 대한 개념을 형성하게 하는 것이 동일한 이성의 선언이라면, 변신론이라는 명칭을 결코 거부할 수 없다. 왜냐하면 신은 우리의 이성으로 그 자신 창조에 의해 고지된 자기 의지의 해석자가 되기 때문이다. 그리고 이 해석을 우리는 **인증적 변신론**이라 할 A 213 수 있다. 그러나 그것은 **추리적**(사변적) 이성의 해석이 아니라 **힘을 가지고 있는**[14] 실천 이성의 해석이다. 이 이성은 입법에서 더는 근거 없이 절대적으로 명령하는 것처럼, 신의 직접적 선언이면서 신의 음성이라 볼 수 있다. 여기서 신은 자신의 이 선언과 음성으로 창조의 문자에 의미를 부여한다. 그런데 나는 이런 종류의 인증적 해석이『구약성서』에서 우화적으로 표현되었음을 발견했다.

욥은 그의 인생을 향유하면서 아마도 인생을 완전하게 하려고 고 Ⅷ 265 안될 수 있는 모든 것이 집중된 인물로 묘사되고 있다. 그는 건강하고 부유하고 자유로웠으며, 그가 행복하게 할 수 있는 타자에 대한

지배자였고, 행복한 가족의 품에 있었으며, 사랑하는 친구들에게 둘

A 214 러싸여 있었고, 이 모든 것에 덧붙여 (가장 중요한) 착한 심성을 가지고 스스로 흡족해했다. 그렇지만 마지막 것을 제외하고는 그를 시험하기 위해 이 모든 축복을 그에게서 박탈하는 가혹한 운명이 부과되었다. 이 예상하지 못했던 전복에 망연자실한 후 서서히 감각을 되찾은 욥은 자신의 불운을 탄식하기 시작한다. 이에 관해서 욥과 스스로 욥을 위로한다고 생각하는 친구들 사이에 갑자기 논쟁이 시작된다. 이 논쟁에서 쌍방은 각자 사고방식에 따라 (그러나 무엇보다 각자 위치에 따라) 비참한 운명을 도덕적으로 설명하려고 자신들의 독특한 변신론을 제시한다. 욥의 친구들은 이 세상의 모든 해악을, 범해진 죄에 걸맞은 벌이 주어진다고 하는 신의 정의로 설명하는 체계를 표명한다. 그리고 그들은 불행한 인물[욥]이 벌 받게 되지 않으면 안 되는 죄에 대해 어떤 이름도 댈 수 없음에도, 그렇지 않으면 신의 정의에 따라 말할 경우 욥의 불행은 있을 수 없기 때문에, 욥의 몸에 어떤 죄가 있음이 틀림없다는 것을 아프리오리하게 판단할 수 있다고 확신했다. 이에 욥은―분개하면서 자신의 전 인생에 관해서 양심이 그를 나무랄 어떤 일도 하지 않았다고 맹세했다. 인간에서 피할 수 없는 과오에 관한 한 신이 욥을 허약한 피조물로 만들었다는 것을 신 자신은 알고 있을 것이다.―욥은 무조건적인 신의 결단 체계를 지지한다고 선언한다. 욥은 말한다. "그러나 그분은 유일하신 분, 누가 그분을 말릴 수 있으리오? 그분께서 원하시면 해내고야 마시거늘"(「욥기」 제23장 13절).[15]

양측의 미묘한 또는 과도하게 미묘한 추리 과정[16]에는 주목할 만한 가치가 있는 것은 거의 없다. 그러나 그들이 그런 역할을 하는 성격[17]은 주목할 만한 가치가 있다. 욥은 자기 생각대로, 누구라도 그

A 215 의 처지에 서면 마찬가지로 그렇게 하는 것처럼, 스스로 감당할 수

있는 용기를 가지고서 이야기한다. 반면에 그의 친구들은 힘 있는 분의 말씀을 비밀스럽게 듣고 그분의 사건에 대해 자신들이 판단하는 것처럼, 그리고 자신들의 판단으로 그분의 호의를 얻는 것이 진실보다도 그들의 마음에 더 와닿게 들리는 것처럼 이야기한다. 그들이 통찰하지 못했다는 사실을 인정하지 않으면 안 되는 것들을 주장하는 체하며, 실제로는 가지지 않은 확신을 가장하는 간계는 욥의 솔직함과 대조된다.─욥의 솔직함은 뻔뻔스러움과 경계를 이루는 거짓된 알랑거림과는 거리가 훨씬 멀고, 따라서 욥의 장점이 훨씬 많다. 욥 VIII 266
은 말한다. "자네들은 하느님을 위하여 불의를 말하고 그분을 위하여 허위를 말하려나? 자네들은 하느님 편을 들어 그분을 변론하려는가? 그분께서 자네들을 신문하시면 좋겠는가? 사람을 속이듯 그분을 속일 수 있겠나? 자네들이 몰래 편을 든다면 그분께서는 기필코 자네들을 꾸짖으실 것일세. 그분의 엄위가 자네들을 놀라게 하고 그분에 대한 공포가 자네들을 덮치지 않겠는가?─정녕 이것이 나에게는 도움이 되겠지. 불경스러운 자는 그분 앞에 들 수 없기 때문일세" (「욥기」 제13장 7-11절, 16절).[18]

실제로 이야기의 결말은 후자를 확증한다. 왜냐하면 신은 자신에게 욥이 특히 불가사의한 측면과 관련하여 창조의 지혜를 눈앞에 제시했다는 것을 평가하기 때문이다. 신은 욥에게 창조의 아름다운 면을 일별 보게 허용했다. 여기서는 인간에게 이해될 수 있는 목적은 세계 창조자의 지혜와 자비로운 섭리를 의심할 여지없는 빛 속에 세운다. 이에 반해 신은 욥에게 신의 힘의 산물을, 그중에서 위험하고 A 216 두렵기도 한 것을 가져와서 끔찍한 면도 보게 한다. 그것들은 그 각각 자체로는 또는 그것의 종(種)으로는 확실히 합목적적인 배열을 가지고 있지만, 다른 것과 관계에서는 그리고 인간 자체에 대해서는 파괴적이고 목적에 반하는 것이며, 선과 지혜에서 질서를 가지고 확립된 보편적 계획과는 일치하지 않는 것처럼 보인다. 그러나 그렇게 함으로써 신은 지혜로운 창조자를 고지하는 전체 질서와 유지를 증명한다. 동시에 우리에게는 불가해한 길이, 실로 이미 사물의 자연적 질서 안에, 오히려 더욱더 이 질서와 사물의 도덕적 질서(이것은 우리 이성에는 전혀 이해될 수 없지만)의 결합 속에 감추어져 있음이 틀림없지만 말이다.—결론은 다음과 같다. 즉 욥이 자기의 올바름을 자각하기에 방자하게는 아니지만 단지 어리석어서, 그에게는 너무 높아서 이해하지 못하는 일에 관해서 성급하게 말했다는 점을 깨달았기 때문에, 신은 단죄의 판결을 욥 친구들에게 내린다. 왜냐하면 그들은 신의 종 욥만큼 (양심에 관해서는) 신에 관해 그렇게 잘 말하지 못했기 때문이다. 만약 우리가 양자가 주장했던 이론적인 견해[19]를 고려한다면, 욥의 친구들 측이 더 사변적 이성과 더 경건한 겸손의 외관

을 보여주는 것 같다. 또 욥은 어쩌면 어떤 교의신학자 앞에서나 교회회의, 종교재판, 성직자 집회 혹은 현대의 어떤 고등 종무원(단지 하나를 제외하고[20])에 출석해서도 참혹한 운명을 경험했을 것이다. 따라서 통찰의 탁월함이 아니라 마음의 진실함만이, 욥이 자기 의심

을 은폐하지 않고 고백했던 정직함이, 사람들이 어떤 것도 느끼지 못하는 확신을 특히 신 앞에서 (이 경우 이 책략은 어차피 무의미한 것이지만) 가장하려는 데 대한 혐오가 바로 욥의 인격에서 정직한 인물이 종교적 아첨꾼보다 더 우위에 있음을 신의 판결로 결정했던 속성들이다.

그러나 그의 의심을 그렇게 의아한 방식으로, 즉 단순히 그의 무지를 입증하는 방식으로 해결함으로써 그에게 일어났던 신앙은 그의 가장 강력한 의심 한가운데서도(「욥기」 제27장 5절, 6절) "죽기까지 나의 흠 없음을 포기하지 않겠네"[21]라고 말할 수 있었던 인물의 마음에서만 나타날 수 있다. 왜냐하면 이 마음가짐에서 욥은 그의 신

앙에 근거를 두고 도덕성을 제시한 것이 아니라, 도덕성에 근거를 두고 신앙을 제시했다는 것을 보여주었기 때문이다. 이 경우 신앙이 아무리 약해질 수 있다 하더라도, 그런 신앙만이 순수하고 참된 종류의 것이다. 즉 이러한 종류의 신앙은 종교가 은혜를 갈망하는 종교의 기초가 아니라 선한 인생 변화의 기초가 되는 그런 것이다.

결론

A 218

방금 보았던 것처럼, 변신론은 학의 이익을 위한 과제와 관계가 있다기보다는 오히려 신앙의 문제와 관계가 있다. 인증적 변신론에서 우리가 보았던 점은 이러한 것들에서는 미묘한 추리가 중요한 것이 아니라, 우리 이성의 무능력을 인정하는 데서 오는 진지함 그리고 우리 의도가 보통보다 아무리 경건하다 하더라도, 생각을 진술할 때 왜곡하지 않으려는 정직함이 중요하다는 사실이다.─이것은 풍부한 재료에 관한 다음의 짧은 고찰, 즉 신앙의 문제에서 주요한 요청으로서 인간 본성의 주요한 결함인 허위와 불순으로 향하는 성향에 대항하는 진지성을 고찰하는 계기가 된다.

누구든 자신 혹은 타인에 관해서 말하는 것이 **참**이라는 것은 항상 주장될 수 있는 것은 아니다(실수가 있을 수 있기 때문이나). 그러나 자신의 언명 또는 고백이 **진실되다**는 것은 주장될 수 있으며 주장되어야 한다. 그가 이것을 직접 자각하기 때문이다. 그는 전자의 경우에서는 자기 언명을 논리적 판단(지성에 따른) 대상과 비교하고, 후자의 경우에서는 자기 신빙성을 고백하므로 주관(양심 앞에 서서)과 비교한다. 그가 전자에 관한 언명을 후자를 의식하지 않고 한다면, 자기가 자각하는 것과는 다른 것을 서술하는 것이므로 거짓말하

A 219

는 셈이 된다.―그러한 불순성이 인간의 마음 안에 존재한다고 하는 관찰은 새로운 것이 아니다(욥은 그것을 이미 했다). 그러나 사람들은 이러한 관찰에 대한 주목이 도덕과 종교의 교사들에게는 새로운 것이라고 쉽게 믿는 경향이 있다. 왜냐하면 인간이 의무에 따라서 행위를 하기를 원하는 경우조차 인간 심성의 순화와 연결되는 일이 매우 어려운데도 도덕과 종교의 교사들이 이러한 관찰을 충분히 이용한다는 것을 발견하는 일은 매우 드물기 때문이다. 우리는 이러한 성실성을 형식적 양심성이라 명명할 수 있다. 실질적 양심성은 잘못될 수도 있다는 위험 때문에 어떤 것도 감행하지 않는 신중성에서 존립한다. 이에 반해서 전자는 신중성을 주어진 경우에 적용했다는 의식에서 존립한다.―도덕가들은 양심이 잘못을 저질렀다고 이야기한다. 그러나 잘못을 저지른 양심이란 말이 안 되는 소리[22]다. 그리고 가령 그런 것이 존재한다면, 올바로 행동했다는 것을 우리는 결코 확신할 수 없을 것이다. 재판관조차 최종심에서 여전히 잘못을 저지를 수 있으니 말이다. 그렇다면 나는 내가 옳다고 믿는 판단에서도 잘못을 범할 수 있다. 왜냐하면 이러한 판단은 지성에 속하지만, 지성만이 객관적으로 판단할 (올바로 판단하든 잘못 판단하든) 수 있기 때문이다. 그러나 실제로 내가 옳다고 믿는(혹은 단지 그렇게 서술할 뿐인)지 어떤지 하는 판단에서는 나는 절대로 잘못을 범할 수 없다. 왜냐하면 이러한 판단 혹은 오히려 이러한 명제는 단지 내가 대상을 그러그러한 방식으로 판단한다고 진술하는 데 지나지 않기 때문이다.

진실성의 근거인 형식적 양심성은 이 신앙(혹은 무신앙)을 의식하게 되는 신중함에서 성립하며, 우리가 참으로 여기는 것[23]을 의식하지 못하는 어떤 것도 참으로 여기는 것으로 제안하지 않는 신중성에서 성립한다. 따라서 자기 자신을 향해서 (그리고 이것은 신앙 고백에서는 신 앞에서라는 것과 같은 것이지만) 나는 믿는다고 말하더라도 자신이 실제로 이 참으로 여기는 것을 자각하는지 또는 참으로 여기는 것을 어느 정도 자각하는지,* 아마 한 번도 자기 안으로 눈길을 돌리 A 221 지 않는 자는 가장 부조리한 거짓을 일삼을 뿐 아니라, 그의 거짓은 (신 앞에서) 일체의 유덕한 의도의 근거인 정직성을 파괴한다는 점에서 가장 모독적인 것이다. 이런 맹목적이고도 외적인 신앙 고백(이것 Ⅷ 269 은 마찬가지로 진실하지 않은 내적 신앙 고백과 쉽게 일체화된다)이 생계 수단을 준다면, 이런 고백이 공동체의 바로 그 사고방식에서조차 일정한 허위를 점차 낳게 된다는 것을 어렵지 않게 알 수 있을 것이

---

* 외적인 증언에서 진실성을 강요하는 수단, 즉 선서[24]는 인간의 법정에서는 허용될 뿐만 아니라 불가피하다고 생각된다. 이것은 그것의 이념에서도, 이미 최대한 존경을 받아야 하는 공적 정의의 전당 자체에서도, 인간이 진리에 대해 존경을 거의 나타내지 않는 것의 슬픈 증명이다. 그러나 인간은 그들의 내적 고백에서조차 적어도 그들이 주장하는 그런 종류의 것이 아니거나 그런 정도도 가지지 못한 확신을 가지고 있는 체 꾸며대며, 이러한 부정직함은 (이것은 점차 실제적인 설득력을 꾸며내기 때문에) 외적으로도 유해한 결과를 낳을 것이기 때문에 전술했던 진실성의 강요 수단, 즉 선서(이것은 그러나 물론 내적 선서에 불과하다. 즉 어떤 것을 참으로 여기는 것이 내적 선서라는 고백의 심문을 견뎌낼 수 있는가 어떤가 하는 시험에 불과하다)는 뻔뻔스러운, 그리고 결국에는 틀림없이 외적으로 폭력적인 주장을 하는 오만을 저지할 수 없겠지만, 적어도 억제하기 위해 잘 사용된다.—맹 Ⅷ 269 세하는 자의 양심에 관해 인간의 법정이 요구하는 것은 다음을 자청하는 A 221 것 이상이 아닐 것이다. 즉, 만약 내세의 세계 심판자가 존재한다면 (따라서 신이 존재하고 내세가 존재한다면), 세계 심판자가 그에게 그의 외적 고백의 진실에 관해 책임지게 할 것을 자청하는 것 이상은 아닐 것이다. 그러한 세계 심판자가 존재한다는 것을 인간의 법정이 반드시 그에게 고백하라고 요구하는 것은 아니다. 왜냐하면 최초 증언이 거짓을 막지 못한다면, 둘째 허위의 고백은 마찬가지로 양심의 가책을 거의 일으키지 못하기 때문이다. 따라서 이 내적인 선서 요구에 관해서 우리는 다음처럼 자문할 것이다. 우리는 자신에게 가치가 있고 신성한 일체를 통해서 이 중요하고 또 기타 중요하다고 생각되는 신앙 조문의 진리성을 보증할 만큼 충분한 확신을 가지고 있는가? 이러한 비합리적 요구를 접하고는 양심은 자신이 확신을 가지고 주장할 수 있는 것 이상을 제안하도록 방치되어버릴 위험으로 깜짝 놀라게 된다. 이 경우 지식의 길(이론적 인식)로는 결코 도달할 수 없지만,

다.—이러한 사고방식의 공적인 순화는 십중팔구 먼 미래로 연기되지 않으면 안 되고, 언젠가 아마 사고의 자유의 보호 아래 그러한 순화가 일반적인 교육과 연구의 원리가 되기까지 연기되지 않으면 안 되기 때문에, 여기서 우리는 인간 본성 안에 뿌리 깊게 박혀 있는 것처럼 보이는 저 사악함에 대해 몇 가지 사항을 가지고 고찰할 수 있겠다.

정직하고 일체의 허위, 고의적인[26] 위장과 격리된 인물의 모습에 는 무언가 감동적이며 혼을 높이는 것이 있다. 그러나 정직함(마음의 단순한 순박함과 솔직함)은 성격이 선한 사람에게 요구할 수 있는 최소한에 지나지 않으며(특히 심장 깊숙한 솔직함을 포기한다면), 따라서 이러한 성격이 왜 그렇게 찬탄을 받아야 하는지를 알기는 어렵기 때문에, 성실성이란 인간 본성에서 그야말로 가장 멀리 떨어져 있는 성질임이 틀림없다. 슬픈 이야기다. 왜냐하면 나머지 다른 모든 성질은 그야말로 성실성에 근거를 두는 한에서 내적인 참된 가치를 가질 수 있기 때문이다. 명상에 빠진 염세가(厭世家, 누구도 악하기를 원하지 않지만, 그러나 모든 인간이 악하다고 믿는 경향이 있는)는 인간이 **증오할 만한** 존재인지 아니면 오히려 **경멸할 만한** 존재인지를 결코 결정할 수 없다. 사람들을 증오하게 할 성질들은 사람들에게 의도적으로 해를 끼치는 성질들이다. 그러나 사람들에 대해 후자의 평가를 내

그것을 상정하는 것만이 최고의 실천 이성 원리와 이론적 자연 인식을 하나의 체계로 결합하는 것을 가능하게 하기 (그리고 그 때문에 이성을 자기 자신과 일치하기) 때문에 모든 것보다 추천할 만하고 그럼에도 늘 자유로운 것 같은 대상의 신빙성에 관계한다.—그러나 만약 타인들에게 규칙으로 과해진다면, 역사적인 기원을 가지고 있는 신앙 고백은 진실성이라는 시련에 더욱더 빠지지 않을 수 없다. 왜냐하면 여기서는 불순성과 거짓된 확신이 많은 자에게 더욱 확장되며, 이 죄는 다른 사람의 양심을 보증하는 자의 부담이 되기 때문이다. (사람들은 자신들의 양심과 관련해서 기꺼이 수동적이고자 한다.)[25]

리는 것처럼 보이는 성질들은 설사 누구에게도 해를 끼치지 않는다 하더라도 그 자체로 악인 성질이다. 즉 어떠한 목적을 위해서도 수단으로 사용될 수 없는 것, 즉 객관적으로 어떤 측면에서도 선이 아닌 것[27])에 대한 성벽이다. 첫째 악은 적의(敵意, 좀더 부드럽게 말한다면 사랑이 없는 것)와 다름없을 것이다. 둘째 악은 허위성(어떤 의도가 없　　　A 224
더라도 해를 끼치는 허위성) 이외에 다른 것일 수 없다. 첫째 경향성은 일정한 다른 관계[28])에서는 허용될 수 있고 선한 것일 수 있는 용도[29])의 의도를 가지고 있다. 예컨대 개선할 여지가 없는 평화의 파괴자에 대한 적의와 같은 것이다. 그러나 둘째 성벽은 그 자체가 악이고 비난받을 만하기 때문에 그것의 목적이 무엇이라도 어떤 점에서도 선이 아닌[30) 수단(거짓)을 사용하는 성벽이다. 인간의 성상에서 전자에 속하는 것[31)은 악의다. 이것은 일정한 외적 관계에서 선한 목적을 달성하기 위한 유능함과 결부될 수 있으며, 단지 수단에서만 죄를 범하지만 모든 의도에서 비난받을 만한 것은 아니다. 후자의 악은 비열함[32)이다. 이것은 인간에게서 모든 성격을 박탈한다.—여기서 나는 인간이 자신의 양심 앞에서 내적인 진술조차도 위증할 줄 아는, 은밀한 것 안에 깊이 놓인 불순성에 주로 한정한다. 외적인 기만의 성향은 덜 낯설다. 말하자면 이것은 모든 사람이 그가 거래할 때 사용한 화폐가 가짜라는 것을 알고 있음에도, 잘 유통되면서 유지되는 것과 다름없다.

　　나는 드 뤽 씨의 『산악과 지구와 인간의 역사에 관한 서간』에서 부　Ⅷ 271
분적으로는 작가의 인간학적 여행의 다음과 같은 결론을 읽었음을 기억한다.[33) 박애심이 있는 저자는 우리의 종족이 근원적으로 선량하다는 전제에서 출발해 그의 전제의 검증을 도심지의 번영이 심근(心根)을 좀 먹는 영향을 미칠 수 없는 장소에서 구했다. 스위스에서 하르츠[34)에 이르는 모든 산악에서 여행했다. 동료에 대해 비이기적으로 협력하는 경향성에 대한 그 작가의 확신이 스위스에서 경험한 일로 흔들린 이후에, 그는 최후로 다음과 같은 결론을 도출한다. 즉

A 225 호의라는 점에서는 인간은 **충분히 선량하다**(놀랄 만한 일은 아니다! 왜냐하면 선의는 내적 경향성—이것의 창조자는 신인데—에 근거를 두기 때문이다). 만약 인간의 **교묘한 기만에 어떤 나쁜 성향도** 머무르지 않는다면(이것 또한 놀랄 만한 일이 아니다. 왜냐하면 이것을 억제하는 것은 인간이 자기 자신이 형성하지 않으면 안 되는 성격에 근거를 두기 때문이다)—이것은 누구라도, 여러 산지를 여행하지 않더라도 만날 수 있는 귀결이다. 이것은 이웃에 대한 관찰로도 만날 수 있는 귀결이며, 심지어는—가까이 자기 마음 안에서도 만날 수 있는 귀결이다.

이론에서는 옳을지 모르지만 실천에는 쓸모없다고 하는 속설

정성관 옮김

일러두기

1. 『이론에서는 옳을지 모르지만 실천에는 쓸모없다고 하는 속설』(*Über den Gemeinspruch: Das mag in der Theorie richtig sein, taugt aber nicht für die Praxis*) 번역은 1793년 『월간베를린』(*Berlinische Monatsschrift*) 22호에 실린 원전을 대본으로 했으며, 학술원판(Immanuel Kant, *Abhandlungen nach 1781* in *Kant's gesammelte Schriften*, Bd. Ⅷ, pp.273-313, hrsg. von der Königlich Preußlichen Akademie der Wissenschaften, Berlin, 1911), 바이셰델판(*Schriften zur Ethik und Religionsphilosophie* in *Immanuel Kant Werke in Zehn Bänden*, Bd. IX, pp.103-172, hrsg. von Wilhelm Weischedel, Darmstadt, 1983) 그리고 클렘메판(*Über den Gemeinspruch; Das mag in der Theorie richtig sein, taugt aber nicht für die Praxis; Zum ewigen Frieden, ein philosophischer Entwurf*, hrsg. von Heiner F. Klemme, Hamburg, 1992, pp.1-48)을 참조했다.

이론에서는 옳을지 모르지만 실천에는 쓸모없다고 하는 속설

A 201; Ⅷ 273

실천적 규칙들이 원리들로서 어떤 보편성 속에서 생각되고, 그때 Ⅷ 275
그 규칙들의 실행에 필연적으로 영향을 미치는 다수 조건이 도외시
되는 경우에 사람들은 실천적 규칙들의 총체마저 **이론**이라고 한다.
반대로 각각의 실행이 아니라 일반적으로 표상된 어떤 절차의 원리
들을 준수하는 것으로 생각되는, 단지 목적만을 실현하는 것을 **실천**
이라고 한다.

 이론이 아무리 완전하다 하더라도 이론과 실천 사이에는 결합을
위한 혹은 한편에서 다른 편으로 이행하기 위한 또 하나의 매개항이
요구된다는 사실이 눈에 띈다. 왜냐하면 규칙을 포함하는 지성개념 A 202
에는 실천가가 어떤 것이 그 규칙의 경우인지 아닌지를 구별하도록
해주는 판단력의 행위가 부가되지 않으면 안 되기 때문이다. 그리고
판단력이 포섭할 때 따라야 하는 규칙들은 판단력에 항상 새로이 제
공될 수 있는 것은 아니기 때문에(그것은 끝이 없을 것이므로), 자신
의 삶에서 결코 실천적이 될 수 없는 이론가들이 있을 수 있는데, 이
는 그들에게 판단력이 결여되었기 때문이다. 예를 들면, 교본은 훌륭
하게 만들었지만 자신이 조언해야 할 때면 어떻게 행동해야 할지 모
르는 의사들이나 법학자들이 그렇다. ── 그러나 이러한 천부의 재질

이 발견되는 곳에서조차 여전히 전제들에는 결함이 있을 수 있다. 즉 이론은 불완전하게 생겨날 수 있고, 어쩌면 실험과 경험을 더 해봄으로써 보완될 수 있는데, 그 실험과 경험에서 학교 출신의 의사나 농부나 재정학자는 새로운 규칙들을 추상할 수 있고 추상해야 하며, 자기 이론을 완전하게 할 수 있고 완전하게 해야 한다. 거기서 만약 이론이 실천에 아직 별로 쓸모가 없었다면, 그것은 그 이론에 원인이 있었던 것이 아니라 그 사람이 경험에서 배웠어야 했을 이론이 거기서 **충분하지 않았다**는 데 원인이 있었다. 그리고 비록 그가 이론을 말할 수 없고 교사로서 보편명제들로 체계적으로 강의할 수 없다 할지라도, 따라서 이론적인 의사, 이론적인 농부 등의 칭호에 대한 권리를 주장할 수 없다 할지라도 그러한 이론은 참된 이론이다. — 그러므로 그가 자기 분야에서 무지한 자임을 자인하지 않고는 아무도 하나의 학문에 실천적으로 정통하다고 자칭할 수 없고 또한 결코 이론을 무시할 수 없다. 이것은 그가 실험들과 경험들 속을 더듬고 돌아다님으로써 (본래 사람들이 이론이라 부르는 것을 형성하는) 일정한 원리들을 수집하지 않고, 또 그의 업무에 대하여 (방법상 절차에 따라 다루어질 경우에는 체계라 불리는) 전체를 생각해본 적 없이 이론이 그를 데려갈 수 있는 것보다 더 멀리 나아갈 수 있다고 믿기 때문이다.

그러나 어쨌든 무지한 자가 이론을 자신이 추정하는 실천에서는 불필요하고 없어도 되는 것이라고 주장하는 것이 오히려 궤변가가 이론과 이론의 가치를 학교에서는 (예를 들어 두뇌만 훈련하기 위한 것으로) 인정하면서도 동시에 실천에서는 사정이 완전히 다르다고, 즉 사람들이 학교를 떠나 세상으로 들어가게 되면 공허한 이상과 철학적 꿈을 좇아간다는 것을 깨닫게 된다고 주장하는 것보다는, 요컨대 이론상으로는 훌륭하게 들리는 것이 실천에는 전혀 타당하지 않다고 주장하는 것보다는 훨씬 더 참을 만하다. (사람들은 이것을 종종 다음과 같이 표현하기도 한다. 이런 혹은 저런 명제는 **명제상으로는** 유효하지만 **가설상으로는** 유효하지 않다.[1]) 여하튼 사람들은, 이론은 정교하게 고안되었지만, 그 실행에서 경험은 이론과는 아주 다른 결과를 낳기 때문에 실천에서는 전혀 타당하지 않다고 하여 보편역학을 헐뜯으려 했던 경험적인 공학자나 폭탄투하에 관한 수학적 학설을 헐뜯으려 했던 포병을 그저 비웃을 것이다(만약 전자에 또 마찰이론이, 후자에 또 공기저항이론이, 따라서 일반적으로 이론이 좀더 많이 부가된다면, 그 이론들은 경험과 매우 잘 부합할 테니 말이다). 그렇지만 직관의 대상과 관계하는 이론은 대상들이 개념들로만 표상되는 이론과는(수학의 객체들과 철학의 객체들과는) 아무튼 완전히 다른 사정이 있다. 후자의 객체들은 꽤 잘 그리고 나무랄 데 없이 (이성 측에서) **생각될** 수 있지만 아마 전혀 **주어질** 수 없을 테고, 기껏해야 실천에서 전혀 사용되지 않거나 불리하게 사용되기조차 할 한낱 공허한 이념들일 것이다. 따라서 분명 그러한 경우 물론 저 속설은 정당성이 충분할 것이다.　　A 205

　그렇지만 의무개념에 근거를 두는 이론에서는 이 개념의 공허한 이상성에 대한 우려는 완전히 없어진다. 우리 의지의 어떤 작용을 목표로 하는 것은 만약 이 작용이 또한 경험에서도 (그 경험이 지금 완　　Ⅷ 277
결된 것으로 생각되든, 완결에 점점 접근하는 것으로 생각되든 간에) 가능하지 않다면 의무가 아닐 테니 말이다. 그리고 이러한 종류의 이론만이 현재 논문에서 화제가 된다. 왜냐하면 이러한 이론에 대하여 철학의 스캔들로서, 이론상으로는 옳을지 모르는 것이 실천에는 타당하지 않다고 흔치 않게 우겨지기 때문이다. 그것도 잘난 척 멸시하는 어조로, 이성이 자신의 최고 명예를 두는 곳에서마저 이성을 경험을 매개로 개조하려는 매우 불손한 태도로, 그리고 똑바로 서서 하늘을　　A 206

처다보도록 만들어졌던 존재자에 부여된 눈으로보다 지적 오만에 집착하는 두더지의 눈으로 더 멀리 그리고 좀더 확실하게 볼 수 있다는 지적 오만으로 우겨지기 때문이다.

말 많고 실행 없는 우리 시대에 지극히 일상적으로 되어버린 이런 준칙은 이제 도덕적인 것(덕 의무나 법 의무)과 관계할 경우에 가장 큰 피해를 준다. 왜냐하면 여기서는 (실천적인 것의) 이성규준이 문제인데, 그곳에서 실천의 가치는 전적으로 실천에 깔려 있는 이론에 대한 실천의 적합성에 달려 있으며, 만일 법칙을 실행하기 위한 경험적인 그러니까 우연적인 조건들이 그 법칙 자체의 조건들로 간주되어, 지금까지 경험에 따라 하나의 개연적 결과를 목표로 산정된 실천에 그 자체로 존속하는 이론을 통제할 권리가 부여된다면, 모든 것을 잃게 되기 때문이다.

나는 이 논문을 이론과 체계들에 대해 매우 불손하게 헐뜯는 신사[2]가 자기 대상을 평가하곤 하는 세 가지 다른 관점에 따라 구분한다. 그러니까 삼중의 성질인 1) 사인(私人)이지만 실무자로서, 2) 정치인으로서, 3) 세계인(또는 세계시민 일반)으로서 관점이 그것이다. 그런데 이러한 세 사람은 그들 모두를 대신하여 그리고 그들을 위하여 이론을 손질하는 학자[3]를 공격한다는 점에서 일치한다. 요컨대 그들은 자신들이 그것을 더 잘 이해한다고 망상하므로 실천에서는 못 쓰게 된, 자신들이 경험한 지혜에 오로지 방해만 되는 현학자인 그를 그의 학교로 쫓아버리려고 한다(그[아이올루스]가 저 영역에서 뽐내기를!).[4]

그러므로 우리는 실천에 대한 이론의 관계를 세 부분에서, 즉 첫 번째는 (인간 각자의 행복[5]과 관련하여) 도덕 일반에서, 두 번째는 (국가의 행복과 관련하여) 정치에서, 세 번째는 (인류 전체의 행복과 관련하여, 말하자면 인류가 낳는 장래의 모든 시대 계열에서 동일하게 진보한다고 이해되는 한) 세계주의적 고찰에서 제시할 것이다. ― 하지만 그 부분들의 명칭은 논문 자체에서 밝혀지는 이유들로 인해 도덕에서, 국가법에서 그리고 국제법에서 실천에 대한 이론의 관계로 표현될 것이다.

I.
도덕 일반에서 실천에 대한 이론의 관계에 관하여
(교수 가르베* 씨의 몇 가지 반론에 답하기 위하여)

하나의 동일한 개념을 사용하는 것이 순전히 이론에만 혹은 실천에만 타당할지 모른다는 것에 대한 본래 쟁점으로 가기에 앞서서, 나는 우리가 서로를 실제로 이해하고 있는지 알기 위해서 내 이론을, 내가 다른 곳에서 소개했던 그대로 가르베 씨가 내 이론에 대해 제시하는 표상과 비교하지 않을 수 없다.

A. 나는 도덕을 임시 입문용으로 하나의 학문이라고 선언했는데, 그 경우 그 학문은 어떻게 우리가 행복하게 되어야 하는지가 아니라 어떻게 우리가 행복할 만한 가치가 있게 되어야 하는지를 가르친다.**

---

* 크리스티안 가르베의 『도덕과 문학의 다양한 주제에 관한 시론들』 제1편, 111-116쪽. 나는 내 명제들에 대한 이 품위 있는 사람의 이의제기를 반론들이라고 부르는데, 그것들은 그가 나와 (내가 희망하는 것처럼) 동의하기를 원하는 것에 대한 반론들이지 경멸조의 주장들로서 방어를 부추길 공격들이 아니다. 여기는 방어를 위한 장소도 아니고 나에게는 그럴 생각도 없다.

** 행복할 만한 가치가 있음은 주체의 자기 자신의 의지에 기인하는 한 인격의 성질인데, 그 인격의 성질에 따라 보편적으로 (자연뿐만 아니라 자유의지에도) 입법하는 이성은 이러한 인격의 모든 목적과 합치할 것이다. 그러므로 행복할 만한 가치가 있음은 하나의 행복을 획득하는 숙련과는 완전히 구별된다. 왜냐하면 만일 주체가 전적으로 보편적인 이성의 입법을 따르는 의지와 합치하지 않아 그 속에 함께 포함되어 있을 수 없는 (즉 도덕성에 모순되는) 의지를 갖는 경우에는 그 주체는 이러한 행복을 획득하는

이때 나는 의무준수가 관건일 경우 의무를 준수함으로써 인간이 자신의 자연적 목적인 행복을 버려야 한다는 것이 인간에게 요구되지는 않는다고 말하는 것을 게을리하지 않았다. 왜냐하면 무릇 어떠한 유한한 이성적 존재도 할 수 없는 것처럼, 인간은 그것[행복을 포기하는 것]을 할 수 없기 때문이다. 그 대신 나는 인간은 의무명령이 발생할 경우 전적으로 이러한 [행복에 대한] 고려를 도외시해야 한다고 말했다. 즉 인간은 행복을 결단코 이성이 자신에게 지시한 법칙을 준수하는 조건으로 삼아서는 안 되고, 더욱이 인간은 가능한 한 행복에서 도출된 어떠한 동기도 의무규정 속으로 모르는 사이에 함께 섞여들어가서는 안 된다는 것을 의식하도록 노력해야 한다는 것이다. 이것은 사람들이 의무를 그 준수가(덕이) 우리에게 가져다주는 이점들보다는 오히려 그 준수가 대가로 지불하는 희생들과 결부해 생각함으로써 실현되며, 의무명령을 전적이고 무조건적인 복종을 요구하는, 그 자체로 충분하고 어떠한 다른 영향도 필요하지 않은 모습으로 표상하도록 한다.

a. 그런데 이러한 내 명제를 가르베 씨는 다음과 같이 표현한다. "나[칸트]는 행복에 대해서는 전혀 고려하지 않고 도덕법칙의 준수가 인간에게 유일한 궁극목적이라고 주장했으며, 도덕법칙의 준수가 창조자의 유일한 목적으로 간주되지 않으면 안 된다고 주장했다." (내[칸트] 이론에 따르면 창조자의 유일한 목적은 인간의 도덕성 자체도 아니고 행복 자체도 아니며, 오히려 양자의 통일과 합치에서 존재하는 세계 내에서 가능한 최고선이다.)

B. 나는 더 나아가 이러한 의무개념이 어떠한 특수 목적도 근거에

_{A 210}

_{Ⅷ279}

_{A 211}

숙련과 그것을 위해 자연이 그에게 부여한 재능마저 가질 자격이 없기 때문이다.

270

놓을 필요가 없고, 오히려 인간의 의지에 또 하나의 목적을 초래한다고 말했다. 구체적으로 말하면, 이 목적은 [인간의 의지가] 세계 내에서 가능한 최고선(세계 전체의 가장 순수한 도덕성과도 결합된 보편적인, 저 도덕성에 따른 행복[6])을 향하여 모든 능력을 다해 노력하도록 만든다. 물론 이것은 한 측면[도덕성]이 취해질 경우에는 그 능력은 우리 권능 속에 있지만, 두 측면[도덕성과 행복]이 함께 취해질 경우에는 그렇지 않기 때문에 실천적 목적상 이성에 어떤 도덕적 세계지배자에 대한 믿음과 장래 삶에 대한 믿음을 강요한다. 이것은 마치 두 믿음을 전제로 할 때에만 보편적 의무개념이 최초로 '발판과 견고성'을, 즉 확실한 근거와 필요한 동기의 견고성을 얻는다는 것이 아니라, 오히려 그 전제와 더불어 보편적 의무개념이 오직 저 순수 이성의 이상[최고선]에서만 객관도 얻는다는 것을 의미한다.* 왜냐하면   A 212; Ⅷ 280

---

* 만물의 궁극목적으로서 세계 내에서 우리의 협력으로도 가능한 최고선을   A 212
상정하는 필요는 도덕적 동기들의 결핍에서 비롯된 것이 아니라, 대외적
인 관계들의 결핍에서 비롯된 필요인데, 오직 그 관계들에서만 도덕적인
동기들에 따라서 하나의 객관이 목적 그 자체로서 (도덕적인 **궁극목적으로**
서) 산출될 수 있다. 왜냐하면 아무런 목적 없이는 어떠한 의지도 있을 수
없기 때문이다. 단순히 행위들에 대한 법칙적인 강요가 관건인 경우에는
목적이 도외시될 수밖에 없고, 오직 법칙만이 그 의지의 규정근거를 형성
함에도 그렇다. 그러나 모든 목적이 도덕적이지는 않지만 (예를 들면, 자기
자신의 행복이라는 목적은 도덕적이지 않다), 그 대신에 이 목적은 비이기적
이어야 한다. 그리고 순수 이성이 부과한, 모든 목적 전체를 하나의 원리
아래에 포괄하는 궁극목적(우리의 협력으로도 가능한 최고선으로서 세계)에
대한 필요는 형식적 법칙들의 준수를 넘어 하나의 객관(최고선) 산출로 **확**
장되는 비이기적 의지의 필요다. ― 이러한 의지의 필요는 하나의 특수한
종류의 의지규정, 말하자면 모든 목적 전체라는 이념을 통한 의지규정이
다. 그 의지규정의 토대는, 만약 우리가 세계 내의 사물들에 대해 어떤 도덕
적 관계들 속에 있다면, 우리는 어디에서나 도덕법칙에 복종해야만 하고,
이것을 넘어 모든 능력을 다해 그러한 관계(도덕적인 최고 목적들에 적합한
하나의 세계)가 존재하도록 만들 의무가 부가된다는 것이다. 이때 인간은
신성(神性)과의 유비에 따라 생각하는데, 신성은 주관적으로 어떠한 외적

그 자체로 의무는 하나의 상정된 준칙을 통하여 가능한 보편적 입법의 조건에, 의지의 대상이나 목적이 무엇이든 간에 (따라서 행복이라 하더라도), 그 의지를 제한하는 것 이외는 아무것도 아니기 때문이다. 그러나 그러한 목적은 사람들이 가질지 모르는 각각의 목적과 마찬가지로 여기서는 완전히 도외시된다. 그러므로 도덕의 원리에 관한

물음에서 도덕으로 규정되고 도덕법칙에 적합한 의지의 최종목적으로서 최고선에 관한 교설은 (일화적인 것으로서) 완전히 제외되고 옆으로 치워질 수 있다. 다음에서도 보이듯이, 본래의 쟁점이 관건인 곳에서는 그러한 것은 전혀 고려되지 않고 오히려 순전히 보편적인 도덕만이 고려된다.

　b. 가르베 씨는 이러한 명제들을 다음과 같이 표현한다. "덕 있는 사람은 (자기 행복의) 저 관점을 결코 눈에서 잃어버릴 수 없으며, 잃어버려서도 안 된다. ─ 그렇지 않다면 눈에 보이지 않는 세계로 이행하는 것을, 신의 현존과 불멸성에 관한 확신을 위해 이행하는 것을

완전히 잃어버릴 테니 말이다. 하지만 이러한 이론에 따르면, 그 확신은 도덕적 체계[7]에 발판과 견고성을 주기 위해 전적으로 필요하다."

사물도 필요하지는 않지만, 그럼에도 자기 자신 속에 틀어박혀 있지 않고, 오히려 그 신성의 완전무결성의 의식으로 말미암아 스스로 최고선을 자기 밖으로 산출하도록 규정되어 있다고 생각될 수 있다. 요컨대 (인간에게는 의무인) 최고 존재의 그러한 필연성은 우리에 의해서 다름 아닌 도덕적 필요로만 표상될 수 있다. 이외에 달리 표상될 수 없다. 그런 까닭에 인간에게 세계 내에서 그의 협력으로 가능한 최고선이라는 이념 속에 있는 동기는 또한 그와 동시에 의도된 자기 행복이 아니라, 단지 목적 그 자체로서 최고선이라는 이념, 따라서 의무로서 그 이념의 추구일 뿐이다. 왜냐하면 최고선이라는 이념은 그저 행복에 대한 전망이 아니라, 단지 행복과 행복할 만한 주체 ─ 그 주체가 무엇이든 간에 ─ 의 가치 있음 사이의 균형에 대한 전망을 포함하기 때문이다. 그러나 자기 자신과 하나의 그러한 전체에 속하고자 하는 자신의 의도를 이러한 조건에 제한하는 의지규정은 이기적이지 않다.

그리고 [가르베 씨는] 나에게 전가되는 주장들의 합계를 다음과 같이 짧고 훌륭하게 요약하면서 끝맺는다. "덕 있는 사람은 저 원리들에 따라 끊임없이 행복할 가치가 있으려고 노력한다. 그러나 그가 참으로 덕이 있는 한에는 결코 행복하려고 노력하지 않는다."(여기서 '한에는'이라는 말은 사전에 청산되지 않으면 안 되는 모호성을 야기한다. 그 말은 행위에서 덕 있는 사람으로서 그가 자기 의무에 예속된다는 것을 의미할 수 있다. 그렇다면 그때 이러한 명제는 내 이론과 완전히 합 A 215 치한다. 아니면 그 말은 그가 도대체 덕이 있기만 하다면, 그러니까 의무가 문제되지 않고 의무에 충돌되지 않는 경우에서조차 덕 있는 사람은 행복을 전혀 고려해서는 안 된다고 하는 것을 의미할 수 있는데, 그렇다면 그때 그것은 내 주장들과 전적으로 모순된다.)

이러한 반론은 오해 이외에 아무것도 아니다. (나는 그것들을 곡해라고 간주하고 싶지 않다.) 만약 낯선 사고를 평가하는 데에도 이전에 익숙한 사고과정을 따르는, 그래서 그 사고과정을 낯선 사고에까지 가져가는 인간의 성벽이 그러한 현상을 충분히 설명하지 못한다면, 그 오해의 가능성은 불쾌할 수밖에 없을 것이다.

위의 도덕적 원리에 대한 이러한 논쟁적 논의에 이어 이제 독단적인 반대주장이 따른다. 가르베 씨는 요컨대 분석적으로 다음과 같이 추론한다. "개념들의 정리에서 상태의 지각과 구별은 그것에 따라 상황들 중에서 어떤 한 상황에 우선권이 부여되는데, 상황들 중에서 한 상황을 선택하기에 앞서, 그러니까 어떤 목적을 사전에 규정하기에 앞서 선행되지 않으면 안 된다. 그러나 자기 자신과 자기 상태를 의식할 수 있는 능력을 지니고 태어난 존재가, 자신의 상태가 현존하고 A 216 또 그 상태가 그에게 지각되는 경우에, 다른 방식으로 존재하기 위하여 선호하는 상태는 하나의 좋은 상태다. 그리고 그러한 일련의 좋은 상태는 행복이라는 말이 표현하는 가장 보편적인 개념이다."——더 나아가 그는 다음과 같이 말한다. "법칙은 동기를 전제하지만, 동기는 사전에 지각된 나쁜 상태와 더 좋은 상태의 구별을 전제한다. 이러한 지각된 구별은 행복 등등의 개념의 요소다." 계속해서 그는 다음과 같이 말한다. "가장 보편적인 의미의 행복에서 각각의 노력에 대한 동기들이 발생한다. 따라서 도덕적 법칙의 준수를 위한 동기들도 발생한다. 내가 도덕적 의무들의 이행이 선이라는 표제의 항목에 들어가는지 물을 수 있기 전에, 나는 먼저 도대체 어떤 것이 선한지를 알아

Ⅷ282 야 한다. 인간은 자신에게, 어디로 이 움직임이 향해야 하는지 하나의 **목표**를 정할 수 있기 **전에*** 자신을 움직이게 하는 하나의 **동기**를 갖지 않으면 안 된다."

A 217 　　이러한 논거는 선이라는 낱말이 지닌 모호성과 놀이하는 것에 불과하다. 왜냐하면 선이 그 자체로 그리고 무조건적으로 선할 때에는 그것은 그 자체로 악한 것과 대립하지만, 선이 언제나 조건적으로만 선할 때에는 그것은 더 나쁘거나 더 좋은 선과 비교되는데, 후자의 선택 상태는 단지 비교적으로 더 좋은 상태일 뿐이지만 그럼에도 그 자체로는 악할 수 있기 때문이다. — 자유로운 자의의 정언적 명령법칙(즉 의무) 준수에 무조건적인, 근거로 놓은 목적들을 전혀 고려하지 않는 준칙은 본성 자체가 어떤 행위방식의 동기로서 우리에게 놓아둔 (일반적으로 행복이라고 부르는) 목적을 추구하는 준칙과는 본질적으로, 즉 **종류상** 구별된다. 왜냐하면 첫 번째 준칙은 그 자체로

A 217
*　　이것이 바로 내가 끝까지 주장하는 것이다. 아무튼 인간이 자신에게 하나의 목표(목적)가 정해지기 전에 미리 가질 수 있는 동기는 분명히 법칙 자체 이외에, 즉 그 법칙이 (사람들이 어떤 목적들을 가질지, 그 법칙을 준수해 어떤 목적들에 도달할지는 미정이지만) 불러일으킬 존경에 의한 것 이외에 다른 어떤 것일 수는 없다. 왜냐하면 자의의 형식과 관련해서 법칙은 내가 (가르베 씨는 목표라 일컫는) 자의의 대상을 게임에서 배제했을 때 남는 유일한 것이기 때문이다.

선하고, 두 번째 준칙은 결코 그렇지 않기 때문이다. 즉 후자는 의무 A 218
와 충돌하는 경우 매우 악할 수 있다. 이와 반대로 어떤 목적이 근거
로 놓이는 경우, 따라서 어떠한 법칙도 무조건적으로 명령하지 않는
다면 (오히려 이 목적의 조건 아래서만 명령한다면), 대립된 두 행위는
양쪽 다 조건적으로 선할 수 있으며, 단지 한쪽 행위가 다른 쪽 행위
보다 더 좋을 수 있다(그래서 후자는 상대적으로 악하다고 말할 것이
다). 왜냐하면 그 행위들은 서로 종류에 따라 구별되는 것이 아니라,
순전히 정도에 따라 구별되기 때문이다. 그리고 이러한 것이 모든 행
위의 성질인데, 그 행위들의 동기는 무조건적인 이성법칙(의무)이 아
니라 우리가 자의적으로 근거로 놓은 목적이다. 왜냐하면 이러한 목
적은 모든 목적의 합계의 일부를 이루며, 그 목적들의 달성이 행복
이라 일컬어지기 때문이다. 그리고 어떤 행위는 내 행복에 더 많이,
다른 행위는 더 적게 공헌할 수 있으며, 따라서 다른 행위보다 더 좋
거나 더 나쁠 수 있다. ── 그러나 의지규정의 한 상태를 다른 상태보
다 선호함은 순전히 자유의 행위(법학자들이 말하는 순전한 능력의 문
제⁸⁾)다. 자유의 행위에서 이것(의지규정)이 그 자체로 선한지 혹은 악
한지는 전혀 고찰되지 않으며, 따라서 양자와 관련해서는 아무래도
좋다.

　동일한 종류의 모든 다른 목적보다 내가 선호하는 어떤 주어진 목 A 219; Ⅷ 283
적과 연결되어 있는 하나의 상태는, 요컨내 행복의 영역에서 상대적
으로 더 좋은 상태다(행복은 오로지 조건적으로 사람들이 행복할 만한
가치가 있는 한에서만 이성에 의해 선으로 인정된다). 그러나 어떤 내
목적들이 의무의 도덕법칙과 충돌하는 경우에는 후자[의무]를 선호
한다는 것을 내가 의식하는 상태는 그저 더 좋은 상태가 아니라, 그
자체만으로 선한 상태다. 이것은 나에게 생길지도 모르는 목적들(따
라서 그것들의 합계인 행복)이 전혀 고려되지 않는, 그리고 자의의 물

질(자의에 근거로 놓인 객체)이 아니라 자의의 준칙의 보편적 합법칙성이라는 형식만이 자의의 규정근거를 형성하는 완전히 다른 영역에서 나오는 선이다. ― 그러므로 내가 다른 방식으로 존재하기 위하여 선호하는 모든 상태가 나에게 행복으로 간주된다고는 결코 말할 수 없다. 왜냐하면 먼저 내가 나의 의무를 위반하고 있지 않다는 것에 확신을 가져야 하고, 그 후에야 행복을 돌아다보는 것이, 즉 내가 얼마나 행복의 상태를 나의 저 도덕적(비자연적)으로 선한 상태와 합일할 수 있는지 돌아다보는 것이 나에게 허용되기 때문이다.*

A 220

물론 의지는 **동기들**을 가지지 않으면 안 된다. 그러나 후자는 **자연적 감정과 관련된 목적으로서 정해진 어떤 객체들이 아니라 무조건적 법칙 자체 이외에는 아무것도 아니다.** 그러한 무조건적 강요인 법칙에 따르는 의지의 감수성은 **도덕적 감정**이라 불린다. 그러므로 도덕적 감정은 원인이 아니라 의지규정의 결과이며, 만약 그러한 강요가 우리 안에서 선행하지 않으면 우리는 그 도덕적 감정을 우리 안에서 조금도 지각하지 못할 것이다. 그래서 이러한 감정이, 그러니까 우리 자신이 목적으로 삼는 쾌가 의지규정의 제1원인이므로 (그 쾌를 요소로 하는) 행복이 어쨌든 행위를 하는 모든 객관적 필연성의 근

A 221

Ⅷ 284

---

* 행복은 자연이 우리에게 제공하는 모든 것을 포함한다(그리고 또한 그 외에 더는 아무것도 포함하지 않는다). 그러나 덕은 인간 자신 외에는 아무도 자신에게 주거나 자신에게서 가져갈 수 없는 것을 포함한다. 만일 사람들이 후자에서 벗어남으로써 인간은 자신에게 적어도 비난과 순수 도덕적 자기 질책을, 따라서 불만을 끌어들여 그 결과 자신을 불행하게 만들 수 있다고 반박하려 한다면, 그것은 아마도 인정될 것이다. 그러나 이러한 순수 도덕적 불만은 (그에게 불리한 행위의 결과에서가 아니라, 그 행위의 위법성 자체로 말미암아) 덕 있는 사람만이 또는 그렇게 되려는 도중에 있는 사람만이 할 수 있다. 그러므로 행복은 원인이 아니라 그가 유덕하다는 것이 작용한 결과다. 그리고 유덕하도록 하는 동인은 이러한 불행(만일 사람들이 하나의 비행에서 생기는 고통을 그렇게 부르고자 한다면)에서 얻을 수 없었다.

거를, 따라서 모든 의무의 근거를 형성한다고 하는 옛 노래는 한 편의 궤변적 희롱이다. 즉 사람들은 어떤 결과에 대한 원인을 언급하는 데 묻기를 중지할 수 없는 경우, 결국엔 원인에 대한 결과를 스스로 만들어낸다.

이제 나는 우리가 본래 여기서 다루고자 하는 점에 도달했다. 즉, 이른바 철학에서 서로 충돌하는 이론과 실천의 이해관계를 예시하고 검증하는 것이다. 가르베 씨는 이에 대한 가장 좋은 예시를 위에서 언급한 그의 논문에서 제공한다. 먼저 그는 (어떻게 우리가 행복하게 되는지에 관한 교설과 어떻게 우리가 행복할 만한 가치가 있게 되어야 하는지에 관한 교설 사이에서 내가 발견하는 차이를 이야기하면서) 다음과 같이 말한다. "나로서는 고백하자면, 내 머릿속에서는 그 관념들의 이러한 구분을 매우 잘 이해하지만, 내 마음속에서는 이러한 소원과 노력의 구분을 발견하지 못한다. 더구나 어떻게 인간이 행복 자체에 대한 자신의 갈망을 순수하게 분리했다는 것을, 그리고 따라서 의무를 비이기적으로 **실행했다**는 것을 의식할 수 있는지 나는 이해하기 어렵다." A 222

나는 무엇보다도 먼저 후자에 대해 답하겠다. 즉 나는 어떠한 인간도 자기 의무를 완전히 비이기적으로 실행했다는 것을 확실하게 의식할 수 없다는 것을 기꺼이 인정한다. 왜냐하면 그것은 내적 경험에 속하고 상상력, 습관 그리고 경향성을 통하여 의무개념과 한패로 어울리는 모든 부수적 표상과 고려들에 대한 일반적으로 명료한 하나의 표상은 인간 영혼상태의 이러한 의식에 속할 텐데, 그 표상은 어떤 경우에도 결코 요구될 수 없으며, 또한 어떤 것의 비존재는 (그러니까 또한 암암리에 생각된 이득이 아닌 것은) 경험 대상일 수 없기 때문이다. 그러나 의무개념을 완전히 순수하게 가지려면 인간은 자신의 의무를 완전히 비이기적으로 **실행해야** 하고, 행복에 대한 자신의

A 223 갈망을 전적으로 의무개념과 분리하지 않으면 안 된다. 이러한 것을 인간은 최고로 명료하게 의식한다. 혹시 그가 그렇지 않다고 여긴다면, 그가 할 수 있는 한 그렇다는 것이 그에게 요구될 수 있다. 왜냐하면 바로 이러한 순수성 속에서 도덕성의 참된 가치가 마주쳐질 수 있고, 또 인간은 그것을 하지 않을 수 없기 때문이다. 아마도 어느 누구도 단 한 번이라도 자신이 인식하고 존경하기도 한 의무를 완전히 비이기적으로 (다른 동기들을 혼합하지 않고) 실행한 적이 없었을지

VIII 285 도 모른다. 최대한 노력하더라도 아마 아무도 그렇게 하는 데 성공하지 못할 것이다. 그러나 그가 가장 면밀하게 자기검증을 할 때 자신 속에서 지각할 수 있는 한, 함께 작용하는 그러한 동기들뿐만 아니라 오히려 의무이념에 맞서 있는 많은 동기와 관련한 자기부정도, 그러니까 저 순수성을 위하여 노력하는 준칙도 그는 의식할 수 있다. 그리고 그것은 그의 의무준수를 위해서도 충분하다. 이와 반대로 인간의 본성이 그러한 순수성을 허가하지 않는다는 핑계로 (그는 그러한 것을 확실하게 주장할 수도 없지만) 준칙에 대한 그러한 동기들의 영향을 비호한다는 것은 모든 도덕성이 죽은 것이다.

A 224 이제 방금 전 가르베 씨의 고백, 즉 저 구분(엄밀하게는 분리)이 그의 마음속에서는 발견되지 않는다는 것에 관해서 말하자면, 나는 그가 자기 고백에서 곧바로 자신에게 모순되고, 그의 머리에 반하여 자기 마음을 옹호한다는 의심을 품고 있지는 않다. 정직한 사람인 그는 그 구분을 실제로 항상 마음속에서 (자신의 의지규정 속에서) 발견했다. 그러나 그 구분은 단지, 이해할 수 없는(설명할 수 없는) 것, 요컨대 (의무의 가능성과 같은) 정언명령의 가능성의 사변과 이해를 위하여, 그의 머릿속에서 (모두 다 자연필연성의 기제를 근거로 하는) 친숙한 심리학적 설명의 원리들과 부합하지 못했을 것이다.*

A 225 그러나 만일 가르베 씨가 끝으로 다음과 같이 말한다면, 나는 그에

게 큰 소리로 기를 쓰고 반대하지 않을 수 없다. "관념들의 그러한 정
교한 구별은 이미 개별적인 대상들에 대해 숙고할 때 흐려진다. 그러
나 그러한 구별은 행위가 관건인 경우에는, 즉 그 구별이 욕망과 의도 Ⅷ 286
에 적용되어야 할 경우에는 완전히 사라진다. 우리가 동기들의 고찰
에서 현실적인 행위로 이행하는 그 걸음이 단순하면 단순할수록, 빠
르면 빠를수록 그리고 명료한 표상들에 노출되면 노출될수록, 각각
의 동기가 그 걸음을 정말로 다름없이 이끌도록 부과한 일정한 무게
를 정확하고 확실하게 인식할 가능성은 점점 더 적어진다."

완전히 순수한 의무개념은 비교할 것도 없이 행복에서 도출된 또 A 226
는 행복이나 행복에 대한 고려와 혼합된 어떠한 동기보다(이러한 동
기들은 항상 많은 기술과 심사숙고를 요구한다) 더 단순하고 더욱 명료
하며 실천적인 사용을 위하여 모든 사람에게 더 쉽게 파악될 수 있고
더욱 자연스럽다. 그뿐만 아니라 그러한 의무개념은 만약 그 개념이
단지 가장 평범한 인간이성에, 말하자면 그러한 동기들과 분리하여,
아니 심지어 대립시켜 인간들의 의지에 제시되기만 한다면 그 가장
평범한 인간이성의 판단에서조차 후자[인간들의 의지]의 이기적 원

---

* 가르베 교수는 (의무들에 관한 키케로의 책에 단 그의 주석들, 1783년판, 68
쪽에서) 다음과 같은 주목할 만하고 자신의 명민성에 상응하는 고백을 한
다. "나의 가장 깊은 내적 확신에 따르면, 자유는 언제나 해결되지 않은 채
로 남아 있을 테고 결코 설명되지 않을 것이다." 자유의 현실성에 관한 증
명은 절대로 직접적 경험에서도, 간접적 경험에서도 마주칠 수 없다. 그리
고 그렇다고 아무런 증명도 없이 사람들이 자유를 가정할 수도 없다. 자유 A 225
의 증명은 순전히 이론적인 근거들에서가 아니라 (왜냐하면 후자는 경험에
서 구해질 수밖에 없기 때문이다), 순전히 실천적인 이성명제들에서 행해질
수 있기 때문에, 그렇지만 또한 기술적-실천적 이성명제들에서가 아니라
(왜냐하면 이것들은 다시금 경험근거들을 요구할 것이기 때문이다), 결국 도
덕적-실천적 명제들에서만 행해질 수 있기 때문에, 사람들은 왜 가르베 씨
가 적어도 그러한 명령[정언명령]의 가능성을 구하기 위하여 자유의 개념
에 호소하지 않았는지 이상하게 여기지 않을 수 없다.

리에서 빌려온 모든 동인보다 훨씬 더 강력하고 더욱 설득력 있으며 성공을 더 약속한다. — 예를 들면 다음과 같은 경우다. 누군가 맡겨진 남의 재산(위탁물)을 수중에 갖고 있는데, 그 재산의 소유주는 사망했고, 그 재산의 상속인들은 그것에 관하여 아무것도 알지 못할 뿐 아니라 어떤 것도 경험할 수 없다. 사람들은 이러한 경우를 여덟이나 아홉 살 된 아이에게도 들려준다. 그리고 다음과 같이 덧붙인다. 이 위탁물의 소지자는 (부채는 없이) 바로 이때쯤 자신의 행운이 완전히 쇠퇴하게 되고, 궁핍으로 압박받는 부인과 아이들이 있는 한 불쌍한 가족을 둘러본다. 만약 그가 저 전당물을 자기 것으로 한다면, 그는 한순간에 그러한 궁지에서 벗어날 것이다. 게다가 그는 어질고 자선을 베풀지만, 저 상속인들은 부유하나 매정하며, 그런데다 극도로 사치스럽고 낭비가 심해 그들의 재산에 대한 이러한 추가물은 마치 그것이 바닷속으로 던져지는 것과 마찬가지일 것이다. 그리고 이제 사람들은 이러한 위탁물을 자기 편익으로 사용하는 것이 이러한 상황에서 허용된 것으로 여겨질 수 있는지 질문한다. 의심할 여지없이 질문받은 사람은 대답할 것이다. "아니다!" 그리고 온갖 이유 대신에 단지 이렇게만 말할 수 있을 것이다. "그것은 부당하다." 즉 그것은 의무와 충돌한다. 그 어느 것도 이보다 더 명료하지는 않다. 그러나 그 위탁물의 소지자가 위탁물을 돌려줌으로써 자기 자신의 행복을 촉진하는 것은 십중팔구 아닐 것이다. 왜냐하면 만약 그가 후자의 관점에서 자기 결심을 정하려고 했다면, 그는 예를 들어 다음과 같이 생각할 수 있었을 테니 말이다. "네가 너에게 있는 남의 재산을 요구받지 않고도 본래 소유주들에게 내준다면, 아마도 그들은 너의 정직함에 대해 너에게 보답할 것이다. 혹은 그러한 일이 일어나지 않는다면, 너는 너에게 매우 이익이 될 수 있는 전반적으로 좋은 평판을 얻을 것이다. 그러나 이러한 모든 것은 불확실하다. 다른 한편으로는 물론 많은 의혹도 생긴다. 만약 네가 곤궁한 상황에서 한번에 벗어나고 싶어 그 위탁물을 착복하려고 그것을 재빠르게 사용한다면, 너는 A 228 어떻게 그리고 어떤 방법으로 네가 그렇게 빨리 네 상황을 개선하게 되었는지 의심받게 될 것이다. 그러나 만약 네가 그것을 천천히 처리하려고 한다면, 그 곤궁은 그러는 사이에 심화되어 전혀 더는 제거될 수 없을 것이다." — 그러므로 행복의 준칙에 따르는 의지는 그의 동기들 사이에서 자신이 무엇을 결정해야 할지 망설인다. 왜냐하면 그 의지는 성공을 도모하고, 그 성공은 매우 불확실하기 때문이다. 이유들과 반대이유들의 혼잡에서 빠져나오기 위해서 그리고 합산에서 착각하지 않기 위해서는 좋은 머리가 요구된다. 그 대신에 만약 그 위탁물의 소지자가 자신에게 무엇이 여기서 의무인지 묻는다면, 그는 자기 자신에게 주어져야 하는 대답에 전혀 막힘이 없고, 오히려 그가 무엇을 해야만 하는지는 즉시 확실해진다. 아니, 만약 의무개념이 그에게 중요하다면, 그는 마치 자신이 여기서도 선택하는 것인 양, 또한 그 의무의 위반으로 자신에게 생길지도 모르는 이득에 대해 어림 계산만 행하는 것에 혐오조차 느낀다.

그러므로 이러한 구별들은 (방금 보여주었듯이, 가르베 씨가 생각 A 229 하는 것처럼 그렇게 정교하지는 않고, 오히려 가장 거칠고 제일 읽기 쉬운 활자로 인간 영혼에 씌어 있는데) 그가 말했듯이, 행위가 관건인 경우 완전히 사라진다는 것은 자기 경험에조차 모순된다. 정확히 말하면 그 구별들이 어떤 한 원리나 다른 원리에서 끌어낸 준칙들의 **역사**가 보여주는 경험에 모순된다는 것은 아니다. 왜냐하면 거기에 경험은 유감스럽게도 그 준칙들이 대부분 후자의 (이기利己의) 원리에서 흘러나온다는 것을 증명하기 때문이다. 오히려 그 구별들은 어떠한 이념도 바로 모든 것을 넘어 의무를 존경하고, 무수한 삶의 해악과 가장 매혹적인 삶의 유혹들과 싸우고, 그럼에도 또한 (사람들이 인간은 그것을 할 수 있다고 당연히 가정하듯이) 그것들을 이겨내는 순수한 도덕적 심성에 대한 경험보다 인간의 마음을 더 고양하고 열광으로까지 고무하지 않는다는, 단지 내적으로만 가능한 경험에 모순된다는 것이다. 인간은 자신이 해야 하기 때문에 이것을 할 수 있다는 것을 의식하고 있다. 이러한 것은 인간에게서 신적인 소질의 심연을 열어주는데, 그 심연은 그에게 이를테면 자신의 참된 사명의 위대함과 숭고함에 대한 어떤 성스러운 전율을 느끼게 한다. 그리고 만약 인간이 자주 그것에 주의가 환기되어 덕에서 의무준수로 얻을 수 있는 이득의 전리품인 모든 부를 완전히 제거하고 그 덕을 완전히 순수하게 표상하는 것에 익숙해진다면, 만약 그것을 지속적으로 사용하는 것(거의 항상 등한시해온 의무를 명심시키는 하나의 방법)이 사적 가르침과 공적 가르침에서 원칙이 된다면, 인간의 도덕성은 곧 더 나아질 수밖에 없을 것이다. 역사경험이 지금까지도 덕이론들의 우수한 성과를 증명하려고 하지 않았다는 것은 아마도 바로 잘못된 전제에 그 책임이 있을 것이다. 이를테면, 의무 그 자체의 이념에서 도출된 동기가 일상의 개념에는 너무 정교한 반면 더 거친 동기, 즉 현 세계에서, 또한 장래 세계에서도 법칙준수로 기대될 수 있는 어떤 이득들에서 도출된 동기가 마음에 더 강력하게 작용할 것이라는 전제, 그리고 사람들이 이성이 최상의 조건으로 삼는 것보다, 즉 행복할 만한 가치 있음보다 행복추구를 우선시하는 것을 지금까지 교육이나 강론의 원칙으로 삼았다는 전제가 그것이다. 왜냐하면 사람들이 어떻게 자신을 행복하게 할 수 있는지, 적어도 어떻게 자신의 손해를 막을 수 있는지에 대한 **지침들**은 **명령**이 아니기 때문이다. 그 지침들은 단적으로 아무도 구속하지 못한다. 그리고 그가 [지침들로] 주의를 받은 후, 손해감당을 받아들이는 경우에는 자신에게 좋다고 여겨지는 것을 선택할 것이다. 그러면 그는 자신에게 주어진 충고를 등한시함으로써 생길지도 모르는 해악들을 형벌로 간주할 이유가 없다. 왜냐하면 이러한 형벌은 단지 자유로우나 위법적인 의지에만 일어나기 때문이다. 그러나 본성과 경향성은 자유에 법칙을 제공할 수 없다. 의무이념은 상황이 전혀 다르다. 의무위반은 그로써 자신에게 생기는 손해를 고려하지 않고도 직접 마음에 작용하고, 인간을 그 자신의 눈 속에서 비난하고 처벌하도록 만든다.

여기에 이제 도덕에서 이론상으로 옳은 모든 것은 실천에도 타당할 수밖에 없다는 하나의 명료한 증명이 있다. ― 그러므로 자기 자신의 이성으로 어떤 의무들에 종속된 존재로서 인간이라는 성질 속에서는 누구나 다 하나의 **실무자**다. 그리고 어쨌든 인간으로서 그는 지혜의 학교에서 결코 벗어나지 못하므로, 그는 무엇이 인간인지 그리고 무엇이 인간에게 요구될 수 있는지를 소위 경험으로 더 잘 배운 자로서 이론의 지지자를 거만하게 멸시하면서 학교로 되돌려보낼 수는 없다. 왜냐하면 이러한 모든 경험은 그에게 이론의 지침에서 벗어나는 데 아무런 도움도 주지 않고, 기껏해야 오직 사람들이 그 지침을 자신의 원칙으로 수용했을 때는, 어떻게 그 지침이 더 잘 그리고 더 보편적으로 작동할 수 있는지를 배우는 데 도움을 주기 때문이다. 그러나 여기서 이야기하는 것은 어떤 실용적인 숙련에 관한 것이 아니라, 단지 후자[이론의 지침을 원칙으로 수용하는 것]에 관한 것이다.

A 232

VIII 289

Ⅱ.
국가법에서 실천에 대한 이론의 관계에 관하여
(홉스에 반대하여)

한 무리의 인간을 한 사회로 결합하는 모든 계약(사회계약[9]) 가운데 그들 사이의 시민체제를 설립하는 계약(시민연합계약[10])은 매우 독특해서, 비록 실행과 관련해서는 각각의 다른 계약(이 각각의 계약도 마찬가지로 공동의 노력으로 촉진될 수 있는 어떤 임의의 목적을 지향한다)과 공통점이 많지만, 그 계약의(시민체제의[11]) 수립원리에서는 모든 다른 계약과 본질적으로 구별된다. (모든 사람이 갖고 있는) 그 어떤 (공동의) 목적을 위한 다수의 결합은 모든 사회계약에서 마주칠 수 있다. 그러나 그 자체로 (각자가 갖고 있어야 하는) 목적이고, 그렇기에 상호 영향을 미치지 않을 수 없는 인간들 일반의 모든 외적 관계에서 무조건적인 그리고 제1의 의무인 결합은 어떤 한 사회가 시민적 상태에 있는 한에서만, 즉 하나의 공동체를 형성하는 한에서만 그 사회에서 마주칠 수 있다. 그런데 그러한 외적 관계에서 그 자체로 의무이자 모든 나머지 외적 의무의 최상위 형식적 조건(불가결의 조건[12])인 그 목적은 공적인 강제법칙들 아래에 있는 인간의 권리이며 그 강제법칙들에 따라 각자에게 그의 것이 규정될 수 있고 모든 타자의 간섭에 대항하여 보장될 수 있다.

그러나 외적 법 일반이라는 개념은 전적으로 인간들 서로의 외적 관계상의 자유 개념에서 생기며, 모든 인간이 자연적으로 가지는 목적(행복에 대한 의도)과 그것에 이르기 위한 수단의 지침과는 전혀 관계가 없다. 그래서 또한 이 후자[모든 인간이 자연적으로 가지는 목적]는 저 법칙들 속에서 절대로 그 수단의 지침을 규정하는 근거로서 혼합되어서는 안 된다. 법은, 자유가 보편적 법칙에 따라 가능한

한, 각자의 자유를 모든 사람의 자유와 합치하는 조건에 제한하는 것 Ⅷ 290
이며, 공법은 그러한 철저한 합치를 가능하게 하는 외적 법칙들의 총
체다. 그런데 다른 사람의 자의에 따른 모든 자유의 제한은 강제라고
하므로, 시민체제는 자유로운 인간들의 관계임에도 **자유로운 인간들
이** (다른 사람들과의 결합 전체 속에서 그들의 자유가 손상되지 않고)
강제법칙들 아래에 있다는 결론이 나온다. 왜냐하면 이성 자체가, 더
정확히 말하면 어떠한 경험적 목적(행복이라는 보편적 이름 아래에서
파악되는[13]) 그러한 모든 것)도 고려하지 않고 아프리오리하게 입법하
는 순수 이성이 그것을 그렇게 원하기 때문이다. 예컨대 그 경험적인
목적과 관련하여, 그리고 각자가 그러한 목적을 어디에 두고자 하는
지와 관련하여 인간들은 아주 다양하게 생각하므로 자신들의 의지
는 어떠한 공동의 원리 아래에서도, 따라서 모든 사람의 자유와 합치 A 235
하는 어떠한 외적 법칙 아래에서도 생겨날 수 없다.

그러므로 시민적 상태는 순전히 법적 상태로 간주된다면, 다음과
같은 원리들에 아프리오리하게 근거를 둔다.

1. 인간으로서 사회 각 구성원의 **자유**
2. 신민으로서 각각의 다른 사람과 그의 **평등**
3. 시민으로서 공동체 각 구성원의 **자립성**

이러한 원리들은 이미 건립된 국가가 부여하는 법칙들이 아니라
그 원리들에 따라서만 국가건립이 외적 인권 일반의 순수 이성원리
들에 맞게 가능한 원리들이다. 그러므로

1. 인간으로서 **자유**에 관해서는, 나는 한 공동체를 구성하기 위한
자유의 원리를 다음과 같은 정식으로 표현한다. 아무도 나를 그의 방
식으로(다른 사람들의 복됨을 그가 생각하는 방식으로) 행복하도록 강
요할 수 없고, 오히려 각자는 만약 비슷한 목적을 추구하는 다른 사
람들의 자유에만, 즉 가능한 보편적 법칙에 따라 모든 사람의 자유와

공존할 수 있는 자유에(즉 다른 사람의 이러한 권리에)만 피해가 되지 않는다면, 자신의 행복을 자기 자신에게 좋게 여겨지는 방식으로 추구해도 된다. ― 자신의 아이들에 대한 아버지의 호의 원리처럼 국민에 대한 호의 원리 위에 건립되어 있는 하나의 정부에서, 즉 하나의 아버지 정부(가부장적 정부14))에서 신민들은 무엇이 그들에게 참으로

유익한지 또는 위해한지를 구별할 수 없는 미성숙한 아이들처럼, 어떻게 그들이 행복해야 하는지를 순전히 국가수반의 판단에서 기대하도록, 그리고 이 국가수반도 그들의 행복을 원한다는 것을 순전히 그의 자비에서 기대하도록 수동적 태도만 취하도록 강요된다. 이것은 생각할 수 있는 최대의 전제정치(신민의 모든 자유를 폐지해 신민들이 어떠한 권리도 전혀 갖지 못하는 체제)다. 하나의 아버지 정부가 아니라 하나의 조국 정부(가부장적 정부가 아니라 애국적 정부15))가 오로지 법[권리]에 역량 있는 인간들에게서 생각될 수 있고, 동시에 지배자의 호의와 관련해 생각될 수 있는 정부다. 즉 애국적인 사유방식에서는 각자가 국가에서 (그 국가의 수반도 예외 없이) 그 공동체를 어머니의 자궁으로 또는 그 나라를 아버지의 땅으로 간주한다. 말하자

면 그 나라는 각자가 그곳에서 그리고 그 위에 나왔고, 그래서 각자가 또한 소중한 담보로서 남겨놓아야만 하는 것이다. 그는 다만 공동의지의 법칙들로 그 공동체의 권리들을 보호하는 데에, 그러나 그 담보를 그의 무조건적 임의의 사용 아래 놓이지 않게 하는 데에 자신에게 권한이 있는 것으로 여긴다. 인간이 이른바 일반적으로 법에 역량이 있는 존재인 한에서, 이러한 자유권은 인간으로서 각자에게, 즉 공동체 구성원에게 귀속된다.

  2. 신민으로서 평등, 그것의 정식은 다음과 같을 수 있다. 공동체의 각 성원은 다른 성원에 대해 그 공동체의 수반만이 제외되는(수반은 공동체 성원이 아니라 공동체 창설자 또는 유지자다) 강제법[권]을 갖

는다. 오로지 수반만이 자신은 강제법칙에 예속되지 않고 강제할 권한을 갖는다. 그러나 법칙들 아래에 있는 사람은 누구든지 한 국가에서 신민이며, 따라서 공동체의 다른 모든 구성원과 마찬가지로 강제법[권]에 예속되어 있다. 단 한 사람(자연적 또는 도덕적 인격)만은, 즉 모든 법적 강제를 행사할 수 있는 국가수반만은 제외된다. 만약이 사람도 강제될 수 있다고 한다면, 그는 국가수반이 아닐 테고, 종 A 238 속의 열은 위로 무한히 진행될 테니 말이다. 그러나 만약 그러한 종속의 열에 두 사람(강제받지 않는 인격들)이 있다고 한다면, 그 둘 중 아무도 강제법칙들 아래에 있지 않을 테고 한 사람은 다른 사람에게 어떠한 불법도 행할 수 있을 텐데, 그러한 것은 불가능하다.

　그러나 한 국가 안에서 그 국가의 신민들로서 인간들의 이러한 철저한 평등은 타인들에 대한 신체적 혹은 정신적 우월에서든, 외적 재화에서든, 그리고 타인들과 관계있는 권리들 일반(그러한 것들은 많 VIII 292 이 있을 수 있다)에서든 그들의 점유상태의 양과 정도에 따라[16] 아주 명백히 최대 불평등과 함께 존속한다. 그래서 한 사람의 복지는 타자의 의지에(가난한 자의 복지는 부자에) 매우 의존하고, 한 사람은 (아이가 부모에게 또는 여자가 남자에게처럼) 복종할 수밖에 없고 다른 사람은 그 사람에게 명령하며, 한 사람은 (일용직 근로자로서) 고용되고 다른 사람은 임금을 지불하는 일 등을 한다. 그러나 그럼에도 법[권리]에 따라(이 법은 보편적 의지의 표현으로서 유일한 법일 수 있고, 정당함의 형식에 관한 것이지 내가 하나의 권리를 갖고 있는 물질 혹은 객체에 관한 것은 아니다) 그들은 신민으로서 모두 서로 평등하다. 왜냐하면 아무도 어떤 누군가를 공적 법칙(그리고 그 법칙의 집행자, 국 A 239 가수반)에 따르지 않고는 달리 강제할 수 없지만, 이러한 공적 법칙에 따라 각각의 다른 사람은 그 사람에게 똑같은 정도로 저항하기 때문이다. 그러나 아무도 자기 자신의 범죄 때문 말고는 달리 이러한 강제하는 권한을 (그러니까 타인에 대해 갖는 하나의 권리를) 잃어버릴 수 없고 그것을 또한 스스로 포기할 수도 없다. 즉 아무도 어떤 계약으로, 그러니까 어떤 법적 행위에 따라 자신이 아무런 권리를 갖지 않고 순전히 의무만 갖도록 할 수는 없다. 왜냐하면 그는 그러한 것으로 자기 자신에게서 계약할 권리를 빼앗을 것이며, 따라서 그 계약은 스스로 파기될 것이기 때문이다.

이제 신민으로서 공동체 속에 있는 인간들의 이러한 평등 이념에서 다음과 같은 정식이 나온다. 즉 공동체의 각 구성원은 그 공동체에서 (신민에게 귀속될 수 있는) 한 신분의 모든 위계에, 말하자면 그의 재능, 노동 그리고 행운이 그를 데리고 갈 수 있는 모든 위계에 도달하도록 허락되어야 한다. 그리고 그의 동료신민들은 세습적 특권으로 (어떤 특정한 신분을 위한 특권으로서) 그와 그의 후손들을 영원히 똑같은 신분 아래에 억누르려고 그를 방해해서는 안 된다.

그 이유는 다음과 같다. 모든 법[권리]은 순전히 각각의 타인의 자유를 보편적 법칙에 따라 내 자유와 공존할 수 있게 하는 조건에 제한하는 데 있고, (한 공동체의) 공법은 순전히 하나의 현실적인, 즉 이러한 원리에 부합하면서도 권력과 결합된 입법의 상태이며, 그러한 입법 덕택에 하나의 국민에 속하는 모든 이는 신민으로서 법적 상태 (법[권리]을 말하는 상태[17]) 일반에, 말하자면 보편적 자유법칙에 따라 서로 제한하는 자의의 작용과 반작용의 평등상태(이러한 상태는 시민적 상태라고 한다)에 있다. 따라서 각자의 생득적 권리는 이러한 상태에서(즉 그 권리의 모든 법적 실행에서) 각자가 언제나 자기 자유의 사용을 내 자유의 사용과 일치시키는 범위 내에 머물러 있도록 각각의 타인을 강제하는 권한과 관련해 전반적으로 평등하다. 그런데 출생은 태어나는 사람의 사실행위가 아니므로, 출생으로 말미암아 이 사람에게 법적 상태의 어떠한 불평등도, 그리고 순전히 유일한 최상

A 240

Ⅷ293

288

의 입법권의 신민으로서 그에게 모든 다른 신민과 공동적인 예속 외에 강제법칙들에 따른 어떠한 예속도 일어나지 않는다. 그러므로 다른 신민에 우선하는 동료신민으로서 공동체 한 성원의 생득적 특권은 있을 수 없다. 그리고 아무도 자신이 공동체에서 가지는 신분의 특권을 자기 후손들에게 상속할 수 없으며, 따라서 마치 출생 덕분에 영주신분으로 자격이 갖추어지는 것인 양, 이러한 출생이 또한 종속관계의 더 높은 위계들에(수페리오르[상급자][18]와 인페리오르[하급자][19]라는 종속관계에서는 둘 중 어느 한 사람이 임페란스[명령자][20]이고, 다른 사람이 수브엑투스[복종자][21]인 것은 아니다) 자신의 공로로 도달하는 것을 강제로 막을 수도 없다. 그는 물건인 것(인격에 해당하지 않는 것) 그리고 소유물로서 획득되어 또한 자신이 양도할 수 있는 것은 무엇이든지 상속할 수 있어서, 일련의 후손에게서 공동체 성원들 간의(용병과 임차인의, 토지소유자와 농노들 등의) 재산상황에 현저한 불평등을 야기할 수도 있다. 다만 그는 이 성원들이, 만약 그들의 재능, 노동 그리고 행운이 자신들에게 그것을 가능하게 한다면, 자신들에게 똑같은 상황들로 끌어올릴 권한을 부여하지 못하도록 방해해서는 안 된다. 그렇지 않으면 그는 타인의 반작용에 강제받지 않고 강제할 수 있을 테고, 동료신민의 위계를 넘어설 테니 말이다. — 한 공동체의 일정한 법적 상태 속에 사는 어떠한 인간도 자기 자신의 범죄에 의하지 않고는 딜리 이러한 평등에서 세외될 수 없으며 결코 세약에 의하거나 전쟁의 폭력(전리품戰利品[22])에 의해서도 제외될 수 없다. 왜냐하면 인간은 어떠한 법적 행위(그 자신의 행위나 다른 사람의 행위)로도 자기 자신의 소유자임을 중지할 수 없으며, 사람들이 온갖 업무를 위하여 원하는 대로 이용하는 가축 부류에, 그리고 비록 그 가축을 불구로 만들거나 죽이지 않는다는 제한이 있기는 하지만(그러한 제한은 물론 인도인들에게서처럼 또한 이따금 종교로도 인가된

A 241

A 242

다), 또한 사람들이 원하는 한에서 그 가축의 동의 없이도 보유하는 그러한 가축의 부류에 들 수 없기 때문이다. 만약 인간이 권리와 관련하여 자기보다 아무것도 미리 갖고 있지 않은 동료신민들인 다른 사람들과 같은 위계에 오르지 못할 경우, 그 잘못은 오직 그 자신에게(그의 능력 혹은 그의 진지한 의지에) 있거나 자신이 어떠한 다른 사람에게도 책임을 지울 수 없는 상황에 있지, 저항할 수 없는 타인의 의지에 놓여 있는 것이 아니라는 것을 의식하기만 하다면, 그는 모든 상태에서 행복하다고 여겨질 수 있다.*

A 244 3. 시민, 즉 공동입법자로서 공동체의 한 성원의 **자립성**(자기충족[26]).

---

* 만약 사람들이 **자비로운**이라는 낱말과 어떤 특정한 (선량한, 자선을 베푸는, 보호하는 등과 같은 낱말들과도 구별되는) 개념을 결합하고자 한다면, 그 낱말은 그에 대항하여 어떠한 **강제권[법]**도 행해지지 않는 사람에게만 붙일 수 있다. 그러므로 공적 법칙들에 따라 가능한 온갖 선을 야기하고 베푸는 **국가행정의 수반만이**(왜냐하면 그 법칙들을 부여하는 **주권자**는 말하자면 눈에 보이지 않으며, 주권자는 인격화된 법칙 자체이지 대리인이 아니기 때문이다), 그에 반대하여 어떠한 강제권[법]도 행해지지 않는 유일한 자로서 **자비로운 주인**이라 호칭될 수 있다. 그래서 예를 들어, 베네치아에서와 같은 귀족제에서도 **시의회**가 유일하게 자비로운 주인이다. 그 시의회를 이루는 노빌리[귀족들][23]는 도게[국가수반][24]도 제외되지 않고 (대의원회만이 주권자이므로) 모두 다 신민이며, 법[권리]실행에 관한 한 모든 다른 사람과 평등하다. 즉 그들 각각에 대한 강제법[권]은 신민들에게 귀속된다는 것이다. 그러나 왕자들(즉 정부에 대한 상속권이 귀속되는 인격들)은 물론 지금 후자[정부]의 희망과 전자[왕자들]의 요구 때문에 (궁정 예절상 예의로) 자비로운 주인이라 불린다. 하지만 그럼에도 그들은 자신들의 점유신분에 따라 동료신민들이다. 이들에 대항하여 그들의 가장 천한 하인들에게까지도 국가수반에 의하여 강제권[법]이 귀속되지 않으면 안 된다. 그러므로 국가에서는 단 하나의 자비로운 주인 외에 더 있을 수 없다. 그런데 자비로운 (본래는 고귀한) 부인들에 관하여 말하면, 그들의 신분이 그들의 성(性)과 더불어 (따라서 단지 남성에 반대로) 그들에게 이러한 명칭을 붙일 권리를 준다고 간주될 수 있고, 그것은 남성이 그 자신보다 아름다운 성에 우선권을 인정하면 할수록 더욱더 많이 자신에게 명예가 된다고 여기도록 하는 (갈란터리[정중함][25]라 일컫는) 세련된 풍습에 따른 것이다.

입법 자체에 관하여 말하면, 이미 존재하는 공적 법칙들 아래에서 자유롭고 평등한 모든 사람은 그러나 이러한 법칙들을 만드는 법[권리]과 관련해서는 결코 모두 평등하다고 여기는 것은 아니다. 이러한 법[권리]의 역량이 없는 사람들은 그럼에도 공동체의 성원들로서 이러한 법칙들을 준수하도록 예속되어 있고, 그로써 그 법칙들에 따른 보호를 받고 있다. 다만 시민으로서가 아니라 **보호동무[동료 수혜자]**로서 그러하다. ─ 즉, 모든 법[권리]은 법칙[법률]에 의존한다. 그러나 모두에 대해서 그들에게 법적으로 허용되어 있거나 허용되어 있지 않은 것을 규정하는 공적 법칙은 공적 의지의 행위인데, 이러한 행위에서 모든 법[권리]이 출발하고, 따라서 그 자체는 아무에게도 불법을 행할 수 없어야만 한다. 그러나 이를 위해서는 전 국민의 의지 외에 어떠한 다른 의지도 (모두가 모두에 대해, 따라서 각자가 자기 자신에 대해 결정하므로) 가능하지 않다. 왜냐하면 오직 자기 자신에게만큼은 아무도 불법을 행할 수 없기 때문이다. 그러나 그러한 것이 어떤 다른 사람이라면, 그 사람과는 다른 어떤 한 사람의 순전한 의지는 그 사람에 대해 무엇이 불법적이지 않을지 아무것도 결정할 수 없다. 결국 그 의지의 법칙은 그의 입법을 제한할 또 하나의 다른 법칙을 요구할 것이며, 따라서 어떤 특수한 의지도 한 공동체를 위하여 입법적일 수 없다. (본래 이러한 개념을 형성하려면 외적 자유, 평등 그리고 **모든 사람**의 의지의 **통일**이라는 개념들이 모이는데, 이 마지막 것을 위하여 그 앞의 양자가 함께 취해질 경우 투표가 요구되므로 자립성이 그 조건이다.) 사람들은 단지 보편적인 (통일된) 국민의지에서만 발생할 수 있는 이러한 근본법칙을 **근원적 계약**이라 한다.

그런데 이러한 입법에서 투표권을 갖는 사람은 하나의 시민(도시 시민, 즉 **부르주아**[27])가 아니라, **시토아옝**,[28] 즉 **국가시민**)이라 한다. 시민에게 요구되는 성질은 자연적인 성질(아이도 아니고 여성도 아니라는 것) 외에 다음과 같은 성질이 유일하다. 즉 그가 자기 **자신의 주인**(수 이 유리스[29])이라는 것, 따라서 자신을 부양하는 그 어떤 소유물(이러한 것으로는 또한 각각의 기술, 수공업 또는 예술 또는 학문이 열거될 수 있다)을 갖는다는 것, 그가 살기 위하여 타인들에게서 벌이할 수밖에 없는 경우에, 그는 **자신의 것***을 양도함으로써 벌이하는 것이지, 자신의 힘을 사용하도록 타인들에게 인가함으로써 벌이하는 것은 아니다. 따라서 그 낱말[시민]의 본래적 의미로는 공동체 외에 아무에게도 봉사하지 않는다는 것이다. 그런데 여기서 기술 관계자들과 대규모(또는 소규모) 토지소유자들은 모두 서로 평등하다. 즉, 각자는 단지 하나의 투표권에만 권리가 있다. 왜냐하면 이 후자들[토지소유자들]에 관하여 말하면, 만일 어떤 법칙이 그들에게 그 신분의 우선권과 더불어 그들의 후손이 매도하거나 상속으로 분할함이 없이, 그러니까 다수 국민에게 이용될 수 있도록 하지 않고 계속해서 (봉토의)

A 246
A 247
Ⅷ 296

---

* 하나의 **작품**[제품]을 만드는 사람은, 비록 그것이 자기 소유물이라 할지라도, 양도로 그것을 다른 사람에게 넘겨줄 수 있다. 그러나 **노동의 대여**[30]는 양도가 아니다. 가사도우미, 상점종업원, 일용직 근로자, 이발사도 한낱 노동자들[31]이지, (그 낱말의 더 넓은 의미인) 기술자들[예술가들, 저작자들][32]은 아니며 국가성원이, 따라서 또한 시민이 될 자격이 없다. 비록 내 장작을 처리하도록[쪼개고, 쌓도록] 나의 장작을 제공받는 사람과 옷을 만들기 위해 나의 천을 제공받는 재단사가 나에 대해 매우 유사한 관계들에 있는 것처럼 보인다 할지라도, 저 사람과 이 사람은 구별된다. 마치 이발사가 가발공(나는 이 사람에게도 머리카락을 제공했을 것이다)과 구별되는 것, 그러니까 일용직 노동자가 그 값이 지불되지 않는 한, 그에게 속하는 작품을 만드는 기술자나 수공업자와 구별되는 것과 마찬가지다. 그러므로 후자는 영업자로서 자기 소유물(즉 **작품**[제품][33])을 타인과 거래하며, 전자는 자신이 타인에게 인가한 자기 힘의 사용(즉 **노동**[34])을 거래한다. ── 고백하건대, 자기 자신의 주인이라는 인간의 신분에 대해 주장하려고 요건사항을 규정하는 것은 약간 어렵다.

대규모 토지소유자로 남아 있도록 하거나, 이러한 분할들에서조차 그 분할을 위하여 자의적으로 배치된 어떤 특정한 인간계급에 속하는 자 외에 아무도 그 분할에서 어떤 것을 획득할 수 없도록 하는 특권을 부여했다면, 다음과 같은 물음은 한번 고려해볼 것도 없이, 그 법칙은 이미 앞의 평등 원칙에 저촉될 것이기 때문이다. 어떤 사람이 그 자신의 손으로 이용할 수 있었던 것보다 더 많은 땅을 자기 것으로 얻은 것은(무릇 전쟁점령에 따른 획득은 애초의 획득이 아니다) 도대체 어떻게 당연히 벌어질 수 있었는가, 그리고 그렇지 않았다면 모두 다 하나의 지속적인 점유신분을 획득할 수 있었을 많은 사람이, 그 전쟁점령으로 살아갈 수 있기 위하여 저 사람에게 순전히 봉사하게 되었던 것은 어떻게 된 일인가? 말하자면 대규모 토지소유자는 자기 자리를 차지할 수 있을 만큼 많은 소규모 토지소유자를 A 248 그들의 투표권들과 더불어 없앤다. 그러므로 그는 그들의 이름으로 투표하지 않고, 따라서 단 하나의 투표권만 갖는다. ─ 각자는 일단 전체 중 한 부분을 그리고 모든 이는 그 전체를 획득한다는 것이 순전히 공동체 각 구성원의 능력, 노동 그리고 행운에 달려 있을 수밖에 없지만 이러한 차이는 보편적 입법에서 고려될 수 없다. 따라서 입법을 위하여 투표할 수 있는 사람의 수는 점유신분에 있는 사람들의 머릿수에 따라 판정되어야 하며, 점유 크기에 따라 판정할 필요가 없다.

그러나 또 이 투표권을 갖는 모든 이는 이러한 공적 정의의 법칙에 합치해야만 한다. 그렇지 않으면 그 법칙에 동감하지 않는 사람들과 전자의 사람들[투표권을 갖는 모든 이] 사이에 어떤 법[권리]적 다툼이 있을 텐데, 그 다툼 자체가 결정되려면 어떤 더 높은 법적 원리가 필요할 테니 말이다. 그러므로 만약 전자의 법칙[공적 정의의 법칙]을 전체 국민에게서 기대할 수 없고, 따라서 투표권들의 다수만

이, 그것도 (대규모 국민에서는) 직접적으로 투표자들의 다수가 아니라 단지 그 국민의 대리인들로서 대표자들의 다수만이 오로지 도달할 수 있는 것으로 예견되는 것이라면, 이러한 다수를 충족하는 원칙조차도 보편적 합치로, 그러니까 하나의 계약으로 채택된 것으로서 한 시민적 체제를 설립하는 최상의 근거임이 틀림없을 것이다.

결론

이제 여기에 인간들 사이에 오로지 하나의 시민적, 따라서 철저하게 법적인 체제를 근거 지을 수 있고 하나의 공동체를 설립할 수 있는 **근원적 계약**이 있다. — 그러나 하나의 공동 그리고 공적인 의지를 위한(순전히 법적인 입법을 위한) 한 국민 속의 모든 특수하고 사적인 의지의 연립으로서 이러한 계약(근원적 계약 혹은 **사회계약**[35]이라 한다)은 결코 하나의 **사실**로서 전제될 필요는 없다(그러한 것[사실]으로는 정말로 불가능하다). 말하자면 이미 존재하는 시민적 체제에 구속된 것으로 여기기 위하여, 마치 우리가 후손으로서 그 법들과 구속력 속으로 들어갔던 하나의 국민이 한때 실제로 그러한 행위를 하고 그것에 관한 어떤 확실한 정보나 그것의 수단을 우리에게 구전으로나 기록으로 남겨놓았음이 틀림없다는 것이 우선 역사에서 사전에 증명될 수밖에 없는 것처럼 전제될 필요가 없다. 오히려 그 계약은 이성의 **한갓된 이념**이다. 그러나 그 이념은 자신의 의심할 여지없는 (실천적) 실재성을 갖는다. 즉 각각의 입법자가 자기 법칙들을 마치 그것들이 하나의 전체 국민의 통일된 의지에서 생겨날 수 있었던 것처럼 제정하도록 자신을 구속하며, 각각의 신민이 시민이고자 하는 한에서, 마치 자신이 그러한 의지에 함께 합치한 것처럼 자신을 간주한다는 것이다. 그러한 것은 모든 공적 법칙의 합법성에 대한 시금석이다. 이를테면 후자가[공적 법칙이] (예를 들면 신민들 중 어떤 한 계급은 세습적으로 영주신분의 특권을 가져야 한다는 것과 같이) 전체 국민이 그 법칙에 찬동할 수 없도록 만들어져 있다면, 그 법칙은 정당하지 않다. 그러나 국민이 그 법칙에 합치하는 것이 가능하기만 하다면, 그 법칙을 정당한 것으로 간주하는 것은 의무다. 가령 그 국민이 현재 자신의 사유방식에서 하나의 그러한[그 법칙을 정당하게 간주하는] 상태나 분위기 속에 있다 하더라도, 그리고 만약 자신이 그것에[그 법칙에] 관하여 의심하게 된다면, 아마도 자신의 동의를 불허할 것이라 하더라도 그렇다.*

그러나 이러한 제한은 분명히 입법자의 판단에서만 통용되지 신민의 판단에서는 그렇지 않다. 그러므로 만약 한 국민이 현재 어떤 실제의 입법 아래에서 십중팔구 자신의 행복을 잃을 것이라고 판단한다면, 그와 같은 판단에 대해 할 수 있는 것은 무엇인가? 그 국민은 저항해서는 안 되는가? 그 대답은 오로지 다음과 같을 수 있다. 즉 그 국민은 그와 같은 판단에 순종하는 것 외에는 할 수 있는 것이 아무것도 없다. 왜냐하면 여기서 이야기되는 것은 공동체의 설립 또는

A 251

Ⅷ 298

---

* 예를 들어 만약 모든 신민에게 비례적으로 전시세(戰時稅)가 부과된다면, 이 신민들은 그 전시세가 부담이 되기 때문에, 가령 전쟁이 그들 생각에 불필요하다는 이유로 그 전시세가 부당하다고 말할 수 없다. 왜냐하면 그러한 것은 그 신민들이 정당하다고 판정할 수 없기 때문이 아니라, 오히려 전쟁은 불가피하고 세금은 필수적이라는 것이 여전히 늘 가능한 것으로 남기 때문에, 그 전시세는 신민들의 판단으로 합법적인 것으로 간주될 수밖에 없다. 그러나 만약 어떤 토지소유자들이 그러한 전쟁에서 조달에 부담을 지고, 반면 신분이 같은 다른 사람들은 그것에 해를 입지 않는다면, 사람들은 그러한 법칙에 대해서는 전체 국민이 합치할 수 없을 것이라는 것을 쉽게 알 수 있다. 그리고 그 전체 국민에게는 그와 같은 법칙에 반대하여 적어도 항의할 권한이 있다. 왜냐하면 그 전체 국민은 이 불평등한 짐의 분배를 정당하다고 여길 수 없기 때문이다.

A 251

행정으로부터 신민에게 기대되어지는 행복에 관한 것이 아니라, 무엇보다도 순전히 그것[공동체의 설립이나 행정]에 의해 각자에게 보장되어야 하는 법[권리]에 관한 것이기 때문이다. 그 법[권리]은 공동체와 관련된 모든 준칙이 근거를 두어야만 하며, 다른 어떠한 것으로도 제한되지 않는 최상의 원리다. 전자(행복)와 관련해서는 어떤 보편타당한 원칙도 법칙으로 제정될 수 없다. 왜냐하면 시대상황뿐만 아니라 서로 매우 모순되는 데다 항상 변하기 쉬운 망상도, 그 속에서 누군가가 자신의 행복을 설정하는 것은(어디에 행복을 설정해야 할지 아무도 그에게 지시할 수 없지만) 모든 확고한 원칙을 불가능하게 하고, 그 자체만으로 입법의 원리가 되는 것을 부적합하게 하기 때문이다. 공공의 안녕은 국가의 최고 법칙이다[36]라는 명제는 그 가치와 명망이 줄어들지 않은 채 남아 있다. 그런데 맨 먼저 고려되어야 하는 공공의 평안은 바로 각자에게 법칙에 따라 그의 자유를 보장하는 그러한 법칙적 체제다. 여기서 그가 저 보편적인 합법칙적 자유를, 따라서 동료신민들의 권리를 침해하지 않기만 한다면, 그에게 최선으로 보이는 어떠한 방법으로 자신의 행복을 추구하든지 간에 그건 그의 자유다.

만약 최상의 권력이 우선 행복(시민의 부귀富貴, 식민植民 등)에 맞추어 법칙들을 제정한다면, 이것은 시민적 체제의 설립이라는 목적으로서가 아니라, 오히려 순전히, 특히 국민 외부의 적에 대항하여 법적인 상태를 보장하는 수단으로서 발생한다. 이에 관하여 국가수반은 그와 같은 법칙들이 공동체의 힘과 안전을 내적으로뿐만 아니라 외부 적에 대해서도 보장하기 위해, 그러니까 국민을 이를테면 공동체의 의지에 거슬러 행복하게 하기 위해서가 아니라, 단지 공동체로서 존재하도록 하기 위해 필요한 공동체의 번영에 관계되는지 아닌지를 스스로 그리고 단독으로 판단할 권한을 가지고 있어야만 한다.*

그런데 저 조처가 영리하게 취해졌는지 아닌지를 판정할 때에는 물론 입법자가 잘못할 수도 있지만, 그러나 입법자가 스스로 그 법칙이 법의 원리와도 합치하는지 아닌지를 묻는 판정에서는 잘못할 수 없다. 왜냐하면 여기서 그는 근원적 계약의 저 이념을 확실한 표준 A 254 척도로, 더욱이 아프리오리하게 손에 가지고 있기 때문이다(그리고 행복의 원리에서처럼 그에게 무엇보다도 그의 수단이 적합한지 아닌지를 가르쳐야 하는 경험들을 고대해서는 안 되기 때문이다). 무릇 그 법칙이 그 국민을 아무리 성가시게 하더라도, 만약 전체 국민이 그러한 법칙에 합치한다는 것이 모순되지 않기만 하면, 그 법칙은 법[권리]에 따른 것이다. 그러나 한 공적 법칙이 이러한 법[권리]에 따른 것이라면, 따라서 법[권리]을 고려하여 나무랄 데 없다면(비난할 데 없다면[37])), 그 법칙에는 강제하는 권한도 결부되어 있고, 다른 한편으로는 입법자의 의지에 폭력으로 저항하지 말도록 하는 금지도 결부되어 있다. 즉 법칙에 효력을 부여하는 국가 권력에는 반항할 수도 없고(저항할 수 없고[38])), 내부의 모든 저항을 진압하는 그러한 강제력 없이는 법적으로 존속하는 어떠한 공동체도 존재하지 않는다. 왜냐하면 이러한 저항은 어떤 하나의 준칙에 따라 일어날 테고, 그 준칙이 일반화된다면 그것은 모든 시민적 체제를 파괴하고 인간이 법[권리] 일반을 소유할 수 있는 유일한 상태를 소멸할 것이기 때문이다.

---

* 그러한 법들 가운데 특정한 수입의 금지가 속하는데, 이는 생계획득 수단들이 신민의 이익을 촉진하기 위해서 그리고 외부인들의 이득을 촉진하거나 다른 신민들의 노동을 고무하지 않기 위해서다. 왜냐하면 국가는 국민의 부귀 없이는 외부 적들에 대항하거나 자기 자신을 공동체로서 유지할 힘을 충분히 소유하지 못할 것이기 때문이다.

여기에서 다음과 같은 결론이 나온다. 즉 최상의 입법권에 대한 모

A 255 든 저항, 신민들의 불만이 폭력적으로 되도록 하려는 모든 선동, 반란에서 발생하는 모든 봉기는 공동체 최고의 그리고 가장 처벌받을 만한 범죄다. 왜냐하면 그 범죄는 공동체의 토대를 붕괴시키기 때문이다. 그리고 이러한 금지는 무조건적이어서 저 권력 또는 저 권력의 대리인, 즉 국가수반이 더욱이 근원적 계약을 위반했고, 철저히 폭력적으로(전제적으로) 다루도록 정부에 전권을 위임함으로써 스스로 입법자라는 권리를 신민의 개념에 따라 잃게 만들었다고 할지라도, 신민에게는 어떠한 저항도 반대권력으로서 허용되어 있지 않다. 이에 대한 이유는 다음과 같다. 왜냐하면 이미 자립적으로 존속하는

VIII 300 시민적 체제에서 국민은 어떻게 저 체제가 관리되어야 하는지를 규정하는 아무런 지속적인 판단도 더는 가지고 있지 않기 때문이다. 무릇 국민이 하나의 그러한 판단을, 예컨대 실제 국가수반의 판단에 반하는 판단을 가지고 있다고 해보자. 어느 편이 옳은지 누가 결정할 것인가? 둘 중 아무도 자기 자신의 사안에서 재판관으로 행동할 수 없다. 그러니까 수반 위에 또 한 수반이 있어야 하는데, 그 수반은 이 수반과 인민 사이에서 결정할 것이다. 하지만 이것은 자기모순이

A 256 다. ─ 또 극도의 (물리적) 궁지에서 **불법**을 행하는 긴급권 (긴급한 경우의 권리³⁹⁾) 같은 것도, 아무튼 이것도 하나의 추정적 권리로서 불합리한 것이지만,* 여기에 개입할 수 없고, 국민의 전제(專制)적 권력을

---

* 의무들이, 즉 무조건적 의무와 (아마도 중대한, 그렇지만) 조건적 의무가 서로 충돌하는 경우 외에는 어떠한 카수스 네케시타티스⁴⁰⁾[긴급한 경우]도 없다. 예를 들면, 다른 사람에 대해 가령 아버지나 아들과 같은 관계에 있는 어떤 사람의 배반으로 국가의 불행을 방지하는 것이 관건인 경우, 이러한 전자[국가]에 대한 해악방지는 무조건적 의무이지만, 반면 후자[반역자]의 불행방지는 (이를테면 후자가 국가에 대한 어떤 범죄로 죄를 짓지 않은 한에서는) 단지 조건적 의무다. 관련자들 가운데 한 사람은 다른 사람의 계획

제한하는 차단봉을 들어올리기 위한 열쇠를 내줄 수도 없다. 왜냐하면 신민들이 자신들의 반란은 국가수반을 상대로 자신들의 온당치 못한 고통에 대한 탄핵으로 정당화된다고 주장할 수 있는 것과 마찬가지로, 국가수반은 그들을 상대로 한 그의 가혹한 취급이 그들의 반항으로 정당화된다고 주장할 수 있기 때문이다. 이제 여기서 누가 결정하겠는가? 최고의 공적 재판을 소유하고 있는 자, 그것은 바로 국 A 257 가수반이며, 이 국가수반이 그것을 단독으로 행할 수 있다. 그러므로 공동체에서는 아무도 그에게 이러한 소유를 문제 삼을 권리를 가질 수 없다.

그럼에도 나는 특정 상황에서 자기 상위자에 대한 반대권력을 위 Ⅷ 301 한 이러한 신민의 권한을 주장하는 존경할 만한 사람들을 발견하는 A 258 데, 그들 가운데 나는 여기서 자신의 자연법 이론에서 매우 주의 깊고 확고하고 겸손한 아헨발[41]만 언급하고자 한다.* 그는 다음과 같이 말한다. "만일 수반의 부정의를 오랫동안 인내함으로써 공동체를 위

에 관하여 당국에 아마도 극도의 내키지 않는 마음으로 고소하겠지만, 궁지(즉 도덕적 궁지)에 몰려서 할 것이다. 그러나 만약 어떤 난파당한 자가 A 257 자기 생명을 지키기 위하여 자신의 판자에서 다른 사람을 밀쳐내고는, 자기는 자신의 궁지(물리적 궁지)로 말미암아 그렇게 할 권리를 얻었다고 말한다면, 그것은 전적으로 잘못이다. 왜냐하면 내 생명을 지키는 것은 (만약 그것이 범죄 없이 일어날 수 있다면) 난지 조건석 의무이지만, 반면 나를 모욕하지 않는, 더구나 결코 한 번도 내 것을 잃어버리도록 위험에 빠뜨리지 않는 다른 사람에게서 생명을 빼앗지 않는 것은 무조건적 의무이기 때문이다. 그럼에도 보편적 시민법의 교사들은 자신들이 이러한 긴급구제에 허용하는 법[권리]적 권한을 시종 매우 일관되게 다룬다. 무릇 당국은 어떠한 형벌도 금지와 결부할 수 없다. 이러한 형벌은 죽음일 수밖에 없을 테니 말이다. 그러나 누군가를 죽음으로 위협한다는 것은, 만약 그가 위험한 상황에서 자신을 죽음에 자발적으로 맡기지 않는다면, 하나의 불합리한 법칙이다.

* 『자연법』제5판 후편, §§ 203-206.

협하는 위험이 그를 상대로 무기를 잡음으로 말미암아 염려될 수 있는 위험보다 더 크다면, 그때 국민은 저 수반에게 저항할 수 있으며, 이러한 권리를 위하여 자신의 예속계약에서 벗어날 수 있고, 독재자인 그를 폐위할 수 있다." 그리고 그는 이어서 다음과 같이 추론한다. "국민은 그러한 방식으로 자연상태로(또는 자신의 이전 최고지배자에게로) 되돌아갈 것이다."

나는 아헨발도 그리고 이것에 관하여 그와 이구동성으로 궤변을 늘어놓았던 그 어떤 씩씩한 사람들도 유사시에 그렇게 위험한 기도에 대해 권고나 동의를 하지 않았을 것이라고 스스럼없이 믿는다. 만약 A 259 스위스, 네덜란드연방 그리고 대영제국에 매우 행복하다고 찬양되는 그들의 현재 체제를 안겨준 저 반란이 실패했다면, 그와 같은 사건의 독자들은 지금 그렇게 숭배된 그들 주모자들의 처형에서 중대 국가범죄자들의 응당한 형벌 외에는 아무것도 보지 못할 것이라는 것은 거의 의심할 수 없다. 왜냐하면 결과는 보통 우리가 법적 근거들을 판정할 때 끼어들게 되는데, 설령 전자가[결과는] 불확실했더라도 후자는[법적 근거들은] 확실하기 때문이다. 그러나 후자[법적 근거들]에 관해 말하면, ― 비록 사람들이 그러한 반란으로 말미암아 군주[영주](그는 기초가 되는 국민과의 실제 계약인 즐거운 입성[42]과 같은 것을 위반한 것이다)에게 어떠한 불법도 발생하지 않을 것임을 시인할지라도, ― 국민이 이러한 방식으로 자신들의 권리를 찾음으로써 최고도로 불법을 행했다는 것은 분명하다. 왜냐하면 (준칙으로 채택된) 그 같은 방식은 모든 법적 체제를 불확실하게 만들고, 적어도 효력을 갖는 모든 법[권리]이 중지되는 하나의 완전한 무법칙의 상태(자연상태[43])를 불러들이기 때문이다. ― 다만 나는 국민을 (국민 자신의 부패에 대하여) 변호하는 매우 많은 선의의 저자들의 이러한 성벽에서 다음과 같이 말하고자 한다. 즉 법[권리]의 원리에 관해 말하면, 그 성벽은 부분적으로는 행복의 원리를 자신들의 판단 속에 밀어 넣는 통상적 기만이 원인이라는 것이며, 부분적으로는 실제로 공 A 260 동체에 제시된, 즉 공동체의 수반에게 수용되고 쌍방이 비준한 계약 Ⅷ 302 이라는 어떠한 도구도 발견될 수 없는 곳에서도, 그들이 항상 이성 속에 근거로 놓여 있는 근원적 계약이라는 이념을 실제로 일어난 것이 틀림없는 어떤 것으로 상정했고, 그래서 하나의 막대하지만 국민 스스로 찬성했던 위반 상황에서 그 계약에서 자기 마음대로 벗어날 권한이 국민에게 항상 유지된다고 생각했던 것이다.*

여기서 사람들은 (실제로 확고한 원리로는 전혀 적합하지 않은) 행 A 261 복의 원리가 도덕에서 행하는 것과 마찬가지로 국가법에서도 어떤 악을 야기하며, 또한 그러한 원리를 가르치는 교사들이 견지하는 최선의 견해에서조차 어떤 악을 야기하는지 분명히 본다. 주권자는 자신의 개념들에 따라 국민을 행복하게 만들고자 하여 전제군주가 된다. 국민은 자신의 행복에 대한 보편적인 인간적 요구를 빼앗기지 않으려고 반란자가 된다. 만약 사람들이 최우선적으로 무엇이 정당한지(아프리오리한 원리들이 확정되어 있고, 어떠한 경험론자도 실수하지 않을 수 있는 곳은 어디인지) 묻는다면, 사회계약의 이념은 논쟁

---

* 설령 최고지배자와 국민의 실제 계약이 위반되었다 하더라도, 국민은 즉각 **공동체로서가** 아니라 단지 군중으로서만 반대 행동을 취할 수 있다. 왜냐하면 지금까지 존속한 체제는 국민이 파기했기 때문이다. 그러나 새로운 공동체를 위한 조직은 여전히 최우선적으로 생겨나야 할 것이다. 여기서 이제 무정부 상태가 적어도 그 상태로 말미암아 가능한 그 온갖 만행과 함께 나타난다. 그리고 그다음에 여기서 발생하는 불법은 국민의 각 당파가 다른 당파에게 가하는 것이다. 또 상술한 사례에서 밝혀지듯이, 그곳에서는 저 국가의 반항적 신민들이 결국에는 그들이 버렸던 것보다 훨씬 더 압제적이 될지도 모르는 하나의 체제를 서로 폭력으로 강요하고자 할 것이다. 즉 그들은 모두를 지배하는 한 수반 아래서 국가의 짐을 배분할 때 A 261 더 많은 평등을 기대할 수 있었던 대신에 성직자들과 귀족들에 의해 다 먹혀버릴 것이다.

할 여지가 없는 권위 속에 머물러 있을 것이다. 그러나 [그 이념은] 사실로서가 아니라(사실 없이는 실제로 존재하는 시민적 체제 속에 있는 모든 법[권리]과 모든 소유물은 무(無)이고 무효한 것이라 선언하는, A 262 당통⁴⁴⁾이 하고자 하는 것처럼), 모든 공법적 체제 일반을 판정하는 단지 이성의 원리로서 그러하다. 그리고 사람들은 보편적 의지가 존재하기 전에는 국민이 자신의 명령자를 상대로 어떠한 강제법[권]도 소유하지 못한다는 것을 알아차리게 될 것이다. 왜냐하면 그 강제법[권]은 단지 이 명령자를 통해서만 법적으로 강제할 수 있기 때문이다. 그런데 만약 저 보편적 의지가 존재한다면, 마찬가지로 그 보편적 의지로 말미암아 이 명령자를 상대로 행사할 수 있는 강제가 발생하지 않는다. 왜냐하면 그때 그 강제법[권] 자체는 최고명령자일 것이기 때문이다. 따라서 국민에게는 국가수반을 상대로 한 강제권(말혹은 행위의 저항)이 결코 걸맞지 않다.

VIII 303 우리는 이러한 이론이 실천에서도 충분히 입증되는 것을 본다. 정말로 우리는 국민이 자신의 헌법으로 마치 그 헌법이 모든 세계를 위한 견본인 것처럼 매우 으스대는 대영제국의 체제에서 군주가 1688년의 계약⁴⁵⁾을 위반하는 경우, 그 헌법은 국민에게 귀속되는 권한에 관해서 완전히 침묵하고 있다는 것을 발견한다. 따라서 만약 군주가 그 권한을 침해하려고 한다면, 이에 대해서는 어떠한 법칙도 현존하지 않으므로 그를 상대로 한 반란을 비밀히 유보하고 있는 것이다. 무릇 이 경우에 헌법이 모든 특수한 법칙이 나오는 존속하는 체제를 (계약이 위반된다는 것이 정해져 있음에도) 전복할 권한을 준 어떤 법칙을 포함하고 있다는 것은 하나의 명백한 모순이다. 왜냐하면 A 263 그때 그 체제는 **공적으로 설립된*** 하나의 반대세력도 포함하지 않으면

---

* 국가에서 어떠한 권리도 비밀의 유보로, 말하자면 교활하게 숨길 수 없다.

안 될 것이며, 따라서 첫 번째 수반을 상대로 국민의 권리를 보호한 또 하나의 두 번째 국가수반이 있을 수밖에 없을 테고, 그런 다음 또 한 양자 사이에서 어느 쪽에 권리가 있는지를 결정하는 제3의 수반도 있을 수밖에 없을 터이기 때문이다. ― 또한 저 국민지도자들(또는 사람들이 원한다면 후견인들)은 자신들의 시도가 어쩌다가 실패했을 경우에 그러한 탄핵을 염려하여, 자신들에게 겁먹은 군주에게서 그의 해임권을 주제넘게 차지하기보다는 오히려 자발적으로 통치에서 물러난다고 날조했는데, 그로써 그들은 체제를 명백한 자기모순에 빠뜨렸을 것이다.

이제 사람들은 분명히 이러한 주장에서 내가 그러한 [군주의] 불가침성[에 대한 지적]으로 군주들에게 너무 많이 아첨한다고 나를 A 264 비난하지는 않을 것이다. 내가 마찬가지로 국민은 국가수반을 상대로 자신의 상실할 수 없는 권리들을 가지고 있다고 말한다면, 비록 이 권리들이 강제적일 수 없다고 할지라도, 바라건대 사람들은 내가 국민을 위하여 너무 많이 주장했다는 비난도 면하게 할 것이다.

홉스는 [나와] 상반되는 견해를 가지고 있다. 그에 따르면 (『시민론』[46] 7장, §14) 국가수반은 계약으로 국민에게 어떠한 의무도 지지 않으며, (그가 마음대로 시민을 다루더라도) 시민에게 불법을 행할 수 없다. ― 만약 불법이라는 것이 피해자에게 자기에게 불법을 행한 사람을 상내로 하나의 강제권을 인성하는 침해로 이해된다면, 이 명제 Ⅷ 304 는 전적으로 옳을 것이다. 그러나 일반적으로 그렇다고 한다면 그 명

헌법에 귀속하는 자로서 국민이 주제넘게 차지하는 권리가 가장 [교활하게 숨길 수 없다]. 왜냐하면 그 헌법의 모든 법칙은 하나의 공적 의지에서 발생했다고 생각되어야만 하기 때문이다. 그러므로 만약 헌법이 봉기를 허가했다면, 이 헌법은 그러한 권리를, 그리고 어떤 방식으로 그 권리가 상용될 수 있는지를 공적으로 해명해야만 할 것이다.

제는 끔찍한 것이다.

　비(非)저항 신민은 최고지배자가 자기에게 불법을 행하려고 하지 않는다고 상정할 수밖에 없다. 각자는 어쨌든 자기가 원한다 하더라도 결코 포기할 수 없고 자기 스스로 판단할 권한이 있는 상실할 수 없는 권리들을 가지지만, 자기가 당하고 있다고 생각되는 불법은 저 전제에 따르면 단지 최고권력의 법칙들에서 생기는 어떤 결과의 오류 또는 무지에서만 발생한다. 따라서 국가시민에게는, 예컨대 최고지배자 자신의 특전을 지닌 국가시민에게는 그 최고지배자의 조처들로 말미암아 공동체에 대한 어떤 불법으로 보이는 것에 대해 자신의 의견을 공개적으로 알릴 권한이 있어야 한다. 수반이 결코 잘못도 할 수 없다거나 어떤 사안을 알지 못할 수도 없다고 상정하는 것은 그를 하늘의 영감에 은총을 입은 것으로, 그리고 인간성을 초월한 것으로 표상하는 것일 테니 말이다. 그러므로 펜의 자유는—사람들이 살고 있는 체제에 대한 존경과 사랑의 한계 내에서, 저 펜이 체제 자체에 불어넣는 신민들의 자유로운 사유방식으로 유지되는데 (그리고 이러한 한계 내에서 펜들도 자신의 자유를 잃지 않으려고 서로 자발적으로 제한하는데) —국민 권리들의 유일한 수호신이다. 왜냐하면 이러한 자유를 시민에게서 박탈하려는 것은 그에게서 최고명령권자에 대한 모든 권리주장을 (홉스에 따르면) 빼앗는 것과 다름없을 뿐만 아니라, 또한 최고명령권자에게서—그의 의지는 오직 그가 보편적 국민의지를 대표함으로써만 시민들인 신민들에게 명령을 내리는데—만약 그가 알았다면 스스로 수정할 사안에 관한 모든 지식을 빼앗고, 그를 자기모순에 빠뜨리는 것과 다름없기 때문이다. 그러나 국가수반에게 [신민들의] 자기사유나 공공연한 사유[47]로 말미암아 국가에 동요가 일어나게 될지도 모른다는 우려를 불어넣는 것은 그에게 자기 자신의 권력에 대한 불신이나 자기 국민에 대한 증오를 일

304

으키는 것과 다름없다.

그러나 국민이 자기 권리를 부정적으로 판단하게 하는, 즉 순전히 최고 입법에 따라 그 입법의 최선의 의지로 **규정되지 않은** 것으로 간주될 수 있는 것으로 판단하게 하는 보편적 원리는 다음과 같은 명제에 포함되어 있다. 즉 국민이 자기 자신에 대해 결정할 수 없는 것은 입법자도 그 국민에 대해 결정할 수 없다.

그러므로 예컨대, '일찍이 정비된 어떤 교회제도를 변함없이 지속하라고 명령하는 법칙은 입법자의 본래적 의지(그의 의도)에서 생겨난 것으로 간주될 수 있는가?'라는 물음이 있다면, 사람들은 우선 다음과 같이 물을 것이다. '국민은 일찍이 받아들여진 외부 종교의 어떤 신앙조항들과 형식들이 영원히 지속되어야 한다는 것을 법칙으로 삼아도 되는가?' 그러니까 '그 법칙은 스스로 그 국민의 후손들이 종교의 관점에서 계속 진보하거나 어느 정도 낡은 오류들을 수정하는 것을 막아도 되는가?' 이제 여기서 명백해지는 것은 국민이 법칙으로 만들었던 그 국민의 근원적 계약은 그 자체로 무효일 거라는 점이다. 왜냐하면 그 계약은 인간성의 규정과 목적에 모순되기 때문이다. 그러므로 그 계약에 따라 제정된 법칙은 군주의 본래적 의지로 간주될 수 없고, 따라서 군주에게 이의신청이 제기될 수 있다. ─ 그러나 만약 어떤 것이 그럼에도 최고 입법에 따라 그렇게 처리되었다면, 모든 경우에서는 그러한 처리에 내해 보편적이고 공적인 반난들이 내려질 수는 있지만, 그에 대항하여 말이나 행동으로 하는 저항은 결코 동원될 수 없다.

모든 공동체에는 (결행하는) 강제법칙들에 따라 국가체제의 기제 아래에 순종이 있어야 하지만, 동시에 **자유의 정신**도 있어야만 한다. 각자는 보편적 인간의무가 관건인 것에서는, 자신이 자기모순에 빠지지 않기 위하여 이러한 강제가 합법적이라는 것을 이성으로 확신

VIII 305

A 267

하기를 요구하기 때문이다. 전자[순종]는 후자[자유의 정신] 없이는 모든 비밀 사회를 야기하는 원인이 된다. 왜냐하면 특히 인간 일반에 관련된 문제에서 서로 자기 의견을 전하는 것은 인간성의 자연적 소명이기 때문이다. 그러므로 만약 이러한 자유가 조성된다면 저 사회들은 사라질 것이다. ── 그리고 정부가 그 근원과 작용에서 매우 존경할 만한 자유의 정신이 나타나게 하는 것 외에 달리 무엇으로 그 정부 고유의 본질적 의도를 촉진하는 지식들을 얻을 수 있겠는가?

A 268

*   *   *

모든 순수 이성원리를 무시하는 실천이 하나의 좋은 국가체제를 위하여 필요한 것이 무엇인지를 묻는 것에서보다 더 오만불손하게 이론을 부인하는 곳은 어디에도 없다. 그 원인은 오랫동안 존속해온 법칙 체제가 국민을, 모든 것이 지금까지 평온한 과정에 있었던 상태를 기준으로 체제의 행복뿐만 아니라 법[권리]들도 평가하는 규칙에 서서히 길들게 하기 때문이다. 그러나 그러한 규칙은 거꾸로 이성에 의해 주어진 양자[행복과 법들]의 개념을 기준으로 후자[상태]를 평가하는 것이 아니라 오히려 [그 규칙은 국민을] 더 좋은 상태를 구하려고 항상 위태한 상황보다는 저 수동적인 상태를 더 선호한다(히포크라테스가 의사들에게 명심시키는 것이 여기에 적용된다. 즉 판단은 불확실하고 시도는 위험하다[48]). 이제 충분히 오랫동안 존속해온 모든 체제는 그것들이 어떠한 결함들을 가지고 있든지 간에 그리고 그것들의 모든 차이에도 불구하고 동일한 결과를, 즉 사람들이 처한 그 체제에 만족한다는 점을 제공하기 때문에, 국민의 번영을 고려하게 되는 경우에는 실제로 이론은 전혀 유효하지 않고, 모든 것은 경험에 유순한 실천에 기인한다.

Ⅷ 306

A 269

그러나 이성 속에서 **국가법**이라는 낱말로 표현될 수 있는 어떤 것이 있다면, 그리고 이 개념이 자신들의 자유의 대립관계 속에서 서로 맞서 있는 인간들에 대해, 그 대립관계에서 그들에게 발생할지도 모르는 안녕 또는 빈곤이 고려될 필요 없이(그것에 관한 지식은 한낱 경험에서만 기인한다) 결합하는 힘을, 따라서 객관적(실천적) 실재성을 갖는다면 그 국가법은 아프리오리한 원리들에 근거를 두는 것이다(법[권리]이 무엇인지를 경험은 가르칠 수가 없을 테니 말이다). 그리고 국가법 **이론**이 있지만, 그 이론과 일치하지 않고는 어떠한 실천도 타당하지 않다.

이에 대하여 제기될 수 있는 유일한 반대는, 인간들이 자신들에게 귀속하는 법[권리]에 관한 이념을 머릿속에 가지고 있음에도 이제 그들은 자기 마음의 완강함 때문에 그 이념에 따라 다루어질 수 없으며, 그럴 만한 자격도 없을 테고, 그래서 한낱 영리함의 규칙들에 따라서만 다루는 최고 권력이 그들을 질서 속에 유지하게 할 테고 그렇게 할 수밖에 없다는 것이다. 그러나 이러한 절망적 도약(죽음의 도약[49])은 그 특성상 전혀 법[권리]에 관한 문제가 아니라 단지 권력에 관한 문제인 경우에는, 국민이 자기 권력을 시험해보아도 되고, 그래서 모든 법칙적 체제를 불확실하게 만들어도 된다는 것이다. 만약 이성을 통하여 직접적 존경을 강요하는 (인권 같은) 어떤 무엇이 없다면, 인간의 자의에 미치는 모든 영향은 인간의 사유를 제어할 수 없다. 그러나 만약 호의 옆에서 법[권리]이 큰 소리로 말한다면, 인간의 본성은 그 법[권리]의 목소리가 그것[인간적 본성]으로 존경스럽지 않게 들릴 정도로 그렇게 무례하게 보이지는 않는다(그들이 어쩌다가 경건함과 공로로 존경받는 사람을 보게 되면, 그들은 조용히 서서 귀를 기울인다.[50]–베르길리우스).

A 270

Ⅲ.

국제법에서 실천에 대한 이론의 관계에 관하여
보편적 박애의 견지, 즉 세계시민적 견지에서 고찰된*
(모세스 멘델스존에 반대하여)

A 271   인간종 전체는 사랑받을 수 있는가 혹은 불쾌한 마음으로 바라볼 수밖에 없는, (인간혐오가 되면 안 되니까) 그에 대해 모든 것이 잘 되기를 바라지만 그러나 결코 그에게는 그러한 것이 기대될 수 없는, 따라서 오히려 그에게서 눈을 돌릴 수밖에 없는 그러한 대상인가? ─ 이 물음에 대한 답변은 다음과 같은 다른 물음에 대한 답변에 달려 있다. 즉 인간의 본성에는 인류가 언제나 더 좋은 상태로 진보할 테고, 현재와 과거 시간의 악은 미래 시간의 선(善) 속에서 소멸될 것이라고 추측할 수 있는 소질들이 있는가? 왜냐하면 우리는 그렇게 그 종족을 최소한 그의 선에 대한 지속적 접근 속에서 사랑할 수 있거나, 그렇지 않으면 그를 증오하거나 경멸할 수밖에 없을 것이기 때문이다. 보편적 박애로 치장한 말들이(그렇다면 그 말들은 기껏해야 호의의 사랑일 뿐이지 흡족한 사랑은 아닐 것이다) 그 반대로 무엇을 말하든지 간에 그러할 것이다. 왜냐하면 악한 것과 악한 채로 머물러

A 272   있는 것, 특히 가장 성스러운 인권을 일부러 서로 침해하는 악을 사람들은 ─ 최대로 자신에게 사랑을 강요하는 노력에도 불구하고 ─ 증오하는 것을 피할 수 없기 때문이다. 그것은 바로 인간에게 유해한 것을 덧붙이려는 것이 아니라 가능한 한 덜 그것들과 관계하려는 것

─────────────

A 271   *   어떻게 보편적 박애의 전제가 세계시민적 체제를 가리키는지, 그리고 어떻게 이 체제가 또다시 우리 종족을 사랑할 만하게 하는 인간성의 소질들이 전개될 수 있는 상태로서 국제법의 창설을 가리키는지는 즉각적으로 눈에 띄지 않는다. ─ 이 항목의 결론에서는 이러한 연관을 제시할 것이다.

이다.

멘델스존은 이 후자의 견해에 있었고(『예루살렘』51) 제2절, 44~47쪽), 그 견해를 자기 친구인 레싱의 인간종의 신적 교육에 관한 가설52)에 대립시킨다. 다음과 같은 것은 멘델스존에게는 망상이다. 즉 "인류 전체가 이 지상에서 계속되는 시간 속에서 항상 앞으로 진행하고 완전하게 된다는 것. ─ 그가 말하길, 우리는 전체로서 인간종이 작은 흔들림을 일으키는 것을 본다. 그리고 인간종은 곧바로 나중에 두 배 속력으로 그의 이전 상태로 되돌아 미끄러지지 않고는 몇 걸음도 앞으로 내디디지 못했다"(그것은 바로 시시포스의 돌이다. 그리고 Ⅷ 308 사람들은 이러한 방식으로 인도 사람처럼 지상을 오래된, 지금은 더는 기억할 수 없는 죄들에 대한 속죄 장소로 여긴다). ─ "인간은 계속해서 나아간다. 그러나 인류는 확립된 제한들 사이에서 끊임없이 위아래로 흔들린다. 그러나 전체적으로 보아 시간의 모든 기간에서는 대략 동일한 수준의 도덕성을, 동일한 정도의 종교와 비종교, 덕과 악 A 273 덕, 행복(?)과 불행을 유지한다." ─ 이러한 주장을 멘델스존은 (46쪽에서) 다음과 같은 말로 시작한다. "너희는 섭리가 인류에 대해 어떤 의도를 가지는지 알아맞히고 싶은가? 어떠한 가설도 꾀하지 마라." (그는 이것[가설]을 앞서 이론이라고 일컬었다.) "그리고 만약 너희가 모든 시간의 역사를, 그전부터 일어난 것을 조망할 수 있다면, 그 실제로 일어나는 것을 난지 눌러보기만 하라. 이것[그전부터 일어난 것]은 사실이다. 이것은 의도의 일부였음이 틀림없으며, 지혜의 계획 속에 허락되어 있었거나 적어도 함께 포함되어 있었을 것이 틀림없다."

나는 [멘델스존과] 견해가 다르다. ─ 만약 역경과 악에 대한 유혹과 씨름하고 그럼에도 그것들을 이겨내는 어떤 덕 있는 사람을 보는 것이 하나의 신성(神性)에 걸맞은 광경이라면, 그것은 내가 말하고 싶은 신성의 광경이 아니라, 오히려 인간종이 시대마다 덕을 향하여 위로 올라가고, 또 곧바로 이어서 다시금 악덕과 불행 속으로 깊숙이 되돌아가는 것을 보는 아주 평범하지만 심사숙고하는 인간에게 마저도 최고로 걸맞지 않는 광경이다. 이러한 비극을 바라보는 잠깐 동

A 274 안은 아마도 감동적이고 교훈적일 수 있다. 그러나 결국에는 장막이 내려질 수밖에 없다. 그 비극은 결국에는 익살극이 될 테니 말이다. 그리고 비록 배우들은 자신들이 광대들이므로 그 극에 피로하게 되지 않더라도. 이러저러한 막을 충분히 본 관객은, 결코 끝나지 않는 각본은 영원히 달라지지 않는다는 것을 그것으로부터 충분히 추측할 수 있다면, 그 극에 피로하게 된다. 만약 그것이 한낱 연극이라면, 끝에 뒤따르는 벌은 사실은 결말로 그 불쾌한 느낌들을 다시금 좋게 만들 수 있다. 그러나 자신의 위로 서로 탑을 쌓게 하는, 그리하여 언젠가는 정말 많이 처벌될 수 있는 현실의 수없는 악덕은(비록 그 악덕 사이에 덕들이 나타나기도 하지만) 적어도 우리 개념들에 따르면, 심지어 어떤 한 지혜로운 세계창시자이자 통치자의 도덕성에 위배된다.

따라서 나는 인간종이 문명과 관련하여 자기의 자연목적인 지속적 전진 속에 있으므로 자기 현존의 도덕적 목적과 관련해서도 더 좋은 상태로 진보하는 것으로 파악된다고 가정하며, 또 이러한 진보가

Ⅷ 309
A 275 물론 지금까지는 **중**단되었지만, 결코 단절되지는 않을 것이라고 가정해도 될 것이다. 나는 이러한 전제를 증명할 필요는 없다. 이 전제의 반대자가 증명해야 한다. 왜냐하면 나는 생식대열의 모든 구성원 속에서 ─ 그 속에 나는 (인간 일반으로) 존재하지만, 나에게 요구되는 도덕적 성질과 더불어 내가 그리해야 하는 만큼, 따라서 또 그리할 수 있을 만큼 선하게 존재하지 않는다 할지라도 ─ 후손들에게 이들이 점점 더 나아지도록(따라서 그러한 가능성도 상정되지 않으면 안

되는데) 영향을 미칠 나의 생득적 의무에 의지하고 있고, 또 그렇게 이러한 의무는 생식들의 한 구성원에서 다른 구성원으로 정당하게 상속될 수 있기 때문이다. 나의 희망들이 증명된다면, 외견상의 헛된 일을 그만두도록 나를 움직일 수 있을 나의 희망들에 대한 의심들이 이제 또한 그만큼 더 역사에서 만들어질지도 모른다. 다만 이러한 것이 정말 확실하게 만들어질 수 없는 한, 나는 (그것이 한낱 가설이기 때문에 비유동적인 것으로서) 행할 수 없는 것을 목표로 삼아 노력하는 영리함의 규칙들과 (유동적인 것으로서) 의무를 뒤바꿀 수는 없다. 그리고 인간종에게서 더 좋은 상태를 희망할 수 있는지는 나에게 언제나 매우 불확실하고, 불확실한 채로 남아 있을지라도 이러한 것이 준칙을, 따라서 또한 실천적 견지에서 그것이 행해질 수 있다는 준칙   A 276 의 필연적 전제를 폐지할 수는 없다.

더 나은 시대에 대한 희망은 — 이러한 희망 없이는 보편적 안녕에 유익한 어떤 무엇을 행하려는 진지한 욕망이 결코 인간의 마음을 뜨겁게 하지 못했을 터인데 — 또한 언제나 안녕을 생각하는 사람들의 작업에 영향을 주었다. 그리고 훌륭한 멘델스존도 자신이 속한 국민의 계몽과 복지를 위하여 매우 열심히 노력했을 때는 그러한 희망을 고려할 수밖에 없었다. 왜냐하면 다른 사람들이 그를 따라 동일한 노선 위에서 계속해서 진행하지 않았다면, 그는 스스로 그리고 자신을 위하여 오직 그것을[국가의 계몽과 복지를] 야기하는 것을 이성적으로 희망할 수 없었기 때문이다. 자연원인으로 말미암아 인간종을 억누르는 해악들뿐만 아니라 인간들이 서로 가하는 해악들의 참담한 광경에서조차 미래에는 나아질 것이라는 전망으로 마음은 쾌청해진다. 그리고 비록 우리가 오래전에 무덤 속에 들어가 있고, 우리 일부가 스스로 씨를 뿌린 열매들이 수확되지 않는다 할지라도, 비이기적인 호의로 말미암아 그렇게 된다. 희망 위에서 취해진 이러한 결단들에 반하는 경험적 증명근거들은 여기서 아무런 성과도 거두지 못한다. 왜냐하면 지금까지도 성공하지 못한 것이 바로 그 때문에 또한 결코 성공하지 못할 거라는 것은 결코 어떤 실용주의적이거나 기술적인 의도(예를 들어 기체 정역학적 기구로 비행하기와 같은 의도)를 포기할 권리를 주는 것은 아니기 때문이다. 그런데 그 실현이 단지 실증적으로 불가능하지만 않다면, 의무가 되는 도덕적 의도는 더욱더 그러하다. 게다가 실제로 우리 시대의 인간종이 전체적으로 모든 지나간 시대와 비교해 외견상으로조차 도덕적으로 더 좋은 상태로 진전해 있다는 증명들이 많이 주어질 수 있다(짧게 지속하는 장해들은 그와 반대로 아무것도 증명할 수 없다). 그리고 쉴 새 없이 늘어가는 인간종의 무례함에 관해 울부짖는 소리가 바로 그래서 나온다. 만약 인간종이 더 높은 도덕성의 단계에 있다면 인간종은 더욱더 멀리 자기 앞을 바라보고, 존재해야 하는 것과 비교해 존재하는 것에 대한 그의 판단이, 우리가 우리에게 알려진 세계운행의 전체에서 이미 올라간 도덕성의 단계가 많으면 많을수록 우리의 자기질책이 그만큼 더 엄정해질 것이다.

이제 우리가 '어떤 수단으로 더 좋은 상태를 향한 이러한 영속적 진보가 유지될 수 있고, 또 더욱 가속될 수 있는가'라고 묻는다면, 곧 바로 다음과 같은 것을 알게 된다. 즉 측정할 수 없이 널리 퍼져가는 이러한 성공은 우리가 무엇을 행하는지(예컨대, 우리가 젊은 세대에게 하는 교육), 또 우리가 그것을 성취하기 위해 어떤 방법으로 처리해야 하는지에 달려 있는 것이 아니라, 오히려 우리가 스스로 쉽게 순응하지 못할 궤도로 우리를 강요하기 위하여 인간 본성이 우리 안에서 그리고 우리와 함께 무엇을 할 것인지에 달려 있다는 사실 말이다. 그렇다면 우리는 인간의 본성에 따라 또는 오히려 (이러한 목적을 완성하려면 최고 지혜가 요구되므로) 섭리에 따라서만 성공을 기대할 수

312

있으며, 그 성공은 전체로 그리고 그로부터 부분으로 나아간다. 반대로 인간들은 자신의 기획을 가지고서 단지 부분들에서 시작하여 겨우 그 부분들에 멈춰 설는지도 모르며, 자신에게 너무 큰 것으로서 전체로 자신의 이념을 미치게 할 수는 있지만, 자신의 영향을 미치게 할 수는 없을 테고, 특히 인간들은 서로 반대되는 기획들 속에 있는 경우 자기 자신의 자유로운 결의로 말미암아 기획에 대해 합일하기가 좀처럼 어려울 테니 말이다.

마치 전반적인 폭력행위와 그것에서 발생하는 곤궁이 결국 한 국민을 이성 자체가 그 국민에게 수단으로서 지시하는 강제에, 말하자면 공적 법칙에 예속시키고 하나의 국가시민적 체제에 들어가게 하는 결단으로 이끌 수밖에 없었듯이, 마찬가지로 국가들이 재차 서로를 A 279 축소하려 하거나 예속하려 하는 끊임없는 전쟁들 때문에 곤궁이 결국 의지에 거슬러서까지 그 국가들을 세계시민적 체제에 들어가도록 할 수밖에 없든지, 또는 (초거대 국가들에서도 여러 번 이루어졌을 것 Ⅷ 311 같은) 보편적 평화상태가 자유의 다른 측면에서, 즉 그 상태가 가장 끔찍한 전제주의를 초래함으로써 더욱더 위험해진다면, 마찬가지로 이러한 곤궁이 국가들을 한 수반 아래에 있는 세계시민적 공동체는 아니지만 공동으로 합의한 국제법에 따른 연방이라는 하나의 법적 상태로 강제할 수밖에 없다.

왜냐하면 진보하는 국가들의 분명이 계략이나 폭력으로 다른 국가들을 희생시킴으로써 동시에 자기를 확대하려는 성향이 늘어나 전쟁들을 증가시킬 수밖에 없고, (지속적인 임금지불 상황에서) 출동 준비 태세와 규율을 갖춘 채, 항상 수많은 전쟁도구로 무장, 군대들로 점점 더 높은 비용을 야기할 수밖에 없으므로, 또 모든 요구의 대가가, 그 요구들에 비례하여 증진되고 대가를 표현하는 금속에 대한 증식이 희망될 수 없음에도 지속적으로 늘어나는 동안에, 평화 때 A 280

의 저축이 다음 전쟁을 위한 경비로 바로 사용될 것이므로 ― 그것을 위하여 국가부채를 고안하는 것이 물론 하나의 의미 있는 보조수단이긴 하지만, 결국에는 자기 자신을 파멸하는 보조수단이므로 ― 어떠한 평화도 그리 오래 지속하지 못하기 때문이다. 그러므로 선한 의지가 행했어야 했지만 행하지 않은 것은 결국 무기력을 야기할 수밖에 없다. ― 즉 각각의 국가는 그 내부에서 전쟁에 대해 (타자의, 즉 인민의 희생으로 전쟁이 수행되므로) 아무런 희생도 치르지 않는 국가수반이 아니라 그 전쟁으로 희생을 치르는 국민이 전쟁을 해야 할지 말지를 결정하는 목소리를 가지도록 조직된다는 것이다(이를 위하여 물론 근원적 계약이라는 저 이념의 실현이 필연적으로 전제되지 않으면 안 된다). 왜냐하면 이것[전쟁결정]은 한낱 확대된 욕망으로 말미암아 또는 이른바 한낱 언어상 모욕 때문에 국민을 수반에게는 해당되지 않는 개인적 궁핍의 위험에 처하게 할 것이기 때문이다. 그리고 또한 후손은 그렇게 (어떠한 후손에게도 자신이 짓지 않은 죄과가 전가되지 않도록) 바로 그 후손에 대한 사랑이 아니라, 각 시대의 자기애가 그 원인이 되어 항상 더 좋은 상태로, 도덕적인 의미에서도 더 좋은 상태로 진보할 수 있을 것이다. 각각의 공동체가 다른 공동체를 폭력으로 손상할 수 없도록 자신을 정당하게 제지할 수밖에 없고, 마찬가지로 그렇게 형성된 다른 공동체들은 그 점에서 그 공동체를 도와줄 것이라는 것을 충분히 희망할 수 있을 테니 말이다.

하지만 이것은 단지 견해일 뿐이고 가설에 지나지 않는다. 이것은 전적으로 우리의 지배력 안에 있지 않은 어떤 의도된 결과에 대해 그 결과에 유일하게 적합한 자연원인을 갖다 대고자 하는 모든 판단처럼 불확실하다. 그리고 더욱이 그러한 가설은 이미 존속하는 한 국가 안에서 (앞에서 보았듯이) 그 자연원인을 강제하는 하나의 신민을 위한 원리가 아니라, 단지 강제 없는 수반들만을 위한 원리를 내포한다. 비록 자신의 지배력에 따라 자의적으로 그만두는 것이 바로 익숙한 질서를 따르는 인간의 본성 속에 놓여 있지는 않지만, 그것이 급박한 상황들에서는 불가능한 것이 아니다. 그래서 그것[자신의 지배력에 따라 자의적으로 그만두는 것]은 인간들의 (그들이 무력함을 의식할 때의) 도덕적 소망들과 희망들에 대해 부적합하지 않은 하나의 표현으로, 즉 그 소망들과 희망들을 위하여 필요한 상황들을 섭리에 따라 기대하는 것으로 간주할 수 있다. 그 섭리는 인류의 궁극적인 사명달성을 위한 전체 인류의 목적에, 그 인류의 힘들이 미치는 한 그 A 282 힘들을 자유롭게 사용해 하나의 결말을 마련할 것이다. 추상하여 관찰하면, 그 결말에서 인간들의 목적들이 정확히 맞대항을 한다. 왜냐하면 악을 발생하게 하는 경향성들 간의 맞대항은 바로 이성에 그 경향성들을 모조리 예속시키고, 자기 자신을 파괴하는 악 대신에, 일단 거기에 존재하기만 한다면 계속해서 저절로 유지되는 선이 지배하게끔 하는 자유로운 놀이를 마련하기 때문이다.

*　　*　　*

인간 본성이 전체 민족들 간의 관계 속에서보다도 덜 사랑스럽게 보이는 곳은 아무데도 없다. 어떠한 국가도 다른 국가들로부터 자신의 자립성이나 자기 소유물 때문에 잠시도 안전하지 않다. 서로 예속하려 하거나 남의 것을 축소하려는 의지는 언제나 존재한다. 전쟁 자체보다도 종종 평화를 더 억제하고 내부의 복지를 더 파괴하는 방어를 위한 무장은 결코 중단되지 않을 것이다. 이제 이에 맞서 각각의 국가가 예속되어야 하는 권력을 동반하는 공적 법칙들에 근거지어진 (개별적인 인간들의 한 시민적인 법 또는 국가법의 유비에 따른) 국 A 283

제법 이외에는 어떤 다른 수단도 가능하지 않다. ─ 왜냐하면 이른바 유럽에서 힘의 균형으로 지속하는 보편적 평화라는 것은 완전히 모든 균형의 법칙에 따라 어떤 한 건축 장인이 건축한 스위프트의 집[53]이 참새 한 마리가 앉았을 때 즉시 무너졌던 것과 같은 한낱 망상일 뿐이기 때문이다. ─ "그러나 그러한 강제법칙들은 결코 국가들을 예속하지 못할 것이라고 말해질 것이다. 그리고 하나의 보편적 국제국가라는 권력 아래서 모든 개별적 국가가 법칙들에 복종하도록 하려고 자발적으로 순응하게 해야 하는 보편적 국제국가를 위한 제안은 생피에르 수도원장이나 루소의 이론[54]에서는 매우 정중하게 들릴지 모르겠지만, 그 제안은 실천에서는 유효하지 않다. 도대체 얼마나 그 제안이 거물 정치인들로부터, 더욱이 국가수반들로부터 현학적이고 유치한, 즉 교과서적인 생각이라고 항상 비웃음을 샀겠는가."

VIII 313

하지만 나는 그와 반대로 내 입장에서 인간들과 국가들 사이의 관계가 어떠해야 하는지를 법의 원리에서 도출하는 이론을, 그리고 지상의 신들에게 그들의 분쟁거리들에서 항상 그러한 보편적 국제국가가 인도되도록 조치하게 해주고, 따라서 그 국제국가를(실천에서[55]) 가능한 것으로, 그리고 그 국제국가가 존재할 수 있는 것으로 상정하게 해주는 준칙을 추천하는 이론을 신뢰한다. ─ 그러나 동시에 (보조적으로[56]) 기꺼이 원하지 않는 곳으로 강제하는 사물의 본성(운명은 원하는 자는 이끌고, 원하지 않는 자는 잡아끌고 간다[57])을 신뢰한다. 그러면 이 마지막 것에서는 인간의 본성도 함께 고려된다. 나는 이 인간의 본성을, 그 속에는 여전히 법과 의무에 대한 존경이 살아 있으므로 도덕적 실천이성이 수많은 실패시도 뒤에 결국에는 악을 이겨내지 못하여 인간의 본성마저도 사랑할 만한 것으로 현시하지 못할 정도로 악 속에 침몰된 것으로 간주할 수 없거나 간주하고 싶지는 않다. 따라서 세계시민적 고려에서도 다음 주장에는 변함이 없다. 즉,

A 284

이성근거들로 말미암아 이론상 타당한 것은 또한 실천에서도 타당하다.

코니히스베르크에서 임마누엘 칸트

만물의 종말

배정호 옮김

일러두기

1. 『만물의 종말』(*Das Ende aller Dinge*) 번역은 1794년 발표된 원전을 대본으로 사용했고, 학술원판(Immanuel Kant, *Abhandlungen nach 1781* in *Kant's gesammelte Schriften*, Bd. Ⅷ, hrsg. von der Königlich Preußischen Akademie der Wissenschaften, Berlin, 1911)과 바이셰델판(*Schriften zur Anthropologie, Geschichtsphilosophie, Politik und Pädagogik* in *Immanuel Kant Werke in Zehn Bänden*, Bd. Ⅸ, pp.173-190, hrsg. von Wilhelm Weischedel, Darmstadt, 1983)을 참조했다.

만물의 종말

임종하는 사람을 두고 시간에서 벗어나 영원으로 들어간다고 말하ⅧＶ 327는 것은 특히 경건한 어법에서는 통상적 표현이다.

여기서 영원이 어떤 무한히 진행되는 시간으로 이해된다면 저 표현은 사실상 아무런 의미도 갖지 못할 것이다. 그 경우 인간은 결코 시간에서 벗어나지 못하고 오히려 한 시간에서 다른 시간으로 나아가게 될 테니 말이다. 그러므로 그것은 인간의 중단 없는 지속 중 일어나는 모든 시간의 종말을 의미함이 틀림없다. 그러나 이 지속(크기로 고찰된 인간의 현존)이 그 시간과는 전혀 비교될 수 없는 크기(예지적 지속)를 의미한다는 것도 틀림없다. 물론 우리는 이 크기에 대해A 496서 (순전히 부정적 개념 외에는) 어떠한 개념도 만들 수 없다. 이러한 생각은 무언가 소름끼치는 것을 포함하고 있나. 그것은 이를테면 거기에 빠지는 사람은 결코 돌아올 수 없는 심연의 가장자리로 [우리를] 이끌기 때문이다. ("그러나 위급한 곳에서, 아무것도 남겨놓지 못한 그를 영원은 강력한 팔로 꼭 붙들고 있네."—할러)[1] 그러나 그 생각은 무언가 매력적인 것도 포함하고 있다. 사람들은 움찔하여 자꾸만 눈길을 영원으로 돌리는 것을 그만둘 수 없기 때문이다. (두려운 눈으로 시선을 돌려보지만 충분히 만족할 수는 없다.—비르길)[2] 그 생각

은 부분적으로는 모호함 때문에 두려울 정도로 **숭고**하다. 이 모호함
에서 상상력은 밝은 빛에서보다도 더 큰 힘을 발휘하곤 한다. 그러
나 그 생각은 결국에는 보편적인 인간 이성과도 놀랄 만한 방식으로
결부되어 있다. 그것은 모든 궤변을 부리는 민족들에서 모든 시대에
걸쳐 이런저런 방식으로 치장되어 등장한다.—그런데 이성이 도덕
적 고찰에서 스스로 하는 것처럼, 우리는 시간에서 영원으로 이행하
는 것을(이 이념이 이론적으로 인식-확장으로 간주되어 객관적 실재성
을 가지든 가지지 못하든) 실행함으로써 시간적 존재이며 가능한 경
A 497 험의 대상인 **만물의 종말**과 마주친다. 그러나 이 종말은 목적들의 도
덕적 질서에서는 동시에 바로 이 목적들이 **초감성적**이고 따라서 시
간의 규정 아래 있지 않는 존재로 지속하는 것의 시작이다. 그러므로
이 지속과 그것의 상태는 이 존재들의 성질을 오직 도적으로만 규정
할 수 있을 뿐이다.

VIII 328　　날들은 말하자면 시간의 자식들이다. 다음 날은 그것이 포괄하는
것과 함께 앞선 날의 산물이다. 그런데 부모의 마지막 자식을 가장
어린 자식이라 부르는 것처럼 우리 언어[독일어]는 마지막 날(모든
시간이 종결되는 시점)을 **가장 어린 날**[3]이라 부르기를 좋아한다. 그러
니까 가장 어린 날은 여전히 시간에 속한다. 그날에도 여전히 무엇인
가가 일어나기 때문이다. (그날은 시간의 계속일 터이므로 아무것도 더
는 일어나지 않는 영원에 속하지 않는다.) 구체적으로 말해서 [그날에
는] 인간들이 생애 전체에서 행한 행동거지가 결산된다. 그날은 심판
의 날이다. 그러므로 세계 심판자가 내리는 사면이나 유죄판결이 시
간 안에 있는 만물의 진정한 종말이며 동시에 (구원받은 혹은 구원받
지 못한) 영원의 시작이다. 이 영원에서는 각자에게 주어지는 것은
A 498 (판결문의) 선고 순간에 그에게 할당된 그대로 지속된다. 그러므로
가장 어린 날은 그 자체로 동시에 가장 어린 심판도 포함한다.—그런

데 만약 지금 모습으로 현상하는 세계의 종말, 구체적으로 말해서 둥근 천장 같은 하늘에서 별들이 떨어져 내림, 이 하늘 자체의 붕괴(또는 말린 두루마리와 같은 그것의 사라져버림),[4] 하늘과 별이 불타 없어짐, 구원받은 자들의 거처를 위한 새로운 천국의 창조와 저주받은 자들의 거처를 위한 지옥의 창조가 **마지막 사건들**에 산입되어야 한다면,[5] 저 심판의 날은 가장 어린 날이 아닐 테고, 오히려 다른 여러 날이 그날에 이어 계속될 것이다. 그러나 만물의 종말이라는 이념은 세계의 **물리적** 과정이 아니라 도덕적 과정에 관한 사변에서 근원하며 또 오직 이것으로만 생겨나고, 이 후자 역시 영원의 이념과 마찬가지로 오직 초감성적인 세계(이것은 오직 도덕적인 것에서만 이해될 수 있다)에만 적용될 수 있으므로 가장 어린 날 **다음에** 나타나야 할 사건들에 대한 표상은 단지 이날을 그것의 도덕적 결과들과 함께 지각할 수 있게 하는 구체화로만 간주해야 한다. 더욱이 우리는 이 결과들을 이론적으로는 도저히 파악할 수 없다.

그렇지만 다가올 영원에 관해서는 아주 오래전부터 두 체계가 있 A 499
어왔음을 주목해야 한다. 하나는 (다소 장기적인 속죄로 정화된) 모든 사람은 영원한 지복을 얻는다고 하는 **일원교파**의 체계이고, 다른 하나는 **이원론자***의 체계로서 **몇몇** 선택된 사람은 그 지복을 얻지만 나 A 500; Ⅷ 329

---

* 고대 페르시아의 종교(조로아스터교)에서 그리한 체계는 서로 영원히 싸 Ⅷ 329
우는 두 근원존재, 즉 선의 원리인 오르뮤즈와[6] 악의 원리인 아리만을[7] 전
제한다.—묘한 것은 서로 멀리 떨어져 있고 지금의 독일어권에서는 더 멀
리 떨어져 있는 두 나라 언어가 이 두 근원존재의 명칭에서는 독일어라는
것이다. 나는 손네라[의 저서]에서 아바[8]에서는 선의 원리를 고대만[9](이 낱
말은 다리우스 코도마누스[10]라는 이름에도 들어 있는 것 같다)이라 한다는
것을 읽은 적이 있다. 그리고 아리만이라는 낱말은 아르게 만[11]과 매우 유
사하게 들리고, 현재 페르시아말도 어원이 독일어인 낱말들을 많이 포함
하기 때문에, 언어 유사성을 실마리로 여러 민족이 가지고 있는 종교개념의
근원을 추적하는 것은 고대문화 연구자의 과제일 수 있을 것이다(손네라,

머지 모든 사람은 영원한 형벌을 받는다고 하는 체계다. 모든 사람이 **형벌을 받도록** 정해져 있다고 하는 체계는 결코 자리 잡을 수 없었다. 이는 그렇지 않다면 도대체 그들이 왜 창조되었는지를 정당하게 설명할 근거가 없을 테고, 또 모든 것의 파괴는 자기 작품이 만족스럽지 못하지만 그것의 파괴 외에는 그것의 결점을 제거할 방도를 전혀 모르는 실패한 지혜를 나타낼 테니 말이다.―그런데 이원론자도 언제나 똑같은 어려움에 처하게 되는데, 그것은 모든 사람의 영원한 형벌을 생각하지 못하게 방해하는 것이다. 왜냐하면 단지 몇 사람, 아니 단 한 사람이라도 그가 다만 영원히 저주받기 위해서 현존해야 한다면, 그는 왜 창조되었느냐고 물을 수 있을 테고, 또 이는 전혀 존재하지 않는 것보다 더 나쁘기 때문이다.

우리가 그것을 통찰하는 한에서, 또 우리가 우리 자신을 탐구할 수 있는 한에서, 이원론적 체계는 사람들 각자가 (비록 다른 사람을 심판할 수 없다 하더라도) 자기 자신을 심판해야 할 때 실천적 의도에서는 모든 사람을 위한 유력한 근거를 (그러나 **하나의** 최고로 선한 근원존재 아래서만) 실제로 포함하기는 한다. 왜냐하면 각자가 자기 자신을 잘 아는 한에서 이성은 그에게 영원에 대한 전망으로, 그가 지금까지 행한 처신을 근거로 그의 양심이 생의 마지막에 그 자신에게 제시하는 전망만 남겨두기 때문이다. 그러나 그 유력한 근거는 순전한 이성판단으로서 **학적 명제**를 위해서는, 따라서 거기에서 그 자체로 (객관적으로) 타당한 이론적 명제를 산출하기에는 매우 불충분하다. 그 이유는 이러하다. 어떤 사람이 자기 자신을 알고 있겠는가? 누가 타인을 판결할 만큼 철저하게 알고 있겠는가? [다시 말해] 어떤 사람에게서 그의 자칭 올바른 삶의 원인들에서 성공의 원인이라고 할 수 있는

A 501

『여행기』(*Reise*, 4) 제2권 제2장, B 참조할 것).[12]

모든 것, 예컨대 그의 타고난 선량한 기질, 그의 타고난 고차적 힘들 (충동을 억제하는 지성과 이성의 능력), 그리고 다른 사람이 받았던 많 VIII 330은 유혹을 피할 수 있었던 우연한 기회 등을 배제했을 때, [혹은] 그
가 이 모든 것을 (이것은 행운의 산물일 뿐 그 자신의 공적이라 할 수 없
으므로 그가 자신의 실제 성격을 정당하게 평가하려면 그것을 반드시
공제해야만 하는 것처럼) 그의 실제 성격에서 분리했을 때, 누가 세계
심판자의 전능한 눈앞에서 어떤 사람이 내적·도덕적 가치상으로 다
른 사람보다 우월한지를 판결할 것이냐고 나는 묻는다. 그리고 자신   A 502
의 이득을 위한 이러한 피상적 자기인식을 근거로 자신뿐만 아니라
타인의 도덕적 가치(또 마땅한 운명)에 대해 어떤 판결을 내리는 것
은 사리에 맞지 않는 자기기만이 아닌가 하고 [나는 묻는다].—따라
서 일원교파의 체계나 이원론자의 체계가 학적 명제로 간주되면, 이
들은 모두 인간 이성의 사변적 능력을 완전히 초월하는 것으로 보이
고, 또 모든 것은 우리로 하여금 저 이성의 이념을 오직 실천적 사용
의 조건에만 국한하도록 하는 것으로 보인다. 왜냐하면 미래의 세계
에서 펼쳐질 우리 운명에 대해서 현재 우리가 알 수 있는 것은 오직
우리 자신의 양심이 내리는 판단과 우리의 현재 도덕 상태가 우리에
게 합리적으로 허용하는 것뿐이기 때문이다. 다시 말해서 삶의 종국
에 이르기까지 우리를 지배한다고 인정되는 우리 삶의 원리(그것이
신이든 악이든)는 사후에도 계속 [우리를] 지배할 것이라는 점과 내
세에서 그것이 변경될 것이라고 생각해야 할 아무런 이유도 없다는
점을 인정해야만 한다. 그러므로 우리는 선의 원리나 악의 원리가 지
배하는 영원에서도 이런저런 죄나 공적에 상응하는 결과를 기대
할 수 있을 것이다. 따라서 이런 점을 고려하면 마치 다음 생이 결코   A 503
변하지 않는다는 듯이 그리고 우리가 지금 생에서 도달한 도덕적 상
태가 다른 생의 시작에서 가질 모든 결과와 함께 결코 변하지 않는다

는 듯이 그렇게 행동하는 것이 현명하다. 그러므로 실천적 의도에서는 이원론적 체계가 받아들여야 할 체계임이 틀림없다. 특히 일원교파의 체계는 너무 무관심하게 [사람들을] 안심시키는 듯이 보인다. 그렇지만 우리는 이론적이고 순전히 사변적인 의도에서 두 체계 중 어느 것이 우월한지를 결정짓고자 하지는 않는다.

그런데 **도대체** 왜 사람들은 세계의 **종말**을 기대하는가? 그리고 이것이 비록 허용된다 하더라도, 왜 그것은 (대부분 인류에게) 꼭 공포를 동반하는 종말인가? …… **전자**의 근거는 이성이 말하는 다음 사실에 놓여 있는 듯하다. 즉 세계의 지속은 세계 속의 이성적 존재자들이 그 현존의 궁극 목적에 부합하는 한에서만 가치가 있으며, 이 궁극 목적이 달성될 수 없다면 창조 자체가 그들에게는 마치 대단원도 없고 아무런 합리적 목적도 알 수 없는 연극처럼 무의미하게 보인다는 사실이다. **후자**는 절망의 지경에까지 이른 인류의 부패한 품성에 관한 견해*에, 즉 이런 인류에게는 종말을, 그것도 무서운 종말을

VIII 331

A 504; A 505

---

*　언제나 자칭 현자들(혹은 철학자들)은 인간 본성에서 선을 지향하는 성향에 주의를 기울이지 않고 인간의 거처인 우리 지구세계를 아주 경멸적으로 그려내려 다음과 같은 불쾌하고 부분적으로는 역겨운 비유에 몰두했다. 1) 저 이슬람교 금욕집단의 승려가 바라보듯이, 이 세상은 **여관**(카라반의 숙소)이다. 인생이란 여행을 하는 동안 그곳에 머무르는 모든 사람은 다음 사람에게 곧 쫓겨날 각오를 해야만 한다. 2) 이 세상은 **교도소**다. 이 견해는 브라만교, 티베트인과 다른 동양의 현자들(심지어 플라톤까지도)이 애착하는 것인데, 천상의 세계에서 추방되어 지금은 인간이나 동물의 영혼이 된 타락한 정신을 징벌하고 정화하는 장소가 곧 이 세상이라는 것이다. 3) 이 세상은 **정신병원**이다. 여기서는 모든 사람은 그 자신의 목적을 스스로 파괴할 뿐만 아니라, 누군가는 다른 사람에게 온갖 종류의 깊은 상심을 가하며 더욱이 그것을 할 수 있는 숙련과 힘을 최고 영예로 생각한다. 4) 마지막으로 이 세상은 다른 세상들의 모든 오물이 집결된 **똥구덩이**다. 이 마지막 착상은 어떤 의미에서는 독창적이며 페르시아 재사(才士) 덕택이다. 이 재사는 최초의 인간 커플이 살던 낙원을 천상으로 이동시켰다. 이 정원에는 더할 나위 없이 좋은 과일들로 뒤덮인 나무들이 있었다. 그들이 먹고 난 뒤 이 나무들

A 505

326

예비하는 것이 최고 지혜와 정의(대다수 인간에 따라)에 알맞은 유일한 방책이라는 의견에 근거를 둔다.—그렇기 때문에 최후의 날의 전조들도 모두 끔찍하다. (어디서 큰 기대로 흥분된 상상력이 전조와 기적을 보는 데에 부족하겠는가?) 어떤 이들은 이런 전조를 만연하는 부정, 부자의 호사에 따른 빈자의 억압, 정직과 신념의 일반적 상실 혹은 세상 곳곳에서 일어나는 참혹한 전쟁 등에서 본다. 한마디로 그들은 그들이 생각하기에 전대미문의 도덕적 퇴폐와 악덕의 급속한 증가, 이에 따른 여러 죄악에서 이런 전조를 본다. 이에 반해 다른 이들은 이상한 자연의 변화에서, 즉 지진, 폭풍우와 홍수 또는 혜성과 대기의 징후에서 이런 전조를 본다. A 506; VIII 332

사실 인간이 비록 스스로 그 원인이라 할지라도 그들의 실존에 부담을 느끼는 것도 무리가 아니다. 그 이유는 다음 사실에 있는 것 같다.—인류의 진보에서 지능과 숙련, 취미(그 결과인 사치와 더불어)의 계발은 자연적으로 도덕성의 발달에 앞서간다. 이러한 상황은 실로 윤리성뿐만 아니라 육체적 행복에 대해서도 가장 해롭고 위험한 것이다. 욕구는 그것을 만족시키는 수단보다 훨씬 강렬하게 증가하기 때문이다. 그러나 ('절름발이 발로 한 처벌'이라는 호라체의 시구같이)[13) 재능 계발을 항상 느릿느릿 뒤쫓아가는 인류의 도덕적 소질은 그 자신의 황급한 경주에서 자신에게 걸려 자주 넘어지겠지만 (현명

의 잔여 과일들은 알 수 없는 악취로 소실되었다. 그러나 정원 가운데 있는 단 한 그루는 예외였다. 이 나무에는 유혹적이기는 하지만 따먹을 수 없는 과일이 열려 있었다. 그런데 우리 첫 조상들은 금지령에도 그 과일을 먹고 싶은 욕구에 사로잡히게 되었다. 그래서 천사 중 하나가 멀리 떨어져 있는 지구를 가리키며 "저것이 전 우주의 변소다"라고 가르쳐주고 볼일을 볼 수 있게 조상들을 그곳으로 데리고 가서는 그곳에 그들을 남겨두고 천상으로 날아와 버렸다. 그들이 천상을 더럽히는 것을 막으려면 그외에는 달리 방도가 없었던 것이다. 이로써 인류가 지구상에 생겨났다고 한다.

한 세계주재자 밑에서는 충분히 희망해도 되듯이) 언젠가는 그것을 추월할 것이다. 그래서 사람들은 모든 앞선 시대와 비교해 우리 시대의 윤리성이 우월하다는 경험적 증거들에 따라서도, 가장 어린 날은 고라 무리의 몰락과 유사한 지옥행[14]보다는 엘리야의 승천[15]으로 시작되어 지상에 있는 만물의 종말을 가져올 것이라는 희망을 가질 수 있어야 한다. 그러나 덕에 대한 이런 굳센 믿음도 주관적으로는 사람들의 마음을 교화하는 데에, 최후 사건들에 앞서는 것으로 생각되는 공포를 동반하는 장면에 대한 믿음만큼 일반적으로 강력한 영향을 미치지는 못하는 것으로 보인다.

$$* \quad * \quad *$$

주석. 여기서 우리는 순전히 이성이 스스로 만들어내는 이념과 관계한다(혹은 그것만 다룬다). 이 이념의 대상은(만약 그것이 어떤 대상을 갖고 있다면) 완전히 우리 시야 밖에 놓여 있다. 이러한 이념은 비록 사변적 인식에서는 과도한 것이지만, 그렇다고 해서 모든 관점에서 공허한 것으로 생각되지는 않는다. 오히려 그것은 입법적인 이성 자신에 의해 우리에게 실천적 의도에서 주어진 것으로, 예컨대 그것의 대상에 대해 이 대상이 그 자체로, 그리고 그 본성상 무엇인지가

아니라 우리가 그 대상을 만물의 궁극 목적을 겨냥한 도덕적 원리를 위하여 어떻게 생각해야 하는지를 숙고하려는 것이다. (이런 식으로 이념들은 객관적·실천적 실재성을 획득하며, 그렇지 않으면 전적으로 공허할 것이다.)—이러하기 때문에 우리는 **자유로운** 영역을 갖게 된다. 이 영역에서 우리는 우리 이성의 산물인 만물의 종말에 대한 보편 개념을, 우리 인식 능력에 대한 그것의 관계에 따라 나누고, 또 그것에 포섭되는 것을 분류할 수 있게 된다.

이에 따라서 전체는 1) 우리가 (실천적 의미에서) 잘 이해할 수 있는, 신적 지혜의 도덕적 목적의 질서에 따르는 만물의 **자연적*** 종말, 2) 우리가 전혀 이해할 수 없는 원인들의 질서 안에 있는 만물의 신비적(초자연적) 종말, 3) 우리가 궁극 목적을 오해함으로써 우리 자신이 초래   A 509 하는 만물의 반자연적(불합리한) 종말이라는 세 부분으로 나뉘어 제시될 것이다. 이 중 첫째 부분은 방금 논의했고, 나머지 두 부분은 이제 이어서 논의한다.

*   *   *

「요한계시록」(제10장 5절, 6절)에 이런 구절이 있다. "한 천사가 하늘을 향해 손을 들어 하늘과 만물을 창조하신, 세세토록 살아계신 자에게 맹세하여 말하기를, 이제 더 이상 시간은 없을 것이라고 했다."

만약 이 천사가 "일곱 우레 같은 목소리로"(제5장 3절) 무의미한 말을 외치고자 했다고 가정하지 않는다면, 천사의 말뜻은 이후로는 어떠한 **변화**도 없으리라는 것이 틀림없다. 변화는 시간 속에서만 일어날 수 있고, 시간을 전제하지 않고는 전혀 생각될 수 없으므로, 세계에서 어떤 변화가 있다면 시간 역시 존재할 테니 말이다.

그런데 여기서 감관 대상으로서 만물의 한 종말이 제시되는데, 그것에 대해 우리는 아무런 개념도 형성할 수 없다. 왜냐하면 감성계에   A 510 서 예지계로 단 한 걸음이라도 들여놓으려 한다면, 우리는 불가피하

---

*   **자연적**(형식상)이라는 말은 어떤 질서의 법칙에 따라, 그것이 어떤 질서이든지 간에, 따라서 도덕적 질서(그러므로 언제나 순전히 물리적 질서인 것은 아니다)의 법칙에 따라 필연적으로 진행되는 것을 의미한다. 그것에 대립하는 비자연적인 것은 초자연적인 것이거나 반자연적인 것일 수 있다. 자연적 원인으로 필연적인 것은 질료상 자연적인 것(물리적으로 필연적인 것)으로 생각될 수 있을 것이다.

게 모순에 빠지기 때문이다. 이러한 일은 여기서는 감성계의 종말을 결정하는 순간이 또한 예지계의 시작이기도 해야 한다. 따라서 이 세계가 저 세계와 함께 하나의 동일한 시간계열 속에 존재하게 되는데, 이는 자기모순이다.

그렇지만 우리는 어떤 지속을 **무한으로**(영원으로) 생각한다고도 말하는데, 그것은 우리가 이를테면 그것의 크기에 대해 어떤 규정할 수 있는 개념을 가지고 있어서가 아니다—이것은 영원이 그 자신의 척도로 시간을 전혀 갖지 않기 때문에 불가능하다.—시간이 없는 곳에서는 **어떠한 종말도** 일어나지 않으므로 저 개념은 오히려 순전히 영원한 지속에 대한 부정적 개념일 뿐이다. 이런 개념으로 우리는 우리 인식에서 단 한 발짝도 전진하지 못하고, 단지 이성은 궁극 목적에 대한 (실천적) 의도에서는 끊임없는 변화 도상에서 결코 만족할 수 없다는 사실만이 알려지게 될 뿐이다. 또 이성이 세계존재들의 상태는 부동이고 불변이라는 원리를 가지고 그것을 시도한다 하더라도, 이 이성은 자신의 **이론적 사용**과 관련해서는 마찬가지로 만족하지 못하고 오히려 전적으로 부주의한 상태에 빠질 것이다. 그 경우에

이성에 남아 있는 것은 무한히(시간 속에서) 진행되는 변화를 궁극 목적을 향한 부단한 전진에서 생각하는 것뿐이다. 이 전진 때 **마음씨**(이것은 저것처럼 어떤 현상적인 것이 아니라 오히려 초감성적인 어떤 것이고 따라서 시간 속에서 변하지 않는다)는 지속되고 항구적으로 동일하다. 그러므로 이런 이념에 따른 실천적 이성 사용의 규칙은, 우리는 마치 우리의 도덕적 상태가 선에서 더 나은 선으로 무한히 나아가는 모든 변화에도 그 마음씨의 견지에서 보면 ('그의 변화가 천국에 있는' 예지적 인간) 그 어떠한 시간의 변화에도 종속되지 않는다는 듯이 우리 준칙을 정하지 않으면 안 된다는 것을 의미할 뿐이다.

그러나 언젠가는 모든 변화가 (그리고 그와 더불어 시간 자체가) 정

지되는 시점이 등장할 것이라는 점은 상상력을 격분시키는 생각이다. 즉 그때는 자연 전체가 굳어져 말하자면 화석이 될 테고, 그러면 최후의 사유와 감정은 생각하는 주관 안에서 정지하여 변화 없이 항상 동일한 것으로 머물게 될 것이다. 자신의 현존과 이 현존의 (지속으로서) 크기를 오직 시간 속에서만 의식할 수 있는 존재에게 그러한 삶은 설사 그것이 달리 삶이라 불릴 수 있다 하더라도 틀림없이 멸절과 같이 보일 것이다. 왜냐하면 그러한 상태에 있는 자신을 상정하려 A512 면 그 존재는 여하튼 무엇인가를 사유해야만 하는데, 이 사유는 그 자체 시간 속에서만 발생할 수 있는 반성 과정을 내포하기 때문이다.— 그러므로 다른 세계의 주민들은 그들의 서로 다른 거주지(천국이나 지옥)에 따라 항상 동일한 노래로 할렐루야를 부르기 시작하거나, 아 Ⅷ335 니면 영원히 동일한 애통의 소리를 지르는 것으로 제시되는데(제19장 1-6절; 제20장 15절), 이는 그들의 상태에 변화가 일절 없음을 나타낸다.

그럼에도 이러한 이념은 그것이 아무리 우리 이해력을 넘어선다 할지라도 실천적 관계에서는 여전히 이성과 밀접히 연관되어 있다. 설사 우리가 이 지상에 사는 인간의 도덕적·물리적 상태를 최대한 좋게, 즉 (그의 목적으로 정해진) 최고선을 향해 부단히 전진하며 접근하는 것으로 가정한다 하더라도, 인간은 (그의 마음씨의 불변성을 의식함에서조차) 그의 (도덕적일 뿐만 아니라 물리적인) 상태의 영원히 지속되는 변화에 대한 전망에 만족할 수 없다. 왜냐하면 그가 지금 처해 있는 상태는 그가 막 진입하려는 좀더 좋은 상태와 비교하면 여전히 악이기 때문이다. 그리고 궁극 목적을 향해 무한히 전진한다는 A513 생각은 동시에 무한한 계열의 악에 대한 조망이기도 하다. 그 악은 더 큰 선으로 실제로 극복된다 하더라도 결코 만족의 가능성을 허락하지 않는다. 오직 궁극 목적을 언젠가는 결국 성취함으로써만 인간은 저 만족을 스스로 생각할 수 있다.

그런데 그것에 천착하는 사람은 **신비주의**에 빠지게 된다. (왜냐하면 이성은 자신의 내재적인, 즉 실천적 사용에 쉽게 만족하지 않고 오히려 초경험적인 것에서 무엇인가를 기꺼이 감행하므로, 그 자신 또한 신비적인 것을 가지고 있기 때문이다.) 여기서 그의 이성은 자기 자신과 자신이 원하는 것을 알지 못하고, 오히려 감성 세계의 지성적 거주자답게 이 세계의 경계 내에 자신을 구속해두기보다는 차라리 마음껏 열광한다. 이 때문에 **최고선**에 대한 노자의 놀라운 체계가 생기는데, 그에 따르면 최고선은 무, 즉 신성과 융합해서 그리고 자신의 인격성을 소멸해 신성의 심연으로 몰입되었다고 느끼는 의식에 있다고 한다. 이러한 상태를 예감하기 위해 중국 철학자들은 어두운 방에서 눈

A 514 을 감고 이러한 무를 사유하고 지각하고자 애쓴다. 이로부터 (티베트와 동방의 여러 민족의) **범신론**과 이 범신론의 형이상학적 승화에서 그 뒤 만들어진 **스피노자주의**가 나타나는데, 이 둘 다는 모든 인간의 영혼은 신성에서 나왔다는 (그리고 끝내는 바로 이 신성 안으로 다시 흡수된다는) 옛날 옛적의 **유출설** 체계와 아주 밀접하게 연관되어 있다. 이 모든 것은 단지 인간이 결국에는 **영원한 안식**을 꼭 향유하고 싶

Ⅷ336 어 하기 때문이다. 그래서 이 영원한 안식이 인간들이 억측한, 만물의 복된 종말을 이룬다. [그러나 그것은] 본래 그와 더불어 지성이 그들에게서 떠나가고 동시에 모든 사유 자체가 종말을 고하는 개념이다.

* * *

인간의 손으로 이루어지는 만물의 종말은 비록 그의 목적이 선하다 할지라도 **어리석은** 짓이다. 다시 말해 그의 목적을 위해 이 목적에 정반대되는 수단을 사용하는 것이다. 지혜, 즉 만물의 궁극 목적인 최

고선에 완전히 부합하는 조처를 적절하게 할 수 있는 실천적 이성은 오직 신에게만 있다. 이 이성의 이념에 단지 눈에 띄게 반하는 행동을 하지 않는 것이 아마 인간적 지혜라고 할 수 있는 것이다. 그러나 A 515 인간이 단지 수많은 시도와 계획의 변경으로 달성하리라 기대할 수 있는 어리석음을 피하려는 이러한 방비는 오히려 "가장 선한 사람이 움켜쥐고 싶어 해도 그 역시 단지 추적할 수 있을 뿐인 보물"이다. 그러나 인간은 그것을 움켜쥘 수 있다는 자기애적인 확신을 품어서는 결코 안 되며, 더더구나 마치 그것을 움켜쥐었다는 듯이 처신해서는 안 된다.—그렇기 때문에 모든 민중의 종교를 순화하고 동시에 강력하게 하는 데에 적절한 수단을 찾는 기획들도 그때그때 바뀌고 종종 불합리하다. 그 결과 사람들은 실로 이렇게 외칠 수 있다. 불쌍한 인간들이여, 그대들에게는 변화무쌍 외에는 아무것도 변치 않는 것이 없구나!

그럼에도 일단 이런 시도가 결국 성공해 공동체가 전승된 경건한 가르침뿐만 아니라 이 가르침으로 계발된 실천 이성(이것이 종교를 위해서도 절대적으로 필수적인 것처럼)에도 귀를 기울이기에 이른다면, 또 (인간적 방식에서) 현자들이 (성직자로서) 자신들 사이의 협정에 따라서가 아니라 오히려 민중 속에서 동료 시민으로서, 그들에게 A 516 는 진리가 문제된다는 것을 의혹의 여지가 없게 증명하는 계획을 세우고 거기에 대부분 동의한다면, 그리고 민중 역시 노녁석 소질을 반드시 계발할 필요성을 권위에 근거하지 않고 보편적으로 감지함으로써 전체적으로(아직 아주 세부적인 것에서는 아니라 하더라도) 그것 [진리]에 관심을 갖는다면, 현자들에게 일을 시작하게 하고 그들의 활동을 계속하도록 하는 것이 가장 바람직해 보인다. 그들은 일단 그들이 추구하는 이념에 관한 한 옳은 길을 걷기 때문이다. 그러나 최상의 궁극 목적을 위해 선택된 수단의 성과에 관한 한, 그것은 자연의 VIII 337

운행에 따라 드러날 터이므로 언제나 불확실하다. 그렇기 때문에 이 성과는 섭리에 맡기는 것이 가장 바람직해 보인다. 왜냐하면 사람들이 아무리 쉽게 믿지 못한다 해도, 모든 인간적 지혜(이것은 그 이름에 합당하려면 오직 도덕적인 것을 향해 있어야만 한다)에 의거하여 취한 수단들의 성과를 확실하게 예견하는 것이 전혀 불가능할 때 사람들은 자신의 궁극 목적을 기꺼이 포기하지 않으려 하는 한, 실천적 방식에서 자연의 운행을 위한 신적 지혜가 동시에 작용함을 믿지 않을 수 없기 때문이다.─분명히 이의를 제기하는 사람이 있을 것이다. 이미 자주 다음과 같이 주장되었다. 현재 계획이 가장 좋은 것이다. 그것은

A 517 그때부터 영원히 그대로이고, 이제는 영원을 위한 [만물의] 상태다. "(이런 개념에 따라) 선한 자는 누구나 영구히 선하고, (이와 반대로) 악한 자는 누구나 영구히 악하다"(「요한계시록」 제22장 11절). 마치 영원이 그리고 이 영원과 함께 만물의 종말이 지금 이미 시작되었을 수 있다는 것처럼.─그럼에도 그때 이래로 계속해서 새로운 계획들이 제시되었는데, 그중 가장 새로운 것은 종종 단지 옛것을 복구한 것이었다. 그리고 앞으로도 더 극단적인 기획들이 끊이지 않을 것이다.

나는 이 점에서 어떤 새롭고 성공적인 시도를 할 능력이 없다는 것을 충분히 의식하고 있다. 그래서 큰 발명을 할 힘이 없는 나는 차라리 사태를 그것의 마지막 상태대로, 그리고 그것의 결과가 거의 한 세대 내내 상당히 좋은 것임이 입증된 대로 그대로 두라고 권하고 싶다. 그러나 그것은 탁월하거나 아니면 적어도 진취적인 정신을 지닌 사람들의 견해가 아닐 수도 있으므로, 나는 감히 그들이 무엇을 해야 하는지에 대해서라기보다는 오히려 그들이 무엇을 어기지 않도록 주의해야 하는지를 약간 진술해보고자 한다. 그렇지 않으면 그들이 자신들의 의도(비록 그것이 최선이라 할지라도)에 반해서 행동할지도 모르기 때문이다.

기독교에는 그 율법[16]의 신성함이 불가항력적으로 불어넣는 최대   A 518
의 존경 외에도 **사랑할 가치**가 있는 어떤 것이 있다. (여기서 나는 기독
교가 커다란 희생을 거쳐 우리에게 제시한 인물이 아니라 사태 자체, 즉
이 인물이 설립한 도덕적 체제에 대한 사랑의 가치를 의미한다. 전자는
오직 후자에서만 도출될 수 있기 때문이다.) 의심할 여지없이 존경이
첫째다. 왜냐하면 사랑 없이도 누군가에게 큰 존경을 나타낼 수 있지
만, 존경 없이는 어떠한 참된 사랑도 행해지지 않기 때문이다. 그러
나 의무 관념뿐만 아니라 의무의 준수도 문제가 되고, 인간은 무엇을   Ⅷ 338
해야만 하는지를 [말해주는] 객관적 이유뿐만 아니라 그가 무엇을 할
지를 [말해줄 것으로] 맨 먼저 기대할 수 있는 행위의 주관적 이유를
묻는다면, 타인의 의지를 자기 자신의 준칙에 자유로이 수용하는 사
랑은 분명 불완전한 인간 본성에 없어서는 안 될 보완물이다. ([사랑
은] 이성이 법칙으로 지시하는 바를 위해 강요될 수밖에 없는 것이다.)
왜냐하면 사람들은 하고 싶지 않은 일은 잘 수행할 수 없으며, 심지
어 궤변적인 핑계를 꾸며서라도 의무의 명령을 피하고자 할 것이고   A 519
그래서 의무는 사랑의 협력이 없는 동기로서는 크게 신뢰할 만하지
못할 것이기 때문이다.

그런데 기독교를 완전하게 만들기 위해서 그것에 어떤 권위(비록
그것이 신적인 것이라 할지라도)를 더 부가한다면, 비록 그 권위의 의
도가 아무리 초외적이고 그 목적이 참으로 선하다 할지라도 기독교
에 있는 사랑의 가치는 사라질 것이다. 왜냐하면 어떤 사람에게 어떤
것을 행할 것뿐만 아니라 그것을 **기꺼이** 행할 것도 **명령하는** 것은 모
순이기 때문이다.

기독교는 의무 일반을 준수하기 위해 사랑을 촉진하려 하고 또 그
것을 생산한다. 왜냐하면 기독교 창립자는 **자신의 의지**에 복종할 것
을 요구하는 지휘관의 자격으로가 아니라 그의 동료들에게 그들 자

신이 잘 아는 의지를, 즉 그들이 자기 자신을 적절하게 성찰한다면 그것에 따라 자연히 자발적으로 행동하게 될 그런 의지를 당부하는 박애자 자격으로 말하기 때문이다.

그러므로 기독교가 그 가르침에 어떤 **효과**를 기대하는 것은—노예 상태나 무정부 상태와는 아주 거리가 먼—**자유주의적 사고방식** 때문이다. 이 방식으로 기독교는 이미 의무의 법칙에 대한 관념에 따라 계발된 지성을 갖춘 사람들의 마음을 얻을 수 있다. 궁극 목적의 선택에서 느끼는 자유의 감정이야말로 그 입법을 사랑할 가치가 있는 것으로 만든다.—그러므로 설사 기독교의 교사가 **처벌**을 선언한다 하더라도 그 처벌은 마치 그것이 계율[17]에 복종하는 동기가 되는 것처럼 그렇게 이해될 수 없다. 이런 식으로는 적어도 기독교의 성질을 알맞게 설명하지 못한다. 그렇게 할 경우 기독교는 사랑의 가치를 상실할 것이다. 오히려 이것은 법률 위반에서 불가피하게 발생하게 될 화로부터 사람들을 보호하기 위해 (법률은 귀머거리이며 가차 없는 것이다.—리비우스[18]) 입법자의 호의에서 생겨난 자애로운 경고 정도로 해석해도 될 것이다. 왜냐하면 자발적으로 받아들인 생활준칙으로서 기독교가 아니라 법칙이 여기서 위협하는데, 이 법칙은 창조주조차 그 결과를 자의대로 이렇게 혹은 저렇게 결정할 수 없는, 사물의 본성에 놓인 불변적 질서이기 때문이다.

만약 기독교가 **보상**을 약속한다면(예컨대 "기뻐하며 즐거워하라. 너희는 천국에서 모든 것을 충분히 보상받을 것이다"[19]), 그것은 자유주의적 사고방식에 따라 그것이 마치 선하게 처신하도록 사람을 매수하는 제안인 것처럼 해석되어서는 안 된다. 그럴 경우 또다시 기독교는 그 자체로 사랑할 만한 가치가 있는 것이 아닐 테니 말이다. 비이기적인 동인에서 발생하는 그런 행위의 요구만이 이 욕구하는 사람에 대한 존경심을 불러일으킬 수 있다. 그리고 존경 없이는 어떠한 참된 사랑도 없다. 그러므로 저 약속은 마치 보상이 행위의 동기로 여겨져야 한다고 의미하는 것처럼 해석해서는 안 된다. 자선가에게 자유주의적 사고방식이 깃들게 하는 사랑은 곤궁한 자가 받는 재화가 아니라 그것을 나누어줄 준비가 되어 있는 자선가의 **의지**의 자비로움에 따른다. 비록 그가 그렇게 할 능력이 없거나 세계를 위한 보편적 최고선을 고려하는 다른 동인에 따라 그것을 실행하지 못하게 된다 하더라도 사정은 마찬가지다.

이것이 기독교가 가지고 있는 도덕적 사랑의 가치다. 이 가치는 의견의 잦은 변화 때문에 기독교에 가해진 수많은 외적 제약을 관통해서 여전히 빛나며, 그렇지 않았다면 기독교가 당면했을 혐오에서 기독교를 지켜왔고, (이것이 주목할 만한 것인데) 인류가 겪은 최대 계몽의 시대에도 여전히 그만큼 더 밝은 빛으로 나타난다. A 522

만약 기독교가 사랑의 가치를 상실한다고 가정해본다면(기독교가 온화한 정신 대신에 계율적 권위로 무장하게 된다면 이런 일이 일어날 수도 있다), 틀림없이 기독교에 대한 혐오와 반항이 사람들의 지배적 사고방식이 될 것이다. 도덕적 문제에서 중립은 없기 (상충되는 원리들의 제휴는 더더욱 없기) 때문이다. 그리고 어떻든 가장 어린 날의 선행자로 간주되는 **적그리스도**는 비록 짧다 하더라도 그의 (아마도 공포와 이기심에 기초를 둔) 통치를 시작할 것이다. 그러나 그때에는 기독교는 보편직 세계종교로 **정**해셔 있긴 하지만 실제로 그렇게 될 운명의 혜택은 받지 못할 것이므로 도덕적 관점에서 **만물의** (빗나간) 종말이 일어날 것이다.

쾨니히스베르크에서 임마누엘 칸트

해제

차례

『세계시민적 관점에서 본 보편사의 이념』· 김미영 ················· 343

『계몽이란 무엇인가에 관한 답변』· 홍우람 ···················· 349

『인종에 관한 개념 규정』· 김미영 ··························· 357

『인류사의 추정된 기원』· 김미영 ··························· 363

『사유 안에서 방향 정하기란 무엇인가?』· 홍우람 ················· 369

『철학에서 목적론적 원리의 사용』· 홍우람 ···················· 379

『순수 이성의 이전 비판이 모든 새로운 비판을
불필요하게 만든다는 발견』· 오은택 ························· 389

『변신론에서 모든 철학적 시도의 실패』· 이남원 ·················· 403

『이론에서는 옳을지 모르지만 실천에는
쓸모없다고 하는 속설』· 정성관 ··························· 409

『만물의 종말』· 배정호 ······························· 419

일러두기

1. 해제와 옮긴이주에서 칸트 저술 인용은 '『저술의 한글 약칭』 학술원판의 권수(로마 숫자) 쪽수(아라비아 숫자)'─예를 들어 '『정초』 IV 389'─로 표시한다.
2. 『순수이성비판』 인용만은 관례에 따라 학술원판 권수 대신 초판(A) 또는 재판(B)을 표기해 '『순수이성비판』 A 104' 또는 '『순수이성비판』 B 275'와 같이 표시한다.
3. 『칸트전집』 한국어판(한국칸트학회 기획, 한길사 편집·출간) 인용은 '『칸트전집』 한국어판의 권수와 쪽수'─예를 들어 『칸트전집』 7 100─로 표시한다.

『세계시민적 관점에서 본 보편사의 이념』

김미영 홍익대학교 · 철학

자연의 의도

1784년 11월 『월간베를린』(*Berlinische Monatsschrift*)에 발표한 이 글에서 칸트는 역사철학에 관한 자신의 생각을 최초로 서술한다. 이 글을 쓰게 된 계기는 칸트의 동료이자 추종자인 슐츠[1]가 같은 해 2월 『고타 학술지』(*Gothaische gelehrte Zeitungen*)에 발표한 「짧은 소식」에서 칸트의 역사철학을 언급했기 때문이다. 여기서 슐츠는 인류의 궁극목표가 완전한 정치구조를 설립하는 데 있다는 것이 칸트 생각이라고 소개한다.[2] 이를 계기로 칸트는 자기 생각을 정리하여 이 글을 발표한다.

칸트는 역사의 주체를 인간이 아닌 자연의 의도로 파악한다. 인간 의지의 현상인 인간행위가 다른 자연현상과 마찬가지로 보편적인 자연법칙에 따라 규정된다는 점에서 자연의 의도를 짐작할 수 있다

---

1) 슐츠(Johann Friedrich Schultz, 1739~1805)는 쾨니히스베르크대학 수학교수였다.
2) Wood, 1999, p.208.

는 것이다. 그러나 자연의 의도는 현상의 원인으로서 깊이 은폐되어 있으며 알려지지 않았다. 그럼에도 칸트는 어리석고 사악하고 파괴적인 것으로 나타나는 인간사의 모순적 과정에서 어떤 자연의도를 발견할 수 있을지를, 그리고 자연의도에 따른 역사를 파악할 수 있을지를 시험해보는 과제를 철학자에게 부여한다.

칸트는 자연의 의도를 인간의 이성과 결부한다. 자연이 인간에게 이성과 의지의 자유를 주었다는 사실은 인간이 동물적 본능이나 교육이 아니라 자신의 이성으로 행복과 완전성에 도달하는 것이 자연의 의도임을 명백히 보여준다는 것이다. 따라서 자연은 인간의 안녕보다는 이성적인 자기존중에 더 많은 가치를 두며, 인간이 편안하게 사는 것보다 자신을 고귀하게 만들려고 노력하는 일에 상관한다는 것이다.

칸트는 이러한 자연의도가 인류에게는 완전히 정당한 시민적 체제를 강요한다고 본다. 자연의 최상 의도는 인류의 모든 자연소질을 전개하는 것이며, 이 목적을 인류가 스스로 달성하려면 모든 구성원의 자유가 최대한 보장되는 사회가 요구되기 때문이다. 그러므로 인류 역사는 자연의 숨겨진 계획을 실현하는 과정이며, 자연의 계획이란 국가체제를 인류의 자연소질이 완전히 전개될 수 있는 상태로 만드는 것이다.

비사교적 사교성

칸트는 비사교적 사교성이라는 인간의 모순적 성향이 인간의 모든 자연소질을 전개하는 수단이라고 주장한다. 비사교적 사교성이란 사회를 분할하려는 저항과 결합되어 있으면서도 사회에 들어가려는 인간의 성향으로서 칸트는 이 성향이 명백히 인간 본성에 놓여 있다고 본다. 인간에게는 자신을 사회화하려는 경향과 함께 자신을 개별화하고 모든 것을 자기 의향에만 맞추려는 비사회적 특성도 있다는 것이다. 칸트는 누구에게나 있는 이러한 비사교성이 그 자체로는 사랑할 만한 성질이 아니지만 야만에서 문화로 가는 진보를 일으킨다고 주장한다. 인간은 자신의 저항 경향과 함께 타인의 저항도 예상하므로, 동시대인 사이에서 어떤 지위를 획득하려고 재능을 전개한다는 것이다.

칸트는 인간에게 사교성이라는 자연소질만 있었다면 인간은 완전한 조화로움과 상호 사랑으로 충만한 목가적 생활 속에서 자신의 재능을 전개하지 못했을 것이라고 본다. 비사교성으로 생기는 불화나 악의적인 경쟁심, 지배욕이 오히려 힘의 새로운 긴장으로 자연소질의 다양한 전개를 추진한다는 것이다. 따라서 비사교성이 초래하는 많은 악도 인간을 고난에 빠뜨림으로써 고난에서 빠져나올 방도를 찾아내면서 자연소질을 전개하게 하려는 자연의 의도라고 한다. 칸트는 인류의 모든 문화와 기술, 사회적 질서도 인간의 비사교성이 가져온 결실이라고 주장한다. 이러한 인간의 특성을 칸트는 국가 간의 관계에까지 확대하여 적용한다.

보편적 세계시민상태

칸트는 개인들을 시민적 체제에 들어가게 한 그 비사교성이 국가 간에도 작용하여 국제연맹을 맺게 한다고 주장한다. 여기서도 자연은 국가본체 사이의 불화를 평화와 안정 상태를 찾는 수단으로 삼았다는 것이다. 다시 말해서 자연은 전쟁과 전쟁준비 그리고 그에 따른 궁극으로 모든 국가가 안전과 권리를 보장받을 수 있는 국제연맹을 추진한다는 것이다.

칸트는 국제연맹에 대한 생각이 환상적으로 보이지만 사람들이 서로 초래하는 곤경에서 나올 불가피한 출구라고 주장한다. 전쟁도 파괴로 새로운 국가관계를 정립하고 새로운 국가를 세우려는 시도로서 새로운 국가는 또다시 혁명과정을 겪게 되며, 이 과정은 시민적 공동체와 유사한 상태에 도달할 때까지 계속된다는 것이다.

칸트는 이러한 역사과정이 우연적이지 않고 자연의 합목적성에 따른다고 본다. 그는 세계의 진행과정이 우연에 따른다는 에피쿠로스의 생각에 자연이 인류를 낮은 단계에서 높은 단계로 끌어가면서 인류의 근원적 소질을 전개해가는 것이라는 자기 생각을 대비한다. 그래서 목적 없는 야만상태가 인류의 자연소질을 억누른 것도 결과적으로는 인류가 그 모든 자연소질을 전개할 수 있는 시민적 체제 상태로 들어가게 했으며, 공적인 국가안전을 위한 보편적 세계시민상태를 도입하게 한다는 것이다.

칸트는 보편적 세계시민상태를 자연이 최상의 의도로 삼는 것으로서 인류의 모든 근원적 소질이 전개되는 모체라고 주장한다. 보편적 세계시민상태는 인류 역사가 진보하는 마지막 단계로서 예술이나 학문 그리고 모든 종류의 사회적 예의범절에서 이루어진 문명화를 넘어서서 인류의 도덕적 자연소질이 전개되는 상태라는 것이다. 그러나 칸트는 도덕성의 이념이 명예욕이나 외적 예의바름과 결부되어 문명화를 장식할 뿐 국민에게 내면화되지 않으며, 심지어 국가가 도덕교육을 방해하는 현재 상황의 문제점을 지적한다.

그럼에도 칸트는 보편적 세계시민상태가 수많은 혁명을 거쳐 언젠가는 실현될 것이라는 희망을 현재 상황에서 도출한다. 국제관계가 긴밀해지면서 국가들은 이제 국내문화를 소홀히 할 수 없게 되었으므로 시민적 자유가 서서히 확장되고 있다고 본다. 칸트는 또한 계몽이 서서히 나타나 공공영역에 더 많은 노력을 들이게 하고, 전쟁의 문제점을 드러내 국가들이 자신들의 위험을 막기 위해 거대한 국가본체를 준비하게 할 것으로 본다. 그리스에서 우리 시대에 이르는 역사에서 국가체제가 개선되는 어떤 규칙적인 과정을 발견할 수 있고, 민족들의 흥망성쇠에도 계몽의 싹은 언제나 남아 있었으므로 우리는 인류의 미래에 대해 긍정적인 전망을 할 수 있다는 것이다.

이 글에서 주장한 국제연맹과 보편적 세계시민상태에 대해 칸트는 『영구평화론』(*Zum ewigen Frieden. Ein philosophischer Entwurf*, 1795)에서 다시 논한다.

참고문헌

Wood, Allen W., *Kant's Ethical Thought*, Cambridge University Press, 1999.

『계몽이란 무엇인가에 관한 답변』

홍우람 서강대학교 · 철학

쵤너의 질문, 계몽이란 무엇인가?

1784년 12월 『월간베를린』(*Berlinische Monatsschrift*)에 발표된 『계몽이란 무엇인가에 관한 답변』(*Beantwortung der Frage: Was ist Aufklärung?*, 1784, 이하『계몽』)은 그보다 한 해 앞서 쵤너[1]가 동일한 잡지에서 제기했던 "계몽이란 무엇인가"라는 질문에 답하고자 작성된 짧은 글이다. 1783년 9월 익명으로 발표한 글에서 비스터[2]는 일종의 계약 의식인 결혼식을 성직자가 주관하는 것이 과연 올바른지 문제를 제기했다. 다른 모든 계약 의식과 달리 결혼 의식만을 성직

---

1) 쵤너(Johann Friedrich Zöllner, 1753~1804)는 목사이자 신학자 그리고 교육자로『월간베를린』과 깊이 관련되어 있던 계몽주의자 그룹 '수요모임'(Mittwochsgesellschaft)의 일원이었다. 1783년 12월『월간베를린』에 게재된 그의 글은 Zöllner, 1783, pp.508-517; Hinske, 1977, pp.107-116 참조할 것.

2) 비스터(Johann Erich Biester, 1749~1816)는『월간베를린』의 편집장이자 쵤너와 더불어 계몽주의자 그룹 '수요모임'의 일원이었다. 1783년 9월『월간베를린』에 게재된 그의 글은 Biester, 1783, pp.265-276; Hinske, 1977, pp.95-106 참조할 것.

자가 주관하는 것을 볼 때 계몽되지 못한 시민들은 결혼이라는 계약이 매우 특별한 신성한 계약이라고 잘못 생각하게 되기 때문에 비스터는 결혼 의식 역시 순수한 시민 의식으로 거행하는 것이 적절하다고 주장했다.[3] 이에 대해 죌너는 결혼이 일종의 시민들 간의 계약에 불과하다는 비스터의 주장이야말로 비계몽적이라고 답한다. 결혼은 가족 구성의 기초이며 궁극적으로는 사회 구성의 기초이기 때문에, 죌너는 결혼식이라는 신성한 의식을 계몽주의의 이름으로 세속화할 경우 대중들이 오히려 계몽주의를 오해하게 될지 모른다고 생각했다. 그리고 죌너는 자신과 비스터의 견해가 다른 근본적 이유에 대해 각주에서 다음과 같이 질문한다. "계몽이란 무엇인가? '진리란 무엇인가'라는 질문 못지않게 중요한 이 질문은 사실 [타인을] 계몽하려 하기 전에 답변되어야 한다! 그러나 나는 이 질문에 대한 답변을 어디서도 찾지 못했다!"[4] 죌너의 이 질문은 이후 10여 년에 걸쳐 계몽주의에 대한 여러 심도 깊은 논의를 이끌어냈다. 1784년 9월에 발표된 멘델스존의 글[5]과 더불어 칸트의 『계몽』은 그 이후 이어지는 다양한 논의의 서곡이라 할 수 있다.

---

3) Biester, 1783, p.268; Hinske, 1977, p.95. 비스터의 주장은 시민사회에서 종교의 개입을 제거하자는 것으로 오해될 수 있지만 사실 비스터는 시민사회와 종교의 조화로운 결합을 주장한다. Biester, 1783, pp.269-272; Hinske, 1977, pp.99-102 참조할 것. 이와 관련하여 Schmidt, 1989, pp.271-272 참조할 것.

4) Zöllner, 1783, p.516; Hinske, 1977, p.115.

5) 당대 저명한 철학자 중 한 명이었던 멘델스존(Moses Mendelssohn, 1729~86)의 글은 Mendelssohn, 1784, pp.193-200; Schmidt, 1996, pp.53-57 참조할 것. 『계몽』의 말미에서 칸트는 앞서 출판된 멘델스존의 글을 읽지 못한 채 『계몽』을 완성했음을 밝힌다.

칸트의 답변, 계몽이란 미성숙함에서 벗어나는 것

칸트는『계몽』의 제일 첫 문장에서 답변을 제시한다. "계몽이란 인간이 그 자신에게 책임이 있는 미성숙함에서 벗어나는 것이다."[6] 적어도 『계몽』에서 칸트는 스스로 제시한 이 답변에 아무런 의심도 품지 않은 것으로 보인다. 따라서 칸트는 이어지는 글에서 계몽이란 무엇인지 간단히 부연한 뒤 오히려 어떻게 계몽을 성취할지, 계몽을 성취하기 위한 필수 요건은 무엇인지 탐구하는 데 전념한다.

칸트에 따르면, 계몽을 통해 벗어나야 할 미성숙함이란 "자신의 지성을 사용하지 못하는 상태"다. 그러나 모든 미성숙한 사람이 계몽의 대상이 되지는 않는다. 예컨대, 지성 능력이 애초에 결여되어 있는 사람에게는 자신의 미성숙함에 대해 책임이 없다. 계몽의 대상이 되는 사람은 자신의 미성숙함에 대해 책임이 있는 사람, 즉 지성 능력이 있으면서도 그 "지성을 사용하는 결단과 용기"가 부족한 사람이다. 결국 칸트가 제안한 계몽의 표어는 다음과 같다. "너 자신의 지성을 사용할 용기를 가지라!" 이 표어는 사실 고대 로마의 시인 호라티우스가 사용한 라틴어 표현 "감히 알려고 하라(Sapere aude)"를 독일어로 의역한 것이다.[7] 이 의역으로 칸트는 '계몽'의 초점이 지식의 탐구 자체에 있기보다 지적 독립성 혹은 지적 용기의 추구에 있음을 밝히고 있다.[8]

그렇다면 자기 자신에게 책임이 있는 미성숙 상태에서 벗어나 계몽을 성취하기 위해서는 무엇이 요구되는가? 칸트는 오직 자유, 그

---

6) 『계몽』Ⅷ 35(『칸트전집』10 39).
7) 『계몽』Ⅷ 35(『칸트전집』10 39).
8) Deligiorgi, 2005, pp.55-56. 이 점에서 '계몽'에 대한 칸트의 견해는 멘델스존의 견해와 다르다.

중에서도 "자기 이성을 공적으로 사용하는 자유"[9]가 요구된다고 주장한다. 칸트에 따르면, 이성의 공적 사용이란 "어떤 사람이 독서계의 전체 대중 앞에서 학자로서 자기 이성을 사용하는 것"이고, 이성의 사적 사용이란 어떤 사람이 "맡게 된 특정한 시민적 지위나 직무에서 허용되는 이성 사용"이다.[10] 예컨대, 성직자의 직위를 임명받은 어떤 시민이 자신의 교구에 속한 사람들을 대상으로 '성직자'로서 말할 때 이성을 사용하는 것이 이성의 사적 사용이라면, 그 동일한 시민이 자신의 특정 지위와 직무에 상관없이 대중들 일반을 상대로 '학자'로서 말할 때 이성을 사용하는 것은 이성의 공적 사용이다. 칸트는 전자의 경우 이성 사용의 자유가 제한될 수 있는 데에 반해서, 후자의 경우에는 "자신의 고유한 인격에서 말할 무제한적 자유"[11]가 보장되어야 한다고 말한다. 어떤 사람이 자기 자신을 계몽하는 동시에 나아가 다른 사람을 계몽할 수 있으려면 그 사람이 자신의 이성을 공적으로 사용하지 못하도록 방해하는 모든 "장애물"[12]을 제거해야 한다는 것이다.

계몽주의와 현대

계몽주의를 다루면서 칸트의 『계몽』을 간략하게나마 언급하지 않는 경우는 찾아보기 힘들다. 특히 계몽주의의 특징을 진지하고 간명하게 제시하고자 할 때, 사람들은 거의 빠짐없이 『계몽』의 첫째 단

---

9) 『계몽』 VIII 36(『칸트전집』 10 41).
10) 『계몽』 VIII 37(『칸트전집』 10 41 이하).
11) 『계몽』 VIII 38(『칸트전집』 10 43).
12) 『계몽』 VIII 40(『칸트전집』 10 46).

락을 인용하곤 한다. 그러나 이런 명성 덕분인지 『계몽』 자체에 대한 본격적 연구는 20세기 이후에야 발견된다.[13] 특히 최근에는 18세기 독일 계몽주의에 대한 정치적 재평가[14]와 더불어 칸트의 정치 철학에 대한 관심이 증대함에 따라 『계몽』에 대한 다양한 연구가 진행되고 있다.[15] 또한 칸트 철학 자체를 넘어서 계몽주의에 기반을 둔 근대성 혹은 현대성에 대한 철학적 반성을 위해서도 『계몽』은 여전히 활발히 논의되고 있다. 그중에서도 하버마스의 비판[16]에 답하고자 기획된 푸코의 글 「계몽이란 무엇인가」[17]는 대단히 중요하다. 하버마스가 지적하듯이 푸코의 글에서 칸트는 소수에게 향유되어온 전통적 철학을 "현재에 대한 비판으로서 역사적 순간의 도전에 응답하기 위한 것"[18]으로 변형한 현대적 철학자로 재발견된다. 푸코에 따르면 『계몽』에서 드러난 칸트는 그 이후 헤겔, 니체, 베버, 호르크하이머 그리고 심지어는 하버마스로 이어져온 철학적 탐구 전통의 창시자다.[19]

---

13) Schmidt, 1989, p.269. Beyerhaus, 1921 참조할 것.

14) 예컨대, Bödeker/Hermann, 1987; Bödeker/François, 1996; Beiser, 1992.

15) 예컨대, Deligiorgi, 2005. 특히 이성의 공적 사용과 사적 사용에 대한 칸트의 구별에 관해서는 Laursen, 1986과 O'Neill, 1989.

16) 이 비판은 1983년 3월 프랑스에서 개최된 하버마스 강연에서 발견된다. 이 일련의 강연들은 1985년 『현대성에 대한 철학적 담론』이라는 제목으로 확장 출판된다. Habermas, 1985 참조할 것.

17) Foucault, 1984. 이 글은 1984년 미국에서 개최될 예정이었던 학술대회를 준비하면서 작성한 글이기도 하다. 푸코와 하버마스뿐만 아니라 미국의 여러 학자가 참석하기로 되어 있던 이 학술대회는 푸코의 갑작스러운 죽음으로 취소되었다.

18) Habermas, 1986, p.104.

19) Foucault, 1984, p.32.

참고문헌

Beiser, Frederick C., *Enlightenment, Revolution, and Romanticism: The Genesis of Modern German Political Thought, 1790-1800*, Cambridge: Harvard University Press, 1992.

Beyerhaus, Gisbert, "Kants 'Program' der Aufklärung aus dem Jahre 1784", *Kant-Studien* 26, 1921, pp.1-15.

Biester, Johann Erich, "Vorschlag, die Geistlichen nicht mehr bei Vollziehung der Ehen zu bemühen", *Berlinische Monatsschrift* 2, 1783, pp.265-276; reprinted in Norbert Hinske (ed.), pp.95-106.

Bödeker, Hans Erich/Hermann, Ulrich (eds.), *Aufklärung als Politisierung - Politisierung der Aufklärung*, Hamburg: Felix Meiner Verlag, 1987.

Bödeker, Hans Erich/François, Etienne (eds.), *Aufklärung-Lumières und Politik: Zur politischen Kultur der deutschen und französischen Aufklärung*, Leipzig: Leipziger Universitätsverlag, 1996.

Deligiorgi, Katerina, *Kant and the Culture of Enlightenment*, New York: SUNY, 2005.

Foucault, Michel, "What is Enlightenment?", trans. by Catherine Porter, in Paul Rabinow (ed.), 1984, pp.32-50.

Habermas, Jürgen, *Der philosophische Diskurs der Moderne: Zwölf Vorlesungen*, Frankfurt am Main: Suhrkamp, 1985.

_____, "Taking Aim at the Heart of the Present", trans. by Sigrid Brauner and Robert Brown, in Hoy, 1986, pp.103-108.

Hinske, Norbert (ed.), *Was ist Aufklärung?: Beiträge aus der Berlinischen Monatsschrift*, Darmstadt: Wissenschaftliches Buchgesellschaft, 1977.

Hoy, David Couzens, *Foucault: A Critical Reader*, Oxford: Basil Blackwell,

1986.

Laursen, John Christian, "The Subversive Kant: The Vocabulary of 'Public' and 'Publicity'", *Political Theory* 14(4), 1986, pp.584-603.

Mendelssohn, Moses, "Über die Frage: Was heisst Aufklärung?" *Berlinische Monatsschrift* 4, 1784, pp.193-200; "On the Question: What is Enlightenment?", in James Schmidt (ed.), pp.53-57.

O'Neill, Onora, "The Public Use of Reason", *Political Theory* 14(4), 1986, pp.523-551.

Rabinow, Paul (ed.), *The Foucault Reader*, New York: Pantheon Books, 1984.

Schmidt, James, "The Question of Enlightenment: Kant, Mendelssohn, and the Mittwochsgesellschaft", *Journal of the History of Ideas* 50(2), 1989, pp.269-291.

Schmidt, James (ed.), *What is Enlightenment: Eighteenth-Century Answers and Twentieth-Century Questions*, Berkeley: University of California Press, 1996.

Zöllner, Johann Friedrich, "Ist es rathsam, das Ehebündniß nicht ferner durch die Religion zu sanciren?", *Berlinische Monatsschrift* 2, 1783, pp.508-517; reprinted in Norbert Hinske (ed.), pp.107-116.

『인종에 관한 개념 규정』

김미영 홍익대학교·철학

인종과 유

1785년 11월『월간베를린』(*Berlinische Monatsschrift*)에 발표된 이 글에서 칸트는 원리를 활용해 인종 개념을 정확히 규정하려고 시도한다.

인종 개념은 17세기 말에 유럽에서 처음으로 사용되었다.[1] 유럽인들은 15세기 말부터 선교사들이나 상인, 탐험가들이 쓴 여행기에서 다양한 부류의 사람들이 지구상에 존재한다는 것을 인식하게 되었지만, 이러한 정보들이 즉시 체계화되지는 않았다. 1684년에 익명으로 발표된 글에서 인간부류가 네댓 가지로 구분되고 '인종'이라는 개념이 처음으로 제시되었다.[2] 그러나 여기서는 인종과 유를 구분하지 않고 사용하는 등 인종 개념이 정확히 규정되지 않았고, 그 이후 100년이 지날 때까지 인종 개념에 정확한 의미가 부여되지 않았다.[3]

---

1) Bernasconi, 2001, p.12.
2) 같은 곳.
3) 같은 글, pp.12-14.

칸트는 인종 개념에 관한 이론을 최초로 제시한 철학자로 간주된다.[4] 그는 『인간의 상이한 종』(*Von den verschiedenen Racen der Menschen*, 1775)에서 인종들의 다원발생설을 비판하고 단일발생설을 옹호하는 이론을 제시함으로써 인류의 통일성을 주장했다.[5] 그로부터 10년 뒤 발표한 이 글에서도 칸트는 다양한 인종이 동일한 하나의 문에서 유래한다고 주장한다. 따라서 이들은 다른 유가 아니라 다른 종일 뿐이라는 것이다.

인종 구분의 근거

칸트는 인간을 피부색에 따라 백인, 인도인, 흑인, 아메리카인의 네 부류로 구분한다. 그리고 그는 같은 부류에 속한 사람들이 결합한 경우에 부모에게 있는 성질은 자식에게 필연적으로 유전되지 않지만, 서로 다른 부류에 속한 부모의 피부색은 자식에게 필연적으로 유전된다는 사실을 지적한다. 그래서 백인과 흑인의 결합이 물라토를 낳고, 백인과 인디언의 결합이 황색인을 낳는 등 피부색이 서로 다른 부류들 간의 결합에서 각자의 피부색은 예외 없이, 그리고 쌍방적으로 유전된다는 것이다.

칸트는 이러한 특이한 현상, 즉 네 가지로 구분되는 색이 유전되는 모든 특징 가운데 유일하게 필연적으로 유전하는 현상의 이유를 설명하려고 시도한다. 그는 네 가지 피부색이 상이한 문들의 외적인 표시라고 가정한다면, 서로 다른 부류에 속하는 부모의 피부색 특징이

---

4) 같은 글, pp.14-15.
5) 같은 글, pp.21-23.

자식에게 필연적으로 유전되는 현상을 설명할 수 없다고 본다. 각 부류가 유래하는 원초적 문이 상이하다면, 각각의 문은 서로 완전히 다른 유기적 목적을 가질 것이므로 각 부류 간의 결합에서 어떤 중간유형이 산출될 수 없을 테니 말이다.

그래서 칸트는 하나의 유일한 최초 문을 추정한다. 이 유일한 최초 문의 싹에 피부색 차이의 소질이 필연적으로 놓여 있고, 이 소질이 다양하게 벗어나서 다양한 인간부류가 생겨난 것으로 본다면, 각 부류의 자연소질이 다른 부류와 생식에서 필연적으로 작용하여 서로 유전되는 이유가 설명된다는 것이다. 따라서 종 개념은 공동의 문과 그 문의 자손들을 서로 구분하는, 필연적으로 유전하는 특징을 함축한다는 것이다.

이것에서 칸트는 종이라는 개념을 그 부류구분이 필연적으로 유전하는 한, 하나의 동일한 문에서 유래하는 동물들에 대한 부류구분이라고 규정한다. 이러한 자신의 규정만을 그는 증명된 것으로, 그리고 자연사 연구를 위한 원리로 사용할 수 있는 것으로 간주한다. 그래서 다른 형태의 인간들이 결합해 잡종생식이 발생했다면, 그들은 서로 다른 인종에 속한다는 것을 추정할 수 있다는 것이다. 이러한 잡종생식을 일으키는 특성이 네 가지이므로, 칸트는 오직 네 가지 인종만을 인정한다.

하나의 문

칸트는 인종 개념이 하나의 공통적 문의 개념을 함축하는 동시에 그 문의 자손들을 서로 각 부류로 구분하는, 필연적으로 유전적인 특성을 함축한다고 주장한다. 그래서 각 부류는 문의 통일성에 따라 동일한 유로 간주되지만, 각 부류의 유전적 특성들로 각각의 인종으로 구분된다는 것이다. 칸트는 따라서 인간에게 다른 유들이란 없다고 강조한다. 백인과 흑인은 서로 다른 인종일 뿐 인간이라는 유로는 동일하다는 것이다.

칸트는 백인이 최초의 문이라는 가정의 문제점을 지적한다. 이러한 가정에 따르면 백인이 아닌 다른 인종들은 공기나 해와 같은 외부 자연의 영향을 받은 후손들에게서 형성되었으며, 피부색 외의 다른 특성들도 지역적 영향을 받아 형성되었는데, 그렇다면 그러한 특성들 중 유일하게 피부색만이 서로 다른 인종들 간의 결합에서 필연적으로 유전되는 이유가 설명되지 않는다는 것이다. 칸트는 양쪽 부모의 특성이 필연적으로 유전된다는 것은 그 부모의 인종이 다르다는 것의 유일한 증거인 동시에 그 부모가 유래한 하나의 근원적 싹이 있다는 것의 증거라고 주장한다.

이러한 하나의 싹을 추론하는 일반적 이유로서 칸트는 유기조직의 합목적성을 언급한다. 흑인의 피부색은 플로지스톤을 제거하려고 자연이 준비한 것이며, 아메리카인의 피부색도 공기를 정화하려고 자연이 피부의 유기조직에서 미리 배려했을 것이라고 그는 추측한다. 자연은 인류가 나타난 최초 시기에 각 부류의 거주 지역에 따른 생존문제를 극복하려고 피부의 유기조직에 어떤 싹을 부여했을 테고, 이 싹이 인종 차이로 전개된 뒤에는 거주 지역이 달라졌더라도 계속 보존되었다는 것이다. 따라서 인종 구분은 유의 구분도 아니고 해나 공기 등 외부 영향에 따라 후천적으로 형성된 것도 아니며 인류라는 동일한 문에 원래 있었던 싹이라는 것이다.

이 글에서 칸트는 경험적 고찰로 인종 차이를 서술할 뿐 인종 간의 지적 · 도덕적 서열은 언급하지 않는다. 그러나 이 글에 대해 메츠거[6]나 포르스터[7] 등의 비판이 있은 후[8] 1788년 발표한 『철학에서 목적론적 원리의 사용』(*Über den Gebrauch teleologischer Principien in der Philosophie*)에서 칸트는 인종 개념을 경험적 사실보다는 자신의 목적론에 따라 해명함으로써 인종 간 서열을 다시 언급한다.[9]

참고문헌

Bernasconi, Robert, "Who invented the Concept of Race? Kant's Role in the Enlightenment Construction of Race", in Robert Bernasconi (ed.), *Race*, Oxford, 2001.

Kleingeld, Pauline, "Kant's second thoughts on race", in *The Philosophical Quarterly*, vol.57, 2007.

---

6) 메츠거(Johann Daniel Metzger, 1739~1805)는 쾨니히스베르크대학 의학교수였다.
7) 포르스터(Georg Forster, 1754~94)는 독일의 자연학자이자 여행작가였다.
8) 메츠거는 칸트의 이론이 그 당시 생리학의 기본원리와 대립한다고 주장하며, 포르스터는 칸트의 주장이 경험적 사실과 일치하지 않는다고 비판한다 (Kleingeld, 2007, p.580).
9) 같은 글, pp.581-582.

『인류사의 추정된 기원』

김미영 홍익대학교 · 철학

칸트와 헤르더

인류의 최초 기원에 관한 철학적 추정을 제시한 『인류사의 추정된 기원』(이하 『인류사』)은 1786년 1월 『월간베를린』(*Berlinische Monatsschrift*)에 발표되었다. 칸트는 자신의 제자였던 헤르더(Johann Gottfried Herder, 1744~1803)가 1784년에 발표한 『인류의 역사철학에 대한 이념』(*Ideen zur Philosophie der Geschichte der Menschheit*, 1784~91) 1권과 2권에 대해 1785년 『일반문헌지』(*Allgemeine Literaturzeitung*) 1월호와 11월호에 서평을 실었고, 그다음 해에 이 글을 썼다. 이 글에서 칸트는 헤르더 이름을 언급하지는 않았지만, 최초 인간의 출현에 관해 서술된 그의 책 10권의 내용을 지적했다.[1]

헤르더는 역사가 직선적으로 진보한다고 생각하지 않는다. 개별자들에게는 자신의 행복이 삶의 목적이며 각 시대와 문화는 각자 고유한 가치를 지니므로 이전 시대를 이른바 계몽시대로 가는 단순한

---

1) Wood, 1999, pp.226-227.

단계로 간주할 수는 없다는 것이다. 따라서 역사철학은 전체의 각 부분에 그 자체를 위한 의미를 부여해야 한다는 것이 헤르더의 견해다.[2] 이에 대해 칸트는 『헤르더의 인류 역사철학 이념에 대한 서평』(*Recensionen von J.G. Herders Ideen zur Philosophie der Geschichte der Menschheit*, 1785, 이하 『헤르더 서평』)에서 인류의 어느 부분이 아니라 인류 전체만이 끊임없는 진보라는 자신의 목적에 완전히 도달할 수 있다고 답변한다. 개별 인간이 처한 상황의 가치가 아니라 인간 존재 자체의 가치에 대한 물음이 제기된다면, 인류사에 작용하는 어떤 현명한 의도를 받아들일 수 있다는 것이다.[3]

인류사의 전개과정

『인류사』에서도 칸트는 인류의 사명이 완전성을 향한 진보에 있다는 점을 고려할 때 개인의 손익 여부는 문제될 수 없다고 주장한다. 각 개인은 진보를 위해 자신의 역할을 할 사명을 부여받았다는 것이다.

칸트는 인류사의 기원을 세 시기로 구분하여 기술한다. 최초 시기는 인간이 이성으로 자연의 보호에서 벗어나 자유 상태로 이행한 시기이며, 그다음 시기는 안락과 평화의 시기에서 노동과 불화의 시기로 이행한 시기다. 그리고 마지막 시기는 마을을 이루고 문화가 발생한 시기다.

최초 시기를 칸트는 이성의 전개과정으로 본다. 그는 이성의 전개

---

2) 같은 책, 229쪽.
3) 『헤르더 서평』 Ⅷ 64-65.

과정을 네 단계로 구분한다. 최초 단계에서 인간은 본능의 한계를 넘어선다. 칸트는 인간이 이성을 매개로 감각지식들을 비교함으로써 본능을 넘어설 수 있었다고 본다. 이로써 인간은 다른 동물들과 달리 삶의 방식을 스스로 선택하는 자신의 능력을 발견했다는 것이다. 그러나 인간은 아직 자신의 선택능력을 온전히 사용할 수 없었으므로 본능에서 벗어남과 동시에 무한한 욕망의 심연에 놓이게 되었고 불안과 근심에 빠지게 되었다.

이성의 둘째 단계를 칸트는 성적 본능에 영향력을 행사하는 단계로 본다. 이 단계에서 이성은 단순히 충동에 봉사하지 않고 그것을 어느 정도 지배함으로써 훨씬 더 크게 표명된다. 인간은 이성의 작용으로 동물적 욕망에서 사랑으로, 단순한 만족감에서 아름다움에 대한 취미로 이끌려졌고, 사교성의 기초이자 도덕적 존재로서 인간이 형성되는 최초 신호인 예의바름이라는 경향을 갖게 되었다는 것이다. 이 단계를 칸트는 역사적 전환점이라고 평가한다.

셋째 단계에서 이성은 미래를 현재의 것으로 만드는 능력을 보여준다. 이러한 이성 능력은 인간의 장점을 가장 결정적으로 보여주는 특징이지만, 동시에 동물에게는 없는 근심과 염려의 원천이기도 하다는 점을 칸트는 지적한다. 남성은 노동의 고통을, 여성은 남성과 자연이 주었을 고난을, 그리고 이들 모두 동물은 염려하지 않는 죽음을 두려움과 함께 예견했다는 것이다. 칸트는 자손에게서 계속 살아 있으리라는 것이 이들을 위로한 유일한 희망이었다고 추정한다.

이성의 최종 단계에서 인간은 자신을 자연의 목적으로 파악한다. 칸트는 이 단계에서 인간이 동물을 자신의 목적을 성취하는 수단과 도구로 여겼으며, 여기에서 이성적 존재인 모든 인간의 평등성이 도출된다고 주장한다. 인간은 모두 자연의 선물에 동등하게 참여하며, 이성적 존재라는 점에서 누구나 그 자신의 목적이라는 것이다. 따라서 아무에게도 우월한 소질을 근거로 인간을 마음대로 다룰 권리가 없으며, 이러한 제한이 사회건설을 위해 애착이나 사랑보다 더 필수적이라는 것이다. 이성의 이 마지막 단계에서 인간은 자연의 모태에서 벗어나 고단한 삶과 악이 있는 세상으로 들어선다.

그다음은 노동과 불화의 시기인 동시에 사회로 통합이 일어나는 시기다. 칸트에 따르면 이 시기에 인간은 가축과 곡식을 소유했고, 스스로 씨를 뿌리고 모종하여 양식을 얻었다. 여기서 유목민과 농부와 같이 생활방식이 서로 다른 사람들이 각자의 이해관계에 따라 서로 떨어져 생활하게 되었고, 그 결과 지구상에서 분산되었다는 것이다.

칸트는 지속적인 거주지에서 생활하는 인간들의 집단이 발생한 셋째 시기를 이러한 분리에서 도출한다. 이 시기에 인간들은 사냥꾼이나 유목민들에게서 자신들의 토지와 소유물을 지키려고 함께 모여 마을을 형성했다는 것이다. 칸트는 이 시기에 기본 재화들이 서로 교환될 수 있었고, 여기에서 문화와 기술이 나타났으며, 가장 중요한 시민적 체제가 나타났다고 본다. 그리고 인간의 모든 기술이 서서히 발전했으며, 인류의 수가 늘어났고, 도처로 이주하고 퍼뜨려짐으로써 인간의 불평등도 시작되어 계속 커졌다는 것이다. 여기서 칸트는 유목민과 농부들 사이에 항상 존재했던 전쟁의 위험을 언급한다. 그러나 그는 전쟁의 위험 때문에 유목민과 농부 국가의 국민들이 자유를 누릴 수 있었다고 주장한다. 유목민도 서서히 도시의 향락에 이끌리면서 두 민족 집단이 융합된 결과 전쟁 위험이 사라졌고 동시에 자유도 사라지게 되었다는 것이다. 이로써 인류는 선을 향한 자신의 소질을 계발하는 일을 중단했고, 자신의 실존을 가치 없는 것으로 만들었다고 본다.

자유의 역사

칸트는 최초의 인류사를 동물에서 인간으로, 본능에서 이성으로, 자연의 보호에서 자유로 이행한 것으로 정리한다. 그는 인간의 이성에 따른 자유의 역사는 신의 작품인 자연의 역사와 달리 악에서 출발한다고 본다. 무지나 순진무구 상태에서는 낯선 것이었던 악덕이 이성과 결합하여 도덕적 타락과 물리적 형벌을 발생시키므로 인간의 이성과 자유를 사용하는 것은 개인의 관점에서 본다면 손실이 될 수 있다고 한다. 그래서 그는 사려 깊은 사람이 개선될 희망 없이 억누르는 악 때문에 세계의 진행 전체를 지배하는 섭리에 불만을 가질 수도 있다고 본다.

그러나 칸트는 인류 전체의 관점에서 본다면 인간 자유의 역사는 더 좋은 것으로 진보하는 과정이라고 주장한다. 개인들이 당하거나 행하는 악은 그들이 자신들의 이성을 오용한 결과일 뿐 섭리에 죄과를 돌릴 수는 없다는 것이다. 오히려 개인들은 인류 전체의 구성원으로서 질서의 현명함과 합목적성을 경탄하고 찬양해야 한다. 따라서 칸트는 악이 우리를 억누른다 해도 세계의 진행을 지배하는 섭리에 만족하라고 강조한다. 우리는 고난 속에서 용기를 갖기 위해, 그리고 고난의 죄과를 스스로 짊어짐으로써 자기개선을 도모하기 위해서도 섭리에 만족해야 한다는 것이다.

그래서 최초 인간사에 대한 칸트의 철학적 시도에서 결론은 섭리와 인간사 전체 과정에 만족하는 것이다. 그것은 더 나은 곳으로 서서히 나아가는 진보 과정이다.

참고문헌

Herder, Johann Gottfried *Ideen zur Philosophie der Geschichte der Menschheit*, 1784~91.

Wood, Allen W., *Kant's Ethical Thought*, Cambridge University Press, 1999.

『사유 안에서 방향 정하기란 무엇인가?』

홍우람 서강대학교 · 철학

범신론 논쟁

칸트의 『순수이성비판』이 출판되고 얼마 지나지 않아 독일에서는 18세기 후반 독일 사상계를 크게 뒤흔든 논쟁이 시작된다. 이 논쟁은 당대 최고의 명망을 얻고서 1781년 2월 세상을 떠난 철학자 레싱(Gotthold Ephraim Lessing, 1729~81)이 생전에 자신이 스피노자주의자가 되었음을 고백했다고 폭로하는 편지 한 장에서 시작되었다. 편지의 발신자는 레싱이 말년에 교류를 시작한 신진 철학자 야코비(Friedrich H. Jacobi, 1743~1819)였고, 수신자는 레싱의 오랜 친구이자 이미 최고 철학자로 입지를 굳힌 멘델스존(Moses Mendelssohn, 1729~86)이었다. 대표적인 합리주의 철학자로 독일 계몽주의를 이끌며 존경받던 레싱을 추모하고자 그의 전기를 집필하던 멘델스존은 야코비의 폭로를 가볍게 무시하고 넘겨버릴 수 없었다. 왜냐하면 당시 독일에서 스피노자는 모든 종교를 전복하려는 무신론자이자 모든 도덕을 와해하려는 결정론자의 대명사였고, 따라서 멘델스존을 비롯한 모든 독일 합리주의자는 항상 스피노자주의자라는 의심에 대해 자신을 변호해야 했기 때문이다. 레싱이 스피노자주의자가 되었다는 사실을 믿을 수 없었던 멘델스존은 레싱의 고백이 사실인지 야코비를 추궁했고, 이에 야코비가 다시 응답하면서 1783년 시작된 둘 사이의 편지 왕래는 1785년까지 이어진다. 그러나 둘 사이의 사적인 대화는 1785년 야코비가 멘델스존에게 보냈던 편지들을 묶어 출판한 『스피노자 이론에 대한 편지』(*Über die Lehre des Spinoza in Briefen an den Herrn Moses Mendelssohn*)를 계기로 공개적으로 전환된다. 곧이어 1786년 멘델스존은 자신과 아무런 상의 없이 책을 출판한 야코비에 격노하여 『레싱의 친구들에게』(*An die Freunde Lessings: ein Anhang zu Herrn Jacobi Briefwechsel über die Lehre des Spinoza*)를 발표했고, 이어서 야코비가 다시 멘델스존에 대한 반론으로 『「스피노자 이론에 대한 편지」와 관련된 멘델스존의 고발에 반대하여』(*Wider Mendelssohns Beschudigungen betreffend die Briefe über die Lehre des Spinoza*)를 발표하면서 논쟁은 이제 사적인 논쟁이 아닌 공적인 논쟁으로 발전하게 되었다.

이 논쟁이 공적인 논쟁으로 발전하게 된 이유는 단순히 야코비와 멘델스존이 각자의 견해를 공개적으로 발표했기 때문만이 아니다. 더 근본적인 이유는 둘 사이 논쟁의 쟁점이 단지 레싱이 스피노자주의자가 되었느냐는 문제를 넘어 합리주의적 계몽주의가 이성에 부여한 권위가 합당한가 하는 문제로 자연스럽게 발전되었기 때문이다. 야코비는 레싱이 스피노자주의자라고 밝힘으로써 합리주의적 계몽주의의 귀결이 스피노자주의의 범신론, 즉 모든 종교와 도덕의 전복일 수밖에 없다고 주장했고, 나아가 이성에 과도한 권위를 부여한 결과 우리의 건전한 상식이 파괴될 수밖에 없다면 권위는 신앙에 양도되어야 한다고 역설했다. 이에 반해 멘델스존은 레싱이 스피노자주의자였을 리가 없으며 설사 그렇다 해도 기껏해야 완화된 스피노자주의자였을 뿐이었다고 강변했다. 멘델스존에 따르면, 이성을 기준 혹은 도구로 삼아 진리를 추구하라고 요구하는 합리주의적 계몽주의는 종교와 도덕에 합리적 기초를 제공할 수 있고 따라서 계몽주의가 이성에 부여한 권위는 우리의 건전한 상식과 전혀 충돌하지 않는다. 오히려 멘델스존은 이성의 정당한 권위를 신앙에 양도하라는 야코비의 주장이 몽상(Schwärmerei)에 불과하다고 주장했다. 레싱이라는 한 철학자의 개인적 의견에 대한 해석상 대립이 아니라 이성과 신앙, 이성주의와 반이성주의 혹은 계몽주의와 반계몽주의의 대결이라는 양상을 띠게 되면서 야코비와 멘델스존의 논쟁은 이제 둘만의 논쟁으로 남을 수 없게 되었고, 당시 독일 사상계를 대표하는 거의 모든 사람이 이 논쟁에 뛰어들게 된다.[1] 이 논쟁이 바로 18세기 말부터 19세기 초까지 독일 사상계의 지형 변화에 지대한 영향을 미친 이른바 범신론 논쟁이다.[2]

칸트의 참전

1786년 10월 『월간베를린』(*Berlinische Monatsschrift*)에 발표된 『사유 안에서 방향 정하기란 무엇인가?』(*Was heisst: sich im Denken Orientieren?*, 1786, 이하 『방향 성하기』)는 범신론 논쟁과 관련하여 칸트가 자신의 견해를 밝히려고 쓴 글이다. 범신론 논쟁이 공개적으로

---

1) 대표적인 인물로 칸트를 비롯하여 헤르더, 괴테, 하만 등이 있다. Beiser, 1987, p.44.
2) 범신론 논쟁에 대한 자세한 설명은 Beck, 1969, pp.352-360; Altmann, 1973, pp.593-744; Otto, 1984, pp.173-298; Beiser, 1987, pp.44-126; Giovanni, 1992, pp.417-448; Goetschel, 2004, pp.170-180; Christ, 1988 참조할 것.

진행되기 시작하자마자 칸트는 직접적으로건 간접적으로건 야코비와 멘델스존 양측에게서 견해 표명을 요구받았다. 한편으로 멘델스존 측은 칸트의 비판철학이 합리주의 철학을 독단주의로 비판하기는 하지만 이성과 신앙의 조화라는 계몽주의적 이상을 굳건히 지키고 있다는 점에서 칸트가 계몽주의자로서 자신들의 편에 서주리라고 믿었다.[3] 다른 한편으로 야코비 측은 종교와 도덕에 대한 멘델스존의 독단주의적 견해가 결코 칸트의 비판철학과 양립할 수 없으며 이론적 이성의 권위를 도덕과 신앙의 영역으로 확장하는 것은 불법이라는 칸트의 주장이 자신들의 견해와 근본적으로 일치하기 때문에 칸트가 자신들 편에 서주리라고 믿었다.[4] 그러나 사실 칸트는 양측 요구 중 어느 한편을 선택하기 힘든 견해를 가지고 있었다.

표면적으로 칸트는 야코비 측보다 멘델스존 측에 가까워 보인다. 칸트가 보기에, 야코비 측의 견해는 독단적 형이상학을 비판하고 이론적 이성의 한계를 강조한다는 점에서 동의할 만했지만, 이성을 대신하여 신앙을 내세운다는 점에서 그저 "몽상"[5]에 불과했다. 그에 반해 멘델스존 측의 견해는 이성의 권위를 변호한다는 점에서 칸트의 근본적 입장과 일치했지만, 이성에 따른 독단적 형이상학을 추구한다는 점에서 여전히 용납될 수 없었다. 양측에 대한 이런 이중

---

3) 멘델스존은 1785년 10월 16일 칸트에게 편지를 보내 야코비와 벌어진 논쟁의 정황을 간략히 설명하고 칸트의 동의를 구한 바 있다(『서한집』 X 413-414). 또한 멘델스존의 친구이자 칸트와도 친분이 깊었던 헤르츠(Marcus Herz, 1747~1803) 등도 칸트에게 야코비 측에 맞서서 멘델스존 측에 서달라고 촉구했다(『서한집』 X 431-433).

4) 야코비는 이미 『멘델스존의 고발에 반대하여』에서 신앙을 중시하는 철학자 중 한 명으로 칸트 이름을 명기해두었으며, 야코비의 동료 하만(Johann Georg Hamann, 1730~88) 역시 칸트에게 멘델스존을 비판하는 글을 발표하라고 독려했다(Beiser, 1987, p.114).

5) 『서한집』 X 442.

적 의견으로 말미암아 칸트가 주저할 때, 1786년 5월 비첸만이 『어떤 자원자에 의해 비판적으로 검토된 야코비와 멘델스존 철학의 귀결들』(Die Resultate der Jacobischen und Mendelssohnischen Philosophie kritisch untersucht von einem Freywilligen)을 발표한다.[6] 무엇보다 비첸만은 야코비 측의 비판에 맞서 멘델스존이 제시한 주장, 즉 이성이 방향을 정할 때 '건전한 상식'을 따른다는 주장이 이성만이 진리의 기준이라는 멘델스존 자신의 합리주의적 주장과 일치하지 않는다고 지적함으로써 야코비 측의 손을 들어준다.[7] 비첸만의 글을 읽은 칸트는 야코비 측의 '몽상'에 맞서 이성의 편에 서는 한편 멘델스존 측의 주장과도 거리를 둠으로써 자신의 견해를 명확히 밝히리라 결심한 것으로 보인다.[8]

칸트의 입장

『방향 정하기』에서 칸트는 멘델스존이 사용한 '방향 정하기'(sich orientieren)라는 개념을 적극적으로 차용하여 이성이 사유를 전개할 때 이성은 무엇에 인도되는지 묻는다. 특히 칸트가 문제 삼는 경우는 이성이 "칠흑 같은 어둠으로 가득 찬 초감성적인 것의 끝없는 공간

---

6) 이 글은 처음에 익명으로 발표되었지만, 얼마 지나지 않아 야코비의 친구 중 한 명인 비첸만(Thomas Wizenmann, 1759~87)이 쓴 것으로 밝혀졌다. 이 글을 발표하고 1년 뒤 세상을 떠난 비첸만에 대해 칸트는 『실천이성비판』에서 안타까움을 표시하는 한편 그의 견해에 대한 자신의 답변을 덧붙인다 (『실천이성비판』 V 143n.(『칸트전집』 5 243-244)).

7) Beiser, 1987, pp.109-113 참조할 것.

8) 『방향찾기』 Ⅷ 133-134; 137n.(『칸트전집』 10 93-95; 99 각주).

에서 사유할 때"9)다. 칸트가 보기에 야코비는 이런 경우 이성은 전적으로 무능하여 아무런 방향도 찾지 못한다고 주장하는 데에 반해서 멘델스존은 "상식" 혹은 "건전한 이성"이 이성에 방향을 제시한다고 주장한다.10) 칸트는 적어도 초감성적인 영역에서의 이론적 인식과 관련해서는 야코비처럼 이성의 한계를 인정하지만 그렇다고 이 한계 때문에 이성이 "폐위"11)되어야 한다고 주장하지는 않는다. 오히려 칸트는 멘델스존처럼 이성은 초감성적인 영역에서조차 방향을 찾고 올바로 사유를 전개할 수 있다고 주장한다. 그러나 멘델스존과 달리 칸트는 이성에 방향을 제시하는 것이 이성의 통찰에 따른 "인식"이 아니라 "이성의 욕구"12)라고 지적한다. 칸트에 따르면, 지리학적으로 방향을 정하거나 수학적으로 방향을 정하는 일이 주관적 느낌에 근거를 두듯이 초감성적 영역에서 사유할 때 방향 정하는 일 역시 주관적 느낌에 근거를 둔다. 전자의 경우 방향을 인도하는 것이 오른편과 왼편의 차이에 대한 느낌이라면 후자의 경우 방향을 인도하는 것은 "자기 욕구에 대한 이성의 느낌"이다.13)

칸트에 따르면 이성의 욕구는 두 가지 측면을 가지고 있다. 즉 이성은 이론적 측면에서는 모든 조건적인 것의 궁극적 조건에 대해 판단하기를 원하고, 실천적 측면에서는 우리의 실천적 행위들이 절대적인 도덕법칙에 따르기를 원한다. 그리고 전자의 측면에서나 후자의 측면에서나 모두 이성은 신의 실존에 대한 가정을 요구한다. 그러므로 결론적으로 초감성적인 영역에서 우리의 사유를 인도하는

---

9) 『방향찾기』 Ⅷ 137(『칸트전집』 10 98).
10) 『방향찾기』 Ⅷ 133(『칸트전집』 10 94).
11) 『방향찾기』 Ⅷ 134(『칸트전집』 10 94).
12) 『방향찾기』 Ⅷ 139(『칸트전집』 10 101).
13) 『방향찾기』 Ⅷ 136(『칸트전집』 10 97).

것은 다름 아닌 이성 신앙, 즉 순수한 이성에서 비롯된 신에 대한 믿음이다. 그래서 칸트는 "순수한 이성 신앙은 이정표 혹은 나침반이다. ……그리고 이런 이성 신앙은 다른 모든 믿음을, 심지어 모든 계시를 정초해야 하는 것이기도 하다"[14]고 말한다.

범신론 논쟁과 칸트

『방향 정하기』의 첫 번째 의의는 범신론 논쟁과 관련하여 칸트의 위치를 파악할 수 있는 대표적인 글이라는 점이다. 범신론 논쟁은 18세기 말 독일 사상계를 뒤흔들었을 뿐만 아니라 그 이후 이어지는 독일 사상계의 지형을 변화시킨 중요한 논쟁이다. 따라서 칸트가 이 논쟁에 직접 참여하여 쓴 『방향 정하기』는 당시 칸트 철학의 사상사적 위치를 파악하고 칸트가 실제로 대결했던 당대 철학자들과 칸트의 차이를 이해하는 데에 대단히 중요한 역할을 한다.

그에 못지않게 『방향 정하기』는 칸트 철학 자체를 이해하는 데에도 대단히 중요하다. 물론 『방향 정하기』에서 칸트가 다른 주요 저작들에서 제시된 적이 없는 새로운 주장을 적극적으로 펼치지는 않는다. 그럼에도 『방향 정하기』는 『순수이성비판』이 출판된 이후 이론철학과 실천철학에 대한 칸트의 견해와 세몽주의적 이성관을 파악하는 데에 큰 도움을 준다.

마지막으로 『방향 정하기』 후반부에서 칸트가 논쟁 당사자들, 특히 야코비 측을 겨냥해 남긴 조언은 주목할 만하다. 칸트는 1786년 8월 계몽주의의 수호자로서 독일에서 사상의 자유를 보장해왔던 프리드

---

14) 『방향찾기』 VIII 142(『칸트전집』 10 105).

리히 대제의 죽음으로 사상의 자유가 위축되지 않을까 염려하면서 사상의 자유가 어떤 의미를 지니는지 검토한다. 그리고 칸트는 "진리의 궁극적 시금석이라는 이성의 특권을 부인하지 말라. 그것을 부인한다면 당신은 이 자유를 가질 자격이 없게 될 뿐만 아니라 확실히 이 자유를 상실할 것"[15]이라고 조언한다.

---

15) 『방향찾기』 Ⅷ 146-147(『칸트전집』 10 111).

참고문헌

Altmann, Alexander, *Moses Mendelssohn: A Biographical Study*, London: Routledge and Kegan Paul, 1973.

Beck, Lewis White, *Early German Philosophy: Kant and His Predecessors*, Cambridge: Harvard University Press, 1969.

Beiser, Frederick C., *The Fate of Reason: German Philosophy from Kant to Fichte*, Cambridge: Harvard University Press, 1987.

Bell, David, *Spinoza in Germany from 1670 to the Age of Goethe*, London: University of London, 1984.

Christ, Kurt, *Jacobi und Mendelssohn: eine Analyse des Spinozastreits*, Würzburg: Königshausen & Neumann, 1988.

Giovanni, George Di, "The First Twenty Years of Critique: The Spinoza Connection", in *The Cambridge Companion to Kant*, ed. by P. Guyer, Cambridge: Cambridge University Press, 1992, pp.417-448.

Goetschel, Willi, *Spinoza's Modernity: Mendelssohn, Lessing, and Heine*, Madison: University of Wisconsin Press, 2004.

Otto, Rüdiger, *Studien zur Spinozarezeption in Deutschland im 18. Jahrhundert*, Frankfurt am Main: Lang, 1994.

『철학에서 목적론적 원리의 사용』

홍우람 서강대학교 · 철학

다양한 인종의 기원에 대한 자연사적 논쟁과 칸트의 개입

『철학에서 목적론적 원리의 사용』(*Über den Gebrauch teleologischer Principien in der Philosophie*, 1788, 이하『목적론적 원리』)은 앞서 발표된『인간의 상이한 종』(*Von den verschiedenen Racen der Menschen*, 1775, 이하『상이한 종』)과『인종에 관한 개념 규정』(*Bestimmung des Begriffs einer Menschenrace*, 1785, 이하『인종 개념』)과 더불어 인종들의 다양성에 대한 자연사적 논의를 담은 칸트의 대표적 논문이다. 이 논문 세 편에서 칸트는 다양한 인종의 기원과 관련하여 다원발생론을 거부하고 단일발생론을 주장한다. 인종들의 차이를 성경에 기초를 두어 이해하기보다 과학적으로 설명하기를 원했던 18세기의 많은 학자는 인종들이 어떻게 구별되는지, 인종들을 구별할 수 있는 본질적이고 자연적인 차이가 존재하는지, 그리고 그러한 차이는 하나의 인류에서 기원했는지 아니면 서로 다른 인류에서 기원했는지 등의 질문에 대해 다양한 관찰 증거를 토대로 합리적 대답을 제시하고자 시도했다.[1] 이런 다양한 시도 중에서 칸트는 다양한 인종이 서로 다른 유

(類)적 기원을 가지고 있다고 주장하는 볼테르와 흄 등의 다원발생론적 견해를 거부하고 다양한 인종이 근본적으로 동일한 유적 기원을 가지고 있다고 주장하는 뷔퐁과 블루멘바흐 등의 단일발생론적 견해를 지지한다.

1770년 중반 다원발생론적 견해가 새롭게 유행하는 것을 바라본 칸트는 다양한 인종의 차이와 기원에 대한 견해를 이론적이고 과학적인 방법에 따라 본격적으로 제시하기로 결심한다.[2] 칸트에 따르면 다양한 인종의 차이를 단지 관찰하고 기술하는 것만으로는 그 차이의 기원이 과학적으로 해명될 수 없다. 올바른 과학적 설명은 이론적 개념들과 원리들의 전제가 필수적이기 때문이다. 이론적 개념들과 원리들에 따라 자연에 대한 관찰이 체계적으로 인도될 때, 다양한 인종 간의 차이가 서로 다른 유적 기원에서 비롯한 것이 아니라 하나의 동일한 유적 기원에서 비롯한 것임을 합리적으로 설명할 수 있다고 칸트는 주장한다.[3] 인류의 자연사를 다루는 세 논문 중 가장 마지

---

1) Garrett, 2006, pp.184-185.
2) 칸트와 마찬가지로 인종들의 단일발생론을 주장한 블루멘바흐(Johann Friedrich Blumenbach, 1752~1840)는 1775년 출판된 『인류의 자연적 다양성에 관하여』(*De generis humani varietate nativa*)에서 다원발생론이 "요즘 활발히 논의되고 있다"고 기록했다(Blumenbach, 1865, p.98). 실제로 다원발생론을 주장한 홈(Henry Home, 1696~1782)의 『인간의 역사에 대한 스케치』(*Sketches of the History of Man*)가 1774년 스코틀랜드에서 출판되자마자 곧 독일어로 번역 출판되었다는 사실은 당시 다원발생론의 새로운 유행을 입증한다고 할 수 있다. 과연 칸트가 실제로 홈의 책을 읽었는지는 학자들 사이에 이견이 있지만, 적어도 칸트가 당시 다원발생론의 인기와 홈의 명성을 알고 있었다는 사실은 의심할 여지가 없어 보인다. 이와 관련해서 Adickes, 1925, p.449n.과 Zammito, 2006, p.39 참조할 것.
3) 이러한 칸트의 입장과 뷔퐁의 영향에 대해서는 Louden, 2000, pp.96-97 참조할 것. 뷔퐁에 대한 칸트의 논의는 『상이한 종』 II 429와 『목적론적 원리』 VIII 168(『칸트전집』 10 126)을 참조할 것.

막에 발표된 『목적론적 원리』에서 칸트는 인류의 자연사 탐구에 필수적인 것으로 앞선 두 논문에서 제시했던 이론적 개념들과 원리들을 더 명확히 해명하는 동시에 자연과학에서 합목적적 사유의 필요성을 적극적으로 주장한다.

포르스터의 비판에 대한 칸트의 답변과 목적론적 자연탐구의 이념

칸트 스스로 본문에서 밝히듯이 『목적론적 원리』는 잡지 『독일문학전령』(*Der Teutsche Merkur*)에서 1786년 10월과 11월 2회로 나누어 발표된 포르스터의 논문 「인종에 관한 또 다른 논의. 비스터 씨에게」("Noch etwas über die Menschenracen. An Herrn Dr. Biester")를 반박하려고 쓴 논문이다.[4] 1785년 발표된 『인종 개념』에서 칸트는 인종 개념을 해명하려면 경험적 관찰에 선행되는 예비적이고 이론적인 규정이 필요하다고 주장하는 동시에, 다양한 인종의 유전적 차이를 서로 다른 인류에서 기원한 것으로 설명하기보다 하나의 동일한 인류의 다양한 잠재적 기질에서 기원한 것으로 설명하는 단일발생론을 주장한다. 포르스터는 이러한 칸트의 주장에 반대하여 관찰에 선행하는 이론의 필요싱에 의문을 세기하는 한편, 인종들의 구별과 관련

---

4) 이 논문은 1786년 10월과 11월 잡지 『독일문학전령』에 2회로 나뉘어 게재되었다. 포르스터(Johann Georg Adam Forster, 1754~94)는 자연사가이자 인류학자로서 당시 러시아제국의 일부였던 리투아니아의 빌뉴스(Vilnius)대학에서 자연사 교수직을 맡고 있었다. 그는 아버지와 함께 1772년부터 1775년까지 3년에 걸쳐 이루어진 쿡(James Cook, 1728~79)의 두 번째 항해에 동행한 것으로 알려져 있다. 포르스터는 이 논문을 『독일문학전령』 편집장인 비스터(Johann Erich Biester, 1749~1816)에게 보내는 편지 형식으로 썼다.

해 칸트가 주목한 피부색 차이를 인류의 잠재적 기질에서 기인한 것으로 설명하지 않고 오직 기후의 영향에 따른 것으로 설명함으로써 다양한 인종이 동일한 인류에서 기원했다는 칸트의 주장을 거부하고 다원발생론을 지지한다. 그러나 칸트는 포르스터의 비판이 자신의 주장에 대한 "오해에서 비롯했을 뿐"[5]이라고 지적한다. 이 오해를 바로잡고자 칸트는 포르스터의 논문이 발표되고 얼마 지나지 않은 1787년 1월과 2월 동일한 잡지에 『목적론적 원리』를 발표하고 포르스터의 비판에 대해 해명한다.

칸트는 자신이 사용하는 용어와 개념을 명확히 규정하는 데에서 출발한다. "의견 충돌은 종종 원리의 불일치보다 언어의 불일치에 더 큰 책임이 있"[6]기 때문이다. 칸트는 '자연사'는 무엇을 의미하고 '자연 서술'과 어떻게 구별되는지, '인종'이란 무엇이며 유적 혹은 종적 '다양성'은 무엇을 가리키는지 등에 대해 자세히 설명한 뒤 포르스터와 자신의 의견 차이는 인종들 간의 차이에 대한 관찰 자체에 있는 것이 아니라 관찰된 차이에 대한 이론적 설명에 있다고 주장한다. 즉 칸트는 흑인종과 그외 다른 인종들 사이에서 관찰되는 인종적 차이가 대단히 크다는 포르스터의 주장에 동의하면서도, 이런 인종적 차이를 포르스터처럼 서로 다른 "두 개의 근원적 계통"에서 기원한 것으로 설명하는 대신, "하나의 계통에 심어져 있는" 서로 다른 "합목적인 최초의 소질"이 발전된 것으로 설명한다.[7] 칸트에 따르면, 포르스터의 설명이나 자신의 설명이나 모두 흑인종의 인종적 특이성을 설명할 수 있는 과학적 이론이지만, 이 중 철학적으로 더 적합한 것은 자신의 설명이다. 왜냐하면 예를 들어, 포르스터의 설명은

---

5) 『목적론적 원리』 Ⅷ 161(『칸트전집』 10 117).
6) 『목적론적 원리』 Ⅷ 168(『칸트전집』 10 127).
7) 『목적론적 원리』 Ⅷ 169(『칸트전집』 10 128).

흑인종의 계통적 기원을 그외 인종들의 계통적 기원과 분리하기 때문에 신에 의한 인종들의 '지역적 창조'를 해명해야 할 부담을 가질 뿐만 아니라 흑인종과 그외 인종들 사이의 유전적 융합을 철학적으로 적합하게 설명하기가 어렵기 때문이다. 이에 비해 칸트는 흑인종의 특이성을 인류의 동일한 계통 내에 잠재되어 있는 합목적적 기질의 발현이라고 주장하기 때문에, 포르스터가 철학적으로 부딪치게 되는 설명상의 어려움들을 피할 수 있다. 칸트에 따르면 칸트 자신의 설명 방식은 인종들의 특이성을 설명할 때 "목적의 원리만을 따르라는 짐 이외에 어떤 새로운 짐도 자연탐구에 지우지" 않는다. 그리고 칸트는 이러한 짐은 "자연탐구가 결코 떨쳐낼 수 없는 짐"이라고 주장한다.[8]

　『목적론적 원리』를 발표하게 된 또 하나의 계기로 칸트는 1786년 8월 『독일문학전령』에 익명으로 게재되기 시작한 논문들인 「칸트 철학에 대한 편지들」을 언급한다.[9] 이 일련의 논문의 저자는 『독일문학전령』의 공동편집자 라인홀트였다. 이 논문들에서 라인홀트는 1781년 처음 출판된 『순수이성비판』에 대한 세간의 부정적 오해를 불식하고 칸트 비판철학에 대한 긍정적 평가를 이끌어내기 위해 노력한다. 특히 그는 『순수이성비판』의 사변적이고 인식론적인 문제들에 주목하기보다 실천적이고 종교적인 귀결들을 강조함으로써 비판철학의 진정한 목적과 결과를 혁신적 방식으로 소개했다. 이 논문들은 학문적으로뿐만 아니라 대중적으로도 성공을 거두었고 이러한 성과를 인정받아 라인홀트는 1787년 여름 예나대학의 철학교수로

---

8)　『목적론적 원리』 VIII 169(『칸트전집』 10 128).

9)　라인홀트(Karl Leonhard Reinhold, 1758~1823)는 1786년 8월부터 1787년 9월까지 발표된 「칸트 철학에 대한 편지들」을 수정 발전시켜서 1790년 책으로 출판한다. Reinhold, 1923과 2005 참조할 것.

임명된다. 라인홀트는 이로부터 얼마 지나지 않은 1787년 10월 12일 칸트에게 보낸 편지에서 저 익명 논문들의 저자가 바로 자신임을 밝히는 동시에, 비판철학에 대한 자신의 해석이 올바른 것임을 공적으로 표명해달라고 칸트에게 부탁한다.[10] 『목적론적 원리』의 말미에서 칸트는 라인홀트의 부탁을 받아들여 라인홀트에 대한 감사를 공적으로 표하는 동시에, 라인홀트가 제기한 『순수이성비판』과 『자연과학의 형이상학적 기초원리』에서 각각 발견되는 두 단락 사이의 표면적 불일치 문제를 해명한다.[11]

인종 개념에 대한 학문적 연구의 본격적 개시와 합목적성 개념의 실마리

『목적론적 원리』를 비롯한 인류의 자연사에 대한 칸트의 논의는 이후 독일에서 발전된 인종에 대한 과학적 논의에 많은 영향을 미친다. 예를 들어 독일 과학사에서 그 중요성을 인정받는 기르타너의 『자연사를 위한 칸트의 원리에 관하여』는 칸트가 인류의 자연사를 설명하려고 사용했던 이종교배 이론이나 목적론적 원리들을 적극적으로 받아들이는 동시에 더욱 확장하여 동물과 식물에 대한 논의로까지 발전시킨다.[12]

---

10) 『서한집』 X 497-498, 500.
11) 『목적론적 원리』 Ⅷ 183-184(『칸트전집』 10 146-148).
12) Girtanner, 1796. 서문에서 기르타너는 이 책이 칸트의 이론에 대한 설명이자 주석이라고 밝히고 있다. 나아가 『실용적 관점에서 본 인간학』 (*Anthropologie in pragmatischer Hinsicht*, 1798, 이하 『인간학』)에서 칸트는 기르타너의 이 책이 칸트 자신의 원리들에 따라서 인종들의 특성을 훌륭하고 철저하게 설명했다고 칭찬한다 (『인간학』 Ⅶ 320).

『목적론적 원리』에서 체계적으로 제시된 인류의 자연사에 대한 칸트의 주장은 최근 계몽주의적 인종주의에 대한 논의와 더불어 새롭게 조명되고 있다. 한편으로 칸트는 학문적인 인종 개념의 발전에 기초를 제공한 인물로서 긍정적으로 평가받는다. 예를 들어 인종들은 각각의 유전적 특성에 기초를 두며, 유전되지 않는 특성은 인류의 다양성만 보여줄 뿐 인종들의 분류에 기여할 수 없다는 주장은 칸트가 처음 본격적으로 제시한 주장이다.[13] 나아가 칸트는 인종들의 분류 근거가 되는 유전적 특이성이 그 유적 기원의 구별 근거는 되지 못한다는 단일발생론을 고수한다.[14] 다른 한편으로 칸트는 인종들 간의 위계질서를 인정한 인종주의자로서 부정적으로 평가받는다. 실제로 『목적론적 원리』에서 칸트가 흑인종이 인종들의 위계에서 가장 낮은 자리를 차지한다고 말할 때, 칸트는 분명히 인종주의적 편견을 가지고 있는 것으로 보인다.[15] 『목적론적 원리』에서 분명하게 발견되는 칸트의 인종주의적 편견을 칸트의 전체 철학과 관련해서 어떻게 이해할지에 대한 문제는 지금도 활발히 논의되고 있다.[16]

『목적론적 원리』는 인류의 자연사라는 칸트 철학의 특수한 분야와 관련해서뿐만 아니라 칸트 철학의 전체 체계와 관련해서도 중요한 의의를 지닌다. 『목적론적 원리』에서 칸트는 자연탐구에서 목적론적 원리들의 도입 필요성과 정당성을 『순수이성비판』에 이어 본격적으로 주장하기 때문이다. 예를 들어 "이론적 인식의 원천이 충분하지 않은 경우에는 목적론적 원리를 이용해도 좋다"거나 "이론이 우리

---

13) 베르나스코니는 학문적으로 논쟁할 수 있는 인종 개념을 최초로 제시했다는 점에서 칸트가 인종 개념을 '발명'했다고 비판적으로 주장한다. Bernasconi, 2001, p.11 참조할 것.

14) 『목적론적 원리』 Ⅷ 165-1666(『칸트전집』 10 123-125).

15) 『목적론적 원리』 Ⅷ 176(『칸트전집』 10 137).

16) 대표적인 예로 Kleingeld, 2007, pp.573-592.

를 버린 경우 목적론적 원리에서 시작"할 수 있는 "권한"을 가진다는
『목적론적 원리』의 주장은, 비록 판단력에 대한 언급이 등장하지 않
는다 하더라도『판단력비판』의 목적론적 판단에 대한 논의들을 함축
하고 있다.[17]

참고문헌

Adickes, Erich, *Kant als Naturforscher*, Berlin: de Gruyter, 1925.

Bernasconi, Robert, "Who Invented the Concept of Race? Kant's Role in
  the Enlightenment Construction of Race", in *Race*, ed. by Robert
  Bernasconi, Oxford: Blackwell, 2001, pp.11-36.

Blumenbach, Johann Friedrich, "On the Natural Variety of Mankind", in *The
  Anthropological Treatise of Johann Friedrich Blumenbach*, trans. and ed.
  by T. Bendyshe, London: Anthropological Society, 1865, pp.65-144.

Garrett, Aaron, "Human Nature", in *The Cambridge History of Eighteenth-
  century Philosophy*, ed. by Knud Haakonssen, Cambridge: Cambridge
  University Press, 2006, pp.160-233.

Girtanner, Christoph, *Über das Kantische Prinzip für Naturgeschichte*,
  Göttingen: Vandenhoeck&Ruprecht, 1796.

Home, Henry (Lord Kames), *Versuche über die Geschichte des Menschen*, 2 vols.,
  Leipzig: Johann Friedrich Junius, 1774~75.

Kleingeld, Pauline, "Kant's Second Thought on Race", in *The Philosophical*

17)『목적론적 원리』Ⅷ 159(『칸트전집』 10 115). Mcfarland, 1970, p.60 참조할 것.

Quarterly 57, 2007, pp.573-592.

Louden, Robert B., *Kant's Impure Ethics*, New York: Oxford University Press, 2000.

Mcfarland, John D., *Kant's Concept of Teleology*, Edinburgh: Edinburgh University Press, 1970.

Reinhold, Karl Leonhard, *Briefe über die Kantische Philosophie*, ed. by Raymund Schmidt, Leipzig: Reclam, 1923.

_____, *Letters on the Kantian Philosophy*, ed. by Karl Ameriks and trans. by James Hebbeler, Cambridge: Cambridge University Press, 2005.

Zammito, John H., "Policing Polygeneticism in Germany, 1775: (Kames,) Kant and Blumenbach", in *The German Invention of Race*, New York: SUNY, 2006, pp.35-54.

『순수 이성의 이전 비판이 모든 새로운 비판을 불필요하게 만든다는 발견』

오은택 전남대학교 · 철학

성립사

『순수 이성의 이전 비판이 모든 새로운 비판을 불필요하게 만든다는 발견』(이하『발견』)은 라이프니츠의 순수 이성에 관한 '이전의' 비판으로 칸트의 '새로운' 순수 이성 비판이 불필요하다는 에버하르트[1]의 주장을 칸트가 반박하는 글이다. 라이프니츠와 볼프 철학의 신봉자였던 에버하르트는 1781년『순수이성비판』이 출간된 이후 자신의 강의에서 칸트 철학을 계속 비판해왔다. 그러던 중 그는 1787년『순수이성비판』제2판이 출간되자 칸트 철학에 대한 비판을 대중에게 폭넓게 알릴 필요가 있다고 생각해 몇몇 볼프주의자와 함께 1788년

---

1) 에버하르트(Johann August Eberhard, 1739~1809)는 볼프(Christian Wolff, 1679~1754)가 교수를 지냈던 할레대학에 1778년 교수로 임용된다. 그는 라이프니츠(Gottfried Wilhelm Leibniz, 1646~1716)와 볼프의 이성론의 관점을 모범적으로 소개하는 여러 철학 입문서를 출간했다.

『철학잡지』를 창간한다.[2] 이 잡지에서 에버하르트는 자신의 동료들과 함께 라이프니츠와 볼프의 독단주의적 이성론의 관점에서 칸트 철학에 전면 공격을 감행한다.

에버하르트는 라이프니츠 철학이 근본적으로 칸트 철학보다 우위에 있다고 보는데, 그가 이 잡지에서 논의한 여러 주장을 한마디로 요약하면 다음과 같다. 칸트의『순수이성비판』에서 참으로 간주되는 것은 모두 이미 라이프니츠의 이성 비판에서 발견되며 그렇지 않을 경우, 즉 칸트의 이성 비판이 라이프니츠의 이성 비판과 다른 것을 주장하는 경우, 예를 들어 칸트가 인식의 한계를 현상 세계에 제한하는 경우에 칸트의 이성 비판은 거짓이라고 한다. 이런 에버하르트의 공격에 칸트는 처음에 대꾸하지 않는다. 하지만 레베르크와 라인홀트가 곧바로 에버하르트의 주장을 반박하는 논평을 낸다.[3]

---

2) 에버하르트는 이『철학잡지』(*Philosophisches Magazin*)를 마쓰(Johann Gebhard Ehrenreich Maaß, 1766~1823), 슈바프(Johann Christoph Schwab, 1743~1821)와 함께 창간한다. 이 잡지는 칸트 비판 철학을 옹호하고 널리 퍼뜨릴 목적으로 1785년 예나에서 슐츠(Johannes Schultz, 1739~1805)가 간행한『일반문헌지』(*Allgemeine Literatur-Zeitung*)에 대항하려는 의도에서 1권이 1788~89년에 걸쳐 간행되었다.

3) 칸트 진영에서는 레베르크(August Wilhelm Rehberg, 1757~1836)와 라인홀트(Karl Leonhard Reinhold, 1758~1823)가『일반문헌지』에서 에버하르트의 주장을 반박하는 논평을 발표한다. 그 후 1790년에 에버하르트와 그의 공동 저자들은『철학잡지』2권을 간행해서 이런 논평에 응답하고 또 새로운 반론을 제기한다. 계속해서 그들은 1791년과 1792년에 잡지를 두 권 더 간행한다. 여기에는 여전히 칸트 철학을 옹호하는 학자들의 논지에 대한 반론과 특히 칸트의『발견』에서 제기된 반론에 대한 에버하르트의 응답이 포함되어 있는데, 이것은 몇몇 새로운 비판을 담기 했지만 대부분 이전의 논증들을 고쳐 쓴 것들이라 할 수 있다. 이후『철학잡지』를 이어『철학논총』(*Philosophisches Archiv*)이 1793년과 1794년에 두 권으로 간행된다. 여기서도 그들은 계속해서 칸트의 비판 철학을 공격하며, 그밖에도 자신의 독자적인 견해를 형성하기 시작한 라인홀트 철학에도 주의를 기울여 비판한다(임마누엘 칸트, 2009, 242-243쪽 참조).

칸트는 처음에는 논쟁에 참여하지 않고 비판 철학을 완성하는 일에 전력을 기울였다. 당시에 칸트는 이미 야코프[4]와 베렌스[5]의 편지에서 에버하르트가 할레대학에서 칸트의 비판 철학에 혹독한 비판을 가하면서 심지어는 학생들에게 『순수이성비판』을 읽지 못하도록하고, 『철학잡지』를 간행해서 칸트 철학을 공개적으로 비판한다는 것을 알고 있었다. 그러나 칸트는 침묵으로 일관한다. 그런 그가 에버하르트의 공격에 직접 응답하게 된 것은 무엇보다도 라인홀트와 칸트 사이에 있었던 여러 차례 서신 교환 때문이었다고 할 수 있다. 라인홀트는 1789년 4월 9일 칸트에게 에버하르트의 활동과 에버하르트의 잘못된 해석으로 생긴 부정적인 결과들에 관해 쓴 편지를 보낸다.[6] 이 편지에서 라인홀트는 이런 잘못된 해석이 통용되지 않도록 조처를 취해야 하지만, 그렇다고 칸트 자신이 에버하르트가 야기한 논쟁에 참여하는 것은 소중한 시간과 에너지의 낭비라고 말하면서 직접 참여를 만류한다. 그 대신에 자신이 에버하르트의 논점을 반박할 수 있도록 몇몇 주요 논점에 대해 말해달라고 부탁한다.

칸트는 라인홀트의 편지를 받고 공공도서관에 가서 에버하르트의 『철학잡지』를 찾아 읽은 후 매우 분노했고, 1789년 5월 12일 라인홀트에게 답장을 보낸다.[7] 여기서 칸트는 에버하르트가 다른 많은 사람과 마찬가지로 『순수이성비판』을 이해하지 못했다는 것은 그다지 중요한 일이 아니지만, 『순수이성비판』의 근간을 뿌리째 흔들려는 의도를 갖고 있다고 말한다. 일주일 후 칸트는 다시 라인홀트에

---

4) 야코프(Ludwig Heinrich Jakob, 1759~1827)의 1786년 7월 17일(『서한집』 X 458-462)과 1789년 2월 28일(『서한집』 XI 4-7)의 편지 참조할 것.
5) 베렌스(Johann Christoph Berens, 1729~92)의 1787년 12월 5일의 편지. X 507-508 참조할 것.
6) 『서한집』 XI 17-19 참조할 것.
7) 『서한집』 XI 33-40 참조할 것.

게 보낸 편지에서[8] 주요 쟁점 사항을 확인해주지만, 자신은『판단력비판』을 마쳐야 하기 때문에 논쟁에 직접 참여할 수 없음을 시사한다. 다시 한번 라인홀트에게서 편지를 받은 칸트는 1789년 9월 21일 답장에서[9] 당초 논쟁에 직접 참여하지 않으리라는 자신의 의견을 바꿔, 에버하르트를 반박하는 글을 준비하고 있다고 말한다. 그리고 칸트는 준비하는 글이 곧 완성될 것이라는 내용을 담은 편지를 1789년 12월 1일 라인홀트에게 보낸다.[10] 이런 과정에서 나온 결과물이 바로 1790년 4월 20일 칸트가 66세에 출간한『발견』이다.

주요 내용

『발견』의 논의들은 에버하르트의 반박에 대한 칸트의 재반박이라는 성격이 있다. 실제로『발견』의 논의들은 에버하르트가『철학잡지』에서 행한 반박 순서에 따라 진행된다. 먼저, 대응하는 감성적 직관이 주어질 수 없는, 비감성적 개념들인 충분한 근거 개념과 단순자 개념의 객관적 실재성 등을 증명하려는 에버하르트의 시도들을 논의한다. 다음으로, 분석 판단과 종합 판단의 구별 그리고 아프리오리한 종합 판단의 가능성을 논의한다. 전체적으로 칸트는『발견』에서 에버하르트의 공격에 대응하면서『순수이성비판』의 기본 주장들을 더 명확하게 하거나 순수 개념들과 순수 직관들의 근원적 획득 이론에서 볼 수 있듯이 논의를 더 확장하기도 한다.

---

8) 『서한집』 XI 40-48 참조할 것.
9) 『서한집』 XI 88-89 참조할 것.
10) 『서한집』 XI 111-112 참조할 것.

대응하는 감성적 직관이 주어질 수 없는 개념들의 객관적 실재성

(1) 충분한 근거 개념의 객관적 실재성 증명

에버하르트가 수행한 충분 근거율의 객관적 실재성 증명에서 칸트가 주목하는 것은 에버하르트 자신은 충분 근거율을 사물들 일반에 타당한 선험적 원리로 증명했다고 생각하지만, 실제로는 충분 근거율을 전적으로 모순율에 의거해 증명함으로써 단지 명제들에 타당한 논리적 원리로 증명했을 뿐이라는 점이다.[11] 칸트는 에버하르트가 인식의 논리적(형식적) 원리와 선험적(재료적) 원리가 지닌 상이성을 보지 못하게 만드는 모호한 형식을 일부러 선택함으로써 자신의 문제점을 감춰버리려 한다고 비판한다. 즉 '모든 명제는 근거가 있어야만 한다'는 것은 인식의 논리적 원리로 모순율에서 귀결되는 원리이지만, '모든 사물은 자신의 근거가 있어야만 한다'는 것은

---

11) 칸트는 에버하르트가 라이프니츠와 볼프를 따라 충분 근거율의 객관적 실재성 증명을 시도한다고 비판한다. 에버하르트 비판은 곧 볼프 비판일 수 있는데, 칸트는 사실 볼프에게서 철학의 기본 개념들뿐만 아니라 근본 문제와 취급 방식까지 결정적인 영향을 받은 측면이 있다. 논의되고 있는 충분 근거율과 관련해서 볼 때, 칸트도 볼프와 마찬가지로 충분 근거율로 우리의 표상이 객관적 사물들에 관여하는 것이 가능하게 되고, 사물의 객관적 실재성이 생각될 수 있다고 주장하는 것처럼 보인다. 이에 대해서는 김수배, 1999, 13-40쪽 참조할 것. 그러나 18세기 독일 학계에서 반-볼프 철학의 흐름을 주도했던 크루지우스(Christian August Crusius, 1715~75)는 라이프니츠와 볼프가 정식화한 충분 근거율을 비판한다. 그의 비판의 초점은 볼프가 충분 근거율을 전적으로 모순율에 의거해 증명하고 도출한다는 데에 놓여 있다. 그러나 크루지우스의 비판은 근거율의 필연성을 부정한 것이 아니라 근거율의 필연성과 타당성의 범위를 물리적 현존의 세계에 제한한다. 그는 지성의 한계를 설정함으로써 독단주의적 세계관이나 전제에 갇혀 있지도 않았으며 그렇다고 완전한 회의주의적 결론으로 나아가지도 않았다. 이런 크루지우스의 관점은 칸트의 비판 철학에 결정적인 실마리를 제공한다. 이에 대해서는 최소인, 1999, 41-84쪽 참조할 것.

인식의 선험적 원리로 결코 모순율로 증명될 수 없는, 모순율을 넘어서는 원리다. 그런데도 에버하르트는 이런 차이를 감춰버리려고 모든 사물이나 모든 명제라고 말하는 대신 '모든 것'이라는 말을 사용하여 '모든 것은 근거가 있다'는 모호한 명제를 제시한다.

이로써 그는 '원래는' 객관과 객관의 가능성에 관해 어떤 것을 아프리오리하게 규정해야 하는 선험적 원리인 충분 근거율을, 객관과 객관의 가능성에 관계하는 모든 것을 전적으로 도외시하는 논리적 원리인 모순율에서 도출해냄으로써 충분 근거율의 선험적 타당성이 증명되었다고 주장한다. 그러나 이것은 잘못된 추론에 따른 거짓 주장에 불과하다는 것이 칸트의 생각이다. 칸트는 에버하르트가 인과성 같은 범주의 객관적 실재성을 감성적 직관의 대상들에 제한하지 않고, 사물들 일반에 타당한 것으로 증명하려는 의도를 갖고 있다고 비판한다.

(2) 경험 대상들에서 단순자 개념의 객관적 실재성 증명
『순수이성비판』의 핵심 사상에 따르면, 개념들의 객관적 실재성은 오직 경험 대상들에서만 증명될 수 있다. 다시 말해 개념에 대응하는 직관이 주어지지 않는다면, 그 개념의 객관적 실재성은 결코 확증되지 않는다. 그런데 에버하르트는 현상의 최종 구성 요소들이지만 그 자체로는 감성에 속하지 않는, 따라서 결코 감관의 대상일 수 없는 단순한 존재자(단순자) 개념의 객관적 실재성을 증명하고자 한다. 에버하르트에 따르면, 시간과 공간 혹은 감성적 직관을 구성하는 단순한 요소들 가운데 감각될 수 있는 어떤 부분도 결코 가장 작은 부분이거나 완전히 단순한 부분이 아니다. 그러므로 단순한 요소들은 전적으로 감성의 영역 바깥에 있다. 그러나 지성은 감성적 형상이 가능하지 않은 비형상적 단순자를 감성의 영역 바깥에서 발견한다. 그에

따르면 이 단순한 존재자들은 감성의 형상을 가능하도록 해주는 요소 표상들로 공간과 시간의 객관적 근거들이지만, 이 객관적 근거들은 감각으로는 결코 지각되지 않으며 오직 지성으로만 명확하게 파악된다. 그렇기 때문에 이 단순한 존재자들은 지성적인 것, 에버하르트의 용어에 따르면 비감성적인 것(비형상적인 것)이다.

그러나 칸트에 따르면 비감성적인 것은 가장 작은 부분도 감성적 직관에 포함될 수 없는 순전히 지성적인 것이다. 이 지성적인 것(비감성적인 것)은 우리 감관이 결코 직관할 수 없는 이념적인 것으로 순전히 지성이 사유한 것에 불과하다. 하지만 에버하르트는 이 지성적인 것을 감성적인 것에서 찾고자 한다. 즉 그는 감관의 대상들인 감성적인 것에서 그것들을 구성하는 요소 표상들(단순한 존재자들)인 비감성적인 것을 찾아냈다고 억지 주장을 편다. 한마디로 그는 감성적인 것에서 비감성적인 것을 이끌어낸 척하면서 단순한 존재자 개념의 객관적 실재성 증명을 시도한다. 에버하르트의 이런 증명은 명백한 모순을 포함하고 있다. 왜냐하면 단순한 존재자는 감각될 수 없는 것이면서도 여전히 감각될 수 있는 것의 부분을 형성하고 전체가 감관의 대상이어야 한다면 마찬가지로 그것의 부분들도 모두 감관의 대상들이어야 하기 때문이다. 칸트는 에버하르트가 감성과 지성, 현상과 사물 자체를 구별하는 『순수이성비판』의 의미를 전혀 통찰하지 못하고, 라이프니츠와 볼프의 독단수의석 이성론의 관점에서 순전히 개념들로만 증명을 수행한다고 비판한다. 칸트는 에버하르트가 시간과 공간 안의 직관의 대상들인 사물들에서 지성은 단순자를 인식한다는 것에 근거를 두고 증명을 시도했는데, 이런 그의 증명은 자기 나름의 방식으로 수행된 증명일 뿐 개념의 객관적 실재성을 언제나 직관에서 증명할 것을 요구하는 『순수이성비판』을 반박한 것은 결코 아니라고 주장한다.

(3) 감성적인 것에서 비감성적인 것으로 상승하는 방법

에버하르트는 라이프니츠와 볼프의 관점에서 감성적인 것과 비감성적인 것, 감성과 지성을 단지 논리적으로 구별함으로써 그 둘의 차이를 정도 차이로 간주한다. 이런 이론에 따르면, 감성은 지성이 명확하고 판명하게 파악하는 것을 모호하고 혼란하게 표상할 뿐이다. 이에 반해 칸트는 감성(수용성)과 지성(자발성)을 선험적으로 구별함으로써 그 둘의 차이를 서로 다른 종류의 이질적인 인식 능력이자 인식 근원으로 간주한다. 따라서 감성은 저차의 모호하고 혼란한 인식이 아니며, 지성 역시 고차의 명확하고 판명한 인식이 아니다. 그러므로 감성적 인식 역시 명확하고 판명한 것일 수 있으며, 감성에서 전적으로 독립한 순수 지성적 인식도, 형이상학적 인식의 예에서 드러나듯 그 자체로 모호하고 혼란한 것일 수 있다. 칸트는 에버하르트가 이처럼 감성과 지성의 구별에 관한 서로 다른 설명들 사이의 차이를 의도적으로 간과한 채 자기주장을 펴고 있다고 비판한다.

에버하르트는 감성과 지성을 두 가지 서로 다른 인식의 발전 단계로 간주하면서, 우리 인식이 감성적인 것에서 비감성적인 것으로 상승하는 방법을 논의한다. 에버하르트에 따르면 지성이 현상 자신의 부분들(단순한 존재자들)이어야 할 현상의 최종 근거들을 통찰하고 발견하자마자 그것들은 더는 현상이 아니라 사물들 자체로 인식된다. 그런데 사물들 자체로 인식된 이 부분 표상들은 그의 억지 주장에 따르면 또한 확실히 감관의 대상들인 재료 속에 실재한다. 그러나 칸트에 따르면 사물 자체인 대상이 경험적 직관을 위한 재료를 제공하기는 하지만, 그 자체로 경험적 직관의 재료일 수는 없다. 여기서 문제는 지성이 감각 경험의 재료를 어떻게 가공하느냐다. 칸트는 이것이 순수 지성에서 아프리오리하게 기원하는 범주들 아래로 (순수한 것이든 경험적인 것이든) 직관 표상을 포섭함으로써 이루어진다는

것을 증명했다. 이에 반해 에버하르트는 우리가 감관을 통해 지각한 사물들에서 추상하지 않은 어떤 보편 개념들도 있을 수 없기 때문에, 이 '추상'을 매개로 지성은 감관 표상들에서 범주들에 도달한다고 주장한다. 또 그는 감관으로 혼란하거나 불판명하게 표상된 것들을 지성은 추상된 범주들로 판명하게 인식한다고 주장한다. 그러나 칸트에 따르면 우리 인식이 이렇게 상승해가는 것은, 지성이 개별적인 것에서 추상을 거쳐 점점 더 보편적이며 점점 더 단순한 것으로 상승해가는, 단지 논리적인 것에 불과하다.

칸트는 에버하르트가 주장한 인식의 상승 방법을 비판하면서 순수 직관들과 순수 개념들의 근원적 획득 이론을 제시한다. 이는 자신이 라이프니츠와 마찬가지로 순수 직관들과 순수 개념들을 '근원적으로 천부적인(심어져 있는) 것'이라고 주장했다는 에버하르트의 비난을 반박한 것이다. 칸트는 에버하르트가 『순수이성비판』의 매우 명확한 주장들조차 전혀 이해하지 못했거나 아니면 의도적으로 왜곡했다고 주장한다. 칸트는 『발견』에서 순수 직관들과 순수 개념들의 '근원적 획득'이라는 용어를 처음으로 사용하면서 『순수이성비판』의 관점을 옹호한다. 칸트에 따르면 순수 직관들과 순수 개념들은 경험에서 추상된 것도 아니지만, 그렇다고 타고난 것, 즉 신이 심은 것도 아니다.[12] 한마디로 그것들은 주관의 활동으로 아프리오리하세 획득된 것이다.[13] 곧이어 논의하게 될 아프리오리한 종합 판단

---

12) 칸트는 심어진 것이나 '타고난' 것이라는 전통적 개념을 '아프리오리'라는 그의 비판적 인식론의 개념으로 변형하고, 이를 옹호하기 위해 '근원적 획득'이라는 개념을 사용한다. 이에 대한 상세한 논의는 Yamane, 2010, 413-428쪽 참조할 것.
13) 가령 순수 지성 개념의 근원적 획득 이론의 핵심은, 인간은 지성 개념을 산출할 가능성을 지니고 태어나는 것이지, 지성 개념 자체를 가지고 태어나는 것은 아니라는 것이다. 칸트에 따르면 이 가능성은 '사고의 자발성'이다. 지

들에는 바로 이 순수 개념들과 순수 직관 둘 다 필요하다.

분석 판단과 종합 판단의 구별
그리고 아프리오리한 종합 판단의 가능성

칸트가 『순수이성비판』에서 제시한, '어떻게 아프리오리한 종합 판단이 가능한가?'라는 순수 이성의 일반적 과제는 학문으로서 형이상학의 성공과 실패를 가늠하는 문제라 할 수 있다. 에버하르트는 독단주의적 형이상학을 구축하기 위해 이 과제를 모순율과 모순율에서 도출한 충분 근거율에 의거하여 해결하고자 한다. 그는 판단을 분석 판단과 종합 판단으로 구별하는 것은 칸트의 독창적 구별이 아닐 뿐만 아니라, 이런 구별에 대한 칸트의 설명 방식 또한 명확하지 않다고 공격한다. 그러나 칸트는 에버하르트가 이 과제에 대한 진정한 해법을 찾지 못했을 뿐만 아니라, 아프리오리한 종합 판단 자체를 전혀 이해하지 못했거나 아니면 아프리오리한 종합 판단의 개념을 일부러 모호하게 만들려 했다고 반박한다.

칸트에 따르면 분석 판단은 술어가 주어 개념에 어떤 방식으로든 포함되어 있어 술어에 의해 주어 개념에 아무것도 부가하지 않고 단지 주어 개념을 설명하는 판단이지만, 이에 반해 종합 판단은 주어 개념에서 어떤 방식으로든 전혀 생각되지 않았던 술어를 주어 개념에 부가함으로써 우리 인식을 확장해주는 판단이다.[14] 에버하르트는 이런 칸트의 설명을 라이프니츠의 술어 이론에 의거하여 해석한다.[15]

성이 경험의 기회에(경험이 기회를 제공하면) 이 사고의 자발성에 의해(이 사고의 자발성이 활동하여 이로써) 지성 개념을 획득하게 된다는 것이다. 이에 대한 상세한 논의는 이엽, 1995, 181–221쪽 참조할 것.

14) 칸트는 『순수이성비판』과 『형이상학 서설』에서 언급한 분석 판단과 종합 판단의 구별을 『발견』에서 더 명확하게 제시하고 있다.

15) Allison, 1973, 38쪽 참조할 것.

이 이론에 따르면, 참인 명제의 술어는 명시적으로든 암묵적으로든 주어 개념에 이미 포함되어 있다. 이를 기초로 에버하르트는 분석 판단은 판단의 술어가 주어의 본질이나 어떤 본질적 부분을 진술하는 판단이지만, 이에 반해 종합 판단은 그 판단이 필연적으로 참일 경우, 속성을 판단의 술어로 가지는 판단이라고 정의한다. 여기서 알 수 있듯이, 그는 술어를 본질에 속하거나 개념의 내적 가능성에 속하는 술어와 개념에서 분리되는 본질 외적 징표로 구별한다. 본질에 속하는 술어는 개념의 본질적 부분을 형성하는 것으로 분석 판단의 술어로 쓰인다. 이에 반해 본질을 이루는 부분은 아니지만 충분 근거율에 의거하여 본질 속에 그 근거를 지닌 속성이나 성질 또는 우연적 성질이나 관계를 나타내는 술어, 즉 본질 외적 징표라 할 수 있는 술어는 바로 종합 판단의 술어로 쓰일 수 있다. 여기서 우연적 성질이나 관계를 술어로 가지는 종합 판단은 아포스테리오리한 종합 판단이지만, 본질 속에 그 근거를 지닌 속성이나 성질을 그 술어로 가지는 종합 판단은 아프리오리한 종합 판단이다. 이런 방식으로 에버하르트는 판단에 대한 칸트의 설명을 더 명확하게 제시할 수 있을 뿐만 아니라, 두 판단에 대한 설명과 구별 역시 칸트가 새롭게 만든 독창적인 것이 아니라고 주장한다. 칸트의 구별은 이미 볼프나 바움가르텐이 했던 동일 판단과 비동일 판단의 구별에 불과하기 때문이다.[16] 더욱이 라이프니츠의 술어 이론에 의거해서 분석 판단과 종합 판단을 구별할 경우, 아프리오리한 종합 판단을 가능한 경험의 대상에 제한할 필요가 없기 때문에 에버하르트는 사물들 자체에 대한 그의 독단주의적 형이상학의 가능성을 타당하게 제시할 수 있다고 확신한다.

　　그러나 칸트는 분석 판단과 종합 판단의 구별은 주어 개념과 술어

16) 임마누엘 칸트, 248쪽 이하 참조.

개념의 관계에 대한 선험적 구별이지 단순히 논리적 구별이 아니라고 비판한다. 칸트에 따르면 판단에서 술어가 논리적 의미에서 주어 개념의 본질을 형성하든 아니면 본질 외적인 속성을 형성하든 그것은 판단이 분석적인지 종합적인지를 결정하는 근거로 사용될 수 없다. 오히려 칸트가 문제로 삼는 것은 주어 개념과 술어가 결합 가능하다는 것을 알 수 있게 해주는 인식 근거다.[17] 칸트에 따르면 만약 모순율에 의거하여 술어가 주어 개념과 결합된다면, 이때 술어가 본질인지 속성인지와는 무관하게 이 판단은 분석 판단이다. 그러나 만약 술어와 주어 개념의 결합 가능성이 직관에 의거한다면, 이 판단은 종합 판단이다. 만약 이런 결합의 가능성이 경험적 직관에 의거한다면, 이 판단은 아포스테리오리한 종합 판단이며, 이처럼 경험적 직관에 따른 인식의 확장은 언제나 경험적 직관에 의존한다. 그러나 이와 달리 이런 결합의 가능성이 순전히 아프리오리한 직관에 의거한다면, 이 판단은 아프리오리한 종합 판단이다. 따라서 개념을 넘어서는 인식의 아프리오리한 확장이 문제가 될 경우, 아프리오리한 직관이 반드시 필요하다. 이처럼 칸트는 아프리오리한 종합 판단이란 아프리오리한 순수 직관에 따른 것임을 명확하게 제시함으로써 어느 누구도 하지 못했던 독창적 구별을 시도했다고 주장한다. 더욱이 칸트는 가능한 경험의 대상인 현상 세계에 대한 아프리오리한 종합 인식의 가능성, 즉 학문으로서 형이상학의 가능성을 정당화하고, 초감성적 대상들인 사물들 자체에 대한 독단주의적 형이상학의 가능성을 부정한다. 그러나 이성은 여전히 가능한 경험의 한계를 넘어서는 개념들(이념들)을 소유하기 때문에, 칸트는 순수 실천 철학으로 가는 길이 열려 있다는 것을 암시한다.

---

17) 같은 책, 249쪽 참조할 것.

참고문헌

김수배, 「칸트철학의 선구자 볼프」, 『칸트와 그의 시대』, 한국칸트학회 제5
　　집, 철학과현실사, 1999, 13-40쪽.

이엽, 「오성 개념의 원천적 획득과 칸트 존재론의 출발점」, 『칸트와 형이상
　　학』, 한국칸트학회 제1집, 민음사, 1995, 181-221쪽.

임마누엘 칸트, 최소인 옮김, 『형이상학의 진보/발견』, 이제이북스, 2009.

최소인, 「칸트와 크루지우스. 인식의 한계와 물 자체 개념의 형성」, 『칸트와
　　그의 시대』, 한국칸트학회 제5집, 철학과현실사, 1999, 41-84쪽.

Allison, Henry E., *The Kant-Eberhard Controversy*, Baltimore & London: The
　　Johns Hopkins University Press, 1973.

Schultz, Johannes (hrsg.), *Allgemeine Literatur-Zeitung*, Jena, 1785.

Yamane, Yuichiro, "Eine Studie zum kritischen Begriff 'a priori' als ein
　　Sachverhalt, der 'ursprünglich erworben' wird" in *Kant-Studien* 101,
　　2010, pp.413-428.

『변신론에서 모든 철학적 시도의 실패』

이남원 부산대학교 · 철학

주요 내용

이 논문은 독일계몽주의의 기관지 역할을 한 『월간베를린』 (*Berlinische Monatsschrift*) 1791년 9월호(194-225쪽)에 게재되었다. '변신론'(théodicée)이라는 용어는 라이프니츠에서 비롯되었다. 회의 주의적 성향의 학자 베일(Pierre Bayle)이 신앙에서 이성을 완전히 배제하고자 한 것에 대해, 라이프니츠는 이를 체계적으로 비판하려고 방대한 분량의 저술을 펴내고자 했으며 그 결과물이 바로 『변신론』 (*Essais de Théodicée*, 1710)이다.[1] 라이프니츠가 『변신론』에서 기본적으로 제시하고자 하는 것은 이성과 신앙의 일치와 조화다. 그는 신앙의 진리와 이성의 진리가 서로 모순될 수 없다고 생각했다. 즉 그에 따르면 신앙의 대상은 통상적인 것과 다른 방식으로 계시되었던 진리이며, 이성의 대상은 일련의 진리들로 구성되어 있다. 즉 이성의

---

1) Leibniz, 1951, p.47 참조할 것.

대상은 신앙과 비교해서, 특히 신앙의 빛의 도움을 받지 않더라도 인간의 정신이 자연스럽게 도달할 수 있는 일련의 진리다. 이런 관점에 입각해서 라이프니츠는 신앙의 도움 없이 신의 지혜, 선함, 정의, 성스러움을 증명하고자 했다.

젊은 시기 칸트의 변신론에 대한 관심은 저술 몇 권에서 나타난다. 변신론은 신이 이 세계를 창조했다면 악은 어디에서 기원하는가 하는 문제와 관련되어 있다. 전(前)비판기 칸트는 합리론적 전통에 따라 논지를 전개한다. 칸트는『형이상학적 인식의 제1원리들에 관한 새로운 해명』(*Principiorum primorum cognitionis metaphysicae nova dilucidatio*, 이하『새로운 해명』)에서 악은 결정 근거율(충족 이유율)에 따라 정당화될 수 있다고 주장한다.[2] 또 칸트는『낙관주의에 관한 몇 가지 시론적 고찰』(*Versuch einiger Betrachtungen über den Optismus*, 이하『낙관주의』)에서 크루지우스(Crusius)와 라인하르트(Reinhard)의 낙관주의(Optimismus) 비판 혹은 변신론 비판에서 라이프니츠의 낙관주의를 옹호한다.[3] 이처럼 변신론에 대한 칸트의 초기 견해는 합리론적 전통에 충실하다. 즉 이성으로 신앙을 옹호하고자 하는 견해를 견지한다.

신앙과 이성을, 특히 신앙과 이론 이성을 분리하고자 하는 칸트의 생각은 비판기에 들어서면서 뚜렷이 나타난다. 칸트는『순수이성비판』,『실천이성비판』,『판단력비판』에서 이성에 기반을 둔 신학인 자연신학을 철저히 배격하고, 도덕신학 혹은 도덕신앙의 견해를 철저하게 옹호한다.『변신론에서 모든 철학적 시도의 실패』(1791)는 비판기의 칸트가 이러한 자기 관점을 간략하게 전개한 소논문이다.

---

2) 『새로운 해명』 I 404-405(『칸트전집』 2 91-94).

3) 『낙관주의』 II 35(『칸트전집』 2 243).

칸트는 이 논문에서 변신론을 다음과 같이 간략하게 정의한다. "변신론이란 이성이 이 세계에서 목적에 반하는 것을 근거로 고소한 세계 창조자의 최상의 지혜를 변호하는 것을 뜻한다. 이것을 사람들은 신에 관한 소송 사건에서 쟁론하는 것이라고 한다. 이것은 근본적으로 자신의 한계를 인정하지 않는 오만한 우리 이성이 제기한 소송에 불과한 것"[4]이다. 여기서 칸트는 '법정'(法廷)이라는 자신이 자주 사용하는 '틀'을 제시한다.

이 논문에서 칸트는 변신론을 두 유형으로 구별한다. 지금까지 통상 변신론이라고 하는 것은 칸트에 따르면 교의적(doktrinal) 변신론이다. 일반적 견해에 따르면 이 세계는 신의 작품이다. 즉 신은 이 세계를 통해서 자기 의지의 목적이 무엇인지를 우리에게 알린다. 교의적 변신론은 세계의 입법자인 신의 의지를 마치 세계라는 텍스트를 바탕으로 해석하거나 합리적으로 추론하는 것이다. 이때 만약 신의 작품인 이 세계를 신이 자기 의지의 목적을 우리에게 고지하는 것으로 볼 수 있다면, 세계는 우리에게 가끔은 닫힌 책이지만 최종 목적, 즉 도덕적인 목적을 그것이 경험 대상이라 하더라도 세계에서 도출하고자 한다면, 그것은 언제나 닫혀 있는 책이다. 이런 종류의 해석에서 행해지는 철학적 시도는 교의적이며, 본래 의미에서 변신론이다. 반면에 필연적으로 그리고 모든 경험에 앞서서 도덕적이면서 지혜로운 존재로서 신에 대한 개념을 형성하게 하는 것이 이성의 견해라면, 변신론이라는 명칭은 결코 부인될 수 없다는 것이 칸트의 주장이다. 즉 인증적(authentisch) 변신론은 허용될 수 있다는 것이다. 이때 신은 창조로 알리는 자신의 의지를 우리의 실천 이성으로 해석하는 분이 된다. 그래서 인증적 변신론은 해석자가 아니라 입법자가 스

---

4) 『변신론의 실패』 VIII 255(『칸트전집』 10 241).

스로 입법자의 의지를 확인하고 확증하는 것이다. 교의적 변신론은 궤변적이고 사변적인 이성으로 신의 의지를 해석하지만, 인증적 변신론은 권위를 지닌 실천 이성의 해석이다. 이 이성보다 상위의 근거는 없으며, 따라서 이 이성은 입법에서 절대적 명령이며, 신의 직접적 선언이면서 신의 음성이라고 볼 수 있다. 여기서 신은 자신의 창조 문자로 의미를 부여한다. 그런데 칸트는 이런 종류의 인증적 해석이 『구약성서』에서 우화적으로 표현되었음을 발견했다. 칸트는 여기서 구약성서의 「욥기」를 예로 들었다.

욥은 인간의 관점에서 가장 행복하고, 가장 착한 심성을 가지고 있으며, 가장 평화스러운 사람이었다. 그렇지만 착한 심성을 제외하고는 그를 시험하기 위해 이 모든 축복을 그에게서 박탈하는 가혹한 운명이 부과되었다. 욥은 자신의 불행을 탄식하기 시작했다. 이에 관해서 욥과 욥을 위로한다고 생각해서 찾아온 친구들 사이에 갑자기 논쟁이 시작된다. 친구들은 교의적 변신론의 견지에 서서 욥의 불행을 해석하고, 욥은 인증적 변신론의 견지에 서서 불행을 해석한다. 여기서 욥이 이야기하는 것은 일종의 도덕신앙이다. 도덕이 신앙에 기초를 두는 것이 아니라 신앙이 도덕에 기초를 두는 것이다. 우리는 도덕, 즉 실천 이성에서 비로소 신앙으로 나아갈 수 있다. 이론 이성으로 신이 증명되고, 신의 지혜와 정의가 증명되는 것이 아니라 실천 이성으로 신앙이 성립한다는 것이 바로 인증적 변신론의 요지다. 실천 이성으로 신앙이 성립한다는 이 사상은 비판기 칸트의 모든 저서에서 흔들림 없이 유지된다. 그것은 바로 도덕신학 또는 도덕신앙이다.

참고문헌

Leibniz, G.W., trans. E.M. Huggard, *Theodicy: essays on the goodness of God, the freedom of man, and the origin of evil*, London: Routledge & Kegan Paul Limited, 1951.

『이론에서는 옳을지 모르지만 실천에는 쓸모없다고 하는 속설』

정성관 인하대학교 · 철학

1. 저술의 배경과 동기

『이론에서는 옳을지 모르지만 실천에는 쓸모없다고 하는 속설』
(이하『속설』)은 1793년『월간베를린』(*Berlinische Monatschrift*) 9월호
에 발표된 논문이다. 이 저작이 출간되었을 때 유럽은 여전히 프랑스
혁명과 그 후 이어진 열강의 전쟁들로 말미암아 극심한 혼란 속에 있
던 시기였고, 당시 지식인들은 그 혁명과 관련한 이론과 실천에 대해
치열하게 논쟁하던 시기였다. 예를 들면, 겐츠(Friedrich Gentz)가 독
일어로 번역하기도 했던 버크(Edmund Burke)의 저서『프랑스혁명에
대한 반성』(*Reflections on the Revolution in France*, 1790)에는 프랑스혁
명과 국가철학적 논의들의 실천철학적 이용에 대한 강력한 반대 견
해가 실려 있었고,『월간베를린』(1790년 6월)의 프랑스 인권선언을
둘러싼 논쟁에서는 클라우어(Karl von Clauer) 같은 진보적 칸트주의
자가 보수주의자들에 맞서 칸트 이론에서 혁명권을 도출하려고 했
다. 또 비스터(Johan E. Biester), 케스트너(Abraham G. Kästner), 레베

르크(August W. Rehberg) 같은 보수주의자들은 국가 및 법철학적 이론의 무용성이나 그 이론과 실천적 정치의 엄격한 분리를 비판하기도 했으며, 형이상학적 혁명주의자를 비난하기도 했다.[1]

칸트가 본문에서 밝혔듯이,[2] 이 저술의 직접적 동기는 의심할 여지없이 대중철학자 크리스티안 가르베(Christian Garve)의 저서 『도덕과 문학과 사회적 삶의 다양한 주제에 관한 시론들』(*Versuche über verschiedene Gegenstände aus der Moral, der Literatur und dem gesellschaftlichen Leben*, 1792)이다. 이것은 이미 『속설』이 발간되기 1년 전에 칸트가 『월간베를린』 편집자 비스터에게 보낸 편지(1792년 7월 30일)에서도 드러난다. 여기서 칸트는 베를린 검열관청이 출판을 불허했던 자신의 종교철학 논문[3]의 대체물로서 가르베가 위의 저술에서 행한 자신의 도덕철학에 대한 비판에 답하는 '순전히 도덕철학적' 논문을 예고했다.[4] 하지만 그 논문은 예고되었던 형태가 아니라 국가법 및 국제법 관련 주제들까지 포함하는 등 확장된 형태로 출간되었다. 칸트가 『속설』을 확장된 내용으로 출간한 배경에는 무엇보다도 프랑스혁명에 대한 그의 명확한 입장 표명을 기다리는 당시 지식인들 분위기[5]와 자신의 입장을 명백히 할 필요성에 대한 칸트의 자각이 큰 역할을 했을 것으로 보인다.[6]

---

1) Kant, 1992, pp.Ⅸ‐Ⅹ, ⅩⅢ‐ⅩⅣ; Kühn, 2007, p.436.
2) 『속설』 Ⅷ 278(『칸트전집』 10 274).
3) 「인간에 대한 지배를 둘러싼 선한 원리와 악한 원리의 투쟁에 관하여」("Von dem Kampf des guten Prinzips mit dem bösen um die Herrschaft über den Menschen"). 이 논문은 『속설』에 앞서 1793년 부활절에 출간된 종교론의 제2논고로 수록되었다.
4) 『서한집』 XI 350.
5) Kant, 1992, p.Ⅹ.
6) 칸트주의자들도 칸트의 이론이 혁명에 무엇을 말하는지에 대한 물음과 관련해 상이한 방향으로 자신들의 견해를 밝혔다(Kühn, 2007, p.436).

위와 같은 정치철학적 동인 외에도『속설』출간은 모국 프로이센 군주 프리드리히 빌헬름 2세(Friedrich Wilhelm Ⅱ)와 그의 검열정책에 대한 칸트의 종교철학적 혹은 계몽주의적 입장과도 밀접히 연관되어 있다.[7] 이 점은『속설』의 여러 곳에서 발견된다. 예컨대, 칸트는 문제의 군주를 결국에는 자신의 국제법이론에 동의할 수밖에 없는 '지상의 신들'[8] 가운데 하나인 것처럼 표현한다. 그리고 교회제도와 관련된 군주의 법이 '인간성의 규정과 목적'[9]에 모순될 경우, 군주에게 이의신청이 제기될 수 있다는 점을 밝히고 있다. 또 보편적 박애를 전제하는 세계시민적 체제의 수립가능성을 주장하면서 인간의 악은 근절 불가능하며, 인간적 계획으로는 구원이 불가능하다고 가르치는 유대교나 기독교 교리에 뿌리를 둔 인류의 도덕적 진보에 대한 회의적 입장을 비판하고 있다.[10]

2.『속설』의 주요 내용

칸트는 이론이 실천에 아무런 쓸모가 없다거나 충분하지 않다는 동시대 속설에 근본적으로 동의하지 않았다.『속설』은 세 부분으로 구성되어 있다. 첫째 부분은 도덕이론과 실천 사이의 관계를 다루는데, 여기서 칸트는 자신의 도덕철학에 대한 가르베의 반론에 답한다. 둘째 부분은 국가법의 이론과 실천의 관계를 논하는데, 홉스를 대상으로 저항권에 대한 자신의 입장을 분명히 한다. 마지막 부분은 세계

---

7) Kühn, 같은 곳.
8) 『속설』Ⅷ 313(『칸트전집』10 316).
9) 『속설』Ⅷ 305(『칸트전집』10 305).
10) 『속설』Ⅷ 311(『칸트전집』10 313-314).

시민적 견지에서 고찰된 국제법에서 실천에 대한 이론의 관계를 다루는데, 인류의 도덕적 진보에 대한 멘델스존(Moses Mendelssohn)의 회의적 입장을 비판한다.

　1) 도덕이론과 실천의 관계문제와 관련하여 가르베가 제기한 칸트 도덕철학에 대한 중요한 반론은 우리가 의무에서 행위를 하는지 이기적 동기에서 행위를 하는지 실제로 결코 알 수 없다는 것이다. 의무에서 나온 행위와 의무에 맞는 행위의 구별은 칸트의 도덕성 개념에서 근본을 이루는 요소이므로 그 반론은 심각한 것이었고, 칸트는 의무개념의 실재성을 증명해야 했다. 그는 우선 아무도 자신의 의무를 비이기적으로 수행했는지 확실히 인식할 수 없으며, 또 정언명령이 어떻게 가능한지도 보일 수 없다는 점을 인정한다. 그러나 정언명령이 언제나 우리의 일상적 도덕의식의 근거에 놓여 있고 우리 의지를 규정한다는 점은 이론의 여지가 없으므로, 칸트는 의무개념이 "행복에서 도출된 또는 행복이나 행복에 대한 고려와 혼합된 어떠한 동기보다 더 단순하고 더욱 명료하며 실천적인 사용을 위하여 모든 사람에게 더 쉽게 파악될 수 있고 더욱 자연스럽다"[11]라는 것을 도덕적 의식의 사실로 지적한다. 즉 도덕적 의식으로서 의무개념의 실재성은 경험심리학이 아니라 인간의 마음씨, 인간의 내적 정직함과 관계한다는 것이다. 그래서 칸트는 인간의 본성이 순수 의무를 꺼린다는 핑계로, 준칙에 대한 이기적 동기들의 영향을 비호하는 것을 '모든 도덕성의 죽음'[12]으로 본다.

　그러면 과연 의무가 어떤 다른 동기보다 더 강한 행위유발자이거나 더 나은 행위지도자인가? 칸트의 대답은 다음과 같다. 의무개념

---

11) 『속설』 Ⅷ 286(『칸트전집』 10 279).
12) 『속설』 Ⅷ 285(『칸트전집』 10 278).

은 가장 평범한 인간이성의 판단에서조차 인간 의지의 "이기적인 원리에서 빌려온 모든 동인보다 훨씬 더 강력하고 더욱 설득력 있으며, 성공을 더 약속한다".[13] "행복의 준칙에 따르는 의지는 그의 동기들 사이에서 자신이 무엇을 결정해야 할지 망설인다. 왜냐하면 그 의지는 성공을 도모하고, 그 성공은 매우 불확실하기 때문이다. 이유들과 반대이유들의 혼잡에서 빠져나오기 위해서 그리고 합산에서 착각하지 않기 위해서는 좋은 머리가 요구된다. 그 대신에 만약 그 위탁물의 소지자가 자신에게 무엇이 여기서 의무인지 묻는다면, 그는 자기 자신에게 주어져야 하는 대답에 전혀 막힘이 없고, 오히려 그가 무엇을 해야만 하는지는 즉시 확실해진다. 아니, 만약 의무개념이 그에게 중요하다면, 그는 마치 자신이 여기서도 선택하는 것인 양, 또한 그 의무의 위반으로 자신에게 생길지도 모르는 이득에 대해 어림 계산만을 행하는 것에 혐오조차 느낀다".[14] 행복에 대한 지침들은 명령이 아니므로 아무도 구속하지 못한다. 그리고 그가 결과를 감당하는 경우, 그는 충고를 받은 후에는 자신에게 좋다고 여겨지는 것을 선택할 것이다. 그러면 그는 자신에게 주어진 충고를 등한시함으로써 생길지도 모르는 해악들을 형벌로 간주할 이유가 없다. 즉 "본성과 경향성은 자유에 법칙을 제공할 수 없다." 그러나 "의무이념은 상황이 전혀 다르다. 의무위반은 그로써 자신에게 생기는 손해를 고려하지 않고도 직접 마음에 작용하고, 인간을 그 사신의 눈 속에서 비난하고 처벌하도록 만든다. 여기에 이제 도덕에서 이론상으로 옳은 모든 것은 실천에도 유효할 수밖에 없다는 하나의 명료한 증명이 있다".[15]

2) 시민체제를 설립하는 사회계약은 근원적 계약으로서 사회구

---

13) 『속설』 Ⅷ 286(『칸트전집』 10 280).

14) 『속설』 Ⅷ 287(『칸트전집』 10 281).

15) 『속설』 Ⅷ 288(『칸트전집』 10 283).

성원 각자의 권리를 규정하고 그것을 모든 타자의 간섭에 대해 보장할 수 있는 공적인 강제법칙들 아래에 들어가게 하는 것이다. 그것은 모든 다른 계약과 달리 그 자체로 (각자가 가지고 있어야 할) 목적이며, '무조건적인 그리고 제1의 의무'이자 '모든 나머지 외적 의무의 최상위 형식적 조건'[16]이다. 시민사회의 토대를 이루는 자유, 평등, 자립성은 보편적 의지 일반이자 공법의 아프리오리한 원리로서 국가시민이 법적으로 원할 수 있는 것이며, 사회계약의 대상 영역을 규정한다. 주권자 또는 국가수반이 위와 같은 원리들을 위반하는 경우, 이에 대해 국가시민이 저항할 권리를 법적으로 인정할 수 있느냐는 물음에 칸트는 홉스처럼 부정적으로 답한다. "최상의 입법권에 대한 모든 저항, 신민들의 불만이 폭력적으로 되도록 하려는 모든 선동, 반란에서 발생하는 모든 봉기는 공동체 최고의 그리고 가장 처벌받을 만한 범죄다. 왜냐하면 그 범죄는 공동체의 토대를 붕괴시키기 때문이다. 그리고 이러한 금지는 **무조건적**이어서 저 권력 또는 저 권력의 대리인, 즉 국가수반이 더욱이 근원적 계약을 위반했고, 철저히 폭력적으로(전제적으로) 다루도록 정부에 전권을 위임함으로써 스스로 입법자라는 권리를 신민의 개념에 따라 잃게 만들었다고 할지라도, 신민에게는 어떠한 저항도 반대권력으로서 허용되지 않는다".[17] 왜냐하면 국가수반과 신민 사이에 법적 충돌이 있을 경우에 권리판단은 강제력의 권한을 갖는 한 상위 심급기관에 맡겨야 하는데, 후자를 인정하게 되면 시민체제의 주권개념에 모순되기 때문이다.[18] 이러한 저항권 이념은 사회계약을 이성의 이념이 아니라 하나의 역사적 사건으로 여기거나 국가의 목적을 행복의 실현으로 보는

16) 『속설』 Ⅷ 289(『칸트전집』 10 284).
17) 『속설』 Ⅷ 299(『칸트전집』 10 298).
18) 『속설』 Ⅷ 300(『칸트전집』 10 298-299).

데서 기인한다.[19)]

　법이론이 국가수반에 대한 신민의 저항권을 인정하지 않는다는 점에서 칸트는 홉스와 일치하지만, 후자와 달리 신민에게 저항권이 없을 때에도 국가수반에 맞선 신민의 양도할 수 없는 권리가 있다는 입장을 취한다. 비(非)저항 신민은 최고지배자가 자기에게 불법을 행하려고 하지 않는다고 상정할 수밖에 없지만, 무지나 실수로 결정된 조처로 말미암아 자기가 당하는 불법에 대하여 자신의 의견을 공개적으로 알릴 권한이 있어야 한다는 것이다. 그러므로 언론과 출판의 자유, 즉 '펜의 자유'는 유일한 "국민권리들의 수호신이다. 왜냐하면 이러한 자유를 시민에게서 박탈하려는 것은 그에게서 최고명령권자에 대한 모든 권리주장을 (홉스에 따르면) 빼앗는 것과 다름없을 뿐만 아니라 또한 최고명령권자에게서 ―그의 의지는 오직 그가 보편적 국민의지를 대표함으로써만 시민들인 신민들에게 명령을 내리는데― 만약 그가 알았다면 스스로 수정할 사안에 관한 모든 지식을 빼앗고, 그를 자기모순에 빠뜨리는 것과 다름없기 때문이다".[20)] 칸트는 이와 같이 국가법 이론이 시민사회의 아프리오리한 원리들에 근거한다면, 국가법 개념은 각자 자유의 대립관계에서 서로 충돌하는 인간들에 대해 결합하는 힘을, 따라서 '객관적(실천적) 실재성'을 가지며, 국가법에서 그러한 "이론과 일치하지 않고는 어떠한 실천도 타당하지 않다"[21)]리고 말한다.

　3) 세계시민적 체제는 보편적 박애를 전제로 하므로, 이 체제의 수립과 관련하여 인류의 도덕적 진보에 대한 물음은 국제법 이론과 실천문제에서 중심을 이룬다. 멘델스존의 입장에 따르면, 인류 역사는

---

19) 『속설』 Ⅷ 302(『칸트전집』 10 301-302).

20) 『속설』 Ⅷ 304(『칸트전집』 10 304).

21) 『속설』 Ⅷ 306(『칸트전집』 10 307).

'시시포스의 돌'[22]처럼 지속적인 전진과 후퇴 또는 상승과 하강으로 이해되며, 인간의 역사적 사실들은 어떤 은폐된 섭리에 따라 어떤 예정된 선한 상태로 나아가는 것이 아니라 전체적으로 보아 모든 시대 속의 도덕성은 동일한 수준으로 머물러 있을 뿐이다. 그러나 칸트에 따르면, 시간 속의 개별적 경험들은 다양하고 무한하여 보편성을 담보할 수 없기 때문에, 멘델스존의 경험주의는 오히려 섭리에 대한 무지를 증명할 뿐이고, 필연적으로 회의주의로 전락할 수밖에 없다. 또 진보가 불가능하다면 덕을 열망하는 개별 인간들의 문제와 염려는 단지 상상력의 산물일 뿐이므로, 이것은 "어떤 지혜로운 세계창시자이자 통치자의 도덕성"[23]에 위배된다.

칸트는 "인간종이 문명과 관련해보면 자기의 자연목적인 지속적 진전 속에 있으므로 자기 현존의 도덕적 목적과도 관련해서도 더 좋은 상태로 진보하는 것으로 파악된다고 가정하며, 또 이러한 진보가 물론 지금까지는 중단되었지만, 결코 단절되지는 않을 것이라고 가정해도 될 것이다"[24]라고 말한다. 이러한 전제는 증명할 필요가 없다. "왜냐하면 나는 생식대열의 모든 구성원 속에서 —그 속에 나는 (인간 일반으로) 존재하지만, 나에게 요구되는 도덕적 성질과 더불어 내가 그러해야 하는 만큼, 따라서 또 그러할 수 있을 만큼 선하게 존재하지 않는다 할지라도— 후손들에게 이들이 점점 더 나아지도록 […] 미칠 나의 생득적 의무에 의지하고 있고, 또 그렇게 이러한 의무는 생식들의 한 구성원에서 다른 구성원으로 정당하게 상속될 수 있기 때문이다."[25] 이처럼 후손에게서는 개선되도록 노력해야 하는 자

---

22) 『속설』 Ⅷ 307 (『칸트전집』 10 309).
23) 『속설』 Ⅷ 308 (『칸트전집』 10 310).
24) 『속설』 Ⅷ 308 (『칸트전집』 10 310).
25) 『속설』 Ⅷ 309 (『칸트전집』 10 310 이하).

기 의무와 결합된 더 나은 시대에 대한 희망은 인간에게서 빼앗을 수 없다. 왜냐하면 역사로부터 생긴 반증들은 그 희망에 오히려 면역성을 길러주기 때문이다. 칸트에게서도 섭리는 인식할 수 없는 것이지만, 인간의 행위와 본성에 작용하여 인류의 도덕적 진보를 보증해주는 역할을 한다.[26] 예컨대, 폭력행위와 그로부터 발생하는 곤궁이 인간을 공적 법칙에 예속하고, 하나의 국가시민적 체제에 들어가도록 강제했듯이, 국가들 사이의 끊임없는 전쟁들로 말미암아 곤궁은 결국 의지에 거슬러서까지 그 국가들을 세계시민적 체제에 들어가도록 강제한다.

인류 역사와 인간 본성에 대한 목적론적 해석을 서서히 줄여 없애 버리는 것과 마찬가지로, 국가들 사이의 국제법관계가 어떠해야 하는지에 대한 표상을 얻기를 포기하는 것은 결국 실제적인 법의 진보를 포기하는 것과 다름없다.[27] 다수가 이 이론을 실행할 수 없는 것으로 여겨 거절하더라도, 칸트는 자기 처지에서 "인간들과 국가들 사이의 관계가 어떠해야 하는지를 법의 원리에서 도출하는 이론을"[28] 신뢰한다고 선언한다. 또 그 이론은 실제로 지배하고 있는 모든 '지상의 신들'보다 더 큰 권위를 가지고 있으며, 결국에는 그들도 동의할 수밖에 없을 것이라고, 즉 국제법에서도 "이성근거들로 말미암아 이론상 타당한 것은 또한 실천에도 타당하다"라고 단언한다.[29]

---

26) 『속설』 Ⅷ 310, Ⅷ 312 참조(『칸트전집』 10 312 이하, 315 참조).
27) Kant, 2007, p.XXXIV"; 『속설』 Ⅷ 311 참조(『칸트전집』 10 313-314 참조).
28) 『속설』 Ⅷ 313(『칸트전집』 10 316).
29) 『속설』 Ⅷ 313(『칸트전집』 10 317).

3. 『속설』의 의의

『속설』은 칸트의 도덕철학적, 국가 및 법철학적, 역사철학적 입장을 한눈에 파악할 수 있고, 명확히 알 수 있게 해주는 작품이다. 가르베와 멘델스존, 아헨발(Gottfried Achenwall) 같은 당대 권위 있는 대중철학자나 법철학자의 견해가 칸트의 견해와 어떻게 다른지, 또 그들의 견해에 어떤 문제점이 있는지 뚜렷하게 보여주기 때문이다. 대중철학자 가르베와 멘델스존은 칸트의 오랜 논적이었고, 아헨발은 칸트에게 법철학의 모범이자 극복의 대상이었다.[30] 『속설』의 시민의 자립성, 근원적 계약, 시민적 상태, 저항권 및 긴급권, 세계시민적 체제, 국제연맹 등의 개념은 뒤이은 『영구평화론』(1795)과 『법론』(1797)의 주요한 논의를 형성한다.

참고문헌

Kant, Immanuel, *Über den Gemeinspruch; Das mag in der Theorie richtig sein, taugt aber nicht für die Praxis; Zum ewigen Frieden: ein philosophischer Entwurf*, hrsg. Heiner F. Klemme, Hamburg: Meiner, 1992.

Manfred, Kühn, Kant. *Eine Biographie*, München: DTV, 2007.

---

30) 칸트는 아헨발의 『자연법 후서』(*Iuris naturalis pars posterior*, 1763)를 자신의 자연법 강의 교재로 사용했으며, 다른 한편 저항권 이념을 비판하려고 그의 정의를 인용한다(Kant, 2007, p.107; 『속설』 Ⅷ 301 참조(『칸트전집』 10 299 이하) 참조).

『만물의 종말』

배정호 영남대학교 · 철학

주요 내용

『만물의 종말』(*Das Ende aller Dinge*, 이하『종말』)은 칸트가 1794년 6월『월간베를린』제23호에 게재한 소논문이다.[1] 이 논문은 프로이센 정부의 교육과 종교에 대한 검열 정책이 강화되는 상황에서 집필되고 발표되었다. 이 정부의 정책과 칸트의 충돌은 충분히 예견된 일이었다. 칸트는 계몽주의적 견지에서 자유를 설파한 반면, 당시 프로이센 국왕인 프리드리히 빌헬름 2세(Friedrich Wilhelm Ⅱ)는 반계몽주의적 견지에 서 있었다. 늦어도 1791년부터 형성된 칸트와 정부 당국 사이의 긴장관계는『종말』이 발표로 표면화되었다. 이 논문에서 칸트는 종교와 교육에 대한 프로이센 정부의 반계몽주의적 정책을 신랄하게 비판했다. 그 결과 검열 당국은 1794년 10월 1일 프리드리히 빌헬름 2세의 칙령으로 칸트에게 앞으로는 정부 정책에 반대되는 강의와 저술을 하지 말라고 명령했고, 칸트는 왕이 살아 있는 한 종

---

1) 학술원판 Ⅷ 504; Kant, 2001 (¹1996), p.219 참조.

교철학적 저술은 발표하지 않겠다는 각서를 쓰게 되었다.[2]

자신이 "일부는 애잔하게 일부는 재미있게"[3] 읽을 수 있는 글이라고 소개한 이『종말』에서 칸트는 그리스도교의 종말론을 철학적으로 주제화하여 '만물의 종말'에 대한 유의미한 진술의 가능성 조건을 비판적으로 탐구함으로써 역사 및 종교에 대한 자신의 근본사상을 피력한다. 칸트는 우선 '만물의 종말'은 "이성이 스스로 만들어내는 이념"[4]으로서 오직 실천적 영역에서만 객관적 실재성을 확보할 수 있는 보편적 개념임을 밝히고, 이어서 세 부분으로 나누어 이 개념을 논의한다. 첫째 부분에서는 "우리가 (실천적 의미에서) 잘 이해할 수 있는, 신적 지혜의 도덕적 목적의 질서에 따르는 만물의 **자연적** 종말"을, 둘째 부분에서는 "우리가 **전혀** 이해할 수 없는 원인들의 질서 안에 있는 만물의 신비적(초자연적) 종말"을, 셋째 부분에서는 "우리가 궁극 목적을 오해함으로써 우리 자신이 책임을 져야 하는 만물의 **반자연적**(불합리한) 종말"을 다룬다.[5]

첫째와 둘째 부분에서 칸트는 비교적 담담하게 기독교의 종말론을 순수 (도덕)철학적 관점에서 해석하고, 그와 관련된 모든 독단주의와 신비주의를 비판한다. 그러나 인간의 어리석음이 초래한 '반자연적인 만물의 종말'을 다루는 셋째 부분에서는 프리드리히 빌헬름 2세 정부의 반계몽주의적 종교정책은 기독교의 가장 본질적 가치인 사랑의 가치를 잃게 하여 '적그리스도의 통치'를 초래할 것이라고, 다시 말해 도덕적 관점에서 '만물의 (빗나간) 종말'이 일어나게 할 것

---

2) 이러한 프로이센 정부의 검열 정책과 칸트의 충돌에 대해서는 Vorländer, 1986(¹1911), pp.176-185 참조.

3) 칸트가 1794년 4월 10일『월간베를린』편집자 비스터(Johann Erich Biester)에게 보낸 편지.『서한집』 XI 497.

4) 『만물의 종말』 VIII 332(『칸트전집』 10 328) 참조).

5) 『만물의 종말』 VIII 333(『칸트전집』 10 329) 참조).

이라고 신랄하게 비판한다.

참고문헌

Kant, Immanuel, *Religion and Rational Theology* in *The Cambridge Edition of the Works of Immanuel Kant*, trans. and ed. by Allen W. Wood/George Di Govani, Cambridge University Press, 2001 ([1]1996).

Vorländer, Karl, *Immanuel Kants Leben*, Hamburg: Felix Meiner Verlag, 1986 ([1]1911).

옮긴이주

세계시민적 관점에서 본 보편사의 이념

1) 프톨레마이오스는 행성들이 지구와 떨어진 편심을 중심으로 하는 편심궤도 (die eccentrischen Bahnen)에 따라 운행한다고 설명한다. 케플러는 행성운동의 3법칙이라는 수학적 공식으로 행성이 태양을 중심으로 하는 타원형 궤도에 따라 운행한다는 것을 밝혔다. 뉴턴은 중력법칙으로 우주 전체의 운행을 통일 적으로 설명했다.

2) 생피에르(Abbé de Saint Pierre, 1658~1743)는 프랑스의 작가이자 성직자다. 국 제연합 설립을 주장했으며, 영원한 평화에 관한 생각이 루소와 칸트에게 영향 을 주었다.

3) 에피쿠로스는 데모크리토스의 원자론을 대부분 받아들이면서도 원자들이 때 때로 우연히 그 궤도에서 이탈한다고 주장했다. 이 주장의 한 근거는 원자이 탈이 없었다면 이 세계가 형성되지 않았을 것이라는 점이다. 같은 속도로 같 은 방향으로 움직이는 원자가 빈 공간으로 영원히 떨어지는 대신 불규칙적으 로 이탈하다보면 서로 충돌하여 물체를 형성하기 때문이라는 것이다.

4) 천년설(Chiliasmus)은 예수 그리스도가 다시 나타나 1,000년간 세상을 다스린 다는 주장이다. 성서의 「요한계시록」 제20장에 나온다.

계몽이란 무엇인가에 관한 답변

1) 'Sapere aude!'

2) 『도덕형이상학』에서도 유사하게 칸트는 "전체 국민이 자신에게 내릴 수 없는 결정은 입법자라도 국민에게 내릴 수 없다"라고 말한다(『법론』 VI 327; 『칸트 전집』 7 178).

3) 지리학자이자 역사가, 교육자 그리고 신학자였던 뷔싱(Anton Friedrich

Büsching, 1724~93)이 발간한 소식지.

인종에 관한 개념 규정

1) 엥겔(Johann Jakob Engel, 1741~1802)은 독일의 작가이자 계몽철학자다. 『세계를 위한 철학자』(*Der Philosoph für die Welt*)는 그가 1775년부터 1777년까지 쓴 수필집이다.
2) 속(Gattung)은 생물분류체계의 한 단계다.
3) 무어인은 과거 유럽에서 북아프리카 사람들을 지칭해 사용한 말이다. 모로코, 알제리, 튀니지, 모리타니에 사는 아랍계 이슬람교도들이 이에 속하며, 오늘날 아시아의 이슬람교도들에게도 사용된다.
4) 모리타니는 북서아프리카에 있는 나라다. 국민은 무어인과 흑인 그리고 이 두 인종의 혼혈로 구성되어 있으며 공용어는 아랍어다.
5) 크리올(Kreole)은 식민지 지역에서 태어난 유럽인의 자손을 의미한다.
6) 라만차(la Mancha)는 스페인 중남부 고원지대다. 세르반테스의 소설 『돈키호테』의 배경으로 유명한 곳이다.
7) 드마네(Abbé Demanet, ?~1786)는 프랑스의 선교사다. 그가 쓴 『프랑스령 아프리카의 새로운 역사』의 독일어 번역본은 1778년 라이프치히에서 출판되었다.
8) 세네감비아(Senegambia)는 1765년부터 1779년까지 영국 식민지였던 서아프리카 지역이다. 오늘날 서아프리카의 세네갈과 감비아를 의미한다.
9) 캐터릿(Philip Carteret, 1733~96)은 영국의 해군장교이자 탐험가다. 1764~66년과 1766~69년에 영국 해군의 항해 탐험에 참여했다.
10) 말리콜로(Malikolo)는 남동부 아프리카에 있는 말라위(Malawi)의 한 지역 이름이다.
11) 카피르족(Kaffer)은 남아프리카의 한 부족이다.
12) 피니스테레(Finisterrä)는 프랑스에서 가장 서쪽에 위치한 지역이다.
13) 노르드곶(Nordkapp)은 노르웨이 북쪽 끝에 있는 곳이다.
14) 옵강(Obstrom)은 세계에서 일곱째로 긴 시베리아 서부의 강이다.
15) 부하라(Buchara)는 아시아 중부에 있는 우즈베키스탄의 고대 도시를 의미한다.
16) 행복한 아라비아란 대부분 지역이 사막인 아라비아 반도에서 비가 많이 오고 오아시스가 형성되어 있는 남서부를 의미한다.
17) 아베시니아(Abessinien)는 에티오피아의 옛 이름이다.
18) 아프리카의 블랑곶(Weißen Vorgebirge)은 아프리카 북서부에 있는 곳이다.
19) 카포 네그로(Capo Negro)라는 지명은 없으므로 아프리카 남서부에 위치한

앙골라의 한 지역인 카보 네그로(Cabo Negro)를 오기한 것으로 볼 수 있다.

20) 코모로곶(Cap Komorein)은 동티모르의 수도 딜리에 있는 지역이다.

21) 문(Stamm)은 생물분류체계에서 계(界) 다음 단계다. 동물계에는 약 34개 문이 있는데, 인간은 척삭(脊索)을 갖는 척삭동물문에 속한다.

22) 팔라스(Peter Simon Pallas, 1741~1811)는 독일의 자연학자이며 지리학자이자 탐험여행가다. 1776년부터 1801년까지 쓴 글을 모아 『몽골족에 관한 역사적 정보 모음집』을 출판했다.

23) 부랴트인(Burjäten)은 몽골계 민족으로서 대부분 바이칼호수 남동쪽에 위치한 부랴트공화국에 거주한다.

24) 칼미크인(Kalmücken)은 러시아의 칼미크공화국에 거주하는 몽골족이다.

25) 아반인(Awan)은 파키스탄과 북인도에 거주하는 종족이다.

26) 플로지스톤(Phlogiston)은 물체가 연소하는 현상을 설명하기 위해 독일의 베허(Johann Joachim Becher, 1635~82)와 슈탈(Georg Ernst Stahl, 1659~1734)이 제안한 물질이다. 플로지스톤이 빠져나가고 공기가 대신 채워 들어가는 것이 연소현상이라는 것이다. 그외에도 물체의 색이나 광택과 같이 그 당시 모든 화학적 현상을 설명하는 물질이었지만, 1783년에 라부아지에(Antoine Laurent de Lavoisier, 1743~94)의 실험에서 완전히 부정되었다.

27) 린드(James Lind, 1736~1812)는 스코틀랜드의 의학자다. 1761년부터 1779년 사이에 아프리카, 인도, 중국을 여행했다.

28) 폰타나(Felice Fontana, 1730~1805)는 이탈리아의 물리학자다. 1780년에 물-가스 전환반응을 발견했다.

29) 란트리아니(Marsilio Landriani, 1751~1815)는 이탈리아의 화학자이며 물리학자다.

30) 요한 2세(Johann II, 1455~95)는 포르투갈의 최전성기를 이룬 13대 왕으로서 완전왕으로 불린다.

인류사의 추정된 기원

1) 루소(Jean-Jacques Rousseau, 1712~78)가 1750년에 디종 아카데미 현상공모에서 수상한 『학예론』(Discours sur les Sciences et les Arts)을 말한다.

2) 루소가 1753년에 디종 아카데미 현상공모에 제출한 『인간 불평등 기원론』 (Discours sur l'origine et les fondements de l'inégalité parmi les hommes)을 말한다.

3) Émile ou De l'éducation, Amsterdam, 1762.

4) Du contrat social ou principes du droit politique, Amsterdam, 1762.

5) Cicero, Tusculanae Disputationes, III, 69.

사유 안에서 방향 정하기란 무엇인가?

1) 'bildliche Vorstellungen'. '구상'(具象, Bild)이란 경험 가능한 구체적 이미지를 말한다.
2) 『귀결들』의 저자는 비첸만(Thomas Wizenmann, 1759~87)이다. 해제 참조할 것.
3) 이와 관련된 자세한 논의는 『순수이성비판』 A 571-583; B 599-611 참조할 것.
4) '의견', '앎' 그리고 '믿음'에 대해서는 『순수이성비판』 A 820-831; B 848-859 참조할 것.
5) Friedrich Heinrich Jacobi, 『모제스 멘델스존 씨에게 보낸 편지 중에서 스피노 자의 이론에 관하 여』(Über die Lehre des Spinoza in Briefen an den Herrn Moses Mendelsohn) in Friedrich Heinrich Jacobi Werke, Bd. IV, 176, 192 참조할 것.
6) 「전도서」 제1장 9절.
7) 'Freigeisterei'.

철학에서 목적론적 원리의 사용

1) 예컨대 『도덕형이상학 정초』.
2) 1785년 11월 『월간베를린』(Berlinische Monatsschrift)에 발표된 논문 『인종 개념의 규정』(Bestimmung des Begriffs einer Menschenrace)을 말한다.
3) 칸트의 두 논문이란 『인종 개념의 규정』과 1786년 1월 『월간베를린』에 발표된 논문 『인류사의 추정된 기원』(Mutmaßlicher Anfang der Menschengeschichte)을 말한다. 칸트의 이 두 논문을 검토한 두 논문은 포르스터(Johann Georg Adam Forster, 1754~94)의 『인종에 대한 또 다른 논의. 비스터 씨에게』(Noch etwas über die Menschenracen. An Herrn Dr. Biester)와 라인홀트(Karl Leonhard Reinhold, 1758~1823)의 『칸트 철학에 대한 편지들』(Briefe über die Kantische Philosophie)이다.
4) 오래전에 개진된 의견이란 1775년 자연지리학 강의 공고문으로 처음 발표된 『인간의 상이한 종』(Von den verschiedenen Racen der Menschen)을, 그에 대한 해설이란 『인종 개념의 규정』을 말한다.
5) 포르스터와 그의 논문 『인종에 대한 또 다른 논의. 비스터 씨에게』에 대해서는 해제(특히 387쪽 각주) 참조할 것.
6) 린네(Carl von Linné, 1707~78)는 스웨덴의 식물학자로서 식물의 수분기관의 형태적 속성들에 근거하여 식물들을 체계적으로 분류하고자 시도했다.
7) 로렌스 스턴(Laurence Sterne, 1713~68)은 영국 소설가이자 성공회 목사다. 로

크의 『인간지성론』의 영향으로 쓴 스턴의 소설 『트리스트럼 섄디』(*The Life and Opinions of Tristram Shandy Gentleman*)는 1759년부터 1762년까지 총 9권으로 출판되었으며, 1776년 독일에서 번역 출판되었다. 칸트가 말하는 부분은 『트리스트럼 섄디』 4권의 '슬로켄베르기우스 이야기'(Slawkenbergii fabella)'다.

8) 'Stamm'. 앞서 '종'(種)은 Gattung의 번역어다. 라틴어 Phylum에 해당하는 Stamm은 생물 분류에서 Gattung보다 상위의 단계를 가리킨다. 이후 Stamm은 생물 분류의 맥락이 분명한 경우 '문'으로 번역하지만, 일반적인 맥락에서는 가독성을 위해 '계통'으로 번역할 것이다. 아울러 Abstammung은 '계통적 기원'으로 번역한다.

9) 'halbschlächtig'. '혼성적 닮음'(halbschlächtige Nachartung)이란 부모가 서로 다른 부류에 속할 경우 그 자손이 양쪽 부모의 특성을 모두 상속받는 현상을 말한다.

10) 종은 Gattung, 종류는 Spezies. 일반적으로 이 두 단어는 모두 '종'으로 번역하지만, 이 경우처럼 나란히 등장하는 경우 Spezies는 '종류'로 번역한다.

11) 샤프츠베리(Anthony Ashley Cooper, 3rd Earl of Shaftesbury, 1671~1713)는 영국의 정치가이자 철학자 그리고 작가다. 학술원판에 따르면, 이 단락에서 칸트가 염두에 둔 것은 1709년 샤프츠베리가 발표한 『공통감, 재치와 유머의 자유에 관하여』(*Sensus Communis, an Essay on the Freedom of Wit and Humour*)의 서두 부분으로 추정된다.

12) 뷔퐁(Georges-Louis Leclerc, Comte de Buffon, 1707~88)은 프랑스의 수학자이자 자연사가다. 뷔퐁의 유명한 저서 『보편적이고 특수한 자연사』(*Histoire naturelle, générale et particulière*)는 1749년부터 그의 사후 1804년까지 총 44부로 발표되었다. 여기서 칸트는 제3부 제1권을 다루었다.

13) 여기서 초판본 면수가 갑자기 변한다. 해제에서 지적했듯이, 칸트가 이 글을 1787년 1월과 2월에 나누어 발표했기 때문이다.

14) 죔메링(Samuel Thomas von Sömmerring, 1755~1830)은 독일의 의사이자 자연철학자다. 특히 죔메링은 뇌와 신경체계에 대한 치밀한 해부학적 관찰을 시도함으로써 해부학자로서 큰 명성을 얻게 되었다. 죔메링은 1796년 발표한 『영혼의 기관에 관하여』를 칸트에게 헌정했고, 칸트는 이 저서에 대한 자신의 의견을 남겼다(『죔메링의 『영혼의 기관에 관하여』로부터』, AA XII : 30-35).

15) 1785년 발표된 죔메링의 저서 『흑인과 유럽인의 신체적 상이함에 관하여』(*Über die körperliche Verschiedenheit des Negers vom Europäer*). 이 저서는 포르스터에게 헌정되었다. 이 저서에서 죔메링이 언급한 스코트(John P. Schotte)의 저서는 『끔찍한 열병에 관하여』(*A Treatise on the Synochus Atrabiliosa*, 1782)다. 이 저서에서 스코트는 1778년 세네갈에서 창궐한 황열병에 대해 의학적으로 기록했다. 또한 죔메링이 언급한 린드(James Lind, 1716~94)는 영국의

의사로서 1768년 『열대기후에서 유럽인에게 발생하는 질병들』(*An essay on Diseases incidental to Europeans in hot climates*)을 발표했고, 이 책은 1773년 독일어로 번역 출판되었다.

16) 'mit dem Klima eben'. 학술원판에서는 'mit seinem Boden eben'.

17) 흑인지역(Nigritien)은 사하라사막 이남에 있는 수단 등 아프리카 지역을 가리킨다.

18) 'unerbende'. 학술원판에서는 'anerbende'.

19) 원전에서는 286-287쪽으로 되어 있으나 학술원판에서 287-292쪽으로 수정됨. 스프렝겔(M.C. Sprengel)은 1781년부터 1790년까지 라이프치히에서 『여러 민족과 나라에 대한 연구 논문집』(*Beiträge zur Völker - und Länderkunde*)을 편집 발행했다. 그중 1786년에 발행된 제5부의 267-292쪽에는 「서인도제도의 흑인 노예 처우에 관한 램지의 저작에 대한 논평」("Anmerkungen über Ramsays Schrift von der Behandlung der Negersklaven in den Westindischen Zuckerinseln")이 실려 있다.

20) 램지(James Ramsay, 1733~89)는 스코틀랜드 출신의 의사이자 목사로 노예제도 폐지주의자였으며, 1783년 「영국의 설탕 생산 식민지에서 아프리카 노예의 처우와 개종에 관한 논문」("An Essay on the Treatment and Conversion of African Slaves in the British Sugar Colonies")을 발표했다.

21) 마스든(William Marsden, 1754~1836)은 영국의 탐험가이자 동양학자다. 칸트는 『여러 민족과 나라에 대한 연구 논문집』 제6부 193-296쪽에 수록되어 있는 「마스든의 수마트라섬 역사에 따른 수마트라섬의 레장족에 대하여」("Von den Rejangs auf Sumatra nach Marsdens Geschichte dieser Insel")를 참조했다.

22) 우요아(Don Antonio de Ulloa, 1716~95)는 스페인의 해군 고위 장교이자 학자다. 젊은 시절 측지 임무를 띤 과학적 남아메리카 탐사 여행에 참여한 경험을 토대로 남아메리카 각지의 민족들과 나라들에 대한 기록을 출판하여 학자로서 명성을 얻었다.

23) 포레스터(Thomas Forrester)의 여행기는 1780년에서 1788년까지 출판된 『에벨링의 새로운 여행기 모음집』 중 제3부(1782)에 실려 있다. 칸트는 그중 83쪽을 참조했다.

24) 카테렛(Philip Carteret, 1733~96)은 영국 해군장교이자 탐험가다. 카테렛이 1766년부터 1769년까지 경험한 세계 여행 이야기는 『영국인들의 모든 세계 여행에 대한 역사적 기록』(*Historischer Bericht von den sämmtlichen, durch Engländer geschehenen Reisen um die Welt*)의 일부로서 「1766년부터 1769년까지 카테렛 선장의 세계여행」("Captain Carteret's Fahrt um die Welt von 1766~69")이라는 제목으로 1776년 독일에서 번역 출판되었다.

25) 『인종 개념의 규정』에서 칸트는 카테렛이 전한 이야기 속에 남양제도 주민

들이 백인이라고 결론 내릴 수 있는 관찰 증거가 담겨 있다고 언급한 바 있다. 그러나 카테렛의 이야기에는 칸트의 결론을 뒷받침할 수 있는 증거가 담겨 있지 않으며, 포르스터는 자신의 논문에서 이를 지적했다.

26) 뷔싱(Anton Friedrich Büsching, 1724~93)은 베를린의 고등학교 교장이자 교회 감독자다. 그는 자신이 편집자로 있는 주간지에 칸트의『인종에 대한 개념 규정』에 대한 리뷰를 게재했다(『주간소식』*Wöchentliche Nachrichten* 13(44), p.358).

27) 보네(Charles Bonnet, 1720~93)는 스위스의 과학자이자 철학자다.『자연에 대한 사색』(*Contemplation de la Nature*, 1765~65)에서 그는 모든 생물의 친족성을 주장했다.

28)『판단력비판』Ⅴ 424 참조할 것.

29) 라인홀트와 그의『칸트 철학에 대한 편지들』에 대해서는 '해제' 참조할 것.

30)『신 라이프치히 학술지』(*Neue Leipziger gelehrte Zeitungen*) 94, pp.1489-1492. 이에 대한 칸트의 반박은 1491쪽 이하에 게재되어 있다.

순수 이성의 이전 비판이 모든 새로운 비판을 불필요하게 만든다는 발견

1) 에버하르트(Johann August Eberhard, 1739~1809)는 자신의 강의에서 칸트의『순수이성비판』(1781)을 지속적으로 비판해왔다. 그런데 1787년 칸트의『순수이성비판』재판이 출간되자 그는 칸트 비판철학에 대한 자신의 비판을 더욱 널리 알리고 강화하려고 몇몇 볼프주의자와 함께 진영을 꾸려 1788년『철학잡지』(*Philosophisches Magazin*)를 창간했다.

2) 존 로크(John Locke, 1632~1704)가『인간 지성론』(*An Essay Concerning Human Understanding*) 제ⅩⅦ장 19절에서 언급한 '권위에 호소하는 논증'(*argumentum ad verecundiam*)을 말한다.

3) 'Satz des zureichenden Grundes'. 이 용어는 '충족 이유율'이나 '충분한 근거의 원칙' 등으로 번역되기도 한다. 그러나 'Satz des Widerspruchs'를 대체로 '모순율'(사실 이것은 '모순 배제의 원칙'이다)로 번역하는 것을 염두에 두고 '(충분) 근거율'로 번역했다.

4) 퀸틸리아누스(Marcus Fabius Quintilianus, 35?~95?)는 고대 로마시대의 유명한 수학자이자 교육학자다. 그의 주저는 총 12권으로 된『수사학 교본』(*Institutio Oratoria*)인데, 칸트는 이 책 제Ⅴ권 제Ⅻ장 1. 522쪽에 나오는 다음과 같은 라틴어 구절을 인용했다. "Si non possunt valere quia magna sunt, valebunt quia multa sunt.–Singula levia sunt et communia, universa tamen nocent; etiamsi non ut fulmine, tamen ut grandine". 그런데 칸트가 인용한 위의 구절은 그가

자신의 기억에 의거해 인용해서 그런지 라틴어 원문과 약간 차이를 보인다.

제1절 대응하는 감성적 직관이 주어질 수 없는 개념들의 객관적 실재성. 에버하르트에 따를 경우

1) 아폴로니우스(Pergaeus Apollonius, 기원전 262?~기원전 190?)는 고대 그리스의 기하학자이자 천문학자로 『원뿔 곡선론』(Conica)을 썼다. 그는 원뿔 곡선의 분할에 관한 이론으로 유명한데, 그가 여기서 사용했던 혁신적 방법이나 용어는 후대 학자들에게 많은 영향을 미쳤다고 알려져 있다.

2) 보렐리(Giovanni Alfonso Borelli, 1608~79)는 르네상스 시대 이탈리아의 의사이자 물리학자이며 수학자다. 그는 아폴로니우스의 『원뿔 곡선론』 제V-VII권을 1661년에 편집한 인물로 알려져 있다.

3) 에버하르트가 나중에(『철학잡지』 제3권, 205-207쪽) 인정했듯이, 그가 보렐리의 설명이라고 생각한 구절은 잘못된 것이다. 왜냐하면 그는 1661년 보렐리의 책에서 인용하지 않고, 1665년 리카르두스(Claudius Ricardus)가 편집한 아폴로니우스의 『원뿔 곡선론』에서 인용했기 때문이다.

4) 이 대목은 아폴로니우스의 『원뿔 곡선론』 편집본에 대한 보렐리의 『비망록』(Admonitio)에 나온 다음과 같은 라틴어 구절인데, 에버하르트는 그것을 자신의 논문(『철학잡지』 제1권, 159쪽)에서 직접 인용했다. "Subjectum enim *definitum* assumi potest, ut affectiones variae de eo demonstrentur, licet praemissa non sit ars subjectum ipsum efformandum delineandi". 여기서 'subjectum'을 영어 번역본에서처럼 'subject'(주체)로 번역하기보다는 바이셰델판을 따라 'Gegenstand'(대상)로 번역했다.

5) 'ab esse ad posse valet consequentia'.

6) 'es könnte etwas zugleich sein und nicht sein'. 이 문장은 근본적으로 한 대상에 동시에 모순되는 술어가 부가될 수 없다는 모순율과 관련된 사항이므로 "어떤 것은 동시에 ~이면서 아닐 수 있다"로 번역하는 것이 맞을 것이다. 그런데 어떤 관점에서 우리가 충분 근거율을 인정하지 않고 부정한다면, 이것은 무가 표상될 수 있다는 것, 즉 무가 어떤 것으로 간주된다는 것을 함의하므로 이 문장은 "어떤 것은 동시에 있으면서 있지 않을 수 있다"로 번역될 여지를 남기기도 한다. 그래서 "있[이]다"의 방식으로 표현했다.

7) 여기서 칸트가 언급한 바움가르텐(Alexander Gottlieb Baumgarten, 1714~62)의 증명은 바움가르텐의 『형이상학』(Metaphysica) §20에 있는 증명이다. 바움가르텐의 『형이상학』은 학술원판 제XVII권에 수록되어 있다. 증명 내용은 다음과 같다. "가능한 모든 것은 근거가 있거나 근거가 없다. 만약 그것이 근거가 있다면, 어떤 것이 그것의 근거다. 만약 그것이 근거가 없다면, 무가 그것

의 근거다. 그러므로 가능한 모든 것의 근거는 무이거나 어떤 것이다. 만약 무가 가능한 어떤 것의 근거라면, 그것이 왜 가능한지는 무에서 알려질 것이다. 따라서 무 자체는 표상될 수 있고 어떤 것, 즉 어떤 무일 수 있다. 또 어떤 불가능한 것이 가능할 수 있다. 그러므로 가능한 모든 것은 어떤 것이 그것의 근거다. 즉 가능한 모든 것은 근거 지어진 것이다. 말하자면 근거 없이 있는[근거없는] 것은 아무것도 없다거나 어떤 것이 정립된다면, 그 근거인 어떤 것도 정립된다"(Omne possibile aut habet rationem, aut minus. Si habet rationem, aliquid est eius ratio. Sie non habet, nihil est eius ratio. Ergo omnis possibilis ratio aut nihil est, aut aliquid. Si nihil foret ratio alicuius possibilis, foret ex nihilo cognoscibile, cur illud sit, hinc ipsum nihilum repraesentabile et aliquid, nihil aliquid. Hinc quoddam possibile impossibile. Ergo omnis possibilis aliquid est ratio, s. omne possibile est rationatum, s. *nihil est sine ratione*, seu, posito aliquo, ponitur aliquid eius ratio).

에버하르트는 칸트의 반박에 응답하면서 단순히 바움가르텐의 증명을 이어받아 자신의 증명으로 만들어냈다는 칸트의 비난을 부정한다. 그는 자신의 증명이 바움가르텐의 증명과 똑같은 방식으로 시작된다는 점은 인정하지만, 그럼에도 전혀 다른 증명을 제시했다고 (어떤 점에서는 정당하게) 주장한다. 왜냐하면 바움가르텐의 증명은 충분 근거율을 부정할 경우 그 어떤 것으로 간주된 무가 표상될 수 있게 되지만, 그의 증명은 충분 근거율을 부정할 경우 그 어떤 것은 동시에 그것의 반대물로 있게 된다는 점을 강조했기 때문이다(『철학잡지』 제3권, 188쪽 이하 참조할 것).

8) 이것을 학술원판에서는 164쪽으로 적었으나 바이셰델판에서는 161쪽이라고 표기했다.

9) 이것은 스코틀랜드 출신 수학자로 뉴턴의 뛰어난 제자들 중 한 사람인 존 킬(John Keill, 1671~1721)의 『참 물리학 입문 또는 물리학 강의』(*Introductio ad veram physicam, seu lectiones physicae*)에서 인용한 것이다.

10) 데카르트 이래 근대 철학에서 참된 표상이나 개념을 가리키는 'clare et distincte'를 '명석 판명한'으로 번역해왔다. 그러나 'clare'와 관련하여 우리말 '명석하다'는 통상 '똑똑하다'를 의미하기 때문에 적절한 번역어라고 보기 어렵다. 그래서 이것을 '명석하다'가 아닌 다른 번역어, 가령 '명확(명백, 분명)하다'로 번역하는 것이 더 나을 것 같다. 나아가 이 '명확하고 판명한'(clare et distincte)은 독일어 'klar und deutlich'에 해당한다고 볼 수 있는데, '명확한'(klar)의 반대말로 간주되는 것은 '모호한'(dunkel)이고 '판명한'(deutlich)의 반대말로 생각되는 것은 '혼란한'(verworren, 때로는 애매한)이다. 그런데 여기 각주에 나오는 이 '혼란한'(verworren)은 기존에 '혼란된', '섞갈린', '혼잡한', '혼연한' 등으로 번역되어왔다. 그러나 '혼란된'은 우리 언어 사용에서 어색한 표현일 수 있고, '섞갈린'은 거의 사용하지 않는 말이며, '혼잡한'은 표상이나 개념을 수식하는 말로 적절하지 않은 것 같다. '혼

연한'은 '혼란한'과 거의 같은 표현이 아닌가 생각한다. 그래서 'deutlich'(판명한)의 반대말 'verworren'의 우리말 번역어로 어느 측면에서는 '혼란스러운'이 더 적절할 수도 있겠지만 간단히 '혼란한'으로, 'Verworrenheit'는 '혼란(함)'으로 번역했다.

11) 'nicht-empfindbar'.

12) 뉴턴(Isaac Newton, 1642~1727), 『광학』(Optics) 제Ⅱ권 제Ⅲ부.

13) 칸트는 여기서 독일의 논쟁가이자 문헌학자인 쇼페(Caspar Schoppe, 1576~1649)를 언급했다.

14) Michael Hißmann, "Bemerkungen für die Geschichtschreiber der philosophischen Systeme; über Dutens Untersuchungen; und über die angeborenen Begriffe des Plato, Descartes und Leibniz", *Teutschen Merkur*, Oktober 1777, pp.22-52.

제2절 과제의 해결: 어떻게 아프리오리한 종합 판단이 가능한가? 에버하르트에 따를 경우

1) 이 구절에 대한 칸트의 인용은 부정확하다. 그래서 바이셰델판에서 주석으로 병기된 『철학잡지』에 실린 에버하르트의 주장을 그대로 번역했다.

2) 'non liquet'. 이것은 배심원이 유죄인지 무죄인지 판결을 거부하거나 보류할 때 사용되는 것으로 로마법에서 나온 표현이다.

3) 초판(1790)에는 '동음의'(gleichlautend)로 되어 있으나 재판(1791)에서는 '등가의'(gleichgeltend)로 수정했다.

4) 초판과 학술원판에는 '본질 외적'(außerwesentlich)으로 표기되어 있지만 재판에서는 '임시적인'(außerordentlich)으로 표현했다.

5) 『형이상학 서설』 Ⅳ 271(『칸트전집』 5 46).

6) 『형이상학 서설』 Ⅳ 273(『칸트전집』 5 42).

7) 『형이상학 서설』 Ⅳ 294-326(『칸트전집』 5 74-114).

8) 바움가르텐의 『형이상학』에 나오는 구절은 "사물의 본질은…… 절대적으로 그리고 내적으로 불변한다"(Essentiae rerum … sunt absolute et interne immutabiles)이다.

9) 이것에 대하여 에버하르트는 베르누이(Jakob Bernoulli, 1654~1705)의 어떤 책, 어느 대목을 참고했는지 인용 근거를 밝히지 않았다. 참고로 베르누이는 베르누이 가문의 저명한 수학자들 중 한 사람으로 바젤대학에서 수학교수를 지냈다.

10) 『형이상학 서설』(Ⅳ 270; 『칸트전집』 5 44)의 한 구절에 따르면 칸트는 로크에게서 분석 판단과 종합 판단을 구별할 수 있는 암시를 받았다. 칸트는 로

크의 『인간 지성론』(제IV권 제3장 제9절)을 언급하는데, 그곳에서 로크는 판단에서 우리 표상들[관념들]의 다양한 관계와 관념들의 기원을 논구하여, 관념들 사이에 동일적이거나 모순적인 관계를 형성하는 판단과 주관 속에서 관념들의 공존을 형성하는 판단을 구별했다. 칸트에 따르면 대략 전자는 자신의 분석 판단에 상응하고, 후자는 종합 판단에 상응한다.

11) 로이슈(Johann Peter Reusch, 1691~1758)는 볼프주의 논리학자로 『논리 체계』(*Systema logicum*)와 『형이상학 체계』(*Systema metaphysicum*) 등의 저서를 남겼다.

12) 크루지우스(Christian August Crusius, 1712~75)는 반볼프주의자이자 신학자로 알려져 있는데, 여기서 칸트는 크루지우스의 『인간 인식의 확실성과 신뢰성에 이르는 길』(*Weg zur Gewißheit und Zuverläßigkeit der menschlichen Erkenntniss*, Leibzig, 1747, § 260)에서 논의된 내용을 언급했다.

13) 칸트가 여기서 염두에 둔 대표적인 사람은 독일 계몽주의 철학자로 알려진 히스만(Michael Hißmann, 1752~84)이다. 히스만의 『라이프니츠 남작의 생애론』(*Versuch über das Leben des Freih. von Leibnitz*, Münster, 1783), 58-60쪽과 69-71쪽 참조할 것.

변신론에서 모든 철학적 시도의 실패

1) 'das Zweckwidrige'.
2) 'zweckwidrige'.
3) "법정의 예외", 즉 법정의 능력에 대한 도전.
4) 'das eigentliche Böse'.
5) 'Übel'.
6) 'Kontraste'.
7) 이 문장은 성서에 바탕을 둔 것이다. "내 생각은 너희 생각과 같지 않고 너희 길은 내 길과 같지 않다. 주님의 말씀이다." 「이사야서」 제55장 8절.
8) 'sunt supris sua iura'. 높은 데 있는 자들은 그들 자신의 법칙을 가진다.
9) 베리 백작(Pietro Verri, 1728~97). 이탈리아의 경제학자, 정치가, 도덕사상가, 문학가. 『즐거운 마음씨에 대하여』(*Sull'indole del piacere*, 1773)에서 인용한 것이다. 이 책은 마이너스(Christoph Meiners)가 『즐거움의 본성에 관한 사상』(*Gedanken über die Natur des Vergnügens*, Leipzig, 1777)의 제목으로 독일어로 번역했다. 베리는 고문 폐지 운동의 선구자였다. 칸트는 'Veri'로 표기했으나 'Verii'가 옳다.
10) 'wahrnehmen'.
11) 'willkürlich'.

12) 'ab instantia'. 이것은 '설명근거 없이 즉석에서 옳음'을 의미한다.

13) 'entweder doctrinal oder authentisch'.

14) 'machthabend'.

15) 「욥기」 제23장 13절. "그러나 그분은 유일하신 분, 누가 그분을 말릴 수 있으리오? 그분께서 원하시면 해내고야 마시거늘."

16) 'was beide Theile vernünfteln oder übervernünfteln'.

17) 'der Character'.

18) 「욥기」 제13장 7-11절. "자네들은 하느님을 위하여 불의를 말하고 그분을 위하여 허위를 말하려나? 자네들은 하느님 편을 들어 그분을 변론하려는가? 그분께서 자네들을 신문하시면 좋겠는가? 사람을 속이듯 그분을 속일 수 있겠나? 자네들이 몰래 편을 든다면 그분께서는 기필코 자네들을 꾸짖으실 것일세. 그분의 엄위가 자네들을 놀라게 하고 그분에 대한 공포가 자네들을 덮치지 않겠는가?" 「욥기」 제13장 16절. "정녕 이것이 나에게는 도움이 되겠지. 불경스러운 자는 그분 앞에 들 수도 없기 때문일세."

19) 'Theorie'.

20) "(반동의) 프리드리히 빌헬름 2세 치하에서도 자유로운 정책을 유지했던 계몽된 베를린 고등 종무원"을 말한다. 『이론에서는 옳을지 모르지만 실천에서는 쓸모없다고 하는 속설』(*Über den Gemeinspruch: Das mag in der Theorie richtig sein, taugt aber nicht für die Praxis*, 1793).

21) 「욥기」 제27장 5절, 6절. "나는 결단코 자네들이 정당하다고 인정할 수 없네. 죽기까지 나의 흠 없음을 포기하지 않겠네. 나의 정당함을 움켜쥐고 놓지 않으며 내 양심은 내 생에 어떤 날도 부끄러워하지 않으리라."

22) 'Unding'.

23) 'Fürwahrhalten'.

24) 'totura spiritualis'. 정신적 고문.

25) 계몽에서 미래의 진보는 교의의 신뢰성에 의심을 제기할 수 있기 때문에, 역사적 교의를 지지한다는 맹세하에 자신을 변경할 수 없게 구속하는 것은 합법적이 아니라는 칸트의 주장에 대해서는 『계몽이란 무엇인가에 관한 답변』(*Beantwortung der Frage: Was ist Aufklärung?*, 1784) 참조할 것.

26) 'positiven'.

27) 'zu nichts'.

28) 'andern Beziehungen'. 몇 줄 뒤 동일한 경향성에 대해서 칸트는 äußern Verhältnisen이라고 말했다. 앞의 andern은 인쇄 오류이며 오히려 äußern, 즉 '외적'이라고 읽어야 할 듯하다.

29) 'Gebrauch'.

30) 'zu nichts'.

31) 즉 미워할 만한 것.

32) 'Nichtswürdigkeit'.
33) 드 뤽(Jean-André de Luc, 1727~1817)은 스위스의 과학자이자 도덕사상가
다. 『산악과 지구와 인간의 역사에 관한 자연과학적·도덕적 서간』(*Lettres
physiques et morales sur les Montagnes, et sur l'Histoire de la terre et de l'Homme*, La
Haye, 1778~80, 6 vols.)을 썼다.
34) 독일의 산맥.

이론에서는 옳을지 모르지만 실천에는 쓸모없다고 하는 속설

1) 'in thesi', 'in hypothesi'. 이 라틴어 표현은 칸트가 즐겨 쓰던 용어로, 이곳 외
에 학술원판 V 294; VI 29; VIII 357; XVIII 329, 695, 705; XXVIII 135, 169 등에도
등장한다. in thesi.와 in hypothesi는 대조적 표현으로, 전자는 '이론상으로는',
'일반적 명제로는', '일반론으로서는'의 의미이며, 후자는 '실제상으로는',
'구체적 경우에 적용하면', '구체론으로서는'의 의미다(칸트, 이석윤 옮김, 『판
단력비판』, 박영사, 1974, 170쪽 각주 참조).
2) 파울비티헨(Paul Wittichen, "Kant und Burke" in *Historische Zeitschrift* 93, 1904,
pp.253~255)에 따르면 칸트는 여기서 버크(Edmund Burke)를 생각하는데, 버
크는 『프랑스혁명에 대한 반성』(*Reflections on the Revolution in France*, London
1790)에서 프랑스혁명과 국가철학적 논의들의 실천철학적 사용에 강력히 반
대하면서, 다음과 같이 말하고 있다. "나는 그들[사변적인 사람들]의 정치
적 형이상학의 서투른 정교함에 대항해서는 말할 것이 아무것도 없다. 하지
만 아마도 그들은 그것들로 자신들의 학교에서 즐거워할 것이다."(Immanuel
Kant, *Über den Gemeinspruch; Das mag in der Theorie richtig sein, taugt aber nicht
für die Praxis; Zum ewigen Frieden, ein philosophischer Entwurf*, hrsg. Heiner F.
Klemme, Hamburg: Felix Meiner Verlag, 1992, p.105 이하 참조).
3) 'Schulmann'.
4) 'illa se iactet in aula!' 칸트는 로마시인 베르길리우스의 장편 서사시 『아이네
이스』의 한 구절(Vergil, *Aenëis* I, 140)을 인용했다.
5) 'das Wohl'. '안녕'(安寧)이라고 옮길 수도 있겠으나 뒤따르는 문맥상 '행복'
이라고 하는 것이 더 좋겠다.
6) 원본(1793년)이나 바이셰델판의 'verbundene, allgemeine, jener gemäße,
Glückseligkeit' 대신에 학술원판과 클렘메판에서 교정된 'verbundene
allgemeine, jener gemäße Glückseligkeit'를 우리말로 옮겼다.
7) 가르베의 저술(『도덕과 문학의 다양한 주제들에 관한 시론들』 제1편, Beslau
1792)의 원문에는 'dem moralischen System'(도덕적 체계)으로 되어 있다. 따
라서 'System'(체계)으로 읽는 원본이나 바이셰델판과 달리 여기서는 학술원

판과 클렘메판의 교정을 따른다.

8) 'res merae facultatis'.

9) 'pactum sociale'.

10) 'pactum unionis civilis'.

11) 'constitutionis civilis'.

12) 'conditio[condicio] sine qua non'.

13) 클렘메판과 바이셰델판에는 'begriffen worden'(파악되었던)으로 되어 있다.

14) 'imperium paternale'.

15) 'imperium, non paternale, sed patioticum'.

16) 바이셰델판에서 해당 문구는 "mit der größten Ungleichheit, der Menge, und den Graden ihres Besitztums"(그들 점유상태의 양과 정도의 최대 불평등과 함께)로 되어 있다.

17) 'status iuridicus'.

18) 'superior'.

19) 'inferior'.

20) 'imperans'.

21) 'subiectus'.

22) 'occupatio bellica'.

23) 'Nobili'.

24) 'Doge'.

25) 'Galanterie'.

26) 'sibisufficientia'.

27) 'bourgeois'.

28) 'citoyen'.

29) 'sui iuris'.

30) 'praestatio operae'.

31) 'operarii'

32) 'artifices'.

33) 'opus'.

34) 'operam'.

35) 'contractus originarius oder pactum sociale'.

36) 'Salus publica suprema civitatis lex est'.

37) 'irreprehensibel'.

38) 'irresistibel'.

39) 'ius in casu necessitatis'.

40) 'casus necessitatis'.

41) 아헨발(Gottfried Achenwall, 1719~72), 철학교수, 나중에 괴팅겐대학 법학교

수. 칸트는 아헨발의 저술『자연법 후편, 강의용 가족법, 공법 그리고 국제법을 포괄하여』(iuris naturalis pars posterior complectens ius familiae, ius publicum et ius gentium in usum auditorium. Edition quinta emenatior, Göttingen 1763)를 자연법 강요(綱要)에 대한 자신의 강의에서 기초로 삼는다(Immanuel Kant, 1992, p.107 참조).

42) 'joyeuse entrée'. 이는 브라반트(Brabant)의 분할불가능성과 신분들의 특권들이 확정되어 있는 지배계약을 일컫는 표현이다. 브라반트와 림부르크(Limburg)의 공작들은 1356년과 1792년 사이에 자신들이 수도 브뤼셀로 입성하기 전에 그 계약을 지킬 것을 맹세하지 않으면 안 되었다. 공작이 그 계약을 위반했을 경우 신민들은 자신들의 복종의무에서 벗어나게 되어 있었다. 오스트리아의 요세프 2세(Joseph Ⅱ)가 그 계약을 무시하자 1786~87년에 저항이 일어났고, 1789년 2월 브뤼셀 반란에서 절정을 이루었다(Immanuel Kant, 1992, p.107 참조).

43) 'status naturalis'.

44) 당통(Georges Jacques Danton, 1759~94), 프랑스의 혁명론자. 마이어(Maier)에 따르면(학술원판 Ⅷ 502), 칸트는 로베스피에르(Robespierre)를 당통과 혼동한 것 같고, 이러한 혼동은 칸트 자신에게 책임이 있는지, 아니면 그의 회상이 연원하는 어떤 신문기사에 책임이 있는지 알 수 없다(Immanuel Kant, 1992, p.107 이하 참조).

45) 야콥[제임스] 2세(Jakob Ⅱ)의 장녀이며, 개신교도였던 마리아(Maria)[메리]와 그녀의 남편 오라니엔(Oranien)[네덜란드 왕가]의 빌헬름[윌리엄] 3세(Wilhelm Ⅲ)의 왕위등극(이중 왕위)을 가리킨다. (명예혁명의) 빌헬름의 등장과 야콥의 프랑스 도피 후 새로 소집된 의회(협정)는 주권법 속에 자신을 정규의회로 선언했고, 개신교 계승을 확정했다. 야콥이 그의 주권을 잃어버리게 된 것이 그가 근원적 계약을 파기했기 때문인지(휘그당Whigs), 그가 퇴위했기 때문인지(토리당Tories)에 대한 논쟁이 불붙었다(Immanuel Kant, 1992, p.108 참조).

46) 'de Cive'.

47) 'Selbst- und Lautdenken'.

48) 'iudicium anceps, experimentum periculosum'. 히포크라테스의 제1금언(Aphorismus)이다.

49) 'salto mortale'.

50) 'Tum pietate pietate gravem meritisque si fortr virum quem Conspexere, silent arrectisque auribus adstant'.

51) 멘델스존(1729~86)의 저술『예루살렘 또는 종교적 권세와 유교에 대하여』(Jerusalem oder über religiöse Macht und Judentum, Berlin, 1783)를 가리킨다. 칸트는 저자에게 보내는 한 편지(1783년 8월 16일)에서 그 저술에 찬사를 표한

다(학술원판 X 344-347; Immanuel Kant, 1992, p.108 참조).

52) 칸트는 레싱(Gotthold Ephraim Lessing, 1729~81)의 『인간종의 교육』(*Die Erziehung des Menschengeschlechts*, Berlin, 1780)의 내용을 언급했다(Immanuel Kant, 1992, p.10 참조).

53) 스위프트(Jonathan Swift, 1667~1745)는 『걸리버의 여행』(*Gullivers Reisen*, 1726)에서 풍자적으로 라가도(Lagado)학술원의 한 회원의 계획을 언급하는데, 그 방법에 따르면 사람들은 집을 지을 때 마치 꿀벌과 거미들처럼 지붕 위에서 시작하여 아래로 진행해야만 한다는 것이다. 칸트는 이러한 내용을 소개한 『풍자적이고 진지한 저술들』(*satyrische und ernsthafte Schriften*, Hamburg/Leipzig, 1761) 5권에서 해당 문구를 인용했다(학술원판 XXIII 58, 519 참조).

54) 생피에르(Abbé Charles Irené Castel de Saint-Pierre, 1658~1743)는 프랑스 전권대리인의 비서관으로서 유럽의 기독교 국가들을 영속적인 정치적 평화에 이를 수 있게 하는 하나의 포괄적 계획을 수립하려고 했다. 1712년 쾰른에서는 『유럽에서의 영속적인 평화를 실현하기 위한 생각』(*Mémorie pour rendre la paix perpétuelle en Europe*)이, 1713년에는 『유럽에서의 영속적인 평화를 실현하기 위한 기획』(*Projet pour rendre la paix perpétuelle en Europe*)이 출판되었다. 그의 작품은 많은 논박서가 출판되는 등 라이프니츠와 볼테르도 참가했던 격렬한 논쟁거리를 제공했다.

루소(Jean-Jacques Rousseau, 1712~78)는 1761년 암스테르담에서 칸트에게도 알려진 읽기 쉽고 영향력 있는 『아베 생피에르 씨의 영속적인 평화의 기획에 대한 발췌』(*Extrait de projet pour rendre la paix perpétuelle de M. l'abbé de Saint-Pierre*)를 출판했다. 그는 여기서 하나의 유럽연맹을 현실에 불러낸 생피에르의 생각을 칭찬하고, 그 연맹의 실현으로 나타나는 여덟 가지 장점을 언급한다. 하지만 루소는 이어서 출판된 『영속적인 평화에 대한 판단』(*Jugement sur la paix perpétuelle*)이라는 자신의 책에서는 비판도 아끼지 않았다. 즉 하나의 연방적인 연맹의 계획은 좋지만, 단지 폭력적으로만 그리고 허가되지 않은 수단으로만, 즉 혁명으로만 실행될 수밖에 없기 때문에 그 계획의 실행은 결국 무의미하다고 간주했다. 칸트는 1755~56년경에 생피에르의 기획을 알고 있었는데(학술원판 XVI 241), 그의 기획이 환상이라는 동시대인들의 판단에는 동의하지 않았지만, 그 평화 기획이 너무 정치적인 현실에 대한 추정적인 외부 사건적 강제들과 요구들에 향해 있다고 비판했다(학술원판 VIII 24; XV 210, 921 등; Immanuel Kant, 1992, pp.109-111 참조).

55) 'in praxi'.

56) 'in subsidium'.

57) 'fata volentem ducunt, nolentem trahunt'. 출처는 세네카(Seneca)의 『도덕에 대한 편지들』(*Epistulae moralis*) XVIII, 4이다.

만물의 종말

1) 할러(Albrecht von Haller, 1708~77)이고 인용된 시구는 1734년에 출판된 그의 시집 『스위스 시의 시도』(*Versuch von Schweizerischen Gedichten*)에서 발표된 시 「영원에 관한 불완전한 시」("Unvollkommenes Gedicht über die Ewigkeit")의 한 구절이다.

2) 비르길(Virgil)은 통상 영어로 버질(Vergil)이라고도 불리는 고대 로마의 시인 베르길리우스(Publius Vergilius, 기원전 70~기원전 19)를 말한다.

3) 'der jüngste Tag'. 비록 한국어로는 어색하지만 'der jüngste Tag'은 독일어의 독특한 표현인 점을 감안하고 원문의 어감을 살리기 위해 글자 그대로 직역했다. 의역한다면, 이 단어는 본문에서도 알 수 있듯이 '마지막 날' 혹은 '최후의 날'로 번역될 수 있다.

4) 「요한계시록」제6장 13-14절 참조할 것.

5) 「요한계시록」제20장 14-21절, 1절 참조할 것.

6) 'Ormuzd'.

7) 'Ahriman'.

8) 'Ava'. 버마인의 나라.

9) 'Godeman'.

10) 'Darius Codomannus'.

11) 'arge Mann'. 독일어로 나쁜 사람을 뜻함.

12) 손네라(Pierre Sonnerat, 1748~1814), 프랑스의 동식물 연구가이자 여행가. 그의 여행기가 1783년에 독일어로 번역(『여행기』*Resie*)되었고, 이 번역본이 칸트가 언급한 것이다.

13) 호라체(Horaze)는 고대 로마 공화정 말기의 시인 호라티우스(Quintus Horatius, 기원전 65~기원전 8)를 말한다.

14) 「민수기」제16장 32절 참조할 것. 고라(Korah)는 모세(Moses)와 아론(Aaron)에 대한 반란을 지도했던 레위인의 이름이다.

15) 「열왕기하」제2장 1절 참조할 것. 엘리야(Elijah)는 헤브레이(Hebrew)의 예언자다.

16) 'Gesetze'. 'Gesetz'는 맥락에 따라 '법', '법칙', '법률', '율법' 등으로 번역할 수 있는데, 종교적 맥락에서는 '율법'으로, 법학적 맥락에서는 '법률'로, 철학적 맥락에서는 '법칙'으로 번역한다.

17) 'Gebote'. 'Gebot'은 보통 '명령' 혹은 '지시명령'으로 번역되지만 여기서는 종교적 맥락을 고려하여 '계율'로 번역했다.

18) 142권으로 이루어진 『로마사』(*Ab urbe condita libri*)를 저술한 고대 로마의 역사가 리비우스(Titus Livius, 기원전 59~기원후 17)를 말한다.

19) 「마태복음」제5장 12절.

찾아보기

「세계시민적 관점에서 본 보편사의 이념」

ㄱ

강제 24, 26
개별자 19
개별화 24
개인 20, 21, 27, 28, 33
개화 31
경쟁심 25
경험 27, 28, 32, 36
계몽 22, 24, 33, 35
계획 20, 31, 33-35
고난 23, 25
공동체 26, 28-31
국가 28-33, 35
국가본체 28, 33, 34
국가체제 31, 35
국제관계 28
국제연맹 28
규칙 19, 21, 29, 35
기술 26, 29, 34, 36

ㄴ

나태 24, 25
노동 25
뉴턴 21

ㄷ

도덕 24, 31

ㄹ

루소 28, 30

ㅁ

모순 20, 21
목적 21-23, 25, 30-32, 34-36
목적론 21
문명화 30, 31
문화 24, 26, 30, 31

ㅂ

발현 21
보편 19, 21, 33, 34

보편적 세계사 34
보편적 세계시민상태 33
복종 27
본능 20-22
불화 25, 28, 29
비사교성 24-26, 28
비사교적인 사교성 24

ㅅ
사회 24-26, 28, 31
사회화 24
성향 24
세계시민 20, 36
세계시민상태 30, 33
소유욕 24, 25
수단 22, 23, 28, 36
시민사회 25
시민적 공동체 26, 29
시민적 체제 26, 28-30, 32, 35
실천적 원칙 22, 24

ㅇ
아프리오리 36
안락 25
야만 24, 28-30
야만상태 30
에피쿠로스 29
역사 19, 20, 31, 34-36
예술 31, 35
완전성 22, 23
우연 21, 29, 30

원인 19, 24, 28, 29
의도 19-23, 25, 26, 29, 31-34, 36
의지 19, 22, 27, 28
의지 자유 19
이념 22, 27, 31, 34, 36
이성 20-23, 25, 26, 28, 32, 34, 36
인간 19-30, 32-34
인간 본성 24, 30, 32
인간의지 19, 22
인류 20, 21, 25, 26, 29-35

ㅈ
자기목적 22
자기존중 23
자연 20-23, 25-35
자연법칙 19
자연소질 21-25, 30
자연원인 21
자연의도 20, 32, 34
자연학 21
자연현상 19, 20
자유 19, 22, 25-30, 32-35
자유의지 19
저항 24, 25, 30
전개 19, 21-26, 29-31, 33, 35
전쟁 28-30, 33
종 19, 21, 23, 27
종의 근원적 소질 19
종족 25
지배욕 24, 25
지배자 26, 27, 33

진보 24, 30
질서 25, 26

ㅊ
창조자 25

ㅋ
케플러 21

ㅌ
통합 30, 34

ㅍ
평등 30
프톨레마이오스 34

필요 21-23, 26, 27

ㅎ
학문 31, 35
한계 21
합목적성 30
합목적적 21
합법칙적 21, 24
항쟁 24, 25, 28
행복 22, 23, 30, 32
혁명 29, 33, 35
현상 19
형이상학 19
흄 34
힘 21, 23-28, 30-32

「계몽이란 무엇인가에 관한 답변」

ㄱ
계몽 39-41, 44-47
  ~의 시대 46
교회 42, 43
군주 44-47

ㄷ
대중 40-43

ㅁ
미성숙 39, 40, 43, 46, 47

ㅅ
사용 39-43, 46, 47
  이성 ~ 42
  이성의 공적 ~ 41
  이성을 공적으로 ~ 41, 43, 47
  이성의 사적 ~ 41
  지성을 ~ 39, 40
시민 41, 42, 44, 45, 47, 48

ㅇ
용기 39
의무 42, 46

이성 41-43, 46, 47

ㅈ

자유 40-44, 46-48
종교 43, 46, 47
지도 39, 46
지성 39, 40, 46

ㅊ

책임 39, 46, 47

ㅎ

학자 41-45
후견인 39-41, 43, 47

「인종에 관한 개념 규정」

ㄱ

가설 51, 57, 58, 67
가족 55-57
각인 53, 57
개연성 66
거주지 54, 60, 64, 67
결합 55, 56, 67
경향 64
경험 51, 59, 63, 64, 69
계획 58
관찰 51
구분 51, 52, 54, 55, 60-62, 64, 67
근원 51

ㄷ

다양성 51, 65
동물 59, 62, 65

ㄹ

러시아인 63

ㅁ

말레이인 63
메스티조 56
목적 58, 61, 65
몽골인 63
무어인 52
문 60-62, 64, 65, 67-69
물라토 56
민족 55, 58, 63, 64, 68
민족특성 55, 64

ㅂ

발생 62, 65
발현 61
백인 53-57, 62, 64, 68, 69
번식가능성 61
번식력 65
보존 59, 60, 67, 69
본성 65
본질 57, 61

부랴트인 63
부류 52, 54-57, 60-62
부류구분 53, 54, 62
부류차이 61
분류 51, 54, 65

ㅅ
산출 61, 67, 69
생물 54, 58, 64, 65
생식 57, 58, 60, 63-65, 69
생식력 59-61, 65
섞임 63-65, 69
속 55, 57, 59-65
신체 59, 61, 64, 66
실존 65
실험 59, 63
싹 60, 61, 64, 65, 67, 68

ㅇ
아메리카인 54, 56, 67
아반인 63
아프리오리 57
우연 53, 59, 60
원리 51, 52, 58, 63, 64, 67
원시 60, 61, 64, 65, 67
원인 57, 60
원천 65
원초적 60, 61
원초적 틀 59
원형 59
유 51, 58-62

유기적 58
유기조직 60, 65, 66, 67
유럽인 63
유전 53-57, 59-65, 67, 68
유전적 성질 55
의도 51, 62, 65
이성의 준칙 58
인간 문 64, 69
인간부류 57, 61, 63
인도인 53, 54, 56, 63
인류 51, 52, 54, 57, 60, 62, 63, 67, 68
인종 51, 66

ㅈ
자연 53-55, 58-60, 65-67
자연력 58
자연사 63-65
자연서술 62
자연소질 64
자연특성 54
잡종 57, 61, 63, 64, 69
잡종생식 63, 69
적색인 54
전개 60, 65, 67-69
종 51, 61-68
종족 62
준칙 58
중간유형 57, 61, 63
중국인 55, 63

ㅊ

창조 65
철학 64, 67
최초 소질 61
추정 57, 58, 63, 68
추측 66, 67

ㅋ

카리브인 56
카피르족 53, 54, 63
칼미크인 63
크리올 52, 68

ㅌ

탄산가스 66, 67
통일성 62, 64, 65
특질 56, 63-65
특징 53-57, 60-64, 69

ㅍ

파푸아인 63
플로지스톤 66
피부 54, 55, 66-68
피부색 52-54, 57, 60, 66
필연 55-57, 60-65, 67

ㅎ

하나의 동일한 문 62
합목적성 66
합목적적 65
혈통 68
형상 59, 63, 69
혼합 56, 57, 60, 63, 69
확실성 63
황색인 54, 56
후손 53, 55, 64, 67, 68
휘발성 알칼리 67
흑인 52-54, 56, 57, 62, 64-66, 68
흔적 54, 63, 64

「인류사의 추정된 기원」

ㄱ

감각 능력 75-77
개연성 75
경쟁자 79
경향 76-79
경험 73, 74, 76
고난 78, 87, 88

고통 78
공동체 86, 87
공허한 욕구 89
교육 82
구성 73
국가 86, 87
권태 77, 89

근심 77, 78, 87, 88
기술 78, 85, 86, 90
기원 73

ㄴ
낙원 80
노동 78, 84
노예상태 86
농부 84, 85

ㄷ
도덕 75, 78, 81, 83, 87, 90
도덕적 존재 78
동물 75-81

ㄹ
로빈슨 크루소 89
루소 81

ㅁ
만족 77-79, 87-90
모순 76
목자 84
목적 74, 75, 78, 79
목축생활 84, 85
무위 80
무화과 잎 77
문화 78, 81-83, 85-88
미래 78, 79, 87, 88

ㅂ
번식 74
보존 77
보편 89
복종 75-77
본능 75-77, 80
불안 77
불평등 81, 85
불화 84

ㅅ
사건 73, 74
사교성 78, 85
사랑 78, 79, 88
사명 74, 80, 81, 83, 90
사유 75, 76, 89
사유 능력 76
사회 79, 84, 88
삶 76-78, 80-82, 85, 88, 89
삶의 방식 76, 77, 85
상상력 73, 74, 77, 80
상충 75, 81, 82
생계수단 84
생활방식 84
선 83, 85, 86, 90
선택 76, 77, 89
섭리 87
성서 74, 88
성적 본능 77
소유물 84, 85
소질 73, 79, 81, 83, 85, 86

수단 74, 77, 79, 88

수렵생활 84

숙련 74, 75

순진무구 81, 89

시대 84, 89

시민국가체제 82

시민법 83

시민적 체제 85

신 75, 81

신의 음성 75

실존 74, 86

ㅇ

악 78, 80-82, 85, 87-90

악덕 81-83, 86, 88

안락 84

야만 85

억압 87, 89

역사 73, 74, 78, 81, 89

영양섭취 본능 77

영원한 평화 80, 88, 89

예술 83

완전성 80

욕망 76-78

원인 73, 83, 87

원죄 89

유목민 85, 86

이성 73, 74, 76-81, 89, 90

이성적 존재 79

이성표명 77

인간 73-82, 84, 85, 88-90

인간 본성 73

인권 83

인류 80, 81, 83, 85-88

ㅈ

자연 73, 74, 76-81, 83, 86, 88-90

자연소질 83

자연원인 74

자연의 목적 79

자연철학 74

자연충동 76

자유 73, 76, 77, 80, 81, 84, 86, 87

전개 73, 77, 80, 81, 90

전쟁 74, 86, 87

정욕 76

정원 74, 80

정의 85, 88

종족 74

죄 78, 81, 87, 88

죽음 78, 80, 88

진보 80, 81, 90

집단 85, 86

ㅊ

창조물 80

최초 기원 73

최초의 인간 75

추정 73-75

ㅌ

탐욕 89

통합 84

ㅍ

평등 79
평화 80, 84, 88, 89
풍요 76

ㅎ

한계 76
합목적성 81
합목적적 83
합법칙성 83
황금시대 89
히포크라테스 82
힘 74, 84, 87

「사유 안에서 방향 정하기란 무엇인가」

ㄱ

감성 93, 98
개념 93, 95, 96, 98, 99, 101, 103, 105,
  106
객관적 97, 98, 100-103, 110
  ~ 근거 97, 98, 100, 110
  ~ 실재성 101
경험 93, 97-99, 106
계몽 111
계시 94, 105
광신 94, 98, 106, 109
구상적 93

ㄴ

근원적 존재 99
느낌 95-97, 105

ㄷ

데카르트 99

ㅁ

멘델스존 93-95, 102, 103, 106
무제약자 99, 100
미신 106, 109
믿음 103-108

ㅂ

방향 94-98, 102, 105
  ~ 정하기 95, 96
  ~을 정하다 96
  ~을 정하는 94, 95, 97, 102
  ~을 정할 96, 98, 105
법칙 99, 101, 108-110
  도덕~ 101, 110
불신 110

ㅅ

사용 93, 94, 96-99, 101-104, 109-
  111

이성 ~ 94, 99, 102-104
이론적 ~ 101
이론적 이성 ~ 104
실천적 ~ 101
사유 93, 97, 98, 102
상식 94, 95, 103, 105
수학 96, 97, 110
스피노자 94
　~주의 106
신 101, 105, 106

ㅇ
앎 103, 104, 106
야코비 94, 106
요청 104
욕구 97-104, 110
　이성의 ~ 101, 103
윤리성 101, 102
이상 102
이성 93-95, 97-110
　건전한 ~ 94, 95, 103, 105
　순수 ~ 97, 103
이성 신앙 103-106, 110
의견 94, 103, 104

ㅈ
자연 96, 101, 103-105, 108, 109
자유 98, 101, 108-110
　생각의 ~ 108, 110
　생각할 ~ 108-110
주관적 근거 98, 100, 104
준칙 93-95, 97, 102, 103, 109, 110
지리 95, 96
지성 93, 94, 98
직관 93, 95, 97, 98, 105, 106

ㅊ
천재 109
철학 93
초감성적 94, 95, 98, 105, 106
최고 지성체 99, 101
최고선 99, 101, 102

ㅎ
합목적성 100
행복 101
현상 101, 105, 106

「철학에서 목적론적 원리의 사용」

ㄱ
가계 123, 125
계통 121-123, 125-129, 131, 133,
　137-139, 141, 142
근원적 ~ 122, 125, 128
　~적 기원 121-123, 128, 131, 138

골격 129, 131

근본력 143-145

기후 125, 127, 129, 130, 133-139

ㄷ

다양성 121-127, 132, 140

ㄹ

라인홀트 148

램지 134

린네 118, 119

ㅁ

마스든 135

멘델스존 144

목적 115

　～론 115, 116, 128, 140, 141, 146

　～론적 원리 117, 145, 146

　～인 116, 145

　합～ 116, 117, 124, 125, 127-129,

　134, 137, 138, 144, 146

　자연의 ～ 125, 145

　자유의 ～ 145

　자연～론 146

문(門) 121, 122

ㅂ

배아 126, 128, 129, 133, 134

　근원적 ～ 126, 129

백인 125, 127, 130-132

분류 123, 128, 129, 138

뷔싱 140

뷔퐁 126

ㅅ

생식 121-123, 130-132, 138, 141,

　142

샤프츠베리 124

소질 123-128, 132, 133, 136, 137

　근원적 ～ 124, 132, 138, 141

스턴 120

스프렝겔 134, 135

ㅇ

아라비아 130, 131, 138

아메리카 128, 136-138

아시아 142

아프리카 130, 138, 142

우요아 136

유기적 존재 128, 141-144

유전 120, 122-124, 126-129, 131,

　137, 139, 140, 143

융합 123, 125, 128

이념 115, 118, 122, 144

이성 115-119, 121-123, 128, 141-

　143, 145, 146

인간 118, 122, 124-128, 132, 133,

　137, 139, 141-143, 145

　～부류 122, 123, 136

인도 127, 132, 134

인류 122, 124, 126, 135, 136

인식 115, 118-120, 140, 144, 147,

148
인종 115, 117, 137, 139

ㅈ
자연 115, 116, 118, 120, 121, 123-
127, 129, 131, 132, 134, 136, 139,
140, 145, 146
～목적 115, 146
～사 117-119, 121-123, 128, 140
～기술 117-120, 122, 123, 128, 140
～ 설비 126, 127, 129
～탐구 115, 116 119, 122, 128, 141,
142
～탐구자 117, 119, 141, 142
～학 115, 116, 143
자유 117, 124, 145, 146
종 121, 123, 127, 136, 137, 140
변～ 121
아～ 121-123, 133, 137, 138
자연～ 139, 140
학문적인 ～ 140
종교 116, 117
종족 120-127, 131, 136-139
죄메링 129
징표 123, 131

ㅊ
친족성 122, 138, 142

ㅋ
카피르 130, 131, 139
카테렛 139

ㅌ
특이성 120, 121, 123, 124, 127-129,
134

ㅍ
포르스터 117-119, 127-133, 135,
140-142
포레스터 138
피부 126, 129, 130
～색 125, 130-132, 136, 137, 139

ㅎ
형이상학 115-117, 141-143, 147,
148
호텐토트 130
혼성 123, 126, 128, 130, 132
황인 138
흑인 127-131, 134, 137-139, 142

「순수 이성의 이전 비판이 모든 새로운 비판을 불필요하게 만든다는 발견」

ㄱ

가능성 154, 156, 158, 160, 173, 176, 196, 198, 199, 202, 204-208, 212-216, 222, 225, 227-229, 230, 236

감각 167, 168, 174-177, 179, 182, 183, 188, 198

감관 153, 161, 166, 169, 170, 172-175, 179-182, 184-186, 188-193, 195, 196, 222, 223

감성 153, 168, 172, 174-176, 178, 181, 183, 188, 189, 192-195, 197, 223, 224, 226, 235, 236

감성적 153, 160, 161, 166, 168, 170-173, 175-177, 179, 182-185, 187-192, 194, 195, 196, 198-202, 205, 217, 220, 223, 234

개념 153-156, 158-166, 169, 170, 173-177, 180, 182, 184-190, 192-195, 197-202, 206-212, 215-226, 229, 230, 233, 234, 237

객관 153-156, 158, 160-162, 166, 168-170, 172, 173, 177-179, 182, 184, 186-188, 190, 193-200, 202, 218, 219, 223, 226, 229, 230, 233

거짓 154, 165, 177, 193, 196, 217

결과 151, 156, 158, 163, 164, 170, 174, 184, 186, 197, 201, 202, 207-209, 214, 224, 225, 227, 229, 235, 237

결합 195, 207, 217, 222, 223, 225, 228, 235

경계 195, 210

경과 172, 200, 201, 217, 219

경험 153, 166, 172, 174, 175, 177, 182, 186-191, 195, 206, 209, 213, 214, 216, 221, 222, 224, 230, 232, 234-236

경험론 183

공간 168-173, 177-180, 184, 190, 195-199, 205, 219, 222, 224, 234

공통된 167, 193, 200

관계 156, 160, 170, 187, 197, 198, 201, 202, 204, 207, 210, 219, 220, 224-227, 229, 230, 233-236

관념론 182, 235

관념성 224

구성 154, 156-158, 179, 180, 184, 202, 207, 234

  경험적(기계적, 기하학적) ~ 157, 158
  순수(도덕적) ~ 158

구체적 167, 168, 170, 171, 173, 190

권위에 호소하는 논증 152

귀결 176, 180, 209, 219, 224

규정 157, 160, 170, 182, 184, 189, 194-196, 198-202, 205, 212, 217-219, 221, 224-226

규제적 202

규칙 156, 184, 189, 190, 221, 230

근거 151-154, 156, 158-165, 168, 169, 172, 176-179, 188, 189, 193, 194, 196-200, 202-205, 209, 212-214, 219, 221, 222, 224, 225, 233, 236

~율 154, 158, 159, 161, 162, 164, 185, 195, 203, 209, 210, 213, 215, 221, 222, 224-226, 232

충분한 ~ 158, 163

충분 ~율 154, 158, 159, 161, 162, 164, 185, 203, 209, 210, 213, 215, 221, 222, 224-226, 232

근원 ~ 169

근원 존재자 165

기원 194, 228, 234

기하학 156-158, 162, 171, 195

ㄴ

내감 168, 195

내무 200

내용 154, 194, 209, 226, 228

논리적 152, 159-161, 163, 165, 169, 182, 183, 187, 189, 193, 194, 199, 202, 207, 209, 217-221, 226, 229

논리학 159, 160, 163, 189, 225-228, 230

논증 151, 152, 154, 205, 228, 231

뉴턴 175

ㄷ

단순자, 단순한 것 158, 168, 169-174, 176, 177, 180, 181, 186, 189

단자(론) 184, 195, 232, 234

대립 163, 194, 205, 217, 229, 231

대상 154, 156-158, 161, 166, 169, 170, 172-177, 179, 180, 182-189, 192, 195, 196, 198, 199, 201, 216, 217, 220, 223, 228, 229, 235

도덕 230, 237

독단적 228

독단주의 151, 153, 203-206

동어반복 209, 210

동일률 229

동일 판단 228, 229

ㄹ

라이프니츠 151, 152, 154, 161, 172, 192-194, 196, 203, 224, 232-237

로이슈 230

로크 151, 228, 230, 234

ㅁ

명제 152-154, 159, 160, 162-165, 169, 187, 195, 204-213, 215-221, 223-225, 230, 233

분석 ~ 207, 212, 216-219, 221, 230

종합 ~ 206-208, 210-213, 215-217, 219-221, 223-225

모순 158, 161, 163-165, 169-174, 185, 194, 196, 206, 208, 214, 219,

223, 227, 234

~율 158-162, 164, 166, 203, 208-
210, 215, 218, 224, 225, 229, 230,
232, 233

목적 153, 166, 185, 230, 236

궁극 ~ 236

무능력 195

무한한 217-219

물리학 171

물질 172, 176

물체 170, 171, 175, 180, 201, 208,
210, 216, 234, 236

ㅂ

바움가르텐 164, 211, 219

방법 162, 228

분석적 ~ 158

종합적 ~ 158

범주 166, 189, 190, 199-202, 229

법칙 177, 201, 236

도덕~ 236

자연~ 233, 235

베르누이 226

변화 168, 171, 176, 177, 200, 201,
217, 219, 220

보렐리 157, 158

보편성 165, 185, 221, 230

본성 219, 224, 235

본질 172, 189, 204, 207-210, 214,
215, 219, 222, 225, 228

본질 외적 207

볼프 151, 192, 193, 211

부분 154, 162, 168, 170-177, 179,
181, 186, 189-191, 193-196, 207-
210, 213, 224, 228, 234

~ 표상 175, 186, 193

부정 162, 176, 183, 184, 216, 219

분량 154, 195

분석 154, 158, 168, 203, 206-212,
216-221, 224, 225, 227-230, 233

분할 171, 176, 181

불변성 220

비동일 판단 228, 229

비판 151-153, 159-161, 166, 169,
170, 172-175, 177-185, 187-189,
191, 193, 194, 197, 199, 200, 203-
206, 208, 211, 213, 214, 216, 219,
220, 224-226, 228, 229-231, 233,
235-237

비판주의 204

ㅅ

사물 156, 159-161, 163-166, 168-
171, 174, 176, 177-182, 186-190,
192-203, 205, 208, 212, 215, 217,
219-223, 234-237

~ 자체 165, 169, 179, 180-182,
220

삼단논법 164, 187

상상력 171, 172, 182-185, 191

선 158

선결문제 요구의 오류 153

선험적 탐구 229
선험철학 206, 210, 226, 228
성질 153, 156-158, 180, 181, 189-
  191, 194, 196, 198, 201, 221, 222,
  224, 235, 237
세계 176, 180, 234, 237
속성 186, 189, 199-202, 207-210,
  212, 214, 220, 222, 224-228
수용성 172, 193, 196, 198
수학 163, 170, 171, 175, 176, 184,
  206, 213, 215, 223, 230
수학자 156-158, 162, 163, 171, 176,
  184
수학적 162
술어 165, 182, 184, 192, 199, 201,
  202, 206-212, 214, 218, 220, 224,
  225, 227-229
스키오피우스 193
스피노자 200
시간 167-173, 177-179, 190, 195-
  198, 200, 201, 205, 216, 217, 219,
  220, 222, 224
시금석 153
신 165, 197, 232
신학 166, 215
실재론 191
실재론자 191
실재성 154, 156, 158, 159, 161, 162,
  181, 182, 184, 186, 187, 200, 201,
  217, 218
  객관적 ~ 153, 155, 156, 158, 161,

162, 166, 169, 170, 173, 177, 182,
  184, 186, 187, 190, 196, 200, 202,
  218
실재적 161, 217, 219, 220
실체 180, 199-201, 208, 234
심리학 166, 215
심어져 있는 196, 197

ㅇ

아르키메데스 184
아포스테리오리 215
아폴로니우스 156, 157
아프리오리 153, 154, 156, 160, 168,
  172, 187, 189, 194-197, 201, 205-
  209, 210-217, 219-230, 234-236
약함 195
에버하르트 151, 152, 154-162, 164,
  166, 169, 171-174, 176-179, 181-
  183, 185, 187-190, 192, 194-197,
  199-201, 203, 205, 206, 208, 209,
  211-217, 219-221, 223-228, 231
연역 153, 179, 212
영혼 189, 197, 235, 236
오류 153, 170-172, 182, 205, 234
외감 180
요소 135, 168-173, 176, 190, 193,
  205, 207
우주론 155
운동 167, 171
원 157, 184
원리 158-162, 194, 195, 202, 204,

208, 210, 213, 215, 219, 221, 224, 231-235, 237

원뿔 156, 158

~ 곡선 157

원인 161, 162, 166, 199, 201, 236, 237

원천 152, 187, 236, 237

원칙 154, 159-161, 163, 166, 171, 201, 208, 213, 214, 216, 221, 229, 231, 233

유명론자 191

유클리드 162

유한한 168, 176, 217

육체 235, 236

의식 170, 173-175, 177, 179, 189, 191, 192, 198, 201, 230, 235

이념 169, 170, 176, 183, 202, 205, 227, 234

이성의 ~ 234

이성 152, 153, 166, 171-173, 180, 184, 189, 201-204, 224, 228, 230-234, 237

인과성 160, 166, 221

인과율 185, 221

인상 198

인식 151, 153, 154, 156-160, 166, 168-170, 173, 176-181, 184, 185, 187, 188, 190, 193-199, 201-206, 208, 210, 212, 214-216, 219, 221-223, 226-230, 232-236

~의 가능성 196, 205, 228

~의 기원 228

~의 내용 228

~의 형식 158, 159

인식 능력 158, 159, 160, 228

잇따름 167

ㅈ

자발성 199

자연 189, 221, 233, 236, 237

자연과학 213, 223

자유 162, 172, 237

재료 158, 185, 186, 188, 189

재료적 159, 160

전체 154, 156, 161, 162, 172, 174, 175, 184, 191, 200, 201, 212, 213, 216, 219

점 171, 236

정신 168, 234

정의 158, 208, 211, 212, 214, 224

제한 161, 165, 166, 168, 193, 195-198, 209-211, 216, 228, 233

조건 153, 160-162, 166, 172, 181, 184, 195, 196, 199, 201, 204, 205, 215-217, 220, 224, 226, 229, 235

조화 235, 237

예정 ~ 232, 235, 236

존재 159, 168, 175, 216, 231, 236, 237

존재론 155, 302, 210

종합 154, 158, 192, 197, 199, 204-217, 219-221, 223-230, 233

주어 165, 201, 202, 206-212, 214, 216, 218, 220, 224-228

준칙 204

중심점 162, 224

증명 153, 154, 156-164, 166, 167, 169-171, 175-184, 186, 187, 189, 191, 194, 197, 200-203, 205, 211-213, 215, 216, 219, 220, 224, 230

지각 170, 177, 179-181, 186, 189, 191-193, 195

지성 151, 153, 166, 168, 170, 175-177, 179, 181-185, 187, 189, 190, 193-195, 197, 198, 214, 223, 224, 226, 232, 235, 236

지성계 234

지(성)적 157, 168-170, 173-175, 182, 183, 185, 189, 194, 195, 201, 207, 222, 234, 235, 237

지성체 178-180, 201, 202, 217, 219

지속 168, 188, 208

직관 153, 156, 159, 161, 166, 168, 170, 172, 173, 175, 177, 179-181, 184-202, 215, 216, 219, 220, 222-226, 229, 234, 235

　감성적 ~ 160, 161, 170, 171, 173, 174, 176, 177, 187, 190-192, 195, 196, 198-201, 217, 220, 223

　경험적 ~ 172, 174, 175, 188, 189, 191, 222, 224

　순수 ~ 222, 224, 225, 229

　지적 ~ 194, 195, 234

직접적 196

징표 193, 207

ㅊ

차원 195

참, 진리 151-153, 155, 157, 159, 162, 164, 165, 169, 178, 188, 190, 209, 213-216, 218, 220, 221, 223, 224, 227, 232

철학 151, 162, 163, 193, 203, 204, 230-232, 233, 237

체계 152, 162, 188, 189, 213, 216, 227, 231, 232, 234

초감성적인 것 179, 183, 185, 192, 199, 201, 205

촉발 194, 198

총체 180, 207

추론 162, 164, 187, 195, 210, 215, 224

이성추론 164

추상 189, 190, 214,

추상적 171, 214

ㅋ

퀸틸리아누스 154

크루지우스 230

키케로 193

킬 171

ㅌ

타고난 197-199

타당성 153, 159, 166, 200
  선험적 ~ 155, 158, 159
통각 199
통일 164, 188, 199, 235
  종합(적) ~ 197, 216, 223, 229

ㅍ

판단 153, 156, 160, 163, 192, 196, 199, 204-208, 210-214, 216, 219-221, 223-230
  개연 ~ 159
  분석 ~ 154, 206, 208, 210-212, 224, 225, 227-229, 233
  실연 ~ 159, 160
  종합 ~ 154, 206, 208-214, 216, 220, 221, 223-229, 233
판단력 161
판명한 190, 193, 194
포물선 156, 157, 158
포착 175, 195
표상 158, 167, 168, 170, 173-176, 179-182, 185-198, 200, 201, 206, 208, 213, 221-224, 228, 229, 234, 235
표상력 195
플라톤 193

ㅎ

학문 155, 156, 195, 213, 219
한계 153, 166, 175, 223, 224
합목적성 236

합성 167, 169, 171-173, 176, 179, 180, 189, 234
합성된 것 169, 171-173, 176, 179
현상 168, 169, 172, 173, 178-182, 187, 188, 190, 193-196, 223, 234, 235
현상체 179, 202, 219
현시 153, 156, 198, 200
현존 165, 168, 197, 201, 202, 216, 217, 219
형상 168, 170, 175, 182, 183, 196-198
형식 152, 158, 164, 168, 170, 172, 173, 182, 185, 187, 193-198, 223, 228, 229, 231, 234, 235
형식적 159, 160, 198, 231, 235
형이상학 155, 159, 161, 162, 182, 192, 203, 204, 212, 213, 215-217, 219-221, 228, 230-233
형이상학자 205
혼란한, 혼란함 174, 193, 194, 234
확장 151, 154, 155, 157, 166, 191, 194, 195, 206, 215, 219, 221-223, 230, 236
회의주의 204, 205
획득 184, 197-199, 202
  근원적 ~ 197
  파생적 ~ 198
히스만 199
힘 154, 195, 199-201-235

「변신론에서 모든 철학적 시도의 실패」

ㄱ

거짓 241, 255, 257, 259, 261
경험 243, 249, 251, 253, 256, 262
기술 252

ㄷ

도덕가 258

ㅂ

변신론 241, 242, 248, 251-254, 257
　교의적 ~ 253
　인증적 ~ 253, 257

ㅅ

선성 244, 247
세계 241-248, 250-253, 255
　~ 심판자 248
　~ 창조자 241-244, 246, 252, 255
신성성 244, 245

ㅇ

양심성 258
　실질적 ~ 258
　형식적 ~ 258
의무 258
이성 241, 242, 244, 245, 249-253,
　256, 257

ㅈ

정의 243, 244, 248-251, 254
지혜 241-243, 245, 248, 251-253,
　255, 256
　기술적 ~ 252
　도덕적 ~ 252, 253

ㅊ

철학의 법정 251
최고선 252

ㅍ

피조물 248, 252, 254

「이론에서는 옳을지 모르지만 실천에는 쓸모없다고 하는 속설」

ㄱ

가르베 269, 270, 272, 273, 277, 278,
　281
강제 285, 287-289, 297, 302, 303,
　305, 313-316,
강제법(권) 286, 302
강제법칙 284, 285, 287, 289, 305, 316
객관적 필연성 276

공공의 안녕 296
공동의지 286
공동체 284-300, 301, 304, 305, 313, 314
공법 285, 288, 302
공적 법칙 287, 291, 295, 297, 313, 315
공적 정의 293
교육 282, 309, 312
국가법 269, 301, 307, 315
국가수반 286, 287, 296, 298, 299, 302-304, 314, 316
국가시민(시토아엥) 291, 304, 313
국제국가 316
국제법 269, 308, 313
궁극목적 270
권리 266, 268, 284, 286-288, 290-293, 296-300, 302-307, 312
근원적 계약 291, 294, 297, 298, 301, 305, 314
기술자 292
긴급권 298

ㄴ
노동 288, 289, 293

ㄷ
당통 302
덕 268, 270, 272, 273, 282, 309, 310
도덕 268, 269-274, 276, 278, 282, 283, 287, 301, 310, 312, 314-316

도덕법칙 270, 272, 275
도덕성 270, 271, 278, 282, 309, 310, 312
도덕적 감정 276
도시시민(부르주아) 291
동기 270, 271, 274-276, 278, 279, 282
동료신민 288, 289, 290, 296

ㄹ
레싱 309
루소 316

ㅁ
모세스 멘델스존 308, 309, 311
목적 265, 270-276, 284, 285, 296, 305, 310, 312, 315
무조건적 의무 298, 299

ㅂ
박애 308
법(권리) 268, 286-288, 291, 293, 296, 297, 300, 302, 306, 307
법적 상태 285, 288, 289
보호동무 291
불멸성 272
불평등 287-289
불행 309, 310
비밀 사회 306
비이기적 277-279
비저항 304

ㅅ

사랑 304, 308, 314-316

사회계약 284, 294, 301

생득적 288, 289, 311

생피에르 316

선 274-276, 308, 310, 314, 315

섭리 309, 312, 315

세계시민 268, 313, 316

세계인 268

소유물 289, 292, 302, 315

소질 282, 308

속설 267

순종 295, 305, 306

스위프트 316

스위프트의 집 316

시민 285, 288, 290-292, 294, 296-298, 302-304, 315

시민법 299

시민연합계약 284

시민체제 284, 285

시시포스의 돌 309

신민 285-289, 294-296, 298, 299, 304, 314

신의 현존 272

실무자 268, 283

실재성 294, 307

실천 265-269, 271, 277, 279, 283, 302, 306, 307, 311, 316, 317

심성 282

ㅇ

아헨발 299, 300

악 274, 275, 301, 308, 309, 315, 316

악덕 310

연방 313

영리함 307, 311

외적 법칙 285

운명 316

유보 302

유비 315

의무 267, 268, 270, 272-278, 280, 281-284, 288, 295, 303, 311, 312, 316

의무개념 267, 270, 271, 277-279

의무이념 278

의지 267, 271, 272, 276, 279, 281, 283, 285-287, 290, 291, 294, 296, 297, 302, 304, 305, 311, 313-315

의지규정 275, 276, 278

의지의 통일 270, 291, 294

이기적 279, 311

이론 265-270, 272, 273, 277, 283, 299, 302, 306, 307, 309, 316, 317

이성원리 285, 306

인간 268, 270, 271, 273, 274, 277-279, 281-290, 294, 297, 301, 306-313, 315, 316

인간종 309-312

인간혐오 308

인격 287, 289

인권 285, 307, 308

입법 272, 285, 288, 291, 293-296, 305

입법자 294, 295, 297, 298, 305

ㅈ

자기애 314

자립성 285, 290, 291, 315

자연목적 310

자연상태 300

자연적 감정 276

자유 274, 275, 283-286, 288, 291, 296, 304-307, 313, 315

자유권 286

자유의지 269

저항 287, 290, 295, 297, 298, 300, 302, 305

전시세 295

전쟁 289, 313-315

전제주의 313

정부 286, 298, 306

정언명령 278

정치 268

정치인 268, 316

조건적 의무 298, 299

존경 278, 281, 299, 304, 307, 316

종교 289, 305, 309

종속관계 289

주권자 301

죽음의 도약 307

준칙 268, 272, 274-276, 278, 281, 296, 297, 300, 311, 316

진보 268, 305, 308, 310, 312-314

ㅊ

최고선 270-272

ㅋ

쾌 276

ㅌ

투표권 291-293

특권 288, 289, 295

ㅍ

펜의 자유 304

평등 285-289, 291-293

평등상태 288

평화 313-316

폭력 289, 297, 298, 313, 314

ㅎ

합법성 295

행복 268-277, 279-282, 284-286, 290, 295-297, 300, 301, 306, 309

홉스 303, 304

획득 289, 293

희망 311, 313-315

힘의 균형 316

「만물의 종말」

ㄱ

감성계 329
　~의 종말 330
계율 336, 337
고라 무리의 몰락 328
공적 325
공포 326
근원존재 324
기독교 335-337

ㄴ

날(들) 322, 323, 327
　마지막 ~ 322
　자장 어린 ~ 322, 323, 328, 337
　심판의 ~ 323
노자 332

ㄷ

덕 328
도덕성 327
도덕적 사랑 337
　~ 소질 327, 333
　~ 원리 328
　~ 질서 322

ㄹ

리비우스 336

ㅁ

마음씨 330, 331
　~의 불변성 331
마지막 사건들 323
만물 322, 329, 332, 334, 337
　~의 궁극 목적 328,
　~의 종말 322, 323, 328, 332, 334
명령 335
명제 324, 325
학적 ~ 324, 325
이론적 ~ 324
무 332
무한 321, 330, 331

ㅂ

박애자 336
범신론 332
법칙 335, 336
변화 327, 329-331, 337
보상 336, 337
비르길 321
비자연적인 것 329

ㅅ

사변적(인) 의도 326
사랑 335, 336
　~할 가치가 있는 335-337
　~의 가치 335-337
사유 331, 332

삶의 원리 325
생 322, 324
　다음 ~ 325
　지금 ~ 325
선 325, 330-336
　~의 원리 325
섭리 334
성직자 333
세상 327
심판 322-325
　가장 어린 ~ 322
　세계 ~자 322, 325
세계의 지속 326
세계주재자 328
실천적 의도 324, 326, 328-330
실천적 사용 325, 332
시간 321, 322, 329-331
시간의 변화 330
시간 자체 330
신비주의 332
스피노자주의 332

ㅇ
아르게 만 323
아리만 323
아바 323
악 325, 331, 334
악의 원리 325
양심 324, 325
어리석은 짓/어리석음 332, 333
엘리아의 승천 328

영원 321-325, 330-332, 334
영원의 시작 322
영원한 안식 332
예지계 329, 330
예지계의 시작 330
예지적 지속 321
오르뮤즈 323
요한계시록 329, 334
욕구 327, 336
운명 325
유출설 체계 332
율법 335
의도 334
　실천적 ~ 324, 326, 328, 330
　사변적 ~ 326
의무 335, 336
의지 335-337
이념 322, 323, 325, 328, 330, 331, 333
이념의 대상 328
이원론자의 체계/이원론적 체계 324-326
이성 322, 324-326, 328, 330-333, 335
　보편적인 인간 ~ 322
　실천 ~ 333
　~ 판단 324
인류의 진보 327
일원교과의 체계 323, 325, 326
임종 321

ㅈ

자유 335, 336
자유로운 영역 328
자유주의적 사고방식 336, 337
자연적 327, 329
자연적 원인 329
적그리스도 337
전조 327
　최후의 날의 ~들 327
존경 335, 336
정지 331
조로아터교 323
종교 333
　민중의 ~ 333
　보편적 세계~ 337
죄과 325
종말 321-323, 326, 328-330, 332, 334
　모든 시간의 ~ 321
　세계의 ~ 323, 326
　만물의 신비적(초자연적) ~ 329
　만물의 반자연적(불합리한) ~ 329
　만물의 자연적 ~ 329
　만물의 진정한 ~ 322
　감성계의 ~ 330
　복된 ~ 332
지구세계 326
지속 321, 322, 326, 330, 331

세계의 ~ 326
지옥 323, 328, 331
지혜 324, 327, 329, 332-334
　인간적 ~ 333, 334
　신적 ~ 329, 334
진리 333
질서 322, 329, 336

ㅊ

처벌 327, 336
천국 323, 330, 331, 336
초감성적 322, 323, 330
초경험적인 것 332
최고선 331, 332, 337

ㅍ

파괴 324
판결 324, 325
품성 326
　인류의 부패한 ~ 326

ㅎ

할러 321
현자 333
현존의 궁극 목적 326
형벌 324
　영원한 ~ 324
호라체 327

지은이 임마누엘 칸트

1724년 4월 22일 프로이센(Preußen) 쾨니히스베르크(Königsberg)에서 수공업자의 아들로 태어났다. 1730~32년까지 병원 부설 학교를, 1732~40년까지 오늘날 김나지움(Gymnasium)에 해당하는 콜레기움 프리데리키아눔(Collegium Fridericianum)을 다녔다. 1740년에 쾨니히스베르크대학교에 입학해 주로 철학, 수학, 자연과학을 공부했다. 1746년 대학 수업을 마친 후 10년 가까이 가정교사 생활을 했다.

1749년에 첫 저서 『살아 있는 힘의 참된 측정에 관한 사상』을 출판했다. 1755/56년도 겨울학기부터 사강사(Privatdozent)로 쾨니히스베르크대학교에서 강의를 시작했다. 『자연신학 원칙과 도덕 원칙의 명확성에 관한 연구』(1764)가 1763년 베를린 학술원 현상 공모에서 2등상을 받았다. 1766년 쾨니히스베르크 왕립 도서관의 부사서로 일하게 됨으로써 처음으로 고정 급여를 받는 직책을 얻었다. 1770년 쾨니히스베르크대학교의 논리학과 형이상학을 담당하는 정교수가 되었고, 교수취임 논문으로 『감성계와 지성계의 형식과 원리』를 발표했다.

그 뒤 『순수이성비판』(1781), 『도덕형이상학 정초』(1785), 『실천이성비판』(1788), 『판단력비판』(1790), 『도덕형이상학』(1797) 등을 출판했다.

1786년 여름학기와 1788년 여름학기에 대학 총장직을 맡았고, 1796년 여름학기까지 강의했다. 1804년 2월 12일 쾨니히스베르크에서 사망했고 2월 28일 대학 교회의 교수 묘지에 안장되었다.

칸트의 생애는 지극히 평범했다. 그의 생애에서 우리 관심을 끌 만한 사건을 굳이 들자면 『이성의 오롯한 한계 안의 종교』(1793) 때문에 검열 당국과 빚은 마찰을 언급할 수 있겠다. 더욱이 중년 이후 칸트는 일과표를 정확히 지키는 지극히 규칙적인 삶을 영위한다. 하지만 단조롭게 보이는 그의 삶은 의도적으로 노력한 결과였다. 그는 자기 삶에 방해가 되는 세인의 주목을 원하지 않았다. 세속적인 명예나 찬사는 그가 바라는 바가 아니었다.

옮긴이 김미영

이화여자대학교 철학과를 졸업하고 독일 뮌스터대학교에서 철학박사 학위를 받았다. 홍익대학교에서 인문과학연구소 학술연구교수를 지냈으며 현재 이화여자대학교 철학연구소 연구원이다. 옮긴 책으로는 쇼펜하우어의 『도덕의 기초에 관하여』, 『자연에서의 의지에 관하여』 등이 있다.

옮긴이 홍우람

서강대학교를 졸업하고 벨기에 루벤대학교에서 칸트의 선험적 이념에 대한 연구로 박사학위를 받았다. 서강대학교 철학과 연구교수를 거쳐 현재 가톨릭대학교 인간학연구소 전임연구원으로 일하고 있다. 주요 논문으로 「『순수이성비판』에서 초월적 이념들의 초월적 연역에 대하여」, 「칸트의 비판철학과 선험적 대상」, 「멘델스존의 유대 계몽주의」 등이 있다.

옮긴이 오은택

전남대학교 철학과에서 박사학위를 받았고 25년 동안 여러 대학에서 논리학, 철학, 인식론 등을 강의했다. 현재 자연으로 돌아와 가족을 돌보며 삶과 죽음에 대한 생각을 정리하고 있다. 주요 논문으로 「칸트에 있어서 대상 인식의 문제」, 「칸트에서 범주의 선험적 연역」 등이 있다.

옮긴이 이남원

경북대학교에서 1988년 『칸트의 선험적 논증』으로 박사학위를 받았다. 현재 부산대학교 사범대학 윤리교육과 명예교수이다. 칸트의 『실용적 관점에서 본 인간학』, 『칸트의 형이상학 강의』와 찰리 브로드가 쓴 『칸트철학의 분석적 이해』를 옮겼다.

옮긴이 정성관

오스트리아 인스부르크대학교에서 「칸트와 자연권론 – 근대 국가론과 법론의 방법론 연구」로 철학박사 학위를 받았고, 인하대학교, 수원가톨릭대학교, 항공대학교 등에서 학생들을 가르치고 있다. 저서로는 『칸트철학과 현대 해석학』(공저), 『과학기술시대의 철학』(공저), 『신세대를 위한 도덕교육의 이론과 실제』, 『엔지니어를 위한 공학윤리』(공저) 등이 있고, 주요 논문으로는 「칸트 법철학의 몇 가지 중요한 특징들」, 「칸트정치철학의 현대적 단초들」, 「칸트와 이상국가」, 「칸트철학에서 본 정의와 용서」 등이 있다.

옮긴이 배정호

2007년 독일 부퍼탈대학교에서 『Kants transzendentale Deduktion der Kategorien als Begründung der Metaphysik der Natur』로 철학박사 학위를 받았다. 현재 영남대학교 철학과 강사이다. 연구논문으로는 「범주의 초월적 연역 B판의 증명구조」, 「대상인식과 지성적 종합」, 「대상인식과 형상적 종합」, 「칸트의 인과율 증명」 등이 있다.

Immanuel Kant

Kritische Schriften I (1784~1794)

Translated by Kim MiYoung, Hong Wooram, Oh EunTaek,

Lee NamWon, Jeong Seongkwan, Bae JeongHo

Published by Hangilsa Publishing Co., Ltd., Korea, 2019

칸트전집 10

비판기 저작 I (1784~1794)

지은이 임마누엘 칸트
옮긴이 김미영 홍우람 오은택 이남원 정성관 배정호
펴낸이 김언호

펴낸곳 (주)도서출판 한길사
등록 1976년 12월 24일 제74호
주소 10881 경기도 파주시 광인사길 37
홈페이지 www.hangilsa.co.kr
전자우편 hangilsa@hangilsa.co.kr
전화 031-955-2000~3 **팩스** 031-955-2005

부사장 박관순 **총괄이사** 김서영 **관리이사** 곽명호
영업이사 이경호 **경영이사** 김관영
편집 김대일 백은숙 노유연 김지연 김지수 김영길
관리 이주환 김선희 문주상 이희문 원선아 **마케팅** 서승아
디자인 창포 031-955-9933
CTP 출력·인쇄 예림인쇄 **제본** 경일제책사

제1판 제1쇄 2019년 12월 23일

값 35,000원
ISBN 978-89-356-6786-4 94160
ISBN 978-89-356-6781-9 (세트)

• 잘못 만들어진 책은 구입하신 서점에서 바꿔드립니다.

• 이 도서의 국립중앙도서관 출판예정도서목록(CIP)은
서지정보유통지원시스템 홈페이지(http://seoji.nl.go.kr)와
국가자료공동목록시스템(http://www.nl.go.kr/kolisnet)에서 이용하실 수 있습니다.
(CIP제어번호: CIP2019049164)

• 이 『칸트전집』 번역사업은 2013년부터 2016년까지 정부(교육부)의 재원으로
한국연구재단의 지원을 받아 수행된 연구이며
그중 「만물의 종말」은 영남대학교 산학협력단의 지원을 받았습니다.
(NRF-2013S1A5B4A01044377)